la mer du Nord
LA GRANDE-BRETAGNE
Londres
La Haye
Amsterdam
LES PAYS-BAS
Brême
L'
Düsseldorf
LA BELGIQUE
Bruxelles
Calais
Lille
Liège
Aix-la-Chapelle
Cologne
Bonn
la Manche
Wiesbaden
Mayence
Wöllstein
LE LUXEMBOURG
Le Havre
Caen
Reims
Metz
Sarrebruck
Brest
Guingamp
Cancale
Quimper
Rennes
Le Guilvinec
Versailles
Paris
Rungis
la Seine
Strasbourg
le Rhin
Fribourg
Orléans
la Loire
Tours
Nantes
LES VOSGES
Montbéliard
Dijon
Bâle
Zurich
Berne
la Saône
LA FRANCE
La Rochelle
Lausanne
Genève
LA SUISS
l'océan Atlantique
Clermont-Ferrand
Lyon
LES ALPES
LE MASSIF CENTRAL
Bordeaux
Barsac
Grenoble
Turin
la Garonne
le Rhône
Gêne
Capbreton
Biarritz
Avignon
Toulouse
Montpellier
le canal du Midi
LES PYRENEES
Marseille
Nice
MONAC
Toulon
ANDORRE
L'ESPAGNE
la mer Méditerranée
Calvi
Ajaccio
Corse
Barcelone

Schwerin
urg
LA POLOGNE
Berlin
Potsdam
Magdebourg
EMAGNE
Leipzig
Erfurt
Dresde
Prague
LA RÉPUBLIQUE TCHÈQUE
Nuremberg
Linz
Vienne
Munich
Eisenstadt
Salzbourg
Innsbruck
L'AUTRICHE
Graz
z
Klagenfurt
LIECHTENSTEIN
LA SLOVÉNIE
Ljubljana
Venise
la mer Adriatique
Florence
L'ITALIE
Rome
Kiel
Schleswig-Holstein
Hambourg
Mecklembourg-Poméranie occidentale
Schwerin
Brême
Basse-Saxe
Berlin
Hanovre
Potsdam
Rhénanie du Nord-Westphalie
Magdebourg
Brandebourg
Saxe-Anhalt
Düsseldorf
Erfurt
Dresde
Hesse
Thuringe
Saxe
Rhénanie-Palatinat
Wiesbaden
Mayence
L'ALLEMAGNE
Sarre
Sarrebruck
Stuttgart
Bavière
Bade-Wurtemberg
Munich
LES LÄNDER
Nord-Pas-de-Calais
Lille
Champagne-Ardennes
Haute-Normandie
Amiens
Alsace
Basse-Normandie
Picardie
Metz
Caen
Rouen
Ile-de-France
Paris
Lorraine
Châlons-en-Champagne
Strasbourg
Rennes
Bretagne
Pays de la Loire
Orléans
Centre
Bourgogne
Franche-Comté
Nantes
Dijon
Besançon
LA FRANCE
Poitiers
Clermont-Ferrand
Poitou-Charentes
Limousin
Limoges
Lyon
Rhône-Alpes
Auvergne
Bordeaux
Aquitaine
Midi-Pyrénées
Provence-Alpes-Côte d'Azur
Toulouse
Montpellier
Marseille
Languedoc-Roussillon
Corse
Ajaccio
LES RÉGIONS

Génération pro | niveau intermédiaire

Autoren: Isabelle Darras, Pont de Vaux; Birgit Feilhauer, Leipzig; Krystelle Jambon, Saarbrücken; Léo Koesten, Versailles; Dieter Kunert, Toulouse; Karl Martin, Esslingen; Rainer Schmuck, Osnabrück

Berater: Ulrich Damm, Neuhofen; Gunda Hiort, Lilienthal; Reinhard Kaufmann, Castrop-Rauxel; Birgit Lüfkens, Pulheim; Petra Selbherr, Wangen

Zusatzmaterialien für Schüler und Schülerinnen zu diesem Band:
Cahier d'activités mit Audio-CD und Schüler-Software, Klett-Nr. 524477
Vokabellernheft, Klett-Nr. 524479

1. Auflage 1 5 4 3 2 1 | 2013 12 11 10 09

Alle Drucke dieser Auflage sind unverändert und können im Unterricht nebeneinander verwendet werden. Die letzte Zahl bezeichnet das Jahr des Druckes.

Internetadresse: www.klett.de

Redaktion: Bernd Binkle, Sonia Blin (M. A.)

Gestaltung: Miriam Brusniak
Umschlaggestaltung: Know Idea GmbH, Freiburg
Illustrationen: Stefan Dinter, Stuttgart; Christian Dekelver, Weinstadt (Vorsatz)
Reproduktion: Meyle+Müller, Medienmanagement, Pforzheim
Druck: Himmer AG, Augsburg

Printed in Germany.
ISBN 978-3-12-524476-4

9 783125 244764

Génération | pro
niveau | intermédiaire

Französisch als neu einsetzende Fremdsprache an berufsbildenden Schulen und in der gymnasialen Oberstufe

von
Isabelle Darras
Birgit Feilhauer
Krystelle Jambon
Léo Koesten
Dieter Kunert
Karl Martin
Rainer Schmuck

Ernst Klett Verlag
Stuttgart · Leipzig

Inhalt

	Themen / Situationen	Kommunikation	Grammatik	Methoden	Seite
Vorkurs	**Pour commencer**				8
LEÇON 1	**Vive les vacances !**				10
Accueil	**Ah, les vacances en famille !** Vier Jugendliche erinnern sich an ihre Ferien mit den Eltern.	• ein Verkehrsmittel aussuchen • beschreiben, wie etwas war • über negative Erlebnisse/Erfahrungen berichten	• die Bildung des *imparfait*		11
A	**Vacances sur l'île de beauté** Die Jugendlichen verbringen ihren ersten Urlaub ohne die Eltern auf Korsika.	• einen Ferientag schildern	• der Gebrauch des *imparfait* und des *passé composé*		12
B	**En route pour la Guadeloupe !** Eine Frau bucht eine Reise nach Guadeloupe.	• Urlaubswünsche im Reisebüro ausdrücken • über das Wetter sprechen • über Vorvergangenes berichten	• das *plus-que-parfait*	**Stratégie :** Ein Bild oder ein Foto beschreiben	15
<Zoom>	**La francophonie** Einblick in die frankofone Welt				20
<Bilan>	Wiederholung und Selbstüberprüfung				21
LEÇON 2	**Petits et grands à l'école !**				22
Accueil	**La crèche du Soleil** Tanja bereitet sich auf ihr Praktikum in einer französischen Kinderkrippe vor.	• im Internet chatten	• die Verben auf *-ir*: *dormir, partir, sortir*		23
A	**1, 2, 3, je mets un doigt...** Tanja erzählt von ihrem Alltag in der Krippe und besucht einen Kindergarten.	• über die französische Kinderbetreuung sprechen • über das französische Schulsystem sprechen • sagen, dass man etwas weiß/nicht weiß	• die Verben auf *-ir* • *savoir*		24
B	**Histoires de familles...** Tanjas Kolleginnen berichten über ihre familiäre Situation.	• den Tagesablauf beschreiben • über die Familie/die familiäre Situation berichten	• die reflexiven Verben im *passé composé*	**Stratégie :** Wortbildung	27
<Zoom>	**Loin du 16e** Filmsequenz aus *Paris je t'aime*				32
<Bilan>	Wiederholung und Selbstüberprüfung				33

	Themen / Situationen	Kommunikation	Grammatik	Methoden	Seite
LEÇON 3	**Olivier, agriculteur**				34
Accueil	**L'agriculture en France** Überblick über die Landwirtschaft in Frankreich	• über Landwirtschaft sprechen			35
A	**Bac pro… et Québec !** Olivier plant, den Bauernhof seiner Eltern zu übernehmen.	• über Zukunftspläne sprechen • sagen, was man gerade getan hat	• das *futur simple* • *venir de*		36
B	**Ferme, gîte et économies d'énergie !** Olivier erzählt, wie er den Bauernhof modernisiert hat.	• über umweltschonende Maßnahmen sprechen • sagen, was man gerade macht • die eigene Meinung vertreten	• *être en train de* • *savoir/pouvoir*	**Stratégie :** Vokabeln lernen	39
<Zoom>	**L'éolien en France et en Europe** Windkraftanlagen und ihre Entwicklung				44
<Bilan>	Wiederholung und Selbstüberprüfung				45
<ESCALE 1>					46
	Plateauphase mit einem fertigkeitsorientierten Übungsangebot				46
LEÇON 4	**Tout sur le chocolat**				50
Accueil	**Est-ce que vous êtes gourmands ?** Vier Jugendliche sprechen über Schokolade und Süßigkeiten.	• über Vorlieben sprechen • Vergleiche anstellen	• die Steigerung der Adjektive		51
A	**Interview 100% cacao** Interview mit einem *chocolatier*	• Vergleiche anstellen • über die eigene Arbeit sprechen	• die Steigerung der Adjektive • die Verben auf *-ir* mit Stammerweiterung: *choisir, finir, garantir, investir, réfléchir*		52
B	**De la fève de cacao à la tablette de chocolat** Entstehung einer Tafel Schokolade	• über Statistiken sprechen • einen Produktionsablauf schildern	• *ce qui/ce que*	**Stratégie :** Eine Präsentation vorbereiten und vortragen	55
<Zoom>	**Le chocolat tout au long de l'année** Feste in Frankreich				60
<Bilan>	Wiederholung und Selbstüberprüfung				61

Inhalt

	Themen / Situationen	Kommunikation	Grammatik	Methoden	Seite
LEÇON 5	**Créer son entreprise**				62
Accueil	**Bienvenue au Salon des Entrepreneurs !** Werbeanzeige von dem Salon des Entrepreneurs	• über eine Unternehmensgründung sprechen	• der reale *si*-Satz		63
A	**Se mettre à son compte** Ein junges Paar gründet seine eigene Firma.	• über Zukunftspläne sprechen • ein Beratungsgespräch über Computer führen • über die Etappen einer Firmengründung berichten	• der reale *si*-Satz • *chaque*		64
B	**Réclamation** In der neuen Firma fällt der Server aus …	• einen Beschwerdebrief schreiben • Ärger ausdrücken	• die Verben auf *-dre*: *attendre, entendre, répondre* • das Verb *recevoir*	**Stratégie :** Mit elektronischen Wörterbüchern und Internetübersetzungen arbeiten	67
<Zoom>	**Entrepreneurs…** Porträt eines Firmengründers / Cartoon				72
<Bilan>	Wiederholung und Selbstüberprüfung				73
LEÇON 6	**C'est grave, docteur ?**				74
Accueil	**Vous avez rendez-vous ?** Patienten berichten über ihre Krankheiten.	• über Krankheiten sprechen • Körperteile benennen			75
A	**Une question de vie ou de mort** Alltag in einer Gemeinschaftspraxis	• zum Arzt gehen • Symptome beschreiben	• das *conditionnel*	**Stratégie :** Hörverstehen	76
B	**Mademoiselle fait un malaise.** Unfall auf der Straße …	• in die Apotheke gehen • Hilfe holen	• das Verb *connaître* • der Imperativ mit einem Pronomen		79
<Zoom>	**Sécurité routière – tous responsables** Werbekampagne gegen Alkohol am Steuer bei Jugendlichen				84
<Bilan>	Wiederholung und Selbstüberprüfung				85
<ESCALE 2>					86
	Plateauphase mit einem fertigkeitsorientierten Übungsangebot				86

	Themen / Situationen	Kommunikation	Grammatik	Methoden	Seite
LEÇON 7	**La bataille des transports**				90
Accueil	**Votre profil : les transports vous passionnent.** Zwei Karrieren in einem Transportunternehmen	• sagen, woher man kommt und wohin man geht • über den beruflichen Alltag reden	• *y/en*		91
A	**La chaîne du froid entre la Bretagne et Rungis** Eine Firma sucht nach einem neuen Transportunternehmen.	• ein berufliches Telefonat führen • einen Transport organisieren	• die Bildung der Adverbien • *y/en*		92
B	**Heureux comme un chauffeur-routier à l'heure** Eine abenteuerliche Lieferung nach Rungis…	• in beruflichen Situationen telefonieren • Arbeitsabläufe schildern	• *après avoir fait…, avant de faire…, pour faire…, sans faire…*	**Stratégie :** Ein Resümee verfassen	95
<Zoom>	**Rungis, marché international** Vorstellung der *Halles de Rungis*: Plakate, Film				100
<Bilan>	Wiederholung und Selbstüberprüfung				101
LEÇON 8	**Etes-vous mobile ?**				102
Accueil	**Le marathon du premier emploi** Julian bewirbt sich um einen ersten Job in Frankreich.	• eine Jobanzeige verstehen	• die Verben *découvrir, offrir, ouvrir*		103
A	**La France côté vacances…** Julian und seine Freunde machen Urlaub auf einem Weingut in Barsac.	• von etwas berichten	• die unregelmäßigen Adverbien • die indirekte Rede mit Zeitverschiebung	**Stratégie :** Internetrecherche optimieren	104
B	**… et côté travail.** Julian arbeitet auf dem Weingut.	• Fragen stellen • erzählen, wie etwas geschieht	• die einfache Inversionsfrage • *qu'est-ce qui/qu'est-ce que* • die Steigerung der Adverbien		107
<Zoom>	**La France, pays de rêve…** Urlaubsangebote in Frankreich				108
<Bilan>	Wiederholung und Selbstüberprüfung				109
<ESCALE 3>					110
	Plateauphase mit einem fertigkeitsorientierten Übungsangebot				110

	Themen / Situationen	Methoden	Seite
<BIBLIOTHEQUE>			118
LEÇON 1	**Les bons plans en Corse** Auszüge aus Reiseführern	**Stratégie :** Worterschließung	118
	Facebouk Cartoon	**Stratégie :** Ein Bild beschreiben	119
LEÇON 2	**Le CV de Tanja**	**Stratégie :** Einen Lebenslauf auf Französisch verfassen	120
	Tanja écrit une lettre de motivation.	**Stratégie :** Einen Bewerbungsbrief auf Französisch verfassen	121
LEÇON 3	**Faisons vite, ça chauffe !** Unterschiedliche Plakate zum Thema Umwelt	**Stratégie :** Ein Bild beschreiben	122
	Les 10 étapes pour gagner Flyer zum Thema Umwelt		123
LEÇON 4	**La femme chocolat** Chanson von Olivia Ruiz	**On dit :** Pour parler d'une chanson	124
	Les goûts du chocolat – Au Japon Welche Rolle spielt Schokolade in Japan?	**Stratégie :** Worterschließung	125
LEÇON 5	**Une demande**	**Stratégie :** Eine schriftliche Bestellung aufgeben	126
	Une offre	**Stratégie :** Auf ein Angebot eine schriftliche Antwort geben	127
LEÇON 6	**No stress** Stressfaktoren bei Jugendlichen		128
	Génération surbookée Statements von Jugendlichen zum Thema Stress	**On dit :** Seine Meinung äußern	129
LEÇON 7	**Avec mon père en Bretagne** Auszug aus dem Roman « Sous le même signe » von Mikaël Ollivier	**Stratégie :** Lesetechniken	130
LEÇON 8	**Notre entreprise a choisi la France.** Statement eines Unternehmers		132
	Un Erasmus pour les jeunes entrepreneurs Artikel über das neue EU-Programm		133
Grammatischer Anhang			134
Vocabulaire			157
Liste des mots (französisch-deutsch)			159
Wortliste (deutsch-französisch)			
Solutions (Lösungen zu den Bilan- und Escale-Seiten)			225
En plus			236
En classe (Klassenzimmerdiskurs)			238
Dictionnaire (landeskundliches Lexikon)			240
Karten			244

Erläuterungen		
	Bibliothèque	Hier wird eine Erweiterung zum Thema der Lektion angeboten.
L 1	Lehrer-CD	Der Text bzw. die Aufgabe ist auf der Lehrer-CD zu hören. Die Ziffer verweist auf die Tracknummer.
	Schriftliche Aufgabe im Heft	Diese Aufgabe sollten Sie schriftlich in Ihrem Heft machen.
	Partnerarbeit	Hier arbeiten Sie mit Ihrem Sitznachbarn zusammen.
	Gruppenarbeit	An dieser Stelle bietet sich Gruppenarbeit an.
	Mediation	In dieser Aufgabe wird Sprachmittlung geübt.
@	Internet	Hier können Sie im Internet auf Informationssuche gehen.
	DELF	Diese Aufgabe bereitet auf die DELF-Prüfung vor.
▸ § 5	Grammatik-Paragraf	Der jeweilige Paragraf ist ein Verweis auf das entsprechende Grammatikkapitel im Grammatischen Anhang.
	Redemittel	Hier werden Redemittel zu einer *stratégie* angeboten.
< >	Fakultativ	Diese Seiten gehören zum fakultativen Angebot.

Se présenter

50 €

100 €

200 €

Proposer des projets

50 €

100 €

200 €

Parler de l'école

50 €

100 €

200 €

Manger et boire

50 €

100 €

200 €

Faire des achats

50 €
100 €
200 €

Demander son chemin ; voyager

50 €
100 €
200 €

Exprimer ses sentiments

50 €
100 €
200 €

Parler du travail

50 €
100 €
200 €

Dies ist die Vorlage zum Spiel.
Weitere Informationen zum Vorkurs finden Sie im Cahier d'activités und im Lehrerband.

Leçon 1 Vive les vacances !

1

A pied, c'est bon pour la santé.

2

Pour aller en Corse, on prend le ferry et on est déjà en vacances.

3

L'avion ou le train, c'est un choix.

4

Vacances sur un bateau

5

A 14 ans, on peut rouler en scooter.

L 1/1 ◎ **Les moyens de transport** | ECOUTER, PARLER

a) Quels moyens de transport est-ce que vous connaissez (… kennen Sie?) ?
b) Ecoutez les annonces (Ansagen). De quels moyens de transport est-ce qu'on parle ?
c) Quel(s) moyen(s) de transport est-ce que vous prenez pour aller au lycée ? Et pour aller en vacances ?
d) Est-ce qu'il y a un moyen de transport que vous détestez prendre ? Pourquoi ?

1/5

Ah, les vacances en famille !

Vincent : Là, sur la photo, c'est moi à Capbreton. A cette époque, nous allions tous les ans à la mer. Le jour du grand départ, nos parents nous réveillaient très tôt pour éviter les bouchons sur les routes. La galère !

Rémi (montre une photo) : Et là, vous prépariez un tour du monde ?

Vincent : Non, mais mes parents prenaient toujours des valises énormes quand ils allaient en vacances. Nous, les enfants, nous n'avions plus beaucoup de place dans la voiture.

Léa : Quand j'étais petite, ma famille et moi, on visitait une capitale européenne par an. Je devais accompagner mes parents dans tous les musées. Je détestais ça et je revenais déprimée ! Et je déteste toujours ça !

Vincent : Oh, les vacances pourries ! Et toi, Rémi ? Qu'est-ce que tu faisais pendant les grandes vacances ?

Rémi : Ben Magali et moi, on allait en colonie tous les étés… et on avait horreur des dix heures de bus ! Pas vrai Magali ?

Magali : Ouais, c'était trop nul ! Alors, si j'ai bien compris, nos vacances en Corse vont être pour nous quatre notre premier voyage sans les parents…

Vincent : … et ça va être GÉ-NI-AL !!!

1 C'était nul ! ▸ § 1

a) Neben dem *passé composé* gibt es eine weitere Zeit der Vergangenheit, das ***imparfait***. Suchen Sie in dem Text alle Formen dieser Zeit heraus. Wie lauten die Endungen des ***imparfait***?

b) Bilden Sie jetzt alle Formen des ***imparfait*** der Verben *préparer*, *aller*, *prendre*, *avoir*, *être*, *revenir*, *faire*.

c) Von welcher Pluralform des Präsens wird das ***imparfait*** abgeleitet? Welches Verb bildet eine Ausnahme?

2 Un jeu ▸ § 1

Travaillez à deux : l'élève A choisit la personne (je, nous, …) et un verbe de la liste ci-dessous. L'élève B dit la forme de **l'imparfait** correspondante. Puis changez de rôle.

vouloir | faire | boire | être | manger | avoir | aller
mettre | dire | écrire | dire | prendre

3 Regards croisés

@ a) Was ist eine *colonie de vacances*? Suchen Sie Informationen dazu, z. B. im Internet.

b) Nennen Sie vergleichbare Einrichtungen in Ihrer Stadt/Region. Haben Sie als Kind daran teilgenommen? Wenn ja – wie war das? Wenn nein – hätten Sie gerne daran teilgenommen?

L 1/6

Vacances sur l'île de beauté

1. Première étape : Bastia

Il faisait déjà presque nuit quand notre ferry est arrivé à Bastia. L'horizon orange contrastait avec le bleu de la mer. Nous étions emballés ! Léa et Magali voulaient aller tout de suite au camping, mais Rémi et moi, nous avions une autre idée : nous baigner. Nous avons donc tous pris la direction de la plage. L'eau était super bonne… !

Comme nous étions fatigués, nous avons décidé de passer notre première nuit sur la plage. Nous « ronflions » depuis une petite heure quand tout à coup, une voix à côté de nous a dit : « Il est interdit de passer la nuit sur la plage. » Un agent de police qui n'avait pas l'air marrant nous regardait. J'ai dit : « Euh, monsieur l'agent, nous faisions seulement une petite pause après notre long voyage. » Mais l'agent n'a pas trouvé ça drôle et bien sûr, nous n'avons pas pu rester parce qu'il nous observait. Nous sommes arrivés tard au camping, mais nous avons eu de la chance : l'employée qui était sympa nous a trouvé une bonne place. Comme nous n'avions pas envie de monter nos tentes, nous avons dormi à la belle étoile.

2. Deuxième étape : Calvi

Après deux jours à Bastia, nous sommes allés à Calvi pour faire de la randonnée sur le GR20.
Dure, la randonnée sur ce chemin ! Nous avons passé une nuit dans un refuge… à 2 000 mètres ! J'étais étonné de voir des montagnes si hautes ! Le paysage était super beau et parfois, nous rencontrions des moutons. Pendant que je marchais, je pensais : « Cette île porte bien son nom d'île de beauté ! »

3. Troisième étape : Ajaccio

Quand nous sommes arrivés à Ajaccio, nous avons loué un bateau pour trois jours. Le matin, les filles nageaient ou bronzaient. Le soir, nous retrouvions des jeunes du camping et faisions des grillades.
Un soir, les Espagnols nous ont invités pour une paëlla. C'était super ! Les vacances ennuyeuses avec les parents étaient oubliées !

1 C'est dans le texte. | LIRE, PARLER

Résumez (au présent) le texte à l'aide des mots suivants.

Première étape : arriver · quatre jeunes · Bastia · passer · nuit · aller · interdire · camping · agent de police · plage

Deuxième étape : faire · refuge · GR20 · passer · nuit · randonnée

Troisième étape : Ajaccio · louer · bateau · nager · bronzer · des jeunes · rentrer · rencontrer · le soir

2 Un vieux berger ▸ § 1, 2

Au refuge d'Ortu di u Piobbu, Léa, Magali, Rémi et Vincent rencontrent Fortunato, un vieux berger. Complétez avec les verbes à **l'imparfait**.

Fortunato : Quand j'**(être)** jeune, les touristes ne **(venir)** pas encore ici. Il y **(avoir)** encore beaucoup d'hommes qui **(travailler)** comme bergers.

Léa : Et vous, qu'est-ce que vous **(faire)** ?

Fortunato : Moi, quand j'**(avoir)** votre âge, je **(travailler)** déjà : j'**(être)** berger comme mon père. Nous **(travailler)** ensemble : je **(devoir)** l'aider.

Rémi : Vous **(aimer)** votre travail ?

Fortunato : Oui. Bon, ce n'**(être)** pas toujours facile, mais j'**(aimer)** la nature, la montagne et mes moutons. L'été, on **(traverser)** toute la montagne. Le soir, on **(manger)** du fromage. On **(rester)** toujours avec les moutons. On **(ne pas pouvoir)** les laisser.

Vincent : Vous **(être)** toujours seul ?

Fortunato : Ah non, j'**(avoir)** mon chien. Et il y **(avoir)** aussi mes collègues. Et quand on **(se rencontrer)**, on **(s'amuser)** bien, et je **(prendre)** un verre avec eux.

Magali : Et vous **(habiter)** où ?

Fortunato : L'été, nous **(passer)** souvent les nuits à la belle étoile. L'hiver, j'**(habiter)** dans une petite ville à côté de Corte. Ma mère **(se lever)** très tôt. Tous les matins, elle **(prendre)** le bus pour Ajaccio où elle **(travailler)** dans une entreprise.

3 Quand j'avais 10 ans, je suis allée pour la première fois en Corse. ▸ § 3

a) Schauen Sie sich die folgenden Sätze an: *Le soir, nous retrouvions des jeunes du camping et nous faisions des grillades. Un soir, les Espagnols nous ont invités pour une paëlla.*
Warum wird im ersten Satz das ***imparfait*** benutzt, im zweiten das ***passé composé***?
Welche Art von Handlung wird mit der jeweiligen Zeit ausgedrückt?

b) Schauen Sie sich die Texte Seite 11 und 12 an: Erstellen Sie eine Liste der zeitlichen Ausdrücke (z. B. *le soir, un soir, …*), die das ***imparfait*** bzw. das ***passé composé*** auslösen.

4 A Bastia ▸ §§ 1, 2, 3

Julie raconte ses vacances à une copine dans un e-mail.
Imparfait ou **passé composé** ? Mettez les verbes au temps qui convient (… in die passende Zeit).

> Cette année, Fabien et moi, nous **(passer)** trois semaines à Bastia. Nous **(arriver)** un samedi matin. Il y **(avoir)** beaucoup de touristes qui **(venir)** d'Allemagne. Pendant que Fabien **(chercher)** l'hôtel, je/j' **(regarder)** les gens, les boutiques et la plage. Il y **(avoir)** une bonne ambiance, les gens **(être)** dans les cafés et **(boire)** un verre. Dix minutes après, Fabien **(revenir)**, nous **(mettre)** nos affaires dans notre chambre et puis nous **(aller)** à la plage. Il y **(avoir)** beaucoup de monde et il **(ne pas être)** facile de trouver une bonne place. Après la plage, on **(retourner)** en ville. Tout à coup, je/j'**(voir)** notre prof d'allemand. Incroyable ! On lui **(dire)** bonjour, on **(entrer)** dans un café et on **(prendre)** un verre ensemble.

5 Une rencontre ▸ §§ 1, 2, 3 | PARLER, ECRIRE

Racontez l'histoire. Attention : il faut utiliser **l'imparfait** et le **passé composé** ! Utilisez tout à coup, alors, puis.

1 Tous les matins / Marie / aller à la fac en bus / être étudiante en économie

2 Un jour / décider / marcher à pied / Marc / parler / être sympa

3 vouloir / faire un sondage / produit de beauté / poser beaucoup de questions

4 Un soir / voir / Marc / devant un cinéma / ne pas avoir envie

5 proposer d'aller / restaurant / être d'accord

6 Continuez.

L 1/9 6 Une journée à Bonifacio | ECOUTER, ECRIRE

a) Répondez aux questions.
   1. Pourquoi est-ce que Léa téléphone à Jessica ?
   2. Qu'est-ce que Léa aime à Bonifacio ? Qu'est-ce qu'elle n'aime pas ?
   3. Qu'est-ce que Léa a fait aujourd'hui ?
   4. Qu'est-ce que Jessica va faire pour son anniversaire ? Pourquoi ?

b) Résumez la conversation (Gespräch) entre Léa et Jessica.

1/10

En route pour la Guadeloupe !

1. A l'agence de voyages.

L'employé de l'agence : Bonjour madame. Je peux vous aider ?
Mme Bolmont : Bonjour. Eh bien, voilà : je vais enfin pouvoir prendre mes RTT en février, alors je voudrais faire un grand voyage. Ah, et puis je ne parle pas de langues étrangères…
L'employé : Alors une île dans les DOM-TOM peut-être ? La Martinique, la Guadeloupe ? Ou alors la Nouvelle-Calédonie ?
Mme Bolmont : Tiens, pourquoi pas la Guadeloupe ? C'est un vieux rêve que j'avais presque oublié.
L'employé : Nous avons une offre promotionnelle sur Air France pour cet hiver avec des vols directs pour Pointe-à-Pitre au départ de Paris Orly.
Mme Bolmont : Quel temps est-ce qu'il fait en février ? Il pleut beaucoup ?
L'employé : Ah non, pas du tout. De juin à novembre, là, il pleut souvent, il y a parfois des orages et du vent. Mais de décembre à mai, il fait très beau. Et il ne fait pas trop chaud, entre 25 et 28 degrés environ.
Mme Bolmont : L'aller-retour fait combien ?
L'employé : 499 €.
Mme Bolmont : Ecoutez, je vais réserver un vol. Et vous pouvez me recommander un hôtel ? …

2. A l'aéroport.

L'employée : Bonjour madame.
Mme Bolmont : Bonjour. Voilà mon billet et mon passeport.
L'employée : Vous avez des bagages ?
Mme Bolmont : Oui, une valise et un bagage à mains.
L'employée : Votre valise dépasse un peu le poids autorisé, mais pour cette fois, ça va.
Mme Bolmont : Ah zut, je n'avais pas vu. Merci.
L'employée : Fenêtre ou couloir ?
Mme Bolmont : Fenêtre, s'il vous plaît.
L'employée : Vous avez raison. Il y a une vue magnifique quand on arrive… s'il n'y a pas de nuages bien sûr ! Voilà votre carte d'embarquement. Bon voyage !

3. A l'office du tourisme de Pointe-à-Pitre.

Mme Bolmont : Bonjour ! Je voudrais faire le tour de la Soufrière. Vous proposez des randonnées avec guide ?

L'employé : Oui, il y en a tous les jours. Voilà les horaires… Zut ! On avait des prospectus… Maité, où sont les prospectus que tu avais mis sur la table ? Ah, les voilà.

Mme Bolmont : Très bien. Alors, je vais m'inscrire pour mercredi.

L'employé : C'est noté. N'oubliez pas de prendre des bonnes chaussures et un vêtement de pluie !

1 C'est dans le texte. | LIRE, ECRIRE

a) Résumez la première partie du texte page 15.

b) Répondez aux questions suivantes :
1. Quel problème est-ce que madame Bolmont a à l'aéroport ?
2. Quel siège est-ce que l'employée recommande à madame Bolmont ? Pourquoi ?
3. Quand est-ce qu'on peut faire le tour de la Soufrière ?
4. Qu'est-ce qu'il faut prendre ?

@ 2 Regards croisés

a) Les RTT
Madame Bolmont nutzt ihre ***RTT*** (= *réduction du temps de travail*), um in den Urlaub zu fahren.
1. Was ist das genau?
2. Gibt es etwas Vergleichbares in Deutschland?

b) Les DOM-TOM
1. Was heißt ***DOM-TOM***?
2. Schauen Sie sich die Karte der Frankofonie auf den Seiten 244–245 an und suchen Sie die DOM-TOM heraus.
3. Welche deutschen Überseegebiete gab es?

3 Tu avais remarqué ? ▸ § 4

Im Text gibt es drei Belege für eine weitere Zeit der Vergangenheit, das ***plus-que-parfait***.

a) Suchen Sie die Beispiele im Text auf den Seiten 15–16 heraus. Wie wird das ***plus-que-parfait*** gebildet?
b) Wann verwendet man das ***plus-que-parfait***? Welcher Zeitform entspricht es im Deutschen?
c) Konjugieren Sie *venir* und *prendre* im ***plus-que-parfait***.

4 Un stage dans la nature ▶ §§ 1, 2, 3, 4

Bruno veut faire un stage à Terre d'avenir. Hier, il est allé se renseigner.

Imparfait, **passé composé** ou **plus-que-parfait** ?
Mettez les verbes au temps qui convient.

1. Hier, je/j' **(aller)** à Terre d'avenir.
2. Serge me/m' **(déjà parler)** de cette association, alors, je/j' **(décider)** de la contacter.
3. Je/J' **(aller)** à Petit Bourg le matin à 9 heures.
4. Le responsable **(être)** déjà là. Il **(inviter)** deux autres jeunes qui **(vouloir)** faire un stage comme moi.
5. Avant, ils **(déjà travailler)** pour Greenpeace. Pour moi, tout **(être)** nouveau…
6. Le responsable nous **(donner)** des informations sur notre stage.
7. Je lui **(poser des questions)** sur le projet de protection des tortues.
8. Il nous **(présenter)** ce projet et nous **(expliquer)** notre travail.
9. Le projet **(ne pas être)** simple, mais je **(le trouver)** très intéressant.
10. Ce/C' **(être)** une bonne idée d'aller à l'association !

RÉSEAU TORTUES MARINES
GUADELOUPE FWI
TÉL : 0690 81 12 34

5 Bienvenue en Guadeloupe ! | PARLER

Maren et Jan, un couple (Ehepaar) allemand, passent deux semaines en Guadeloupe avec la mère de Jan. A l'office du tourisme de Basse-Terre, Sylviane leur donne des informations.

a) A quatre, recherchez les informations qui vous manquent (fehlen) sur Internet. Prenez des notes.
b) Jouez le dialogue entre Sylviane et les trois touristes.

Maren
„Vor allem möchte ich mich am Strand erholen, gut essen und abends mal so richtig abtanzen. Und ich würde gerne mal reiten."

Jan
„Ich möchte in der tropischen Natur wandern. Vielleicht kann man ja auch irgendwo Kajak fahren."

Heidemarie
„Und ich interessiere mich für die Leute hier, ihre Geschichte und Kultur. Es gibt doch bestimmt ein paar interessante Museen."

6 Le grand départ | ECRIRE

a) Faites un champ lexical autour des thèmes suivants :
Groupe 1 : A l'agence de voyages.
Groupe 2 : A l'aéroport.
Groupe 3 : A l'office du tourisme.

b) Ecrivez un petit texte autour de votre champ lexical.

On dit Das Wetter

Il fait quel temps ?

Il fait beau.
Il fait chaud.
Il y a du soleil.

Il fait mauvais.
Il fait froid.
Il y a des nuages/de la pluie/un orage/du vent.
Il pleut./Il neige.

Il fait quelle température ?
Il fait vingt-deux degrés.
Il fait zéro/moins trois.

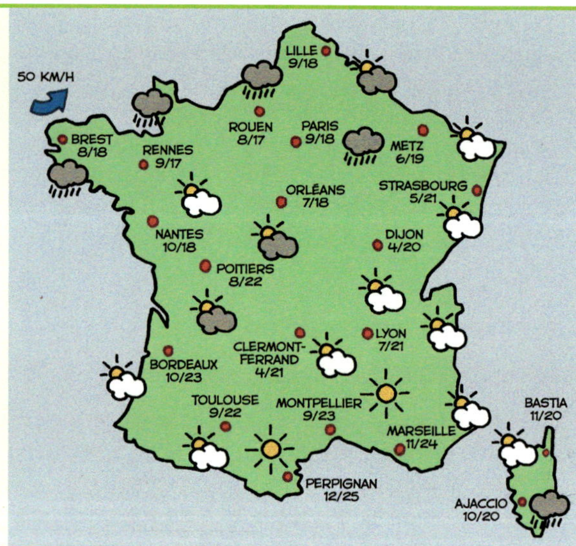

A vous ! | PARLER

a) Quel temps est-ce qu'il fait aujourd'hui ?

b) Regardez la carte et faites des dialogues.
Exemple : Il fait quel temps à Marseille ?
→ Il fait beau : il n'y a pas de nuages.
Et il fait quelle température ?
→ Il fait 24 degrés.

L 1/13 7 La météo dans les départements d'outre-mer | ECOUTER

Ecoutez la météo.

a) Première écoute : Notez dans le tableau les informations sur le temps et la température.

	Guadeloupe	La Réunion	Martinique	Guyane
temps				
température				

b) Deuxième écoute : Quel est le problème en Martinique ?

Stratégie Ein Bild oder ein Foto beschreiben

– Beschreiben Sie zuerst ganz allgemein die Szene. →	Sur la photo/le dessin (Zeichnung) il y a/on voit… La photo/le dessin montre…
– Beschreiben Sie danach die Personen/Gegenstände im Vordergrund/im Mittelpunkt des Bildes. → – Beschreiben Sie nun, was sich um die zentralen Personen herum befindet. → – Beschreiben Sie anschließend den Hintergrund. →	Au premier plan (im Vordergrund)/ Au centre (im Mittelpunkt), il y a/on voit… A côté/A gauche/A droite (des deux personnes)… Devant/Derrière (les deux personnes), on voit… A l'arrière-plan (im Hintergrund), il y a…
– Beschreiben Sie die Stimmung, die das Bild vermittelt. → – Wenn etwas nicht eindeutig ist, können Sie Vermutungen anstellen. →	L' ambiance est bonne/mauvaise/triste/sympa… Je pense que…/A mon avis, …
– Sagen Sie, was der Fotograf/Zeichner ausdrücken möchte. →	Le photographe/dessinateur (Zeichner) se moque de/critique…/veut dire/montre que…

A vous ! | PARLER, ECRIRE

Décrivez une des affiches (Plakat) ci-dessous.

<Bibliothèque Seite 118>

La francophonie

1

2

3

4

5

a) Regardez les photos : A votre avis, où est-ce qu'elles ont été prises ?
Qu'est-ce que ces personnes ont en commun ? (Was haben sie gemeinsam?)

A partir du 16e siècle, le français remplace peu à peu le latin comme langue internationale. Le français devient en Europe la langue des diplomates et de la haute société. A la suite de la colonisation française et belge, il se répand aussi sur les autres continents. Aujourd'hui, le français, deuxième langue internationale, est toujours une des langues officielles de grands organismes internationaux. Il est avec l'anglais la seule langue de travail de l'ONU et aussi des Jeux Olympiques.

Wolfgang Fischer aus Grundwissen La France, © Ernst Klett Verlag GmbH, Stuttgart

Le français arrive en 9e position parmi les langues les plus parlées du monde. C'est en Europe que la langue française est la plus pratiquée : 21% de la population francophone mondiale vit sur le continent. Vient ensuite le continent africain : les trois pays du Maghreb comptent 25 millions de francophones, l'Afrique subsaharienne 39 millions. Au Canada, il y a plus de 7 millions de francophones surtout dans la province de Québec.

Réflexe STI-STL-SMS, Histoire-Géographie, © NATHAN

Le terme de *francophonie* est apparu pour la première fois en 1880. C'est le géographe français Onésime Reclus (1837–1916) qui l'a employé pour désigner les espaces géographiques où la langue français était parlée.

© Wikipedia

b) Lisez les textes.
1. Sur quels continents est-ce qu'on parle le français ? (La carte pages 244–245 peut vous aider.) Pourquoi ?
2. Expliquez le logo de la francophonie.
3. @ Où est-ce qu'on parle le français en Europe ?
Faites des recherches supplémentaires (zusätzlich) si nécessaire.

un siècle [ɛ̃sjɛkl] ein Jahrhundert – **remplacer** [ʀɑ̃plase] ersetzen – **la colonisation** [lakɔlɔnizasjɔ̃] die Kolonisierung – **se répandre** [səʀepɑ̃dʀ] sich verbreiten – **l'ONU** *(f.)* [lony] die UNO – **apparaître** [apaʀɛtʀ] erscheinen – **un espace** [ɛ̃nɛspas] ein Raum – **subsaharien, ne** [sybsaaʀjɛ̃/sybsaaʀjɛn] südlich der Sahara

1 Mes premières vacances sans les parents…

▸ §§ 1, 2, 3, 4

Mettez les verbes au temps qui convient.

1. Pendant des années, je/j' **(aller)** en vacances avec mes parents.
2. Ça/C' **(être)** sympa : nous **(visiter)** la région, nous **(faire)** des randonnées et nous **(manger)** dans des bons restaurants !
3. Mais à 18 ans, je/j' **(avoir envie)** de passer des vacances différentes.
4. Avec ma copine Marine, je/j' **(prendre)** mon sac à dos et nous **(aller)** en Thaïlande !
5. Ça/C' **(être)** fantastique !
6. Tous les jours, on **(aller)** à la plage où on **(bronzer)**.
7. Un jour, nous **(rencontrer)** deux Anglais avec qui nous **(continuer)** notre voyage.
8. Steve et Trevor **(venir)** de York et **(décider)** de passer une année à l'étranger.
9. Ils **(être)** très sympas.
10. Ensemble, nous **(visiter)** presque tout le pays !
11. Un soir, à Hua Hin, les garçons **(ne pas trouver)** d'hôtel parce qu'il y **(avoir)** trop de touristes.
12. Marine et moi, nous **(ne pas avoir)** ce problème, parce que nous **(réserver)** notre hôtel sur Internet avant le départ.
13. Comme Marine **(ne pas vouloir)** laisser Steve et Trevor seuls – surtout pas Steve ! – nous **(passer la nuit)** sur la plage… Steve et Marine sont aujourd'hui toujours ensemble… à York… !

2 Le temps et la météo

Corrigez les informations que Jean-Michel donne sur le temps.

Brest, le 2 juillet 2009

Chers amis,
Comment ça va ? Moi, ça va très bien. Je passe une semaine dans une colonie de vacances en Bretagne. Ici, il fait très chaud : vingt-huit degrés. Il y a du soleil. Il n'y a pas de nuages et pas de vent. Cet après-midi, je vais à la plage. L'eau a une température de 22 degrés. C'est super !
A bientôt.
Jean-Michel

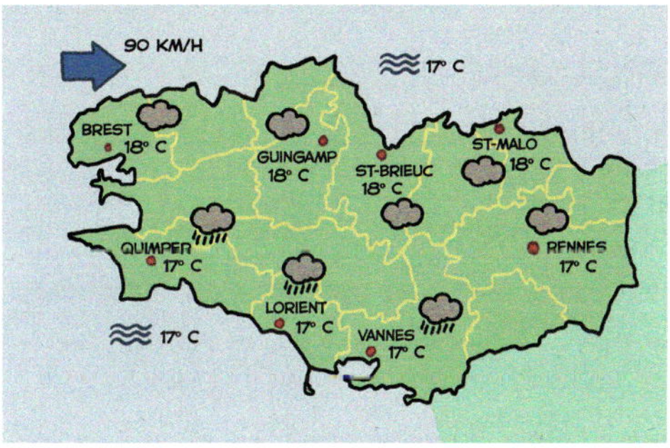

Sie können jetzt

– von Vergangenem erzählen.	→ Erzählen Sie, dass Sie, als Sie klein waren, immer nach Nizza reisen wollten und dass Sie mit 16 zwei Wochen dort verbracht haben.
– über Vorvergangenes berichten.	→ Sagen Sie Paul, dass Sie schon gegessen hatten, als er Sie gestern anrief.
– sagen, wie das Wetter ist.	→ Sagen Sie Ihrer Mutter in Deutschland, dass in Lyon die Sonne scheint und dass es 20 Grad sind.
– Ihre Urlaubswünsche in einem Fremdenverkehrsamt äußern.	→ Sagen Sie der Angestellten, dass Sie auf Korsika viele Wanderungen unternehmen und auch ein paar Tage am Strand verbringen möchten.
– ein Verkehrsmittel aussuchen.	→ Sagen Sie Ihrem Freund/Ihrer Freundin, wie Sie nach Paris fahren werden.

→ Überprüfen Sie Ihre Antworten auf den Seiten 225–229.

Leçon 2 Petits et grands à l'école !

1

2

3

4

1 A vous ! | PARLER

Choisissez une des photos et décrivez-la. (→ stratégie page 19)

2 Regards croisés | PARLER

1. Quelles photos montrent le jardin d'enfants allemand/l'école primaire allemande ? Pourquoi ?
2. Quelle(s) photo(s) montre(nt) l'école maternelle française ? Pourquoi ?
3. Quelles différences entre les deux systèmes est-ce que vous voyez sur ces photos ?

Regardez le vocabulaire page 162.

/26

La crèche du Soleil

Tanja, jeune Allemande de Cologne, fait une formation pour devenir puéricultrice. Par le service « Petite enfance » de la mairie de Versailles, elle a trouvé un stage dans une crèche et part vendredi en France. Ce soir, elle se connecte sur MSN et discute avec Julie, l'assistante-maternelle qui va s'occuper d'elle pendant son stage.

tanja123 : Salut Julie ! Ça va ?
julie_de_versailles : Salut Tanja ! J'ai essayé de t'appeler cet après-midi, mais tu étais sortie.
tanja123 : Je sors tout juste de l'école. Et je dois encore faire mes valises !
julie_de_versailles : Tu pars quand ?
tanja123 : Je pars en train demain matin. Comme ça, j'ai encore le week-end ! Lundi, c'est déjà le grand jour !
julie_de_versailles : Ah zut, alors je ne peux pas venir te chercher à la gare : mon copain et moi partons demain pour le week-end.
tanja123 : Ce n'est pas grave !
julie_de_versailles : Tu es stressée ?
tanja123 : Et comment ! Depuis trois jours, je dors mal. Dans mes rêves, les enfants sortent en larmes de la crèche…
julie_de_versailles : Allez, tout va bien se passer. Rendez-vous lundi devant l'entrée de la crèche du Soleil ! Bon voyage !
tanja123 : Merci, et bon week-end !

1 Vous partez quand ? ▸ § 5

a) Notieren Sie die Formen von *dormir*, *partir* und *sortir*, die Sie im Text finden.
b) Vervollständigen Sie die Übersicht mit Hilfe des § Seite 138. Denken Sie auch an das *participe passé*!
c) Wie lauten die Endungen dieser Verben auf *-ir*? Wie ändert sich der Stamm im Singular? Finden Sie die Regel.

	dormir	partir	sortir
je			
tu			

2 On sort ce soir ? ▸ § 5

Complétez les phrases avec les verbes **dormir**, **partir** et **sortir**.

1. Julie et son copain Jérôme ● ce week-end chez les parents de Jérôme à Rouen.
2. Ce soir, Jérôme appelle ses parents. Sa mère demande : Alors, quand est-ce que vous ● demain ?
3. Jérôme : Moi, je ● du bureau à 17 h et Julie ● de la crèche à 18 h. Et nous ● tout de suite.
4. Samedi matin à Rouen. Le père : Julie et Jérôme sont où ? Ils ● encore ?
   La mère appelle : Julie, Jérôme, vous ● encore ? Le petit-déjeuner est prêt !
5. Jérôme : On arrive…
6. Julie : Moi, je veux encore ●… Cette semaine, je ● (p. c.) tous les soirs et je suis fatiguée !

L 1/27

1, 2, 3, je mets un doigt…

1. Tanja travaille depuis trois mois déjà à la crèche du Soleil. Elle s'occupe avec une collègue de huit enfants âgés de deux ans, et qui savent marcher. Ils marchent, oui, mais tombent souvent et pleurent. Ils pleurent aussi, parfois, quand leurs parents partent au travail et les amènent à la crèche. Tanja leur fait alors des bisous pour les consoler. Elle sait maintenant aussi le nom des papas et des mamans qui amènent leur enfant le matin, et viennent le chercher le soir. Maintenant, Tanja voudrait passer une ou deux semaines dans une école maternelle pour la comparer au jardin d'enfants allemand. Alors, la directrice de la crèche appelle le directeur de l'école maternelle Molière, à Versailles. La réponse du directeur : « D'accord ! »

2. Mardi, 8 heures : Tanja sort de chez elle et part pour l'école Molière. Dix minutes plus tard, elle fait la connaissance de Kadidja, la maîtresse, qui va lui montrer comment l'école fonctionne : « Les enfants arrivent entre 8 heures 20 et 8 heures 40. Puis c'est le premier rituel : Françoise, mon aide-maternelle, emmène les enfants aux toilettes. » Tanja pense : « Quel bruit ! » Mais déjà, Kadidja dit à ses élèves : « 1, 2, 3, je mets un doigt sur la bouche ; 4, 5, 6, je ne fais plus de bruit. » Très vite, les 32 élèves de Kadidja se mettent en rang et ne parlent plus. Enfin… presque ! Les enfants ont 4 et 5 ans : c'est la moyenne section. Avant, il y a la petite section où les élèves ont 3 et 4 ans, puis les grands de la grande section, âgés de 5 à 6 ans.

3. Ce matin, les élèves de Kadidja ont deux activités : « Atelier goût » et « Ecriture ». Après le repas à la cantine, les élèves qui sont fatigués dorment. Ensuite, ils jouent, puis sortent dans la cour pour la récréation. Après, il y a l'atelier « Quantités et nombres ». A la fin de la journée, un petit garçon va voir Tanja : « Qu'est-ce que tu fais dans ma classe ? Moi, je m'appelle Gaëtan et j'ai 5 ans. Comment tu t'appelles ? Tu ressembles à ma maman, tu sais ? »

1 C'est dans le texte. | LIRE

a) Répondez aux questions suivantes.

1. A la crèche du Soleil, Tanja s'occupe de huit enfants. Ils ont quel âge ?
2. Pourquoi est-ce qu'elle doit souvent consoler les enfants ?
3. Tanja s'intéresse à l'école maternelle française. Expliquez pourquoi.
4. Dans quelle école maternelle est-ce qu'elle va travailler ?
5. Combien de groupes (Gruppen) différents est-ce qu'il y a à l'école maternelle ? Dites lesquels.
6. Quel est l'âge des enfants de la moyenne section ?
7. A quelle heure est-ce que les enfants arrivent le matin ?
8. Que font les élèves avant la première activité ?
9. Pourquoi est-ce que Gaëtan parle à Tanja ?

b) Décrivez la journée des enfants dans la moyenne section. | ECRIRE, PARLER
Commencez vos phrases par : D'abord… – Ensuite… – Puis… – Après…

2 Regards croisés | PARLER

a) Was genau ist eine ***crèche***? Und was ist eine ***école maternelle***?
Eine Gruppe sucht Informationen über die ***crèche***, die andere über die ***école maternelle***.
b) Präsentieren Sie anschließend Ihre Ergebnisse.
c) Gibt es solche Einrichtungen auch in Deutschland?
Vergleichen Sie die Situation in beiden Ländern.

3 Mon jardin d'enfants | PARLER

Racontez à votre tour :
a) Est-ce que vous êtes allé(e) dans un jardin d'enfants ? Comment est-ce que c'était ?
b) Qu'est-ce que vous avez trouvé bien ? Qu'est-ce que vous n'avez pas aimé ? Racontez.

4 Moi, je sais ! ▸ § 6

a) Cherchez les trois formes du verbe **savoir** dans le texte.
b) A l'aide de la grammaire page 139, complétez les formes manquantes (die fehlenden Formen).
c) Traduisez les trois formes de **savoir** qui sont dans le texte. Qu'est-ce que vous remarquez ?

5 Tu le savais ? ▸ § 6

Complétez avec les formes du verbe **savoir** qui riment avec les phrases suivantes.
Attention : une phrase est au passé composé.

1. ● on aime le français.
2. ● se termine comme vue.
3. ● c'est grave.
4. ● tout est parfait.
5. ● c'est la récréation.
6. ● les filles s'amusaient.
7. ● les parents viennent les chercher.

6 Nous partons en vacances !

▸ § 5

Complétez avec les formes des verbes **dormir**, **partir**, **sortir**.

1

- Allez les enfants, il faut • maintenant…
- Tu nous lis une histoire ?
- D'accord, mais après, vous • !

2

- Vous • déjà ?
- Oui, nous • demain au Maroc et notre avion • à 5h30 !

3

Quand j'étais petite, nous ne • pas en vacances. Et nous • seulement le week-end.

4

Alice, Morgane, vous • encore ? • de vos lits ! On • dans un quart d'heure !

5

Les jeunes • de la maison. Ils • en vacances.

6

- Lucas, tu • ?
- Je/J' • hier, alors aujourd'hui, je suis fatigué…

7 Le premier jour de l'aide-maternelle

L 1/30 | ECOUTER, ECRIRE

Cécile est la nouvelle aide-maternelle et veut avoir des informations.

a) Ecoutez le dialogue une première fois, puis répondez aux questions.
   1. La maîtresse qui explique tout à Cécile s'appelle comment ?
   2. A quelle heure est-ce que l'école commence ? A quelle heure est-ce qu'elle se termine ?
   3. Que fait l'aide-maternelle ? Nommez au moins deux activités.

b) Ecoutez le dialogue encore une fois, puis notez dans la grille ci-dessous l'emploi du temps des enfants.

Matin		Après-midi	
Heure	Activités	Heure	Activités
8h20 – 8h40		11h30 – 13h30	
8h40 – 8h45		13h30 – 14h00	
8h45 – 9h00		14h00 – 15h00	
9h00 – 10h00		15h00 – 15h20	
10h00 – 10h15		15h20 – 16h30	
10h15 – 10h45			
10h45 – 10h55			
10h55 – 11h30			

c) Dites comment vous trouvez le système français.

/35

Histoires de familles...

1. Un soir, après l'école, Tanja, Julie et Kadidja se sont retrouvées pour boire un verre. Tanja voulait apprendre l'histoire de Gaëtan, alors Kadidja a commencé à raconter :

« Gaëtan est un enfant très intelligent... Mais à la maison, ce n'est pas facile pour lui. Ses parents se sont séparés quand il avait six mois. Depuis, sa maman l'élève seule. Elle s'était arrêtée à la naissance de Gaëtan et après la séparation, elle a dû recommencer à travailler à plein temps et mettre son fils à la crèche. Pour le petit, les journées sont longues, et sa maman lui manque : il parle d'elle tout le temps... Des familles monoparentales, on en a beaucoup à la crèche... »

2. Kadidja continue à parler : « Moi aussi, j'ai été dans cette situation. J'ai divorcé après six ans de mariage et pendant deux ans, je me suis occupée seule de ma fille. Et puis un jour, j'ai rencontré Fabrice. Lui aussi s'était séparé de sa femme et il avait la garde de ses deux fils. Après trois ans, nous avons décidé de nous marier. Au début, la famille recomposée, ça a été galère... Les fils de Fabrice ne voulaient pas m'accepter comme belle-mère, et nous nous sommes souvent disputés. Surtout quand Sophia, notre fille, est née. Mais maintenant, ça va : les garçons adorent leur demi-sœur ! »

3. C'est maintenant au tour de Julie de raconter son histoire : « Mes parents ont divorcé quand j'avais 13 ans, et je n'ai pas supporté leur séparation. Ma mère s'est vite remariée : j'ai eu de la chance, mon beau-père était assez sympa. Quand j'ai rencontré Jérôme, mon copain, je savais déjà : après le divorce de mes parents, pas question de me marier ! Jérôme, lui, vient d'une famille traditionnelle, il n'arrivait pas à me comprendre. A la fin, on a trouvé un compromis : on s'est pacsés l'année dernière. Allez Tanja, à ton tour ! »

4. Tanja rigole : « Vous savez, moi je suis célibataire en ce moment. Alors je n'ai pas grand-chose à raconter... »

1 C'est dans le texte. | LIRE, PARLER

a) Cherchez dans le texte toutes les informations que vous trouvez sur Gaëtan, Kadidja, Julie et Tanja.

Gaëtan	Kadidja	Julie	Tanja

b) Choisissez deux des personnes et présentez-les en quelques phrases.

2 Regards croisés

Der PACS (*pacte civil de solidarité*) ist eine in Frankreich seit 1999 mögliche zivilrechtliche Partnerschaft mit Gütergemeinschaft, gemeinsamer steuerlicher Veranlagung und steuerlich günstigen Erbbestimmungen. Obwohl sie nicht vom Geschlecht abhängig ist, wird sie fast ausschließlich von heterosexuellen Paaren (ca. 90%) genutzt. Homosexuelle Partnerschaften nutzen sie ebenfalls, da ihnen in Frankreich eine Ehe nicht offensteht. Im Unterschied zur Ehe wird der PACS nicht vor dem Bürgermeister, sondern vor dem Amtsgericht geschlossen. Die Partnerschaft verpflichtet zu gegenseitiger Hilfe.

a) Gibt es in Deutschland etwas Ähnliches?
b) Wie finden Sie die Idee des PACS?

3 Qui est-ce ?

Regardez l'arbre généalogique (Stammbaum) et complétez les phrases ci-dessous.

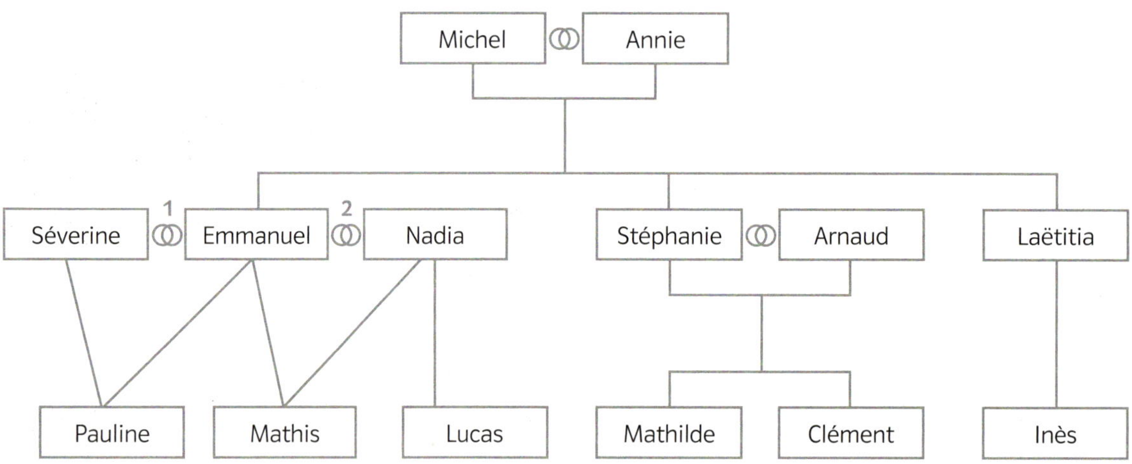

1. Pauline est la ● de Mathis.
2. Emmanuel est le ● de Lucas.
3. Inès est la ● de Laëtitia.
4. Stéphanie et Arnaud ont un ● et une ●.
5. Séverine et Emmanuel ●, puis Emmanuel et Nadia ●.
6. Laëtitia est ●.
7. Laëtitia et Inès sont une famille ●.
8. Stéphanie, Arnaud et leurs enfants sont une famille ●.
9. Emmanuel, Nadia et leurs enfants sont une famille ●.
10. La première femme d'Emmanuel s'appelle ●.
11. Les couples mariés sont ●, …
12. La belle-mère de Pauline s'appelle ●.

4 Ce matin, je me suis levée à 7 heures. ▸ § 7

Im Text Seite 27 finden Sie mehrere **reflexive Verben** im ***passé composé***.

a) Suchen Sie diese Verbformen heraus.
b) Wie wird das ***passé composé*** der reflexiven Verben gebildet?
c) Welches Hilfsverb wird im Französischen verwendet? Und im Deutschen?
d) Wann und wie wird die Grundform des ***participe passé*** verändert?

5 On s'est pacsés ! ▸ § 7

Complétez le texte avec les **verbes pronominaux** au **passé composé**.

1. Tanja : Pourquoi est-ce que Jérôme et toi, vous ● ?
   Julie : Mes parents ● quand j'étais petite, alors je ne voulais pas me marier. Alors, nous ●.
2. Après son divorce, Kadidja ● seule de sa fille.
   Elle ● tout de suite.
3. Julie : Tanja, tu as l'air cassé. A quelle heure est-ce que tu ● ?
   Tanja : Je ● tard hier soir. Mais ce matin, je ● à 5 heures !
4. Les filles ● après le travail. Elles ont passé la soirée ensemble et ●.
5. Hier, Jérôme ● parce que Julie n'avait pas rangé ! Julie ● et à la fin, ils ●. Mais aujourd'hui, tout va bien !

ne pas se marier
se séparer
se pacser
s'occuper
ne pas se remarier
se coucher
ne pas se coucher ; se lever
se retrouver ; bien s'amuser
s'énerver ; se fâcher
se disputer

6 La journée de Kadidja ▸ § 7 | ECRIRE

Décrivez les images et racontez la journée de Kadidja au **passé composé**. Utilisez les **verbes pronominaux**.

se lever – s'habiller

se dépêcher – ne pas s'arrêter

s'occuper – s'amuser

se coucher – se reposer

se moquer – se disputer

se fâcher – ne pas bien se passer

On dit | Über seine Familie/seine familiäre Situation berichten

So beschreiben Sie Ihre Familie	So sprechen Sie über die Familienmitglieder
Ma famille est une famille traditionnelle/ monoparentale/ recomposée.	J'ai une sœur/un frère/des frères et sœurs/ une demi-sœur/un demi-frère. J'habite avec mes parents/ ma mère et mon beau-père (le nouveau mari de ma mère)/ mon père et ma belle-mère (la nouvelle femme de mon père).
So beschreiben Sie den Familienstand Ihrer Eltern/Ihren Familienstand	
Mes parents sont mariés. Mes parents se sont séparés/ont divorcé. Mon père/Ma mère s'est remarié(e). Ma mère/Mon père m'élève seul(e). Mes parents se sont pacsés.	Je suis célibataire. Je suis marié(e)./Je me suis marié(e). Je me suis séparé(e) de ma copine/de mon copain. J'ai un fils/une fille.

A vous ! | ECRIRE

Ecrivez à votre correspondant(e) un e-mail dans lequel vous présentez votre famille. Donnez aussi des informations sur les membres de votre famille (über die Familienmitglieder) comme leur âge, leurs activités, leur profession (Beruf), etc.

7 La famille de Tobias | PARLER

Loïc va voir Tobias pendant les vacances. Tobias lui montre une photo de sa famille et explique qui sont les personnes sur la photo.

« Alors là… » Continuez.

der Großvater – le grand-père
die Großmutter – la grand-mère
der Onkel – l'oncle
die Tante – la tante
der Cousin – le cousin
die Cousine – la cousine
der Hund – le chien

1 Tante Maren
2 Henriette
3 Bülent
4 Felix
5 Tante Petra
6 Samya
7 Opa Hans
8 Oma Elfriede
9 Papa (Daniel)
10 Mama (Corinna)
11 Tobias
12 Laura
13 Großtante Theresia
14 Brutus

/39 8 « Mes parents s'aiment toujours... »

| ECOUTER, ECRIRE, PARLER

Ecoutez la discussion et répondez aux questions.

Après la première écoute
a) Où est-ce que la scène se passe ?
b) Qui est là ?
c) De quoi parlent les amis ?

Après la deuxième écoute
a) Comment est la famille de Jérôme ?
b) Qui vient aux fêtes qu'elle organise ?
(Le vocabulaire page 163 peut vous aider.)
c) Quelles questions est-ce que Tanja pose ? Pourquoi ?

Stratégie Wortbildung

Mit den folgenden Wortbildungsregeln können Sie unbekanntes Vokabular erschließen.

Erschließung von Verben

re-	**re**commencer, se **re**marier, une famille **re**composée, ... Die Vorsilbe (**Präfix**) **re-** drückt eine **Wiederholung** aus.

Erschließung von Nomen

Häufig zeigen Wortendungen (**Suffixe**) an, dass Nomen von Verben abgeleitet wurden:

-tion	séparer → la sépara**tion** présenter → une présenta**tion** Die Wortendung **-tion** drückt abstrakte Begriffe aus. Diese Nomen sind immer **weiblich**.
-age	se marier → le mari**age** Die Wortendung **-age** drückt eine konkrete Aktion aus. Diese Nomen sind immer **männlich**.
-ment	changer → un change**ment** commencer → une commence**ment** Die Wortendung **-ment** drückt eine konkrete Aktion aus. Diese Nomen sind immer **männlich**.
-eur	visiter → un visit**eur** voyager → un voyag**eur** Die Wortendung **-eur** bezeichnet meistens **Personen**, die etwas machen.

Erschließung von Adjektiven

Auch wenn Adjektive von Nomen abgeleitet wurden, zeigen das die Wortendungen an:

-al, -ale	un parent → parent**al**
-el, -elle	une tradition → tradition**nel** une promotion → promotion**nel**

A vous !

a) Ajoutez le préfixe re- (Hängen Sie die Vorsilbe... an) aux verbes suivants et traduisez-les.

venir | voir | mettre | prendre | monter | demander

b) Regardez les mots suivants et retrouvez le verbe/le nom à partir duquel ils ont été formés (... auf das sie zurückzuführen sind). Vérifiez vos réponses dans le dictionnaire.

une interrogation | l'organisation | une invitation | une information | un amusement | un paiement | un travailleur | un joueur | familial | régional | professionnel | culturel

<Bibliothèque Seite 120>

Loin du 16e

Paris je t'aime, ce sont 18 petites histoires sur Paris.

L 3 1 Histoires d'enfants | PARLER

a) Regardez la séquence.
b) Racontez l'histoire à l'aide des images.

2 Pour aller plus loin | PARLER

Travaillez en groupe. Choisissez un des sujets suivants :

a) La jeune femme s'occupe d'un autre enfant, en même temps, elle regarde par la fenêtre. A quoi est-ce qu'elle pense ? Imaginez.
b) La vie d'une mère monoparentale : entre stress et liberté (Freiheit). Discutez.
c) Marié(e), pacsé(e), célibataire. Décrivez votre situation familiale idéale.

---

loin de [lwɛ̃də] weit weg von – **le 16e (arrondissement)** [ləsɛzjɛmarɔ̃dismɑ̃] Nobelviertel in Paris

1 Qu'est-ce qu'ils savent faire ? ▸ § 6

Complétez avec les formes de **savoir**.

Tanja et Julie sont à la gare.

1. Julie : Tu ● quand le train de tes amis arrive ?
   Tanja : Non, je ne ● pas, j'ai oublié les horaires à la maison.
2. Julie : Tes amis restent longtemps ?
3. Tanja : Ils ne ● pas encore. S'il fait beau, oui !

A l'école.

4. Le directeur à Tanja : Mais qu'est-ce que vous faites ? Vous ne ● pas que c'est interdit ?
5. Tanja : Non, je ne ● **(imparfait)** pas. Excusez-moi.
   Le directeur : Bon, ça va pour cette fois…

2 La journée d'un enfant de maternelle ▸ § 5

Complétez avec les formes de **sortir**, **partir** et **dormir**. Faites attention à la différence entre sortir et partir.

1. Il est 7 heures. Gaëtan ● encore.
   Camille, sa mère, entre dans sa chambre.
2. « Vite, mon petit Tantan. C'est l'heure.
   Il faut se lever. » Gaëtan ● du lit.
3. A 8 heures, Gaëtan et sa mère ●.
   Ils vont à l'école maternelle en voiture.
4. Gaëtan ne parle pas, alors Camille lui demande : « Tu ● encore ? »
5. Gaëtan : « Non, je ne ● pas, je regarde mon livre. »
6. Un quart d'heure plus tard, ils arrivent à l'école maternelle et ● de la voiture.
7. Camille accompagne son fils à l'entrée de l'école et puis elle ●.
8. Après la cantine, la maîtresse dit aux enfants : « Maintenant, vous ● un peu. »
9. Le soir, Gaëtan raconte à sa mère : « Après la cantine, je/j'●. Et après, Tristan et moi, nous ● dans la cour et nous avons joué ! »

3 La maternelle à la mer ▸ § 7

Complétez avec les **verbes pronominaux** au **passé composé**.

Hier, la maternelle est allée à la mer. Kadidja raconte.

1. Nous sommes partis à 8 heures et deux heures plus tard, le bus ● à la plage de Honfleur.
2. L'eau était bonne et tous les enfants ●.
3. Sauf Célia : elle avait un peu peur d'aller dans l'eau, et Eric ● d'elle.
4. Célia ●, et les deux ●.
5. Mais Julie et moi ● d'eux et très vite, ils ●.
6. Plus tard, on a organisé des activités sur le sable et tous les enfants ●.
7. La journée ● !

se disputer | *s'amuser* | *s'arrêter* | *se baigner* | *se calmer* | *se fâcher* | *bien se passer* | *se moquer* | *s'occuper*

Sie können jetzt

- Ihren Tagesablauf detailliert beschreiben.
  → Beschreiben Sie Ihren gestrigen Tag (z. B.: Wie lange haben Sie geschlafen? Wann sind Sie aufgestanden? Etc.)
- Verwandtschaftsbeziehungen benennen, andere danach fragen und Details dazu erfragen.
  → Fragen Sie Ihren Nachbarn, ob er Geschwister hat.
  → Erzählen Sie, dass Ihre Freundin Laura eine Halbschwester und einen Stiefvater hat. Ihre Eltern haben sich scheiden lassen, und ihre Mutter hat wieder geheiratet.
- sagen, dass Sie etwas wissen bzw. nicht wissen.
  → Sagen Sie, dass Sie nicht wissen, wann die Ferien beginnen. Aber Sie wissen schon, dass Sie ein zweiwöchiges Praktikum machen wollen.

→ Überprüfen Sie Ihre Antworten auf den Seiten 225–229.

Leçon 3 Olivier, agriculteur

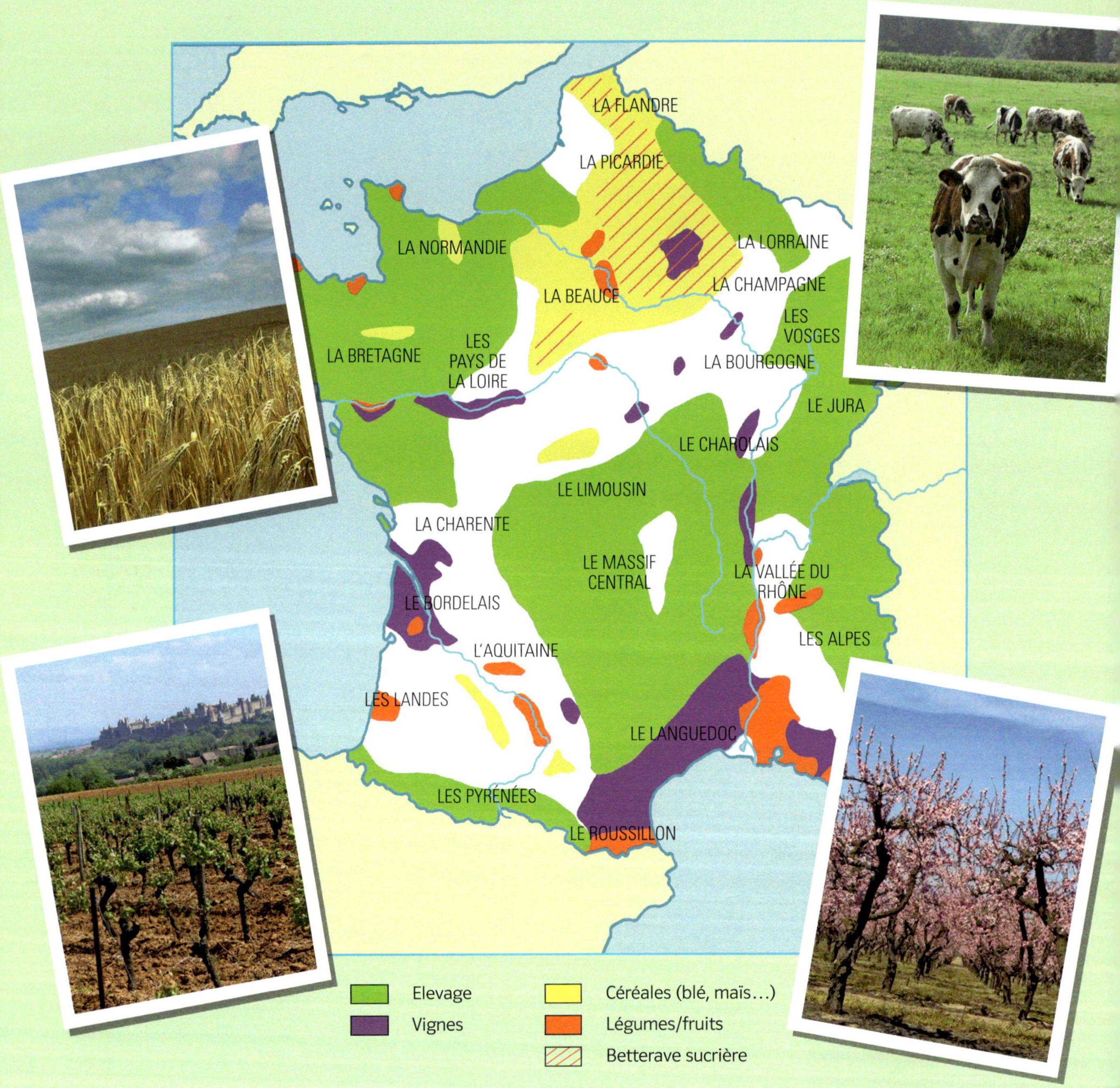

La France agricole

Regardez la carte : Qu'est-ce qu'on cultive en France ? Dans quelles régions ?
Regardez aussi le vocabulaire page 165.

L'agriculture en France

1/48

L'été dernier, Jan, qui est au lycée technologique de Heilbronn, a passé ses vacances en Normandie où il a rencontré Olivier. Jan doit faire un exposé sur l'agriculture en France.
Les parents d'Olivier ont une ferme et Olivier a peut-être d'autres informations pour lui.

de	jan_buehler@web.de	à	o.ferrand@orange.fr
objet	Exposé		

Salut Olivier !

Ça va ? Moi ça va, mais je dois faire un exposé sur l'agriculture en France et ce n'est pas facile ! Tu peux peut-être m'aider un peu ? Voilà les informations que j'ai trouvées sur Internet :

La France est le premier pays agricole de l'Union européenne. Les surfaces agricoles occupent une part importante du territoire français. Dans le nord du pays, en Picardie, et dans la Beauce, au sud-ouest de Paris, on cultive surtout des céréales. La France est le troisième producteur de blé du monde ! Il y a le sucre (avec la betterave sucrière) et le vin. On trouve des vignes dans beaucoup de régions françaises. Les produits laitiers, les fruits et légumes et l'élevage jouent aussi un grand rôle dans l'économie française et européenne. Les agriculteurs représentent environ 3,5 % de la population active totale.

Ces informations, c'est déjà super, mais moi, j'ai eu une idée : pourquoi est-ce que je ne parle pas dans mon exposé d'un agriculteur en particulier ? Et j'ai pensé à tes parents et toi ! Comment est-ce que tu trouves mon idée ?

A bientôt, Jan

1 La Picardie, c'est où ? | PARLER

Où sont les régions ? Regardez la carte page 34.
Exemple : Elève A : La Picardie, c'est dans le sud de la France ?
Elève B : Non, la Picardie, c'est dans le nord.

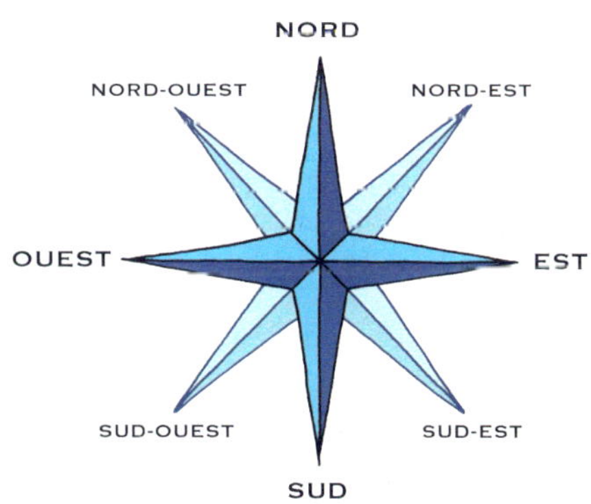

2 Les mots pour le dire | PARLER

Expliquez avec vos propres mots les mots suivants : un agriculteur, une ferme, le territoire français, un producteur, le sucre, laitier, la population active.

3 Qu'est-ce qu'on cultive en France ? | PARLER

a) Regardez la carte page 34 et posez des questions sur les cultures.
Exemple : Où est-ce qu'on cultive du blé ? – On cultive du blé en Picardie, par exemple.
Continuez avec les mots suivants : maïs, vin, fruits, légumes, betterave sucrière.
b) Choisissez une région et donnez à la classe des informations sur les cultures et l'élevage.

L 1/49

Bac pro… et Québec !

de	o.ferrand@orange.fr	à	jan_buehler@web.de
objet	Re: Exposé		

1. Salut Jan,
Je viens de rentrer de l'étable, et j'ai encore un peu de temps pour t'écrire ! J'ai pensé à ton exposé. A mon avis, les infos générales ennuieront tes copains ! L'histoire d'un jeune agriculteur est une bonne idée, je trouve. Ça intéressera sans doute ta classe. Alors voilà mon histoire, tu la raconteras si tu veux, d'accord ? Quand j'avais 5–6 ans, je me passionnais déjà pour l'agriculture : j'adorais aider mon père, surtout quand il s'occupait des vaches laitières. J'ai donc décidé de faire des études d'agriculture et je suis entré en 4e au lycée agricole de Kernilien à Guingamp. Là, j'ai passé mon bac pro, puis un BTS agricole. Deux ans d'études qui viennent de se terminer…

2. J'ai bien aimé la vie à l'internat, surtout les fêtes avec les copains. Mais j'ai aussi beaucoup travaillé et j'ai participé à des projets de développement durable : tri des déchets, agriculture bio, commerce équitable, etc. Et j'ai passé mon permis pour le tracteur ! Super, non ? Tout cela m'aidera à devenir un agriculteur parfait ! ☺

3. J'ai toujours rêvé de reprendre la ferme de mes parents. Mais avant, je veux partir à l'étranger : à la fin de l'été, je partirai pour le Québec où je ferai un stage de six mois dans une exploitation laitière. Elle ressemble à la ferme de mes parents, mais ils utilisent des énergies renouvelables, et ça, ça m'intéresse ! A mon retour, mon père prendra sa retraite… et moi sa ferme ! Il me dit tout le temps : « Vous, les jeunes, vous n'aurez pas une vie facile à la ferme : beaucoup de choses ont changé… Est-ce que tu y arriveras ? Ce ne sera pas facile de trouver une femme… » C'est sûr, la vie à la ferme, ça n'attire pas trop les filles, mais il y en a quand même beaucoup qui rêvent d'habiter à la campagne.

4. J'ai déjà beaucoup de projets pour « ma » ferme ! En plus de la ferme, nous proposerons un gîte : cela mettra un peu de beurre dans les épinards. Les touristes et mes parents adoreront ! Bon ! Fin du rêve ! J'ai encore d'autres idées pour moderniser la ferme, mais cela coûtera beaucoup d'argent…
Allez, maman vient d'appeler à table, alors je m'arrête.

A bientôt, Olivier

La ferme des parents d'Olivier

Une exploitation laitière au Québec

1 C'est dans le texte. | LIRE, PARLER

Résumez chaque partie du texte en trois phrases.

2 Regards croisés

Olivier veut proposer un gîte.
@ a) Qu'est-ce que c'est ? Cherchez des informations.
b) Est-ce qu'il y a des gîtes en Allemagne ? Racontez.

3 C'est le contraire !

Trouvez les antonymes (Wörter mit konträrer Bedeutung) des mots suivants :

ennuyer | plus | adorer | avant | terminer | la campagne

4 Mettre du beurre dans les épinards

En français, comme dans d'autres langues, on trouve des locutions (Redewendungen) avec des fruits et légumes.

Qu'est-ce qu'on dit en allemand ? Trouvez une expression équivalente (einen entsprechenden Ausdruck).
a) – Ben dis donc, tu es en forme aujourd'hui ! – Oui, **j'ai la pêche** !
b) Hier, après le sport, Julie n'allait pas bien. Elle **est** même **tombée dans les pommes**.
c) C'est une histoire entre Pierre et moi ! **Ce ne sont pas tes oignons !**
d) Christophe est toujours en retard : j'en ai marre de **faire le poireau** !
e) Le film était nul ! **Un** vrai **navet** !
f) – Tu ne veux pas passer une semaine chez mes parents, mais moi, je veux les voir.
– On peut **couper la poire en deux** et passer juste le week-end chez tes parents ?
g) Maintenant, on ne peut plus rien changer. **Les carottes sont cuites.**
h) – Tu as compris l'exercice de mathématiques ? – Oui, si tu veux, je te l'explique : **c'est bête comme chou !**

5 Aujourd'hui et demain ▸ §§ 8, 9

Im Text Seite 36 finden Sie eine Zeitform, die Zukünftiges ausdrückt: das ***futur simple***.
a) Suchen Sie alle Verbformen des ***futur simple*** aus dem Text heraus und ordnen Sie sie in einer Tabelle den Personalpronomen zu. Wie lauten die Endungen und die Infinitive? Was ist das Besondere bei *ennuyer*?
b) Formulieren Sie die Regel mit Hilfe des Grammatischen Anhangs Seite 140: Wie wird die neue Zeitform gebildet?
c) Wie lautet das ***futur simple*** von ***avoir***, ***être***, ***faire***? Finden Sie die Formen im Text Seite 36.

6 Mes projets ▸ §§ 8, 9

Préparez cinq questions que vous poserez à votre voisin.
Exemple : Qu'est-ce que tu **feras** plus tard ? – Je **serai** prof de mathématiques.
Et où est-ce que tu **partiras** en vacances cet été ? – Je **partirai** aux Etats-Unis.

être	musicien agriculteur apprenti animateur…	avoir	de l'argent des enfants une grande maison du succès…
faire	ses études un stage un voyage…	habiter à visiter partir à	Lyon Paris Barcelone Vienne…

7 Qui reprendra la ferme ? ▸ §§ 8, 9

La mère d'Olivier discute avec madame Dumont, une amie.
Mettez les verbes entre parenthèses au **futur simple**.

Mme Dumont : Alors, Olivier a eu son BTS ?
La mère d'Olivier : Oui, c'est super. Et cet été, il **(partir)** au Québec où il **(travailler)** dans une ferme à côté de Gaspé. Avec d'autres stagiaires, ils **(s'occuper)** des vaches. Et après son stage, il **(reprendre)** notre ferme !
Mme Dumont : Et vous alors, qu'est-ce que vous **(faire)** ? Vous **(prendre)** votre retraite ?
La mère : Les premiers mois, nous **(rester)** pour l'aider, mais après, il **(se débrouiller)**. Pas de souci, nous **(ne pas s'ennuyer)**.
Mme Dumont : Ah, vous avez de la chance avec Olivier. Sandrine et Benjamin nous ont déjà dit : ils **(ne pas reprendre)** la ferme.
La mère : Et qu'est-ce qu'ils **(faire)** alors ?
Mme Dumont : Sandrine **(terminer)** d'abord ses études et après, elle **(partir)** en Australie, c'est son rêve depuis longtemps. Et Benjamin ne sait pas encore, mais c'est sûr, il **(ne pas rester)** à la campagne ! Il préfère la vie en ville.
La mère : Il faut les comprendre, la vie d'agriculteur n'est pas facile.

8 Le stage au Québec | ECOUTER, ECRIRE

L 1/53

Olivier est depuis deux mois au Québec et discute avec les autres stagiaires, Léa et Justin.

a) Ecoutez le dialogue une première fois. Qu'est-ce qu'on apprend sur les trois stagiaires ? Prenez des notes.
b) Ecoutez le dialogue une deuxième fois et complétez la grille.

	Olivier	Léa	Justin
D'où viennent les stagiaires ?			
Comment est-ce qu'ils ont fait pour trouver leur stage ?			
Qu'est-ce qu'ils veulent faire après le stage ?			

1/55

Ferme, gîte et économies d'énergie !

1. Depuis un an, Olivier est de retour du Québec et beaucoup de choses ont changé pour lui. Il a repris comme prévu la ferme de son père et il a rencontré Cécile. Ils sont ensemble depuis huit mois et Cécile vient d'emménager à la ferme. Aujourd'hui, ils ont la visite de Damien, le frère de Cécile, et Olivier lui montre « sa » ferme.

2.

Damien : Elle est grande, ta ferme ?

Olivier : L'exploitation fait 70 hectares, avec 35 hectares de cultures.

Damien : Et qu'est-ce que vous cultivez ?

Olivier : Du blé et du maïs, mais je pense que je vais arrêter le maïs parce que cette culture a besoin de beaucoup trop d'eau. J'ai aussi 35 vaches laitières.

Damien : Tout cela, ça fait beaucoup de travail, non ?

Olivier : Oui. J'ai donc gardé l'ouvrier de mes parents. Et eux aussi, ils m'aident encore, même si nous ne sommes pas toujours d'accord !

3.

Le père d'Olivier : Et oui, les jeunes pensent qu'ils savent tout faire et qu'ils n'ont pas besoin de nos conseils !

Damien : Ça me rappelle mes discussions avec mon père…

Olivier : Au début, ça a été difficile : papa avait des doutes et refusait de moderniser la ferme.

Le père d'Olivier : Nous nous sommes beaucoup disputés. Il ne voulait pas m'écouter, se moquait de mon expérience…

Olivier : Et toi, tu ne me faisais pas confiance !

Le père d'Olivier : C'est vrai. Mais à la fin, j'ai compris tes arguments. Et aujourd'hui, je sais que tu as raison : on ne peut pas continuer à travailler comme avant, ce n'est pas rentable.

4.

Cécile : En ce moment, nous sommes en train de nous occuper de la construction du gîte. L'idée est de loger des touristes, surtout en été, cela fera de l'argent en plus.

Olivier : Ce sera une maison passive, c'est-à-dire une maison qui n'a pas besoin de chauffage. Comme ça, nous ferons des économies d'énergie.

Damien : Vous avez pensé à tout, c'est super !

Olivier : Et pour l'électricité, je veux être indépendant.

Le père d'Olivier : C'est pourquoi nous sommes en train de réparer le vieux moulin à eau.

Olivier : Et pour le chauffage de la ferme, je vais installer des panneaux solaires : comme ça, nous n'aurons plus besoin de fioul. Plus de fioul, plus de pollution ! Tu vois, j'ai beaucoup de projets !

Damien : Tu sais combien ça va coûter ?

Olivier : C'est cher, j'ai dû prendre un crédit assez important. C'est risqué parce que les prix des céréales et du lait ne sont pas toujours stables. Mais je suis sûr qu'à long terme, ces investissements seront rentables !

1 Histoire de mots

a) Quels mots du texte est-ce que vous pouvez comprendre à l'aide d'autres langues ?
b) prendre sa retraite ; reprendre la ferme ; prendre un crédit : traduisez « prendre » dans ces expressions.

2 C'est dans le texte. | LIRE

a) Répondez aux questions suivantes.
   1. Quels sont les nouveaux personnages du texte ?
   2. Lisez le deuxième paragraphe du texte. Décrivez la ferme.
   3. Quels avantages est-ce que le gîte aura ?
   4. Comment est-ce qu'Olivier va faire d'autres économies d'énergie ? Racontez.
   5. Pourquoi est-ce que les projets d'Olivier sont risqués ? Expliquez.

b) Racontez le conflit (den Konflikt) entre père et fils. | ECRIRE

3 Ils savent tout faire. ▸ § 11

a) Schauen Sie sich folgende Sätze an: „*ils savent tout faire*" (Zeile 15) und „*on ne peut pas continuer à travailler comme avant.*" (Zeile 24). Übersetzen Sie beide Sätze: Was fällt Ihnen auf? Schlagen Sie die Regel im Grammatischen Anhang Seite 142 nach.

b) Übersetzen Sie die folgenden Sätze. Achten Sie dabei auf die Verwendung von ***savoir*** und ***pouvoir***.

1. Olivier konnte schon lesen, als er fünf war.
2. Olivier und Cécile können dieses Jahr nicht in Urlaub fahren, weil sie zu viel Arbeit haben.
3. Cécile und ihr Bruder können Spanisch und Englisch sprechen.
4. Jetzt kann Oliviers Vater die Argumente seines Sohnes verstehen.
5. Die Milchpreise können sich schnell ändern.
6. Oliviers Mutter kann leckere Kuchen backen.

4 Qu'est-ce qu'ils sont en train de faire ? ▸ § 10

Racontez la journée à la ferme. Utilisez **venir de** (faire qc)/**être en train de** (faire qc)/**aller** (faire qc).
Exemple : Olivier **vient de** se lever. Il **est en train de** s'habiller. Il **va** prendre le petit-déjeuner.

Olivier
aller à l'étable – s'occuper des vaches – sortir les vaches

l'ouvrier
arriver – discuter avec Olivier – réparer le tracteur

Cécile/Damien
prendre le petit-déjeuner – montrer la ferme – faire le tour de l'exploitation

Cécile
ranger la maison – préparer le repas – aider Olivier dans le gîte

Olivier et son père
travailler au moulin – ranger leurs affaires – rentrer à la ferme

Cécile
terminer le repas – faire le site Internet pour le gîte – se coucher

5 Annonce pour un gîte | LIRE, PARLER, ECRIRE

Les Kleinert, vos voisins, veulent passer leurs vacances en Normandie. Ils ont trouvé sur Internet une annonce pour un gîte, mais ne comprennent pas tout.

a) Résumez pour eux les informations.

Gîte deux épis, situé sur la commune de BRAFFAIS dans la Manche

Nb de chambres : 2
Superficie : 83 m²
Séjour. Coin-cuisine. 2 ch. 1 lit 160. 2 lits 90. 1 canapé convertible. Salle d'eau. W.-C. TV. Chaîne HI-FI. Lave-linge. Lave-vaisselle. Draps en location. Serv. ménage. Chauf. électrique. Terrasse.
Salon de jardin. Barbecue. Magnifique logis du XVIIe. C'est dans l'ancienne étable que ce gîte a été aménagé. Un cours d'eau et des chemins attendent les amoureux de la nature. (4 vélos)

Classement :	1 semaine				
Capacité : 4 personnes	Haute Saison	Moyenne Saison	Pâques/Nouvel-An	Basse Saison	Week-End
Gîte rural	315,00	210,00	210,00	170,00	135,00

b) Les Kleinert trouvent ce gîte très intéressant.
Ils vous demandent d'écrire un e-mail aux propriétaires pour demander :
- si le gîte est libre du 20 mars au 4 avril ;
- comment ils peuvent payer ;
- où ils peuvent faire les courses.

On dit Die eigene Meinung vertreten

Seinen Standpunkt darlegen	Mit jemandem/etwas einverstanden sein	Mit jemandem/etwas nicht einverstanden sein
Je pense que…/Je trouve que… A mon avis, … Pour moi, …	Je suis d'accord avec toi/vous/une personne. Tu as/Vous avez raison. Je comprends tes/vos arguments. C'est vrai.	Je ne suis pas d'accord avec toi/vous/une personne. Je refuse cette idée/ces arguments. J'ai un/des doute(s). Je ne suis pas sûr(e).

A vous ! | PARLER

Olivier veut prendre un crédit important pour acheter la ferme des Dumont. Cécile n'est pas d'accord. Imaginez leur discussion.

1/59

6 Vacances à la ferme | ECOUTER, PARLER

Ecoutez la conversation téléphonique (das Telefongespräch).
a) Notez toutes les informations qui sont données sur le gîte.
b) Présentez ensuite ce gîte à votre classe.

7 Des questions à un agriculteur | PARLER

Vous passez vos vacances avec des amis dans une ferme en Normandie.
Le premier soir, la famille de l'agriculteur vous invite à prendre un verre.
La famille est très sympa. Vous voulez tout savoir sur la ferme, sur le travail…
et la famille sur vous, sur votre vie professionnelle, etc.

Préparez la discussion. Utilisez toutes les informations et le vocabulaire de la leçon, puis jouez la scène.

Stratégie Vokabeln lernen

Es gibt ein paar **Grundregeln**, um neue Vokabeln sinnvoll zu lernen:

- Notieren Sie neue Wörter in einem Ordner oder einem Karteikasten. Wichtig: Nomen mit dem Artikel, Adjektive mit der weiblichen Form, Verben evtl. mit Präposition notieren
- Wiederholen Sie Vokabeln regelmäßig (Tipp: Jeden Tag ein paar Minuten ist besser als einmal in der Woche eine Stunde.)
- Lesen Sie neue Vokabeln laut vor.

Vokabeln behalten Sie besser, wenn Sie sie **bündeln**.

Dafür gibt es verschiedene Möglichkeiten:
- **Sachfelder**: Schreiben Sie dazu das Vokabular zu einem Sachfeld in drei Spalten: Nomen/Verben/weitere Kategorien.
- **Wortfelder**: Suchen Sie den thematischen Oberbegriff und schreiben Sie die dazugehörigen Wörter um ihn herum.
- **Wortfamilien**: *un produit, la production, un producteur*.
- **Synonyme** und **Antonyme** (Wörter mit gleicher/konträrer Bedeutung): *évident = facile; la campagne ≠ la ville*
- **Redewendungen**: *mettre du beurre dans les épinards ; tourner autour du pot*.
- **Wortgruppen**: *prendre sa retraite, prendre un crédit, reprendre la ferme*.

Nomen	Verben	weitere Kategorien

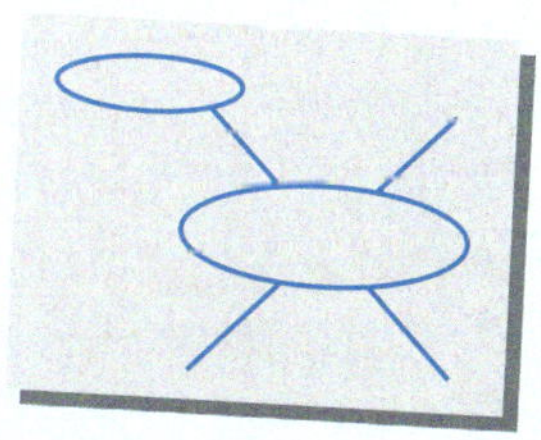

Wählen Sie die Möglichkeit(en) aus, die zu Ihrem Lernentyp am besten passt/passen.

A vous !

Wählen Sie zwei Aufgaben:
a) Bauen Sie ein Sachfeld oder ein Wortfeld um das Thema *l'agriculture* auf.
b) Erstellen Sie eine Wortfamilie um den Begriff *travail*. Benutzen Sie dazu auch das Wörterbuch.
c) Suchen Sie je ein weiteres Beispiel für ein Synonym und ein Antonym.
d) Welche feststehenden Ausdrücke kennen Sie schon?
e) Erstellen Sie eine Wortgruppe zum Verb *faire*. Beziehen Sie das Vokabular der Lektionen 1 bis 3 ein.

<Bibliothèque Seite 122>

L'éolien en France et en Europe

L'Union européenne a décidé de produire 20 % de son électricité en énergie renouvelable d'ici 2020.
L'Allemagne est le leader mondial dans ce domaine.
La France est encore en retard, mais l'éolien se développe en ce moment sur le territoire français.

Développement de l'énergie éolienne en France:

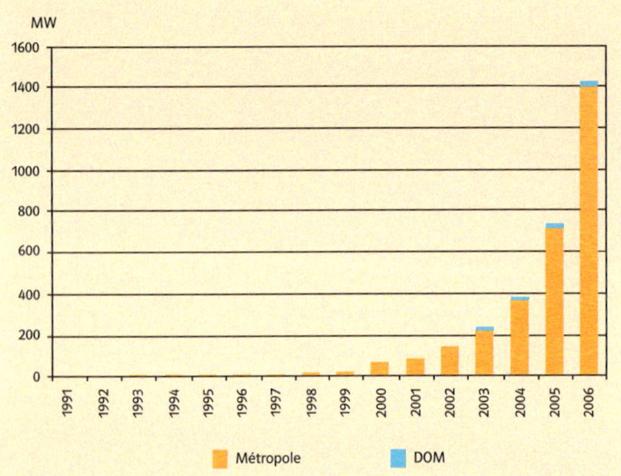

© ADEME

Puissance éolienne installée en France en 2005 par régions.

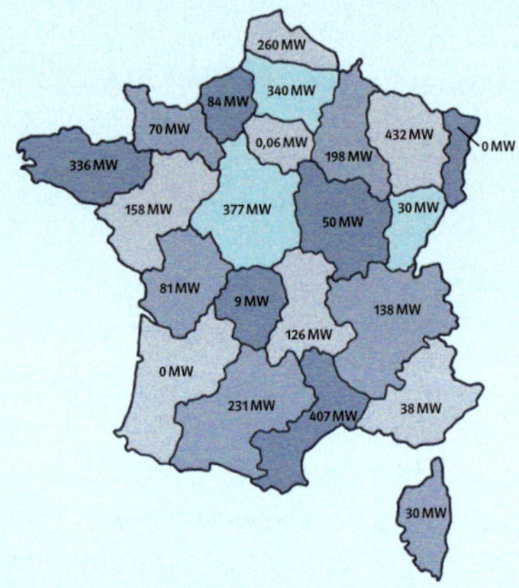

© ADEME

Puissance éolienne installée dans l'Union européenne fin 2007 :

Rang	Pays (fin 2007)	MW
1	Allemagne	22 247
2	Espagne	15 145
3	Danemark	3 125
4	Italie	2 726
5	France	2 454
6	Royaume-Uni	2 389
7	Portugal	2 150
8	Pays-Bas	1 746
9	Autriche	982
10	Grèce	871

© Wikipédia

Des éoliennes en France

Le développement de l'énergie éolienne

Regardez les documents.

a) Quelle est la situation de l'éolien en France ?
b) Regardez le tableau. Est-ce que la répartition (die Aufteilung) vous étonne ? Pourquoi ?
c) Quelle est la situation dans votre région ? Racontez.
d) A votre avis, est-ce que l'éolien va continuer à se développer ? Pourquoi (pas) ? Discutez en classe.

1 Où est-ce que nous partirons cette année ?

▸ §§ 8, 9

Mettez les verbes entre parenthèses au **futur simple**.

1. Marc et Pauline (se marier) cet été et (partir) ensuite en vacances. Ils discutent de leurs projets avec leur amie Marine.
2. Marine : Vous (partir) quand ?
3. Pauline : On (prendre) l'avion à Paris le 20 juillet et on (arriver) à Sydney le 22.
4. Marine : Ce/C' (être) un long voyage !
5. Marc : Oui, mais nous (être) trois semaines en Australie.
6. Marine : Et qu'est-ce que vous (faire) ? Vous (rester) trois semaines à Sydney ?
7. Pauline : Mais non ! Nous (commencer) par la visite de Sydney et après, nous (faire) le tour du nord de l'Australie ! Et toi, où est-ce que tu (partir) cet été ?
8. Marine : Moi, je/j'(avoir) seulement une semaine de congé, alors je (rester) en France ! Je (prendre) peut-être une chambre dans un hôtel près de Marseille et je (se reposer).

2 Qu'est-ce qu'on peut faire ?

▸ § 11

Complétez avec **savoir** ou **pouvoir**.

Marc prépare le voyage en Australie.

1. Marc : Pauline, tu as vu, on ● faire du cheval à côté de l'hôtel.
2. Pauline : Mais Marc, je ne ● pas monter à cheval. On ● peut-être trouver une autre activité, non ?
3. Marc : Bien sûr ! Nous ● faire de la randonnée ou visiter la région.
4. Pauline : C'est toi qui prépares tout le voyage ! Tu es sûr que je ne ● pas t'aider ?
5. Marc : Moi, je ne ● pas bien parler anglais, alors tu ● réserver les hôtels par exemple.
6. Pauline : D'accord, je ● regarder sur Internet et écrire ensuite un e-mail.

   Marc : Super !

Sie können jetzt

– sagen, welche Nahrungsmittel in welcher Region produziert werden.	→ Sagen Sie Olivier, dass im Norden Deutschlands Getreide angebaut und Viehzucht betrieben wird, im Südwesten neben Getreide und Gemüse auch sehr guter Wein produziert wird. Und dass es in Ostdeutschland große landwirtschaftliche Betriebe gibt, die z. B. Zuckerrüben anbauen.
– über umweltschonende Maßnahmen reden.	→ Sagen Sie, dass Sie sich um die Mülltrennung kümmern und Energie sparen. Später wollen Sie in ein Passivhaus einziehen.
– sagen, dass Sie eine Tätigkeit gerade abgeschlossen haben.	→ Sagen Sie, dass Sie gerade einen Kredit aufgenommen haben, um ein Haus zu kaufen.
– sagen, dass Sie gerade eine Tätigkeit durchführen.	→ Sagen Sie, dass Sie gerade mit Ihrer Freundin telefonieren.
– ausdrücken, was Sie zu einem zukünftigen Zeitpunkt tun werden.	→ Sagen Sie, dass Sie im Sommer mit Ihrer Familie Ferien auf dem Bauernhof machen. → Sagen Sie, dass Sie und Ihre Freunde im Juli eine Wanderung durch Korsika machen werden.
– ausdrücken, dass Sie etwas tun können,	
weil Sie es gelernt haben.	→ Sagen Sie Ihrer Freundin Tina, dass Sie ihr Auto reparieren können.
weil die äußeren Umstände es erlauben.	→ Sagen Sie ihr, dass Sie es heute nicht reparieren können, sondern erst morgen.

→ Überprüfen Sie Ihre Antworten auf den Seiten 225–229.

1 Une journée de vacances | PARLER, ECRIRE

Racontez au passé une journée de vacances à l'aide des images. Imaginez la fin de l'histoire.

2 Mes vacances | PARLER, ECRIRE

Parlez de vos dernières vacances.

préparations
avec qui ?
le voyage

l'arrivée
le logement
le temps

les activités (excursions, rencontres, visites...)

des choses super
des conseils

3 Le temps | PARLER

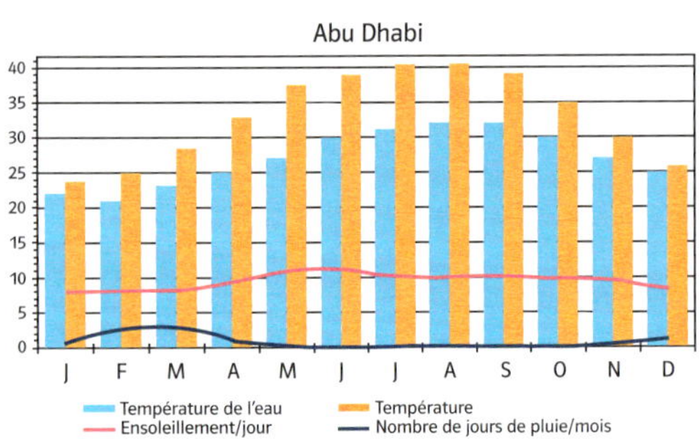

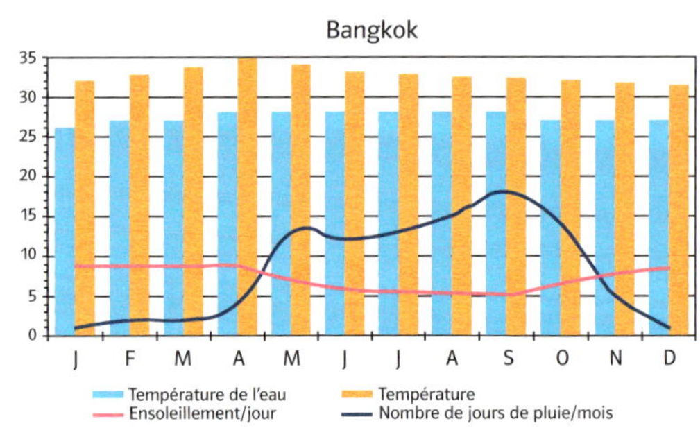

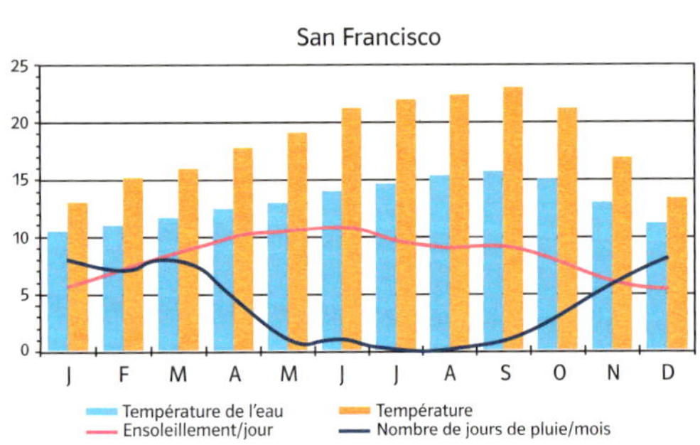

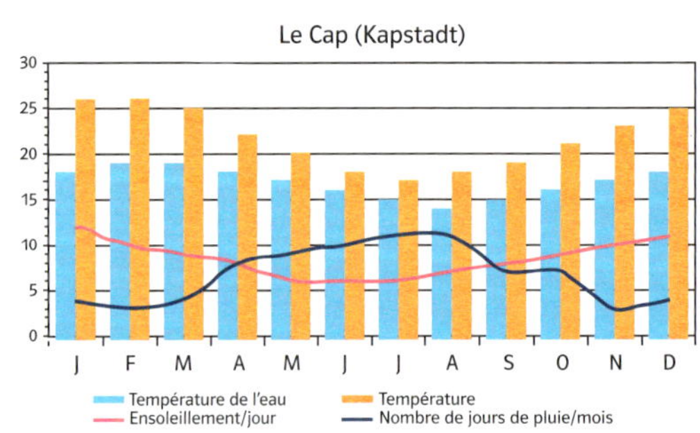

a) Vous voulez partir en vacances au mois de septembre. Vous avez déjà pensé à quatre destinations. Décrivez le temps qu'il fait dans ces villes.

b) Vous ne voulez pas de pluie ! Alors, où est-ce que vous partez en vacances ?
Votre copain/copine n'aime pas les villes où il fait trop chaud. Où est-ce qu'il/elle ne veut pas aller ?

4 Pour aller en Corse | LIRE

corsica ferries • sardinia ferries CONTACT | LA COMPAGNIE | FRET | Français

Accueil | Promos | Nos traversées | Les Ferries | Préparez votre voyage | Réservez | Votre espace

Les ferries pour la Corse

C'est décidé, vous venez nous rejoindre en Corse ! Découvrez parmi nos ferries celui qui vous emmènera en Corse et les services que nous vous proposons à bord pour faire de votre traversée un vrai moment de détente […]

Les restaurants

Dès votre arrivée à bord, et pendant toute la traversée, nos différentes formules de restauration vous attendent et vous offrent la possibilité de vous restaurer au meilleur rapport qualité/prix. Vous trouverez sur tous nos navires des espaces de restauration pour répondre à toutes vos envies. Restauration rapide sur les Corsica Express. Le Buffet Self-service sur tous les Cruise Ferries, Mega Express et Corsica Shuttle, vous propose de déguster : salades, hors-d'œuvre, spécialité de pâtes, viandes et poissons, grand choix de desserts. Le Restaurant à la carte sur les Mega Express et Cruise Ferries où vous pourrez apprécier le Menu Coup de Cœur à 28 € : Apéritif et amuses-gueule, un hors-d'œuvre au choix, un plat de pâtes, sélection de poisson ou de viande, fromage ou dessert.

Boutique à bord

Pendant la traversée, venez visiter la Boutique, et faites le plein de bonnes affaires ! Vous y trouverez :

- les parfums et cosmétiques les plus vendus dans le monde
- les nouveautés
- des articles en exclusivité sur le ferry comme dans les aéroports
- des économies de + de 20 % sur l'ensemble des produits parfumerie !

Sur les lignes de la Corse, vous pouvez découvrir nos produits de terroir corse : terrines, confiserie, liqueurs, vins, articles artisanaux, journaux, souvenirs de l'Ile de Beauté…
Nos vendeuses en boutique sont à votre disposition pour vous conseiller et vous indiquer les promotions du mois.

Le Mega Express Two

Vous propose des traversées rapides de jour (29 nœuds) et confortables la nuit grâce à ses 300 cabines et salon Fauteuils confort. Côté restauration, un restaurant gastronomique, un self-service, une spaghetteria et une cafetéria sont à votre disposition durant la traversée. Côté détente, le bar, la boutique, le solarium et la piscine feront de la traversée un agréable moment. Côté famille, le Mega Express Two propose un espace jeux pour les plus petits, des jeux vidéos pour les grands et une restauration adaptée aux enfants.

Construction : année 2001
Longueur : 176 m
Capacité passagers : 1756
Capacité véhicules : 550
Cabines : 300
Fauteuils confort : 299

Cochez la bonne réponse.

1. On trouve sur tous les ferries un buffet et un restaurant à la carte.
   a) vrai   b) faux
2. Quand on fait ses courses sur le ferry, on peut faire des économies sur
   a) l'ensemble des produits   b) l'ensemble des produits parfumerie.
3. Le Méga Express II peut transporter :
   a) 550 voitures   b) 1756 voitures   c) 299 voitures   d) 2001 voitures.
4. Pour les enfants, le Méga Express II propose
   a) des repas spéciaux   b) des films   c) des jeux.
5. Dans la Boutique, on peut acheter des produits régionaux.
   a) vrai   b) faux
6. Pour aller en Corse, il faut 29 minutes.
   a) vrai   b) faux   c) On ne sait pas.

5 Vos vacances préférées | PARLER

Séjour en Ardèche
7 jours/6 nuits

Forfait 2 personnes comprenant :
- 6 nuits au camping de la Ferme + emplacement + voiture
- 2 descentes en canoë-kayak (12 km et 24 km)

Prix TTC : 199 €

Week-end de star
3 jours/2 nuits

- Hébergement en hôtel 4* avec petit-déjeuner
- Plage privée
- Spa
- Soirée VIP aux Caves du Roy, la discothèque des stars à Saint-Tropez !

Prix TTC : 699 €

A la découverte de l'Histoire de France
4 jours/3 nuits

- Hébergement en hôtel 3* avec petit-déjeuner
- Visite guidée des châteaux de Chambord, Blois et Chenonceau

Prix TTC : 419 €

a) Où est-ce que vous voudriez passer vos vacances ? Expliquez pourquoi.
b) Quelles seraient les pires (die schlimmsten) vacances pour vous ? Dites pourquoi.

L 1/64 ◎

6 Ma famille | ECOUTER

Ecoutez les témoignages des jeunes et complétez la grille ci-dessous.

	Age	Situation familiale	Frères et sœurs	Autres informations
Maxime				
Justine				
Benjamin				
Mélissa				

7 Bon anniversaire ! | ECRIRE

Choisissez une des photos. Imaginez que c'est votre anniversaire qu'on fête.

a) Qui sont les autres personnes sur la photo ? Présentez les invités.
b) Qu'est-ce que vous avez fait ce jour-là ? Racontez.
c) Photo 1 : Qu'est-ce que vous voulez faire plus tard dans votre vie ?
Photo 2 : Parlez de votre vie : votre travail, votre famille.

/68 8 Un agriculteur bio | ECOUTER

Ecoutez le texte.
Vrai ou faux ? Corrigez les phrases fausses.

a) Jean-Paul habite Cergy-Pontoise, à 80 km de Paris.
b) Dans les années 60, Jean-Paul et sa femme s'installent dans une ferme.
c) Ils ont rénové la ferme.
d) Aujourd'hui, Jean-Paul cultive environ 80 hectares.
e) Il travaille avec sa femme et 30 ouvriers.
f) Jean-Paul cultive 20 hectares de légumes bio, 11 hectares de fruits et 20 hectares de blé.
g) Tous les samedis matins, Jean-Paul et Annie vendent leurs produits au marché.
h) Les contacts entre agriculteurs et consommateurs sont bons.

9 Au Salon de l'Agriculture | LIRE, PARLER

Le salon du VIVANT par excellence !
Plus de 4 500 animaux : 2 000 chiens de race ;
650 chèvres, boucs, moutons, béliers, brebis ;
610 lapins, 600 vaches, taureaux ;
100 chevaux, poneys, ânes ; 60 porcs.
Et aussi, les animaux de compagnie avec notamment une présentation d'oiseaux, des poissons d'ornement…

Un salon pour apprendre
Tous les acteurs du monde agricole (ministères, organisations professionnelles agricoles, organismes de formation, recherche, environnement…)

La présentation des productions végétales françaises
Un espace dédié au Jardin, à l'Environnement, à l'éco-habitat et aux nouvelles énergies

Faites votre marché dans un lieu unique !
Venez déguster des produits du terroir, et découvrir tout le patrimoine gustatif des Régions de France (métropole et Outre-mer)
Une multitude de produits et saveurs du monde
Et retrouvez les produits français de haute qualité gustative médaillés au Concours Général Agricole !

SALON INTERNATIONAL DE L'AGRICULTURE
DU 21 FÉVRIER AU 1er MARS 2009
PARIS-PORTE DE VERSAILLES

Crédit photo et logo : Salon International de l'Agriculture

Vous passez six mois à Paris et vos parents viennent vous voir. Ils ont vu dans la rue l'affiche du Salon de l'Agriculture et cela les intéresse. Vous avez trouvé les informations ci-dessus sur Internet et vous leur résumez les informations principales : animaux qu'on peut voir au Salon, activités, … Utilisez votre dictionnaire.

10 En français | PARLER

Dites en français…	Demandez en français…
1. … dass es im Reisebüro ein Sonderangebot für einen Direktflug nach Paris gibt.	8. … wann der Flug nach Berlin startet.
2. … dass Sie nicht wissen, wo die Toiletten sind.	9. … ob Sie Ihren großen Rucksack als Handgepäck mitnehmen können.
3. … Sie sich mit Ihrem Freund gestritten haben.	10. … ob Ihr Gepäck das erlaubte Gewicht überschreitet.
4. … dass Sie schon um 5 Uhr aufgestanden sind, weil Sie mit Ihrer Halbschwester ins Wochenende aufbrechen.	11. … ob der Flug nach Berlin Verspätung hat, wann er ankommt und wie das Wetter dort ist.
5. … dass Sie gerade einen Flug gebucht haben.	12. … ob der Kellner Deutsch kann.
6. … dass Sie gerade arbeiten.	13. … ob der Sohn Ihrer Freundin schon schwimmen kann.
7. … dass Sie nicht wissen, ob die Uni wirklich gut ist. Sie haben Zweifel.	14. … wie man Energie sparen kann.

→ Überprüfen Sie Ihre Antworten auf den Seiten 230–235.

Leçon 4 Tout sur le chocolat

L'histoire du chocolat

- La première recette de chocolat chez les Aztèques
- L'arrivée du chocolat en Europe

L'industrie du chocolat

- La fabrication : de la fève de cacao à la tablette de chocolat
- La conservation
- La production
- Interview 100 % cacao

La santé et le chocolat

- Les effets positifs du chocolat
- Consommer avec modération

Le chocolat tout au long de l'année

- La bûche de Noël
- Les cloches de Pâques
- La glace au chocolat pour les mois d'été
- La mousse au chocolat
- Le chocolat à boire tous les matins
- Des chocolats en cadeau

Boutiques partout en France

Calendrier des Salons du chocolat

A vous !

A quoi est-ce que vous pensez quand vous entendez (hören) le mot chocolat ?
Faites un champ lexical.

2/1 Est-ce que vous êtes gourmands ?

Amélie : Moi gourmande ? Ben oui, comme tout le monde. Une grosse glace au chocolat avec de la chantilly… Qui peut dire non ? Mais une salade de fruits en fin de repas, c'est aussi bon qu'une glace.

Yohann : Vous allez trouver ça bizarre, je n'aime pas les desserts. Une pomme quand j'ai envie de sucré, c'est un dessert moins riche en calories qu'un gâteau et c'est plus sain qu'une mousse au chocolat.

Marie : Je ne passe pas une journée sans manger un carré de chocolat. Et encore, un carré, c'est les jours les moins durs, où je ne suis pas stressée. Mais quand il y a des examens, là, c'est toute la tablette !

Saïd : Je suis le plus gourmand de ma famille. Ma mère qui vient de Tunisie fait des pâtisseries délicieuses. Je peux vous dire une chose : je ne veux pas partir de chez mes parents !

1 Plus ou moins ? ▸ § 12

a) Ergänzen Sie die Tabelle mit den **Steigerungsformen** aus dem Text.

Komparativ (Steigerung und Vergleich)		Superlativ (höchste Steigerungsform)	
+	plus sain que	++	
=			
–		– –	

b) Wie wird die Steigerung gebildet? Formulieren Sie die Regel.

2 Qui est le plus gourmand ? ▸ § 12

a) Comparez les quatre jeunes. Utilisez le **comparatif** et le **superlatif** et faites le plus de phrases possibles (so viele Sätze wie möglich).

	gourmand	âgé
Amélie	+	=
Yohann	– –	++
Marie	+	=
Saïd	++	– –

b) A vous ! Comparez-vous (Vergleichen Sie sich) à vos camarades de classe. | PARLER

L 2/2

Interview 100 % cacao

Rencontre avec Pascal Brunet, chef chocolatier de la Maison ChocSaveur.

Le chocolat, vous êtes tombé dedans quand vous étiez petit ?
Oui, c'est un peu vrai. Quand j'étais enfant, je passais mes vacances chez ma grand-mère qui me préparait le meilleur chocolat chaud du monde. Plus tard, pendant mon CAP, j'ai eu la chance de faire un stage en Suisse chez un chocolatier-confiseur. Ce métier m'a tout de suite passionné.

Vous pouvez nous présenter votre entreprise ?
J'ai créé ma SARL il y a dix ans. Aujourd'hui, 29 employés travaillent avec moi. Nos équipes choisissent les meilleurs cacaos pour faire ensuite des tablettes, des œufs de Pâques… Nous réfléchissons ensemble aux nouveaux produits parce qu'il faut toujours avoir de nouvelles idées, étonner nos clients avec des nouveaux goûts, des nouveaux emballages… On n'a jamais fini ! Cette année, par exemple, nous avons fait pour la Saint-Valentin des « bises » en chocolat. Nos ventes ont augmenté de 25 % ! Mais nous avons aussi des produits plus classiques que ça.

Est-ce qu'il y a des aspects difficiles dans votre métier ?
Il y a beaucoup de commandes, surtout les jours fériés comme Noël et Pâques. On n'arrête pas !

Et il y a beaucoup de concurrence…
C'est sûr ! Et en plus, dans certains pays européens comme la Grande-Bretagne, on remplace le beurre de cacao par des matières grasses végétales, par exemple dans les barres chocolatées. C'est moins bon que du vrai chocolat ! Bien sûr, cette gamme de produits a une place importante dans la production de chocolat, mais pour moi, ça n'a rien à voir avec le métier de chocolatier !

Pour les consommateurs de café, la provenance de la matière première est un argument important. Et pour les amateurs de chocolat ?
Ce n'est pas un argument aussi important que pour les consommateurs de café. Mais c'est en train de changer. L'Afrique représente 60 % de la production totale de cacao. La main d'œuvre là-bas n'est pas chère et exploitée. Nous, nous avons investi dans une plantation en Côte d'Ivoire pour soutenir un commerce équitable. Comme ça, on garantit des salaires corrects à la main d'œuvre locale.

Quand on travaille toute la journée avec du chocolat, est-ce qu'on a encore envie d'en manger ?
Bien sûr ! Je commence et je finis toujours mes journées par un carré de chocolat.

1 C'est dans le texte. | LIRE, ECRIRE

Racontez dans un texte la vie professionnelle de Pascal Brunet.
Les mots-clés suivants peuvent vous aider :

CAP | SARL | produits | concurrence | commerce équitable

2 Regards croisés

In Frankreich wird, abgesehen von Festtagen wie Weihnachten oder Ostern, insgesamt deutlich weniger Schokolade als in Deutschland verzehrt. Dennoch wird eine große Vielfalt von Schokoladenprodukten angeboten, wobei die Franzosen eher dunkle, kräftige Schokolade mit einem hohem Kakaoanteil bevorzugen.
Schokolade oder Pralinen werden gern zum Kaffee am Ende eines Abendessens genossen. Wenn man Pralinen als Gastgeschenk überreicht, ist es üblich, dass die Pralinen von den Gastgebern nicht für den eigenen Genuss zurückgelegt, sondern den Gästen angeboten werden.

a) Was erfahren Sie über den Schokoladenkonsum in Frankreich?
b) Wie sieht es in Deutschland aus: Welche Schokoladensorten bevorzugen die Deutschen? Zu welchen Gelegenheiten wird in Deutschland Schokolade gegessen?

3 C'est fini ! ▸ § 13

Im Text Seite 52 lernen Sie weitere Verben kennen, die auf *-ir* enden.
a) Listen Sie die Formen auf, die im Text vorkommen und ergänzen Sie die fehlenden Formen mit Hilfe des Grammatischen Anhangs Seite 144.
b) Was ist anders als bei den Verben auf *-ir*, die Sie schon kennen? (siehe Seite 138)

4 Il faut investir. ▸ § 13

Complétez avec les formes des verbes **choisir**, **finir**, **garantir**, **investir**, **réfléchir**.

C'est le mois de novembre, et Pascal et sa femme Muriel font le bilan de leur entreprise.

1. Ils ● (p. c.) beaucoup d'argent dans des nouveaux produits qui ● le succès de l'entreprise. Maintenant, il faut ● aux commandes pour Noël.
2. Pascal : Tu ● (p. c.) déjà l'emballage ?
3. Muriel : Non, je ● encore : il faut montrer que nous ● les meilleures matières premières avec notre commerce équitable. C'est pour ça que les gens ● nos produits !
4. Pascal : Tu sais quoi ? On ● l'année avec un très bon chiffre d'affaires !
5. Muriel : C'est super ! Alors, on peut commander encore cette année les nouvelles machines que tu m'as montrées. Avec ces machines, on ● (futur) des produits encore meilleurs.
6. Pascal : Et l'année prochaine, nous ● (futur) dans une nouvelle boutique.

5 Le dessert le moins sucré ▸ § 12

Comparez les desserts. Utilisez toutes les formes du **comparatif** et du **superlatif**.

Exemples : Le yaourt est plus riche en calories qu'une…/est moins sucré qu'un…

Aliments (100 g)		kCal	sucre (g)
un yaourt nature		81	6,2
une pomme		52	12
un gâteau au chocolat		349	41
une baguette		284	59
des frites		420	57
le beurre		720	0
une bière		143	11,5
une pizza		200	22
le vin rouge		69	0,3
le coca		44	11

6 Le métier le plus intéressant ▸ § 12

Posez des questions à votre voisin(e). Utilisez le **superlatif**.

Exemples : – Quel est pour toi le métier le plus intéressant ? – Pour moi, le métier le plus intéressant, c'est…
– Quels sont pour toi les magasins les moins chers ? …

glace | dessert | examen | métier | fête
pays | recette | ville | magasin | vacances

appétissant | intéressant | beau
important | facile | cool

L 2/3 ◎ 7 Chez le chocolatier-confiseur | ECOUTER, PARLER

Ecoutez le dialogue entre le vendeur et la cliente, puis répondez aux questions suivantes.

1. Qu'est-ce que la cliente goûte en premier ?
2. Est-ce qu'il y a une différence entre le chocolat du chocolatier et ceux du supermarché ? Laquelle ?
3. A qui est-ce que la cliente veut faire un cadeau ?
4. Qu'est-ce qu'on apprend sur les personnes qui vont avoir ces cadeaux ? Notez toutes les informations.
5. Qu'est-ce que la cliente achète ?
6. Est-ce qu'elle reviendra dans cette boutique ? Pourquoi ?

/5 De la fève de cacao à la tablette de chocolat

1. Quand on achète une tablette de chocolat, on ne pense pas à toutes les étapes de fabrication qu'il y a derrière ce produit.

2. Qui dit chocolat dit cacao. Le cacao vient du cacaoyer, un arbre qui donne des fruits, les cabosses. Les plantations principales se trouvent en Afrique de l'Ouest, en Amérique centrale et du Sud, mais l'Indonésie et la Malaisie sont aussi des exportateurs importants. Aujourd'hui encore, on récolte (deux fois par an) les cabosses à la main, puis on les coupe en deux pour en retirer les fèves.

3. On stocke les fèves dans des endroits secs où elles fermentent alors pendant une semaine, ce qui leur donne tout leur parfum. Ensuite, on les place au soleil une ou deux semaines : c'est le séchage. Quand les fèves sont bien sèches, on les met dans des sacs et le grand voyage peut commencer. Direction l'Europe ou les Etats-Unis, les plus gros importateurs.

4. Là, on fabrique le chocolat dans des usines, les chocolateries. On lave les fèves, on les grille (c'est ce qu'on appelle la torréfaction), puis des machines les écrasent pour fabriquer la pâte de cacao. Ensuite, on presse cette pâte pour obtenir du beurre de cacao, c'est ce que le Hollandais Van Houten a commencé à faire au début du XIXe siècle. On a alors tout ce qu'il faut pour préparer du chocolat : pâte de cacao + beurre de cacao + sucre. On mélange le tout pendant trois jours, on le met dans des moules qu'on refroidit, et on obtient ainsi des tablettes de chocolat.

5. En 2007, les Français ont consommé 117 500 tonnes de tablettes de chocolat, ce qui représente un tiers du marché français des industries du chocolat. La consommation de chocolat baisse avec l'âge : les enfants en mangent 10 g par jour en moyenne, les adultes, eux, seulement 4 g. En Europe, on peut voir que les pays du nord consomment plus de chocolat que les pays du sud : environ dix kilos par an et par habitant en Allemagne, en Suisse et en Grande-Bretagne, mais seulement deux kilos en Italie, en Espagne et au Portugal.

1 Histoire de mots

a) Cherchez les verbes suivants dans un dictionnaire et traduisez-les en allemand. Choisissez la meilleure traduction pour ce contexte.

récolter | couper | stocker | fermenter | griller | refroidir | écraser | obtenir | mélanger

b) Cherchez dans le dictionnaire les noms qui correspondent aux verbes suivants : récolter, stocker, fermenter, mélanger.

2 C'est dans le texte. | LIRE, PARLER

Comment est-ce qu'on fabrique une tablette de chocolat ?
A l'aide des mots de l'exercice 1, décrivez les étapes de la production de chocolat.

3 Visite d'une plantation

▸ § 14

Complétez avec **ce qui**, **ce que**/**ce qu'**.

Le chocolatier Marc Dubois visite une plantation en Côte d'Ivoire.

1. ● l'intéresse, c'est le commerce équitable.
2. ● est le plus important, c'est un salaire correct pour la main d'œuvre.
3. C'est ● le chef de la plantation, Lus Koffi N'Guessan, essaie de proposer.
4. Bien sûr, les gens qui travaillent pour lui ne peuvent pas faire ● ils veulent.
5. ● garantit leur succès, ce sont les très bonnes matières premières.
6. C'est ● les clients en Europe veulent.
7. ● monsieur N'Guessan soutient, c'est aussi une bonne formation des jeunes.
8. Il va faire tout ● il peut pour les aider.

On dit Über Statistiken sprechen

Statistiken präsentieren	Daten vergleichen
Ce graphique présente…/ Ce diagramme/Ces statistiques montre/montrent… X personnes ont donné leur avis sur… D'après l'enquête/les données… La moitié/La plupart/La majorité/La minorité des… disent/pensent/trouvent que…	Le nombre de… est plus petit/plus grand que… est égal à… Le pourcentage de… a augmenté/diminué de… … est en hausse/en baisse. L'augmentation/La hausse/La baisse est forte/faible. Par personne et par an…

A vous ! | PARLER

Parlez des statistiques sur la production de chocolat en Allemagne.

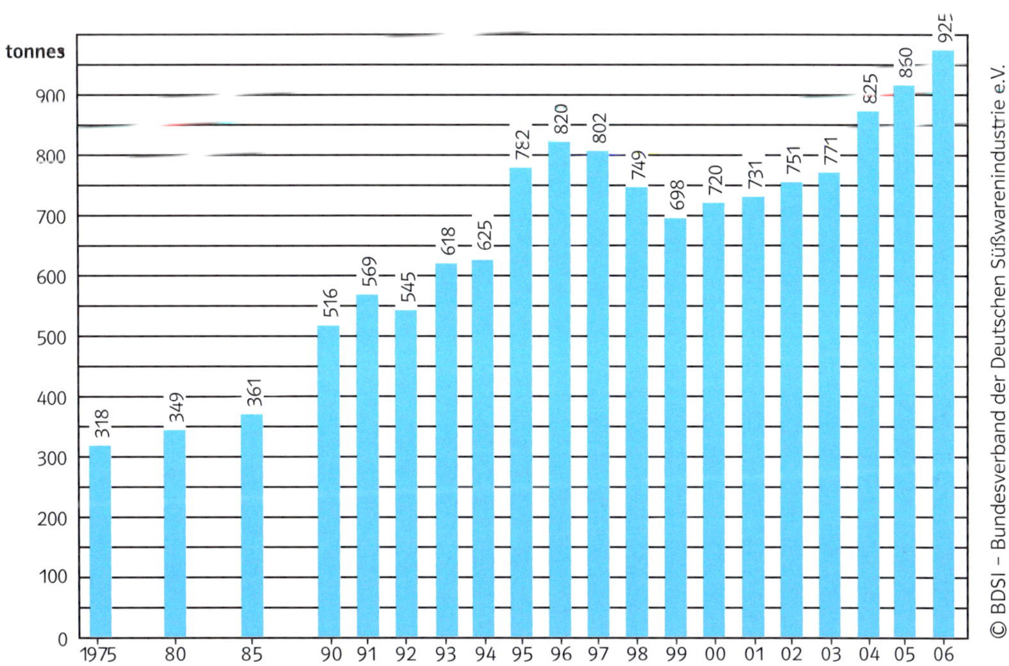

4 La Grande Fête du Chocolat | PARLER

Vous passez quelques jours (ein paar Tage) à Paris avec des amis et trouvez les informations suivantes sur Internet. Expliquez à vos amis le déroulement (Ablauf) du rallye.

Rallye pédestre parischocolat dans Paris

Petits et grands, participez à une belle journée et découvrez le chocolat en famille !

L'Union Professionnelle des Chocolatiers de Paris et d'Ile de France […] organise dans Paris, le samedi 18 octobre prochain à l'occasion de la Grande Fête du Chocolat, un rallye pédestre ou en Vélib' destiné aux petits et grands. Le but est de parcourir les arrondissements de Paris et d'aller à la rencontre de plus d'une dizaine de chocolatiers.

Organisation
Départ : échelonné entre 9 h et 9 h 30
Lieu de rassemblement : Siège de l'Union Professionnelle des Chocolatiers de Paris et d'IDF, 64 rue de Caumartin, 75009 Paris
Frais d'inscription : 10 € adulte, 3 € enfant de 6 à 15 ans
Prévoir : un panier pique-nique pour le repas de midi
Vous sera remis : un questionnaire complet dont un certain nombre de réponses seront sur le terrain. Sur vos lieux de rendez-vous, des indices seront situés dans les vitrines ou dans les boutiques des chocolatiers, des résolutions d'énigmes et épreuves ludiques vous seront proposées.

1er prix
80 kg de chocolats

2ème prix
un stage sur le chocolat chez un confiseur parisien

L 2/10 5 Emission de radio | ECOUTER

Ecoutez et trouvez la bonne réponse.

1. Le nom de l'émission est
   a) « Le monde des informations »
   b) « Economie dans le monde »
   c) « Rendez-vous du monde ».

2. Monsieur Lebrun est exportateur de chocolat
   a) en Suisse
   b) au Brésil
   c) en Afrique.

3. Au Japon, on consomme
   a) 1,6 kg
   b) 2,4 kg
   c) 3,7 kg de chocolat par an.

4. Au Japon, la gamme de desserts est
   a) grande
   b) petite.

5. Monsieur Lebrun pense que la consommation de chocolat au Japon augmentera parce que
   a) les gens là-bas sont très gourmands
   b) le chocolat a des effets positifs sur la santé
   c) les gens aiment les produits européens.

6. Pour monsieur Lebrun, investir au Japon est
   a) plus facile que dans un autre pays
   b) plus difficile que dans un autre pays.

Stratégie Eine Präsentation vorbereiten und vortragen

1. Sammeln von Informationen

Verschaffen Sie sich einen Überblick über Ihr Thema.
Suchen Sie dann Informationen in Lexika oder im Internet, z. B. mit www.google.fr.

2. Aufbereitung

Erstellen Sie nach der Auswahl der Informationen eine sinnvolle Gliederung des Vortrags.
Legen Sie sich für die Präsentation einen Stichwortzettel an, auf dem Sie sich auch notieren, welches Medium (Folien, Plakate, Beamer etc.) Sie einsetzen möchten.
Denken Sie außerdem daran, ein Handout für die Zuhörer (Gliederung, wichtige Stichwörter/Daten etc.) vorzubereiten.

3. Präsentation

Schreiben Sie unbekannte Wörter vorher an die Tafel und erklären Sie sie.
Stattdessen können Sie dem Handout auch eine Vokabelliste beifügen.
Verteilen Sie die Handouts und erklären Sie das Thema und den Aufbau Ihres Vortrags.
Sprechen Sie laut und deutlich, legen Sie Pausen ein und halten Sie Blickkontakt zu Ihren Zuhörern.

Pour commencer	- Je vais vous parler de… - Le sujet de mon exposé est… - Ce thème est très intéressant parce que… - J'ai écrit les mots difficiles au tableau et je vais vous les expliquer.
Pour annoncer le plan de votre exposé	- Dans une première partie, je vais vous expliquer… - En deuxième partie, j'ai choisi de parler de… - Enfin, le titre de ma troisième partie est…/ Pour finir, je vais parler de…
Pendant l'exposé	- …, ça veut dire que… - Ce mot signifie que… - Comme vous le voyez sur la feuille que je vous ai donnée/ sur l'affiche/le transparent, … - Est-ce que vous avez des questions ?

A vous ! | PARLER

Choisissez un aspect du sujet le chocolat et préparez un exposé.

Quelques idées d'exposés :
- Mon chocolat préféré
- Le chocolat et la santé
- Le commerce équitable
- Les pays producteurs de chocolat
- L'histoire du chocolat
- Ma recette préférée
- …

<Bibliothèque Seite 124>

Le chocolat tout au long de l'année

Pour le Nouvel-An, on offre souvent des truffes au chocolat.

Pour la Saint-Valentin, des cœurs en chocolat

Janvier	Février	Mars
Avril	Mai	Juin
Juillet	Août	Septembre
Octobre	Novembre	Décembre

A Pâques, ce sont les cloches qui apportent les chocolats en France.

Pour les mariages, on offre des dragées.

Pas de Noël sans bûche !

Regards croisés

Regardez le calendrier.

a) Qu'est-ce qu'on mange ces jours-là dans votre pays ? Racontez.

@ b) Réalisez un calendrier pour votre pays. Cherchez des photos sur Internet, puis présentez votre calendrier à la classe.

1 La meilleure des choses ▸ § 12

Complétez les phrases avec **plus** (+)/**moins** (−)/**aussi**.... que (=) ou **le plus** (++), **le moins** (− −).

1. Je trouve que le chocolat noir est ● le chocolat blanc.	bon	(+)
2. C'est le chocolat ● sucré.	sucré	(− −)
3. Mais il est ● un gâteau au chocolat.	riche en calories	(=)
4. Le cadeau ● pour la Saint-Valentin, ce sont les bises en chocolat de Pascal Brunet.	cool	(++)
5. Elles sont vraiment ● du monde.	beau	(++)
6. Une barre chocolatée est ● une tablette de chocolat.	cher	(−)
7. Mais une barre est ● et ●.	petit/sain	(+)/(−)
8. Chez ce chocolatier, les vendeurs sont ● au supermarché.	sympa	(+)
9. C'est vrai, l'ambiance est ● chez lui.	bon	(+)

2 La nouvelle boutique ChocSaveur ▸ § 13

Complétez avec **choisir**, **finir**, **garantir**, **investir**, **réfléchir**.

Notre reporter Paul Dubois est allé visiter la nouvelle boutique ChocSaveur.

1. Il y a un an, après un bon chiffre d'affaires, c'est le début d'un nouveau projet pour les Brunet : ils ● dans une deuxième boutique.
2. Pascal Brunet ● (p.c.) longtemps à la nouvelle boutique, parce qu'elle devait être différente de la première : en plus de leurs chocolats, les Brunet proposent maintenant aussi différents cafés et thés.
3. Bien sûr, Pascal Brunet ● comme avant les meilleurs cacaos et son partenariat avec une plantation en Côte d'Ivoire ● des bons produits.
4. Il est drôle de passer une journée dans la boutique et de regarder les clients : il y a des gens qui ● pendant des heures et ● par acheter seulement deux chocolats.
5. D'autres personnes viennent toutes les semaines et ● toujours la même chose.
6. J'ai goûté beaucoup de spécialités de la maison ChocSaveur et voilà mon conseil : Ne/N' ● pas plus longtemps, allez dans la nouvelle boutique des Brunet, vous allez adorer !

3 Tout ce qui m'intéresse ▸ § 14

Traduisez.

1. Was mir gefällt, ist die Schokolade von Herrn Brunet.
2. Was mein Freund isst, mag ich auch.
3. Esst, was ihr wollt.
4. Was die Leute sagen, interessiert mich nicht.
5. Was wichtig ist, ist die Qualität der Produkte.

Sie können jetzt

- Vergleiche anstellen
  → Sagen Sie, dass Sie größer (kleiner) sind als Ihr Vater.
  → Sagen Sie, dass Ihr Vater genauso alt ist wie Ihre Mutter.
  → Fragen Sie nach dem lustigsten Buch.
  → Verweisen Sie auf die preisgünstigste Schokolade.
  → Fragen Sie, ob die Qualität der Desserts in Frankreich besser ist.
  → Sagen Sie, dass die Deutschen pro Jahr und pro Person 112 Liter Bier trinken.
- sich zu Statistiken äußern
  → Sagen Sie, dass die Schokoladenproduktion in Deutschland um 1% gestiegen ist.
  → Sagen Sie, dass der Fahrzeugverkauf auf einem Tiefstand ist.

→ Überprüfen Sie Ihre Antworten auf den Seiten 225–229.

Leçon 5 Créer son entreprise

A vous ! | PARLER

a) Décrivez les dessins. (⟶ stratégie page 19)
b) Imaginez : vous voulez créer votre entreprise.
   1. Pourquoi créer une entreprise ?
   2. Est-ce que vous avez des idées pour une entreprise ? Racontez.

le feu das Feuer
un gril ein Grill
allumer le gril den Grill anzünden
(à) l'âge de pierre (in der) Steinzeit
une torche eine Fackel

/17

Bienvenue au Salon des Entrepreneurs !

Salon des Entrepreneurs
15ème édition

La Fabrique à Projets

Depuis 15 ans, le Salon des Entrepreneurs de Paris est le rendez-vous des créateurs d'entreprises.

Si vous voulez créer votre entreprise, vous trouverez au Salon des Entrepreneurs des exposants à votre écoute et prêts à vous soutenir dans le développement de votre projet ;

Si vous cherchez un financement, vous pourrez consulter les banques présentes ;

Si vous souhaitez tester votre activité, la « Fabrique à Projets » vous accompagnera dans vos démarches.

Une rencontre à ne pas manquer !

Avec le soutien de la Chambre de commerce et d'industrie de Paris.

Le Salon des Entrepreneurs de Paris, ce sont :
- 52 000 visiteurs
- plus de 400 exposants spécialisés
- des conférences et des ateliers
- des stands interactifs.

1 Si vous cherchez un financement, . . . ▸ § 15

Im Text finden Sie drei Sätze, die mit *si* (wenn, falls) eingeleitet werden.
a) Was drücken sie aus?
b) Welche Zeiten werden im Haupt- und im Nebensatz benutzt?
c) Vergleichen Sie die Zeiten mit dem Englischen.
d) Formulieren Sie eine Regel.

2 . . . vous pourrez consulter les banques présentes. ▸ § 15

Mettez les verbes au temps qui convient.
1. Si les entrepreneurs (investir) dans la formation de leurs employés, ils (gagner) plus.
2. Si je (trouver) un financement, je/j'(être) prêt à créer une entreprise.
3. Si tu (aller) au salon, tu (pouvoir) aussi consulter une banque.
4. Si on nous (aider) dans nos démarches, on (commencer) bientôt.
5. Si vous (avoir) le courage, nous vous (soutenir) dans toutes les étapes de votre projet.
6. Si nous ne (faire) rien, la concurrence (être) trop importante.

L 2/18

Se mettre à son compte

1. Pas facile de créer son entreprise ! Pourtant Thierry Laboudigue, un Parisien de 34 ans, et sa femme Ling décident de se mettre à leur compte. Pendant huit ans, Thierry travaille pour une grande chaîne de supermarchés, d'abord à Paris, puis à Shanghai et à Moscou. Ce sont ses expériences à l'étranger qui lui donnent l'idée de son entreprise : proposer des formations pour des Français mutés à l'étranger mais aussi pour des étrangers mutés en France. En effet, chaque pays a sa façon de travailler, et les différences culturelles peuvent parfois être un problème !

2. Après une étude de marché, Ling et Thierry décident de se concentrer sur les marchés qui montent : la Chine, mais aussi l'Inde. Puis il faut préparer un business plan et surtout s'occuper du financement. Pas facile d'obtenir un crédit en temps de crise ! Ils doivent aussi trouver des bureaux, engager des collaborateurs. Ling s'occupe du marché chinois, Shanti, une Indienne installée à Paris, vient agrandir l'équipe.

3. Leur concept intéresse, et ils décrochent vite plusieurs gros contrats. Pour faire face à la demande, ils engagent des travailleurs indépendants à Mumbai et à Shanghai. Mais les bureaux ne sont pas assez bien équipés : Si Thierry et Ling n'investissent pas maintenant, ils ne pourront pas satisfaire leurs clients.

4. Thierry va au Salon des Entrepreneurs pour se renseigner et s'arrête chez tophardware.com, spécialisé dans le matériel informatique.

Stéphane Bordas : Bonjour monsieur, je peux vous renseigner ?
Thierry Laboudigue : Oui, je voudrais avoir des informations sur vos offres de serveur.
Stéphane Bordas : Vous travaillez dans quel secteur ? Et combien de postes de travail est-ce que vous avez ?

Thierry Laboudigue : Dans la formation en entreprise. Nous avons sept postes à Paris et quatre à l'étranger. Notre serveur n'est pas très performant.
Stéphane Bordas : Je vois… Vous souhaitez aussi investir dans de nouveaux ordinateurs ?
Thierry Laboudigue : Peut-être… Mais nous ne voulons pas changer chaque ordinateur.
Stéphane Bordas : Nous avons une offre pour les PME : ordinateurs, écrans 24 pouces, imprimantes multifonctions, le tout avec une offre de financement. Et si vous vous décidez aujourd'hui, l'installation sera gratuite !
Thierry Laboudigue : Merci. Je vais comparer les offres et je vous rappellerai.

1 Histoire de mots

Trouvez la traduction des mots suivants. D'autres mots de la même famille ou des mots d'une autre langue (allemand, anglais…) peuvent vous aider.

culturel,le | une étude de marché | se concentrer | un business plan | chinois,e | une Indienne | agrandir | un concept | satisfaire | le matériel informatique | un serveur | un poste de travail | performant | une installation

Mots du texte	Mots de la même famille	Mots d'une autre langue	Traduction en allemand
culturel, le	des cultures, l'agriculture	cultural (anglais)	kulturell
une étude de marché	…	…	…

2 C'est dans le texte. | LIRE, PARLER

a) Répondez aux questions suivantes :

1. Qui sont Thierry et Ling Laboudigue ?
2. Quel est leur projet ?
3. Pourquoi est-ce qu'ils se concentrent sur la Chine et l'Inde ?
4. Pourquoi est-ce que Thierry va au Salon des Entrepreneurs ?
5. Pourquoi est-ce qu'il n'accepte pas tout de suite l'offre de « tophardware.com » ?

b) Notez les étapes de la création (die Gründung) de l'entreprise.

c) Jouez le dialogue au Salon des Entrepreneurs entre Thierry et Stéphane.

3 Regards croisés | PARLER

Thierry et sa femme créent une entreprise qui prépare des employés aux différences culturelles.

a) Est-ce que vous vous êtes déjà retrouvé(e) dans une situation où vous avez observé des différences culturelles ?
b) A votre avis, quelles situations peuvent être un problème pour un étranger qui vient en Allemagne ?
c) Qu'est-ce qu'on peut faire pour éviter un « choc culturel » ?

4 Créer son entreprise

▶ § 15

a) Faites des phrases à l'aide des éléments de A et B et mettez les verbes au temps qui convient.

A

1. Si Ling **(être)** d'accord,
2. Si les entreprises **(vouloir)** éviter des problèmes,
3. Si Thierry et Ling **(se concentrer)** sur les marchés qui montent,
4. Ling dit : Si notre serveur **(ne pas être)** assez performant,
5. Thierry dit : Si tu **(s'occuper)** du marché chinois,
6. Ling pense : Si nous **(préparer)** un bon business plan,
7. Monsieur Bordas dit : Si vous me **(laisser)** votre carte,
8. Monsieur Bordas ajoute : Si vous **(comparer)** les offres,

B

a) ils **(avoir)** plus de chances de réussir.
b) Shanti **(pouvoir)** se concentrer sur le marché indien.
c) vous **(voir)** que nous sommes les meilleurs.
d) elles **(devoir)** préparer leurs employés aux différences culturelles.
e) nous **(obtenir)** un crédit.
f) je vous **(contacter)** bientôt.
g) Thierry **(engager)** des nouveaux collaborateurs.
h) nous **(devoir)** le remplacer.

b) Faites cinq phrases avec **si**.
Exemple : Si tout va bien, je passerai mon bac dans un an.

L 2/22

5 Quelles offres est-ce que vous pouvez faire ?

| ECOUTER, PARLER

Une visiteuse discute avec des exposants du Salon des Entrepreneurs.

a) Avec qui est-ce qu'elle parle ?
b) Quelles offres est-ce que les exposants lui font ? Complétez la grille.

	Exposant	Offre
1		
2		

6 Le portrait de Shanti

| PARLER, ECRIRE

A l'aide du CV ci-dessous, présentez Shanti.

* 12/3/1980 / Mumbai (Inde)
2 frères / 1 sœur
père : ingénieur /
mère : femme au foyer

1986 Ecole Française Internationale de Mumbai (Bombay)
1997 baccalauréat
1998 plusieurs stages (France)
1999–2003 études d'économie (Paris)

2004 stage France Télécom (New Delhi)
2004–2006 études interculturelles (Lyon)
2007–2008 a donné des cours de médiation interculturelle à l'ESLI (Ecole supérieure de logistique industrielle)

Activités : Danse indienne, informatique, voyages

/24

Réclamation

1. Quelques jours après sa visite au Salon des Entrepreneurs, Thierry Laboudigue a reçu le devis de Stéphane Bordas. Il avait demandé des devis à plusieurs sociétés informatiques et les compare. L'offre de tophardware.com est la plus intéressante : ils garantissent une assistance dépannage dans les deux heures et ils ont les meilleurs délais de livraison. Thierry passe sa commande et reçoit une semaine plus tard tout le matériel informatique. Un technicien installe le réseau, tout fonctionne.

2. Mais trois jours plus tard, tout le réseau est paralysé ! Thierry et son équipe contactent tout de suite l'assistance dépannage, ils attendent quelques heures, mais personne ne vient. Thierry rappelle, mais le standard ne répond pas. Chaque fois, il entend ce message : « Bienvenue sur la boîte vocale de tophardware.com. Merci de laisser un message… » Le technicien arrive seulement à 20 heures, l'entreprise de Thierry a perdu une journée !

3. Thierry Laboudigue écrit plusieurs e-mails de réclamation qui restent sans réponse et décide d'envoyer une lettre.

Thierry Laboudigue
24 rue Perdonnet
75010 Paris

Tél. : 01 40 41 24 67

Tophardware.com
A l'attention de la Direction
19 rue d'Alésia
75014 Paris

Réclamation

Paris, le 25 mars 2010

Madame, Monsieur,

C'est avec surprise que je constate que vous ne répondez ni à mes e-mails ni à mes messages. Je me vois donc dans l'obligation de vous contacter par lettre recommandée.

Nous avons commandé à votre société plusieurs postes de travail et un serveur que votre technicien a installés le 20 mars. Le 23 mars, tout notre réseau d'ordinateurs est resté paralysé. J'ai contacté votre assistance dépannage à 10 heures, mais rien ne s'est passé avant 20 heures. Pourtant, vous garantissez un dépannage dans les deux heures.

Vous pouvez imaginer ma situation : une catastrophe pour notre entreprise ! Nous recevons tous les jours un grand nombre d'e-mails que nous devons traiter très vite. La communication avec nos collaborateurs à l'étranger a été impossible. Nous avons perdu toute une journée de travail.

Vous trouverez ci-joint le détail de nos pertes. Je vous demande de les rembourser dans les plus brefs délais.

Dans l'attente de votre réponse, je vous prie d'agréer, Madame, Monsieur, mes salutations distinguées.

Thierry Laboudigue

1 C'est dans le texte. | LIRE, PARLER

a) Donnez un titre à chaque partie du texte.
b) Résumez le problème de Thierry.
c) Qu'est-ce qu'il demande à Tophardware.com ?

2 On a perdu une journée de travail ! ▸ §§ 16, 17

a) Notieren Sie die Formen von ***attendre***, ***entendre***, ***perdre*** und ***répondre***, die Sie im Text finden.
b) Vervollständigen Sie diese Übersicht mit Hilfe des § 17 auf Seite 146.
c) Wie lauten die Endungen der Verben auf ***-dre*** im Präsens? Vergessen Sie das ***participe passé*** nicht.
d) Suchen Sie ebenfalls die Formen des Verbes ***recevoir*** im Text.
Ergänzen Sie die fehlenden Formen mit Hilfe des Grammatischen Anhangs.

3 Un jeu ▸ §§ 16, 17

Jouez avec deux dés (Würfel).
Le premier dé indique le pronom personnel (1 = je, 2 = tu…). Le deuxième indique le verbe (1 = attendre, 2 = entendre, 3 = perdre, 4 = recevoir, 5 = répondre, 6 = le participe passé d'un de ces verbes).

4 Une mauvaise journée ▸ §§ 16, 17

Complétez avec la bonne forme des verbes entre parenthèses.

Tous les jours, nous **(perdre)** beaucoup de temps parce que nous **(recevoir)** trop d'e-mails.

- Vous **(ne pas recevoir, p.c.)** le message de Mittal de Mumbai ?
- Non, pas encore.

- Vous **(perdre)** votre temps, monsieur. Je n'ai pas besoin d'une assurance.

- Vous **(déjà répondre, p.c.)** à cette lettre ?
- Non, je **(ne pas encore répondre, p.c.)**.

- Vous m'**(entendre)**, madame ? C'est Thierry Laboudigue.
- Je vous **(entendre)** très mal, monsieur.

- Vous **(recevoir, futur)** les candidats pour le nouveau poste quand ?
- Nous les **(attendre)** demain.

- Tu leur as laissé un message ?
- Bien sûr. Ils **(recevoir)** beaucoup de réclamations mais **(ne jamais répondre)**.

- Ling, est-ce que monsieur Wong **(déjà répondre, p.c.)** ?
- Non, j'**(attendre)** toujours sa réponse.

- Zut, je/j'**(perdre, p.c.)** mes clés.
- **(Attendre)**, moi, j'ai ma clé.

5 L'ordinateur | PARLER

a) Cherchez dans un dictionnaire les mots français pour : *Maus, Kopfhörer, Tastatur, Laufwerk, Lautsprecher, Webcam, Software, Memory Stick, Laufwerk, Virus, abstürzen, herunterladen, surfen.*
b) Faites un champ lexical autour du mot **ordinateur**, puis racontez ce que vous faites avec votre ordinateur.

L 2/27 6 Sur la boîte vocale | ECOUTER, PARLER

Ecoutez les quatre messages sur la boîte vocale de Thierry et complétez la grille ci-dessous.

	Qui appelle ?	Pourquoi est-ce que la personne appelle ?	Qu'est-ce qu'elle demande ?
1			

7 Allô, c'est Thierry Laboudigue à l'appareil. | PARLER

a) Imaginez le dialogue entre Thierry et la standardiste de l'assistance dépannage.
Utilisez les mots suivants :

Thierry	Standardiste
bonjour / être Thierry Laboudigue / gros problème / installation du matériel informatique / réseau paralysé / avoir besoin de l'assistance dépannage / merci / au revoir	bonjour / problème ? / client ? / envoyer un technicien / pas de souci / dans une heure / votre adresse ? / au revoir

b) Thierry laisse un message sur la boîte vocale de tophardware.com.
A l'aide des mots suivants, imaginez ce message.

Bonjour / encore une fois Thierry Laboudigue / attendre le technicien / depuis des heures / une catastrophe / sept postes de travail (France, Inde, Chine) / perdre de l'argent / impossible de travailler / garantir un dépannage rapide / ne pas être d'accord avec le service / au revoir

c) Jouez les deux scènes.

On dit Reklamieren

Das Problem

Nous avons constaté qc. L'entreprise n'a pas livré qc./Nous n'avons pas reçu qc. Nous avons des problèmes de livraison/d'installation/de paiement/de facture.	Nous avons contacté l'assistance dépannage/le service après-vente (SAV). L'entreprise a promis à qn de faire qc. L'assistance téléphonique garantit qc à qn.

Die Beschwerde

Nous ne sommes pas satisfait(e)s. Nous sommes déçu(e)s/avons perdu confiance.	Nous voulons la réparation du produit. Il faut nous rembourser les frais/les pertes.

Die Fristen

Le délai est dépassé./est arrivé à échéance il y a… mois/semaines.

A vous ! | PARLER, ECRIRE

Vous avez commandé un appareil photo (un lecteur DVD, un GPS, une Wii…) sur Internet.
Vous avez déjà payé, mais on ne vous l'a pas livré(e). Imaginez un dialogue avec le SAV ou écrivez un e-mail.

Stratégie Mit elektronischen Wörterbüchern und Internetübersetzungen arbeiten

Elektronische Wörterbücher haben gegenüber den gedruckten Werken eine Reihe von Vorteilen:
- das Taschenrechnerformat erlaubt einen Einsatz in (fast) allen Lebenslagen;
- sie enthalten oft den Wortschatz mehrerer Sprachen;
- man kann die Übersetzungsrichtung (z. B. F → D / D → F) per Knopfdruck rasch wechseln;
- es können Beispiele und idiomatische Wendungen angeklickt werden.

Wenn Sie ein elektronisches oder auch ein Online-Wörterbuch benutzen, sollten Sie hier wie bei gedruckten Wörterbüchern sehr aufmerksam auf die genaue Bedeutung eines Wortes in seinem Kontext achten. Sonst passiert das, was die im Internet beliebten Übersetzungsmaschinen wie „Reverso" leisten.

A vous !

Voilà la traduction du site Reverso.

Après une étude de marché, Ling et Thierry décident de se concentrer sur les marchés qui montent : la Chine, mais aussi l'Inde. Puis il faut préparer un business plan et surtout s'occuper du financement. Pas facile d'obtenir un crédit en temps de crise ! Ils doivent aussi trouver des bureaux, engager des collaborateurs. Ling s'occupe du marché chinois, Shanti, une Indienne installée à Paris, vient agrandir l'équipe.

Nach einer Marktstudie beschließen Ling und Thierry, sich auf die Märkte zu konzentrieren, die steigen: China, aber auch Indien. Dann muss man ein ebnes Business und vor allem vorbereiten sich mit der Finanzierung beschäftigen. Nicht leicht, einen Kredit (Vertrauen) in Krisenzeit (Krisenwetter) zu erhalten! Sie sollen auch Büros (Schreibtische) finden, Mitarbeiter investieren (verpflichten). Ling beschäftigt sich mit dem chinesischen Markt, Shanti, die in Paris eingerichtete (untergebrachte) Inderin, kommt, die Mannschaft zu vergrößern.

Analysez les fautes et cherchez la bonne traduction des mots ou des expressions.

L'expression française	La faute	La bonne traduction
les marchés qui montent	feststehende Wendung nicht erkannt	die Schwellenländer

8 Idées d'entreprises | PARLER

Un ami/Une amie français(e) a trouvé cet article dans un journal. Il/Elle veut savoir de quoi l'article parle.

a) De combien d'idées d'entreprise est-ce que le texte parle ? Utilisez le dictionnaire si nécessaire.

b) Résumez les informations importantes pour votre ami(e).

Jeden Tag begegnen uns mögliche Geschäftsideen: Alle Eltern kennen das Problem, dass Kinder beim Friseur nicht stillhalten. Ein Japaner hat einen Friseursalon speziell für Kinder eröffnet. Ein Unternehmer sieht Chancen, wo andere über Probleme klagen. Anita Roddick ärgerte sich über die herkömmlichen Produkte der Kosmetikindustrie. Daraufhin entwickelte sie ihre eigenen Kosmetikprodukte. Der Anfang vom Body Shop. Richard Branson ärgerte sich beim Fliegen jahrelang über den lieblosen Service. Heute betreibt er seine eigene Fluglinie Virgin Air. Bill Gates sah, dass Computer die Welt erobern würden. Und was folgte, ist allen bekannt.

Wie sind diese erfolgreichen Unternehmer auf ihre Geschäftsideen gekommen? Sie haben einfach die Augen aufgehalten und Potenziale erkannt. Das können Dinge sein, über die Sie sich ärgern. Achten Sie auf Sachen, die Sie oder andere sich wünschen, die es aber nicht zu kaufen gibt. Oft fangen Geschäftsideen mit Fragen an wie: „Warum gibt es eigentlich kein …?" Halten Sie Ihre Augen und Ohren auf. Notieren Sie sich sofort alles, was Ihnen auffällt.

<Bibliothèque Seite 126>

Entrepreneurs…

1 La passion[1] est-elle une erreur[2] ? (par Mike Eftimakis) | LIRE, PARLER

Lorsque j'ai passé l'épreuve de philosophie[3] au bac, la question « La passion est-elle une erreur ? » m'a permis[4] d'avoir la meilleure note de ma vie dans cette matière ! C'est donc un sujet sur lequel je dois pouvoir apporter quelque chose[5], et c'est pour moi le moteur d'un entrepreneur.
Ceci dit (comme en philo, rien n'est totalement bon ou mauvais), il ne faut pas se laisser aveugler[6] par sa passion : lorsqu'on valide[7] son idée avec une étude de marché, il faut savoir écouter le feedback et changer ses plans si nécessaire !
Une fois qu'on a écrit un magnifique business plan qui montre bien comment on va gagner des millions d'euros en trois mois, la passion est indispensable[8] pour convaincre[9] les autres…
Ce que j'aime et qu'on reconnaît[10] immédiatement chez les entrepreneurs : l'étincelle[11] dans le regard ! C'est beaucoup plus efficace[12] pour convaincre qu'un discours[13] de trois heures !
C'est pourquoi je me suis lancé dans[14] un projet qui me ressemble : avec mes passions (les enfants, la musique, la high-tech, le Web, l'innovation…), j'ai créé une société qui propose des produits pour passionner les enfants et leurs parents.
En résumé[15], je crois que j'avais bien fait de répondre « non » à la question de l'épreuve de philo ! La passion est un équilibre[16] dynamique : c'est elle qui nous fait avancer[17] et changer la vie. Soyez[18] passionnés et vous serez entrepreneurs !

Témoignages des Entrepreneurs/Nicolas Basso (http://www.babybidou.com)

Baby Bidou

Baby Bidou, créée en 2006 à Sophia Antipolis[19] par Mike Eftimakis, développe une gamme innovante de produits pour les enfants de moins de 5 ans. Son premier produit est un nounours[20] MP3, qui permet aux parents de changer à volonté[21] les musiques, chansons ou contes[22] en fonction des[23] goûts et de l'âge de leur enfant.

a) Lisez le texte sur la passion dans le travail.
b) Puis répondez aux questions suivantes :
   1. Comment est-ce que l'auteur définit la passion dans le travail ?
   2. Quels conseils est-ce qu'il donne pour ne pas se laisser aveugler par la passion ?
   3. Quelle entreprise est-ce qu'il a créée ?
   4. Et vous, qu'est-ce que vous répondez à la question « La passion est-elle une erreur ? »

2 Des conseils | PARLER

Regardez le dessin.

a) Quel conseil est-ce que la personne donne à son ami ?
b) Si un de vos copains veut créer son entreprise, quels conseils est-ce que vous lui donnez ? Proposez-en cinq.

---

1 la passion die Leidenschaft – **2 une erreur** ein Fehler – **3 l'épreuve de philosophie** (schriftliche) Prüfung in Philosophie – **4 permettre** ermöglichen – **5 sur lequel je dois pouvoir apporter quelque chose** zu dem ich etwas beitragen kann – **6 aveugler qn** jdn blind machen – **7 valider qc** *(hier)* etw. bestätigen – **8 indispensable** unverzichtbar – **9 convaincre qn** jdn überzeugen – **10 reconnaître** erkennen – **11 une étincelle** ein Funke – **12 efficace** wirksam – **13 un discours** eine Rede – **14 se lancer dans qc** *(hier)* etw. angehen – **15 en résumé** alles in allem – **16 un équilibre** ein Gleichgewicht – **17 avancer** vorwärts kommen – **18 soyez** [swaje] <être (Imperativ) – **19 Sophia Antipolis** Technologie- und Wissenschaftspark – **20 un nounours** [ɛ̃nunuʀs] ein Teddybär – **21 à volonté** *(hier)* beliebig – **22 un conte** ein Märchen – **23 en fonction de** *(hier)* je nach

1 Mon ordinateur

Comment s'appellent les éléments numérotés (die nummerierten Elemente) ?

2 Au bureau ▸ § 15

Mettez les verbes au temps qui convient.

a) Si je (décrocher) ce contrat, j' (engager) un nouveau collaborateur.
b) Si vous (prendre) le train, vous (arriver) à huit heures à Paris.
c) Si on (se dépêcher), on (pouvoir) aller au cinéma.
d) Si tu (vouloir), je te (montrer) mon concept.
e) Si nous (installer) des nouveaux ordinateurs, nous (être) plus performants.
f) S'ils (garantir) l'assistance dépannage, nous (accepter) leur offre.
g) Si vous (travailler) plus, vous (gagner) plus.
h) Si tout (aller) bien, on (avoir) du succès.
i) Si le technicien (ne pas venir), ce (être) la catastrophe.
j) Si monsieur Bordas (téléphoner), tu lui (dire) que je suis en colère.

3 Dialogues ▸ §§ 16, 17

Complétez avec les formes des verbes.

a) – Vous (recevoir) beaucoup d'e-mails ?
– Ah oui, j'en (recevoir) beaucoup tous les jours.

b) – Depuis deux jours, nous (attendre) la réponse de monsieur Bordas.
– (ne plus attendre), préparez une lettre de réclamation.

c) – Vous (ne pas entendre, p.c.) le téléphone ?
– Non, je n'étais pas dans mon bureau.

d) – Cette année, ils (perdre, p.c.) beaucoup de clients.
– S'ils ne changent pas, ils en (perdre) encore plus.

e) – Où est Ling ? Elle (ne pas répondre).
– Elle est dans son bureau. J'(entendre) sa voix.

f) – Hier, je/j'(recevoir, p.c.) un message de Shanghai. Ils (attendre) notre offre.

g) Pourquoi est-ce que tu (ne pas répondre) ?
– Qu'est-ce que tu dis ? Je t'(entendre) très mal.

Sie können jetzt

- Bedingungen ausdrücken. → Sagen Sie, dass Sie kommen werden, falls das Wetter schön ist.
- eine Nachricht hinterlassen. → Teilen Sie einem Kunden mit, dass Sie seine E-Mail bekommen haben und Sie sich um die Bestellung kümmern werden.
- reklamieren. → Beklagen Sie sich, dass die Frist verstrichen ist. Betonen Sie, dass Sie sehr enttäuscht sind.
  → Fordern Sie Ihren Gesprächspartner auf, Ihre Verluste zu ersetzen.
- über Ihren Computer reden. → Drücken Sie aus, dass Sie einen leistungsstarken Computer besitzen.
- von einer Firmengründung berichten. → Sagen Sie, dass Sie eine Marktstudie gemacht und einen Geschäftsplan entwickelt haben.
  → Teilen Sie mit, dass Sie bald zwei Mitarbeiter einstellen werden.

Überprüfen Sie Ihre Antworten auf den Seiten 225–229.

Leçon 6 C'est grave, docteur ?

1

Dr Lucien Calvez
médecin généraliste
consultations sans rendez-vous
du lundi au vendredi
de 9 h à 12 h
Téléphone…

Dr Eric Gallet
dentiste

Dr David Massabie
orthopédiste

Dr Valérie Giraudo
gynécologue
Rendez-vous du mardi au vendredi de 13 h 30 à 19 h 30

Dr Frédéric Bouché
médecin ORL allergologue

Dr Charlotte Marguet
ophtalomologue

Dr Corinne Grégoire
pédiatre
Consultations sur rendez-vous
les mardis, mercredis et jeudis
de 9 h à 19 h

Dr Jean-Marc Valade
orthodontiste
consultations sur rendez-vous
Téléphone…

2

3

A vous !

Quels sont les mots que vous pouvez comprendre à l'aide d'autres langues ?

2/36

Vous avez rendez-vous ?

Dans l'immeuble 12 rue de l'hôpital, il y a plusieurs médecins. Le 12 mai à 10 heures, les patients suivants se présentent à l'accueil des différents cabinets :

« Bonjour, je m'appelle madame Béranger. Est-ce que je peux voir le docteur ? J'ai très mal à la tête. »

« Bonjour, je suis Thierry Duclos. Mon dentiste pense que je dois porter un appareil dentaire. »

« Mon nom ? Annie Mercier. Mon fils Cédric a besoin d'un vaccin. »

« Je viens pour chercher l'ordonnance de pilule de ma sœur. Elle avait appelé hier. Elle s'appelle Denise Dubourdieu. »

« Ce qui s'est passé ? Ah, j'ai fait du roller et je suis tombé. J'ai très mal à la cheville et ne peux plus marcher… Je m'appelle Alain Ribérac. »

« Oui, j'ai rendez-vous. Je suis Régis Houdard. Je vois très mal. Je pense que j'ai besoin de lunettes. »

« Non, je n'ai pas rendez-vous. J'ai très mal aux dents… Emilie Pascal… Je suis patiente du docteur Gallet depuis 5 ans. »

« Bonjour, le docteur Calvez m'envoie. Il pense que j'ai le rhume des foins. Moi, je m'appelle Franck Villars. »

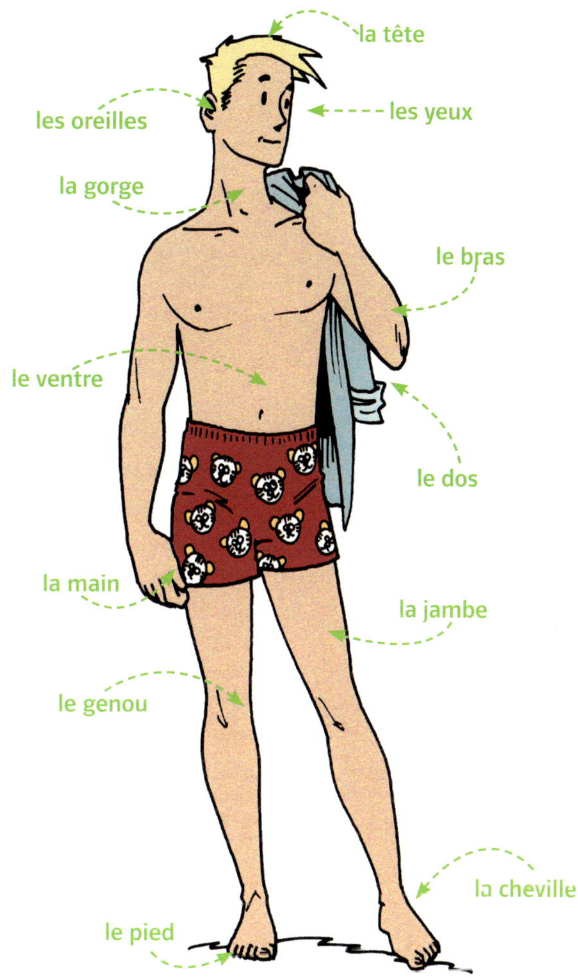

1 Quel médecin est-ce qu'ils consultent ? | PARLER

Faites des dialogues.

Exemple : Elève A : Madame Béranger a mal à la tête. Quel médecin est-ce qu'elle consulte ?
Elève B : Elle va voir le docteur Calvez. Il est médecin généraliste.
Elève A : Quand est-ce qu'il fait ses consultations ?
Elève B : On peut aller le voir sans rendez-vous entre 9 h et 12 h.

2 A vous ! | PARLER

Faites des dialogues avec votre voisin. Utilisez le dessin ci-dessus pour savoir comment les différentes parties du corps humain s'appellent.

Exemple : Elève A : Comment est-ce que tu vas ?
Elève B : Je vais bien./Je ne vais pas bien. J'ai mal aux dents.
Elève A : Alors, tu peux consulter le docteur Y, il est dentiste.

L 2/37

Une question de vie ou de mort

1. Depuis deux mois, Pauline travaille pour trois médecins dans un nouveau cabinet médical. Ces généralistes ont décidé de s'associer. A trois, ils ont maintenant les moyens d'avoir une secrétaire médicale qui répond au téléphone, prend les rendez-vous et s'occupe de l'accueil des patients. Mais leur secrétaire est enceinte et Pauline la remplace pendant son congé maternité.

2. En ce moment, tout le monde est malade. C'est l'époque de la grippe.
Il y a aussi une épidémie de gastroentérite.
Depuis le début de la journée, le téléphone n'arrête pas de sonner :
– Allô ? Bonjour, je souhaiterais avoir un rendez-vous avec le Dr Raymond aujourd'hui.
Pauline répond toujours : Aujourd'hui, cela devrait être un peu compliqué.
Les patients ne peuvent jamais attendre. On pourrait penser que c'est toujours pour eux une question de vie ou de mort.
– Mais mon fils a 40°C de fièvre depuis trois jours !
– Est-ce que vous pourriez venir à 17 h 15 pour un rendez-vous avec le Dr Vinson ?
Ils voudraient aussi toujours négocier :
– Nous ne pourrions pas venir plus tôt ?
– Non, le Dr Vinson ne prend pas de rendez-vous avant 17 heures. Il fait ses consultations à domicile.
– Bon d'accord ! A 17 h 15 alors !

3. Depuis ce matin, la salle d'attente est pleine de monde. Certaines personnes viennent aussi au cabinet sans rendez-vous. Ils ont tous les mêmes symptômes : ils toussent ou ils ont la diarrhée, mal au ventre, à la gorge ou à la tête. Pauline a seulement son brevet de secouriste, mais elle pourrait très bien faire le diagnostic. Le plus difficile pour la jeune femme, c'est de savoir quand déranger les médecins.

Elle se demande : Est-ce que je devrais leur passer le laboratoire d'analyses ?
En fait, Pauline a très peur de rater une urgence.
Pauline se dit souvent : Tu ferais mieux de te calmer !

4. Il y a aussi de jolies histoires. Hier soir, madame Morel avait perdu son carnet de chèques. La vieille dame avait été bien embêtée devant le Dr Vinson parce qu'elle n'avait pas pu lui régler ses honoraires. Ce matin, Pauline a trouvé le carnet de chèques dans la salle d'attente. Tout à l'heure, madame Morel qui est passée pour payer le médecin a aussi donné une boîte de chocolats à Pauline pour la remercier.

Pauline : Ce n'était pas la peine !

Mme Morel : Ah, ma petite Pauline, le chocolat, c'est bon pour la santé. Et vous, vous êtes blanche comme un cachet d'aspirine ! Vous devriez peut-être consulter un médecin, non ?

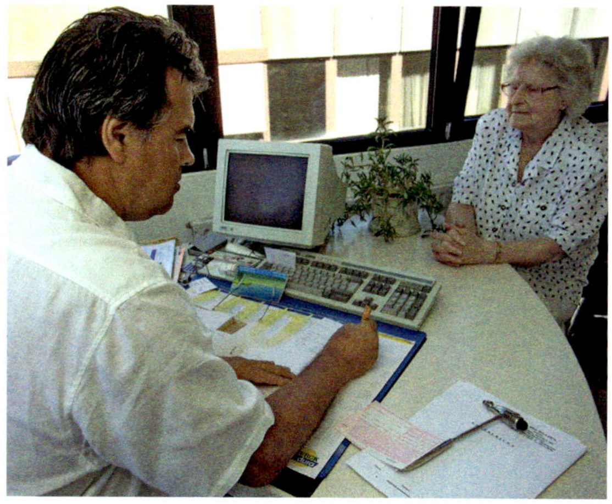

1 Histoire de mots

a) Quels nouveaux mots du texte pages 76–77 est-ce que vous pouvez comprendre à l'aide d'autres langues ?

b) Faites un champ lexical « Chez le médecin » avec le vocabulaire des pages 74–77.

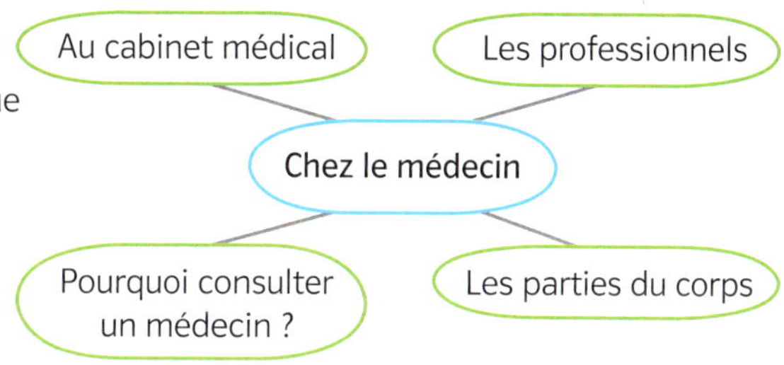

2 C'est dans le texte. | LIRE, PARLER

a) Corrigez les phrases suivantes.

1. Pauline fait un stage de deux mois dans le cabinet médical d'un pédiatre.
2. Dans peu de temps, Pauline va être en congé maternité parce qu'elle est enceinte.
3. En ce moment, il y a peu de travail dans le cabinet médical de Pauline.
4. Pauline a beaucoup d'expérience professionnelle et sait toujours ce qu'il faut faire.
5. Madame Morel a oublié son carnet de chèques à la maison.
6. Le Dr Vinson a donné des chocolats à Pauline.

b) Répondez aux questions suivantes.

1. A quelle heure est-ce qu'on peut consulter le Dr Vinson au cabinet ? Pourquoi est-ce qu'il n'est pas présent plus tôt ?
2. Pourquoi est-ce que Pauline sait que les patients qui arrivent sont malades ?
3. Est-ce que madame Morel pense que Pauline est malade ou en forme ? Pourquoi ?
4. Quel conseil est-ce que madame Morel donne à Pauline ?

3 Regards croisés | PARLER

Dans le texte pages 76–77, on vous présente un cabinet médical en France. Cherchez dans le texte les différences entre un cabinet médical français et un cabinet médical allemand.

1. Que fait une secrétaire médicale ? Quel est le travail d'une *medizinische Fachangestellte* ?
2. Les honoraires : Qu'est-ce qui vous frappe ? (Was fällt Ihnen auf?)
   Comment est-ce que ça fonctionne dans votre pays ?

4 Vous pourriez venir à 17 h 15 ? ▸ §§ 18, 19

In der folgenden Tabelle finden Sie drei neue Verbformen.
Es handelt sich um das ***conditionnel***.

a) Suchen Sie im Text auf den Seiten 76–77 alle weiteren Formen des ***conditionnel*** und tragen Sie diese in die Tabelle ein.
b) Füllen Sie anschließend die restlichen Felder aus. Wie wird das ***conditionnel*** gebildet?

	conditionnel	futur simple	imparfait	infinitif
je	devrais/ souhaiterais			devoir/souhaiter
tu				
il/elle/on				
nous				
vous				
ils/elles	voudraient			vouloir

c) Was drückt das ***conditionnel*** aus?

5 Projets professionnels ▸ § 18

Mettez les verbes entre parenthèses au **conditionnel**.

Pauline **(vouloir)** être pédiatre. Elle dit à sa mère : « J'**(aimer)** m'occuper d'enfants. Je **(pouvoir)** m'associer à d'autres médecins. Nous ne **(travailler)** pas seuls. Les patients **(ne pas attendre)** très longtemps. Dans notre cabinet, il y **(avoir)** un laboratoire. Une secrétaire **(prendre)** les rendez-vous. » La mère de Pauline dit : « Vous **(faire)** aussi des consultations à domicile ? Les parents vous **(téléphoner)**, c'est sûr ! Mais pour cela, Pauline, tu **(devoir)** d'abord t'inscrire à la fac ! »

On dit Beim Arzt

La secrétaire médicale/le médecin	Le patient
Vous avez rendez-vous ? Qu'est-ce que je peux faire pour vous ? Est-ce que vous pourriez venir à 16 h ? Vous pouvez attendre dans la salle d'attente.	Non, je n'ai pas (de) rendez-vous. / Oui, j'ai … à 15 h. Je souhaiterais avoir un rendez-vous avec le Dr… / prendre rendez-vous chez le Dr… Est-ce que nous pourrions venir plus tôt/plus tard ? Est-ce qu'il faut attendre longtemps ?
La consultation	
Pourquoi est-ce que vous venez me voir ? Je vais vous faire une ordonnance. C'est grave. / Ce n'est pas grave.	Je ne vais pas bien. / Je tousse. / J'ai 39°C de fièvre. / J'ai la diarrhée / J'ai mal au ventre. / J'ai mal à la gorge. / J'ai mal aux dents. / Je voudrais une ordonnance. / J'ai besoin d'un vaccin.
Les honoraires	
Ça fait … €. / Vous me devez … €.	Ça fait combien ? / Je vous dois combien ?

A vous ! | PARLER

Travaillez en groupes de quatre.
Ecrivez un jeu de rôles (secrétaire médicale/médecin/vous/votre sœur ou frère) :
Vous êtes en vacances en France avec votre famille. Votre sœur/Votre frère est malade et doit consulter un médecin. Comme vous êtes le/la seul(e) dans votre famille qui parle français, vous accompagnez votre sœur/frère chez le médecin.
Jouez la scène, puis changez de rôles.

Stratégie Hörverstehen

Globalverständnis

In bestimmten Situationen kommt es beim Hören eines französischen Textes darauf an, den Inhalt im Allgemeinen bzw. die „Botschaft" des Sprechers zu erfassen. Wie lösen Sie eine solche Aufgabe?

→ **Vor dem Hören:** Lesen Sie die Aufgabenstellung genau durch. Versuchen Sie, mit Hilfe der gegebenen Hinweise zu erkennen, um welche Situation es sich handelt und worüber die Sprecher reden könnten.

→ **Beim Hören:**
- Konzentrieren Sie sich unbedingt auf Wörter/Teile von Sätzen/Sätze, die Sie verstehen. Wenn Sie den Text mehrfach hören können, können Sie an diesen Anknüpfungspunkten ansetzen und sie ausbauen.
- Achten Sie auf Hintergrundgeräusche sowie Lautstärke und Stimmungslagen der Sprecher.
- Machen Sie sich Notizen zu den W-Fragen (Wer? Wo? Wann? Was? Warum? Wie?)
- Notieren Sie nur Stichworte (ohne Artikel, ohne Präpositionen), und zwar mit so viel Abstand voneinander, dass Sie bei einem weiteren Durchgang bequem Ergänzungen vornehmen können.

Detailverständnis

Wie sollten Sie vorgehen, wenn Sie ganz bestimmte Einzelinformationen heraushören sollen?

→ **Vor dem Hören:** Achten Sie beim Lesen der Aufgabenstellung genau darauf, nach welchen Details gefragt wird. Bereiten Sie eine Tabelle vor, in die Sie die erfassten Informationen eintragen können.

→ **Beim Hören:** Konzentrieren Sie sich ausschließlich auf die Textstellen, die für diese Aufgabe wichtig sind, und notieren Sie Stichworte in der vorbereiteten Tabelle.

-/41

A vous ! | ECOUTER, PARLER

a) Ecoutez les trois premiers appels.
1. Première écoute : Quelle situation est présentée ?
2. Deuxième écoute : Ecoutez et notez les informations (si on les donne).

	nom du patient	raison de l'appel	heure du rendez-vous	médecin
Appel n°1				
Appel n°2				
Appel n°3				

b) Pauline répond à trois autres appels.
Ecoutez les trois dialogues et résumez chaque appel en quelques phrases.

6 Vous êtes en communication avec la boîte vocale de… | PARLER

Pauline soll auf dem Anrufbeantworter der Praxis Dr Raymond/Dr Vinson/Dr Bénetti eine Nachricht für Patienten aufnehmen, die außerhalb der Sprechstunden anrufen. Es sollen Infos gegeben werden über die Sprechzeiten von Dr Raymond und Dr Vinson. Dr Bénetti ist im Juni im Urlaub. Erstellen Sie diese Nachricht.

L 2/47 ◎

Mademoiselle fait un malaise.

1. Le soir après son travail, Pauline doit aller à la pharmacie chercher des médicaments pour sa voisine qui est au lit avec la grippe. Là aussi, il y a du monde. Quand ils n'ont pas d'ordonnance, les gens demandent :
– Donnez-moi, s'il vous plaît, des pastilles pour la gorge et un sirop contre le rhume ! Dans la queue, Pauline ne se sent pas très bien. Est-ce que madame Morel a raison ? La jeune femme a peut-être attrapé un virus.

Le pharmacien : Vous avez la carte vitale de votre voisine ?
Pauline : Oui, voilà ! C'est combien ?
Le pharmacien : Avec la mutuelle, rien du tout.

2. Quand Pauline sort de la pharmacie, elle assiste à un accident dans la rue. Un petit garçon en roller est rentré dans un vieux monsieur et les deux sont tombés. Pauline va les aider. Elle connaît le garçon. C'est Antoine, un voisin.

Pauline : Tu as mal quelque part ?
Antoine : Non, mais le monsieur…
Pauline : Je m'occupe de lui, ne t'inquiète pas. Tu connais le pharmacien, hein ? Va le voir et dis-lui d'appeler les pompiers ou le SAMU ! Monsieur, ça va ?
Le vieux monsieur : J'ai mal au dos, à la jambe et à la main.
Pauline : Ne les bougez pas !
Le vieux monsieur : Non, ça va aller. Ce n'est pas si grave.
Pauline : Oui, peut-être, mais les pompiers vont arriver. Attendez-les !
Le vieux monsieur : Mais… je vous reconnais, mademoiselle !

3. Depuis qu'elle travaille au cabinet médical, Pauline a l'impression que tous les habitants du quartier la connaissent.

Le vieux monsieur : C'est vous la petite-fille de Marianne ?
Pauline : Vous connaissez ma grand-mère ?
Le vieux monsieur : Oui, nous nous connaissons bien ! Elle a été mon infirmière pendant très longtemps. J'ai bien connu votre grand-père aussi.

Pauline ne répond pas, elle se sent très mal comme tout à l'heure dans la pharmacie.

Le vieux monsieur : Qu'est-ce que vous avez ? Dites-moi : vous êtes toute rouge. Vous avez de la fièvre.
Pauline : Je ne sais pas, mais j'ai mal au cœur et très envie de vomir.
Le vieux monsieur : A votre place, j'irais chez le médecin. Il faut vous soigner. Avec tous ces virus…

Les pompiers arrivent. Ils veulent s'occuper du monsieur qui a une plaie à la main mais le blessé dit :
– Vite! Emmenez-la à l'hôpital ! Mademoiselle fait un malaise !

Un pompier demande : Mais c'est qui le blessé alors ?

1 C'est dans le texte. | LIRE, ECRIRE

a) Résumez le texte page 80 à l'aide des mots-clés.

rentrer dans | blessé | emmener | vomir | pharmacie | voisine | queue | ne pas se sentir bien | accident | Antoine | hôpital | vieux monsieur | pompiers | connaître | grand-mère et grand-père | mal au cœur

b) Qui pose la question suivante et pourquoi : « Mais c'est qui le blessé alors ? » ? (l. 42)

2 Regards croisés

Im Krankenhaus, in der Apotheke und beim Arzt wird von den Patienten/Kunden die *carte vitale* verlangt. Diese Karte enthält alle Infomationen über die Krankenversicherung des Inhabers und seiner Familie. Manche Patienten sind zu 100% versichert und brauchen nichts zu bezahlen. Andere bezahlen nur dann nichts, wenn sie eine Zusatzversicherung besitzen, die die Kosten abdeckt, die von der jeweiligen Krankenkasse nicht zurückerstattet werden.

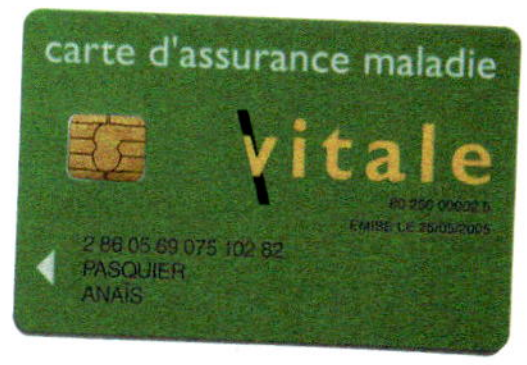

a) Welche Funktion hat die ***carte vitale***?
b) Gibt es etwas Ähnliches in Deutschland?

3 Vous avez un chat dans la gorge ? | PARLER, ECRIRE

a) Comment est-ce que vous traduiriez les expressions :
être blanc comme un cachet d'aspirine (l. 77) et avoir mal au cœur (p. 80, l. 38) ?
b) Traduisez les phrases. Quelles locutions françaises est-ce que vous pouvez traduire mot à mot en allemand ?

Il ne peut plus parler. **Il a un chat dans la gorge.**

Jacques est fou de sa petite-fille Hélène. **Elle le mène par le bout du nez.**

Quel problème ! **Je me suis cassé la tête toute la nuit !**

Quand j'ai vu le chien, **j'ai pris mes jambes à mon cou**.

Il n'a jamais écrit… **Loin des yeux, loin du cœur**.

Quand il a critiqué le chef, **il a mis les pieds dans le plat** !

J'en mettrais ma main au feu : ce médecin va t'aider !

Tu parles trop fort. Attention ! Ici, **les murs ont des oreilles** !

c) Choisissez quatre locutions. Décrivez quatre situations où vous pourriez utiliser ces locutions.

4 Vous connaissez ma grand-mère ? ▸ § 20

a) Cherchez dans le texte page 80 toutes les formes des verbes **connaître**/**reconnaître** au présent. Complétez la première colonne du tableau. Comment est-ce qu'on forme le passé composé ?

présent	*imparfait*	*futur simple*	*conditionnel*
je…			
tu connais			

b) Comment est-ce qu'on forme l'imparfait, le futur simple et le conditionnel ? Complétez le tableau.

5 Pauline, tu connais… ? ▸ § 20

Mettez la bonne forme du verbe **connaître ●**/**reconnaître ■**.

Dr Vinson : A 11 h, je dois soigner madame Martine Ferdy. Mais je **(ne pas ●)** cette patiente. Tu la **(●)**, toi?
Pauline : Bien sûr, je la **(●)**. Et vous la **(●)** aussi. Avant son mariage, elle s'appelait Dupont.

Le pharmacien : Bonjour Pauline. Vous **(●)** monsieur Laval ? Nous voulons lui livrer un sirop, mais nous **(ne pas ●)** son adresse !
Pauline : Non, je **(ne pas la ●)**.

Le pompier : Vous **(■/p.c.)** le vieux monsieur Duroux ? Il ne va pas bien. Tous les pompiers le **(●)** et lui, il **(●)** toutes les ambulances.
L'infirmière : Non, je **(ne pas le/l'■/plus-que-parfait)**.

6 Emmenez-la à l'hôpital ! ▸ § 21

a) Schauen Sie sich die beiden folgenden Sätze an: *Vous me donnez des pastilles ? Vous ne bougez pas vos jambes !* Nennen Sie die beiden **Imperative** im Text, die dasselbe ausdrücken wie diese beiden Sätze.
b) Wo stehen die **Pronomen** beim **Imperativ**? Formulieren Sie die Regel.
c) Was fällt Ihnen zum Gebrauch von *me*/*te* beim **Imperativ** auf?

7 Vous n'avez pas ce médicament ? Commandez-le. ▸ § 21

Qu'est-ce que le pharmacien dit à sa cliente et à son employée ?
Utilisez **l'impératif avec un pronom**.
Exemple : Madame, vous devriez **acheter ces produits**. → Achetez-**les**.

1. Madame, vous devriez **consulter le Dr Vinson**.
2. Annie, tu devrais **écrire aux médecins**.
3. Madame, vous devriez **prendre cette pilule** le soir.
4. Annie, tu **m'aides** ?
5. Annie, tu ranges **ces médicaments** ?
6. Madame, **ne prenez pas ce cachet** avec le repas.
7. Annie, **ne téléphone pas au Dr Vinson**.
8. Madame, **il faut chercher l'ordonnance** !
9. Annie, tu **peux apporter les boîtes d'aspirine** ?
10. Madame, **n'oubliez pas votre carte vitale**.

On dit In der Apotheke

Sie haben in diesem Lehrbuch die Rubrik *On dit* kennengelernt.
Erstellen Sie selbst eine Übersicht *On dit* – In der Apotheke mit den Spalten *le pharmacien* und *le client*.

/50

8 L'ordonnance de madame Vanneste | ECOUTER, ECRIRE

a) Vous êtes dans une pharmacie. Le pharmacien, monsieur Darroussin, s'occupe d'une cliente, madame Vanneste. Ecoutez ce qui se passe et résumez l'histoire.

b) Imaginez la situation suivante : Il est 16 heures et madame Vanneste attend toujours que son téléphone sonne. Quel est le problème ? Qu'est-ce qu'elle pourrait faire ? Qu'est-ce que vous feriez à sa place ? Ecrivez la fin de l'histoire.

9 Protégez votre santé. | LIRE, PARLER

1. Quels sont les deux aspects de la santé qui sont présents sur cette affiche ? Quels sont les deux mots-clés ?
2. Expliquez les conseils que cette affiche vous donne : Qu'est-ce qui est bon pour la santé ? Qu'est-ce qu'on peut faire pour protéger sa santé ?
3. Donnez des exemples pour chaque catégorie d'aliments qu'on doit consommer.
4. Qu'est-ce qu'on peut faire pour bouger ?
5. Expliquez la loupe. Quels produits est-ce qu'on doit éviter ? Donnez des exemples.
6. Faites votre bilan personnel : Est-ce que votre alimentation est équilibrée ou pas ?
   - Combien de fois par jour est-ce que vous mangez les aliments recommandés ?
   - Est-ce que vous limitez votre consommation des produits qu'on doit éviter ?
7. Expliquez la locution française : Il vaut mieux aller chez le boulanger que chez le médecin.
8. Comment rester en forme ? Donnez des conseils à un copain/une copine. Exemples : Tu pourrais manger moins de frites. Tu ferais mieux d'éviter le coca. Tu fais déjà du jogging, très bien, continue.

<Bibliothèque Seite 128>

Sécurité routière – tous responsables

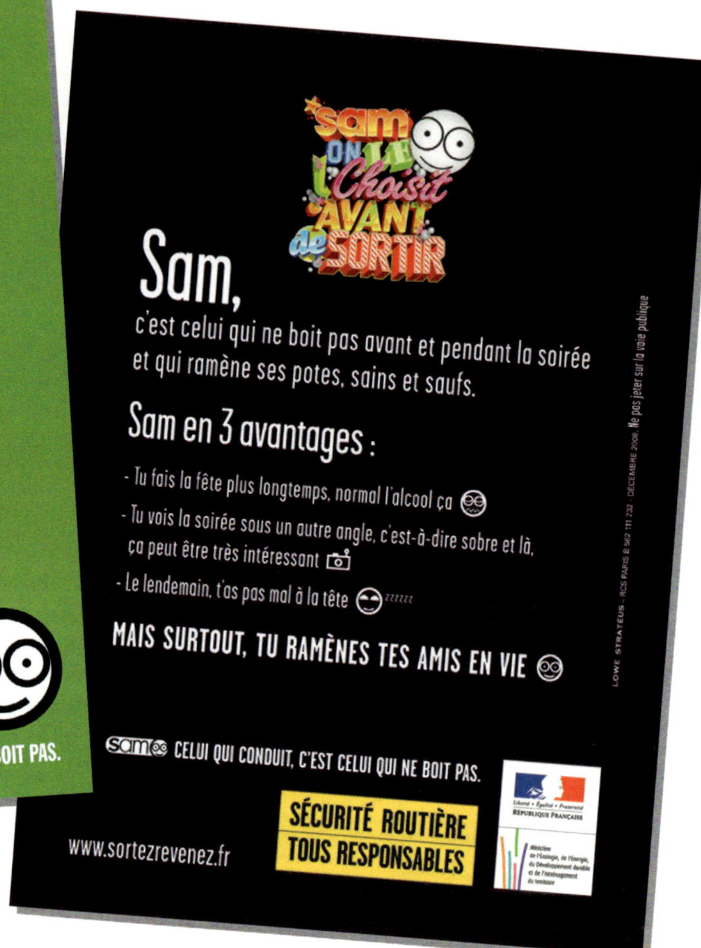

Sam, c'est qui ? | LIRE, PARLER

a) Qui est Sam ? Est-ce que **vous** pourriez être Sam ?
b) Quels sont les avantages de Sam ?
c) Sam est un programme de la sécurité routière.
Est-ce qu'il y a un programme pareil chez vous ?
@ d) Travaillez en groupe : Renseignez-vous sur les risques de l'emprise de stupéfiants au volant (Drogenkonsum am Steuer). (http://www.cannabisetconduite.fr).
Ensuite, créez une affiche d'information (en français) adressée à un public de jeunes.

---

un mec ein Typ – **roux, rousse** [ru,rus] rothaarig – **un beur** Einwanderer maghrebinischer Herkunft – **mince** dünn, schlank – **la sécurité routière** die Straßensicherheit – **ramener** nach Hause fahren – **un pote** *(fam.)* ein Kumpel – **sain et sauf** heil, sicher – **un angle** ein (Blick)Winkel – **sobre** nüchtern – **le lendemain** am nächsten Morgen/Tag – **en vie** lebend – **Celui qui conduit…** Der, der fährt …

1 Comment est-ce que nous pourrions protéger notre santé ? ▸ §§ 18, 19

Mettez les verbes entre parenthèses au **conditionnel**.

1. Pauline (devoir) faire du sport.
2. Le Dr Vinson et le Dr Raymond (faire) mieux de travailler moins.
3. Ton frère et toi, vous (pouvoir) boire moins de coca.
4. Dans notre famille, nous (aimer) manger plus de fruits et légumes.
5. Papa, tu as toujours mal au dos. Moi, je (consulter) un orthopédiste.
6. Franck, tu (avoir) besoin de vacances.

2 Vous connaissez un bon dentiste ? ▸ § 20

Complétez avec la bonne forme de **connaître**.

1. La cliente : Dites-moi, monsieur, vous (●) un bon dentiste ?
2. Le pharmacien : Bien sûr, madame, je vous recommande le docteur Neveu. Je le (●) très bien.
3. Ma femme (●/p.c.) monsieur Neveu à la fac. Nous le (●) depuis 10 ans.
4. Mon fils et la fille des Neveu se (●) aussi. Ils vont à l'école primaire ensemble.
5. Régine : Monsieur, vous (●) la femme qui a demandé un sirop ? Elle a posé des questions !
6. On pourrait croire qu'elle (●) tous les médicaments.
7. Le pharmacien : Tu (ne pas ●) Pauline ?
8. Régine : C'était elle ? Bien sûr, je la (●). Elle porte des lunettes ?

3 Il faut laver l'ambulance. ▸ § 21

Un pompier parle à des stagiaires. Mettez **l'impératif avec un pronom**.
Exemple : Il faut laver l'ambulance. → Lavez-**la**.

1. Théo, il faut ranger les médicaments.
2. Lucie et Maryse, il ne faut pas oublier le portable.
3. Yann, s'il y a une urgence, tu dois appeler les pompiers.
4. Pauline, il faut préparer l'ordonnance.
5. Anne, si le blessé est un enfant, il faut téléphoner aux parents.
6. Si vous avez un problème, il faut parler au secouriste.
7. Valérie, il ne faut pas déranger les médecins.
8. Si vous êtes malades, il faut me contacter.

Sie können jetzt

– Terminverhandlungen führen.	→ Sagen Sie, dass Sie einen Termin haben möchten. → Fragen Sie, ob Sie früher kommen können. → Fragen Sie, ob der Arzt Hausbesuche macht. → Bieten Sie einem Kunden/Patienten einen Termin um 15 Uhr an. → Sagen Sie, dass Dr Vinson keinen Termin vor 16 Uhr annehmen kann.
– beim Arzt Beschwerden äußern.	→ Sagen Sie, dass es Ihnen nicht gut geht. Sie haben Fieber und Durchfall. → Sagen Sie, dass Sie ein Rezept benötigen.
– in der Apotheke Medikamente besorgen.	→ Sagen Sie, dass Sie keine Versichertenkarte haben. → Verlangen Sie Kopfschmerztabletten.
– auf einen Notfall reagieren.	→ Sagen Sie Ihrer Freundin Mélanie, dass eine Frau gestürzt ist. Es handelt sich um einen Notfall. Mélanie möge den Rettungsdienst rufen.

Überprüfen Sie Ihre Antworten auf den Seiten 225–229.

L 2/58 ◎ **1 Je vous souhaite…** | ECOUTER

Ecoutez les huit scènes.

a) Quelle scène correspond à quel dessin ?

b) Qu'est-ce qu'on dit dans quelle situation ?

Santé ! | A tes/vos souhaits ! | Bon rétablissement. | Bon anniversaire ! | Félicitations ! | Bon appétit ! | Bonne année ! | Tous mes/nos vœux de bonheur !

L 2/66 ◎ **2 Fauchon à Paris** | ECOUTER, PARLER

a) Ecoutez le texte et cochez la/les bonne(s) réponse(s).

1. La première boutique d'Auguste Fauchon est
   a) dans le huitième arrondissement
   b) 86 place de la Madeleine
   c) 26 place de la Madeleine.
2. En 1895, il crée
   a) sa pâtisserie
   b) sa boulangerie
   c) le Grand Salon de Thé.
3. Fauchon a
   a) 40 magasins
   b) 42 magasins
   b) 80 magasins.
4. On trouve Fauchon
   a) au Luxembourg
   b) au Brésil
   c) au Japon.

b) Répondez aux questions suivantes :
1. Que faisait Auguste Fauchon chaque année avant Noël ?
2. D'où vient le succès de Fauchon ?

@ c) Cherchez sur Internet le site de Fauchon à Paris.
1. Quels produits vous intéressent ?
2. Quels produits est-ce que vous achèteriez ? Pourquoi ?

3 La publicité en France et en Allemagne

| LIRE, PARLER

a) Lisez le texte suivant.

Depuis plusieurs années, rien n'est plus international que la publicité. Mondialisation oblige, les publicités pour les produits vendus dans le monde entier (Volkswagen, Siemens, Ferrero… pour l'Allemagne ; Renault, Peugeot, fromages… pour la France) sont traduites et directement diffusées en France et en Allemagne.

Mais si la publicité est une forme de communication de plus en plus aseptisée et mondialisée, des différences subsistent malgré tout. En France, depuis la loi Evin (le nom du député qui la fait voter) de 1992, les publicités pour le tabac sont interdites à la télévision, au cinéma et sur les panneaux d'affichage. Les publicités pour l'alcool sont aussi très réglementées.

Les produits vendus avec un slogan international doivent être impérativement traduits en français (par exemple dans une publicité pour « Lipton », le slogan « Be alive » a été traduit en bas à droite de l'écran par « sois plein de vie »). Pour certains produits, on retrouve exactement la même publicité, qui a été simplement traduite et diffusée sans modification. Deux exemples très connus en France : les produits Ferrero (Rocher, Mon Chéri, Kinder surprise) et Haribo où même les airs des chansons ont été conservées et les paroles un peu modifiées. C'est aussi souvent le cas pour les publicités venant des pays anglo-saxons (Coca-Cola, McDonald's) où les publicités sont souvent les mêmes dans tous les pays.

b) Répondez aux questions suivantes :

1. Quelles différences est-ce qu'il y a entre les publicités en France et en Allemagne ?
2. Quel rôle est-ce que la publicité joue dans votre vie ? Racontez.

c) Créez une publicité avec un produit (un nom), un logo, un slogan, les avantages du produit (utilisez la comparaison !), une image (dessin, photo).
Attention à la formule : AIDA (attention, intérêt, désir, action).

4 En français

| PARLER

Dites en français…	Demandez en français…
1. …dass Ihre Schwester kleiner als Ihr Bruder ist.	8. …wie der teuerste Wein heißt.
2. …dass Franzosen pro Jahr und Person 24,5 Kilo Käse essen.	9. …welcher Flug nach Marseille am billigsten ist.
3. …dass sich Ihr Betrieb nur auf die wachsenden Märkte konzentrieren wird.	10. …ob es in Frankreich einfacher ist, einen Betrieb zu gründen als in Deutschland.
4. …dass Sie zum Arzt gehen werden, wenn der Durchfall anhält.	11. …ob Sie am Dienstagmorgen einen Termin beim Arzt bekommen können.
5. …dass der Arzt leider keine Hausbesuche macht.	12. …ob Sie ein Rezept haben können.
6. …dass eine Frist verstrichen ist.	13. …ob die Firma neue Mitarbeiter einstellt.
7. …dass Sie 40°C Fieber haben und Medikamente brauchen.	14. …ob die Marktstudie schon angefordert ist.
	15. …ob jemandem übel ist und ob er/sie eine Tablette braucht.

L 2/67

5 Des lettres | ECOUTER

Ecoutez les quinze extraits (Auszüge) de lettres.
De quel type de lettre est-ce qu'il s'agit ? Notez les numéros dans la colonne correspondante.

Lettre amicale – début	Lettre amicale – fin	Lettre officielle – début	Lettre officielle – fin

6 Une réservation | LIRE, ECRIRE

a) Mettez les phrases suivantes dans le bon ordre.

1 Dans l'attente de votre réponse,

2 Madame, Monsieur,

3 trois chambres à deux lits

4 Je voudrais réserver dans votre hôtel

5 je vous prie d'agréer, Madame, Monsieur,

6 du 16 au 23 avril

7 Réservation

8 Pourriez-vous me confirmer

9 mes salutations distinguées.

10 la réservation ?

b) Vous travaillez à l'hôtel Le Louvre. Répondez à la réservation à l'aide des expressions suivantes :

Merci… choisir notre hôtel. / Comme vous le demandez / confirmer la réservation, au prix de… au total / un prospectus de notre hôtel / rester à votre disposition / Nous vous prions d'agréer

7 Des vacances pourries… | ECRIRE

Vous avez passé une semaine dans un gîte en Auvergne.
Mais vous n'étiez pas content(e) du tout car vous avez eu plein de problèmes.
A l'aide des images, écrivez un e-mail de réclamation au propriétaire.

8 Allô ? C'est moi… | PARLER

Réagissez à ces situations : laissez un message sur la boîte vocale.

1. Vous avez rendez-vous au cinéma Rex avec un copain. Mais il ne vient pas. Ce n'est pas la première fois !!!

2. Vous habitez dans une coloc et vous avez perdu vos clés !

3. Vous avez réservé une table au restaurant pour un repas d'affaires. Votre chef vous dit qu'un des invités n'aime ni la viande ni le poisson. Deux autres ne peuvent pas venir…

9 Tabac et santé | PARLER

a) Regardez l'affiche. De quel type de document est-ce qu'il s'agit ? (Was für ein Dokument ist das?)
b) Cherchez les mots inconnus dans le dictionnaire. De quoi parle l'affiche ? A qui est-ce qu'elle s'adresse ? (An wen ist sie gerichtet?)
c) Qu'est-ce que vous pensez de cette campagne de prévention (Aufklärungskampagne) ?
@ d) Est-ce qu'il y a des actions semblables en Allemagne ? Faites des recherches.

Les mots suivants peuvent vous aider :

un faire-part de naissance eine Geburtstsanzeige
la grossesse die Schwangerschaft
fumer rauchen
dangereux,-euse gefährlich
le tabac der Tabak

10 Des proverbes | PARLER

a) Expliquez en français les locutions suivantes.

1. In der Marketing-Abteilung geht es recht locker zu. Die Leute **reißen sich** dort wirklich **kein Bein aus**.
2. Gestern hat unser Chef die Termine für das nächste Jahr bekannt gegeben. Ich dachte erst, der will uns **auf den Arm nehmen**.
3. Ich hab jetzt zum dritten Mal nur auf den Anrufbeantworter sprechen können – **das hängt mir** wirklich **zum Hals raus**.
4. – Ich muss um zwei für meinen Chef einspringen und die Budget-abweichungen vor der Geschäftsleitung erklären.
   – Na, **Augen zu und durch**!
5. Du musst mal deutlich deine Meinung sagen, sonst **tanzen** dir die Kollegen **auf der Nase herum**.
6. Gestern kam die Rechnung für die neue Hardwareausstattung. Mir **fiel** echt **die Kinnlade runter**!
7. Als der Kopierer gestern zum vierten Mal streikte, **hat** Michael **die Nerven verloren**.
8. Andreas ist nach einem Jahr schon Marketingleiter geworden. Der Erfolg ist ihm aber nicht **zu Kopf gestiegen**.

b) Trouvez dans la liste ci-dessous l'expression française correspondante. Utilisez le dictionnaire si nécessaire.

1. monter à la tête (de qn)
2. se laisser marcher sur les pieds
3. rester bouche bée
4. craquer
5. en avoir par-dessus la tête
6. mener qn en bateau
7. ne pas se fouler *(fam.)*
8. Ça passe ou ça casse ! *(fam.)*

→ Überprüfen Sie Ihre Antworten auf den Seiten 230–235.

---

* Was den deutschen schwangeren Frauen die sauren Gurken sind, sind den französischen Schwangeren die Erdbeeren.

Leçon 7 La bataille des transports

1 Le transport routier par camion représente 79,9 % du transport des marchandises en France.

2 Le transport ferroviaire, c'est 11,4 %.

3 Le pétrole qui passe par les oléoducs représente 6 % des transports de marchandises.

4 Seulement 2,3 % des marchandises passent par les voies navigables (les fleuves et les canaux).

er

	1985	1990	1995	2005	2006	2(
Transport ferroviaire	23,3	19,0	15,3	11,4	11,3	1
Transport routier	61,5	70,1	74,1	79,4	79,4	7
Navigation intérieure	3,6	2,9	2,2	2,5	2,5	
Oléoducs	11,6	8,0	8,4	6,7	6,8	
Total (en milliards de tonnes-km)	**208,7**	**245,1**	**265,8**	**312,4**	**319,8**	**33**

5 Transport intérieur de marchandises selon le mode de transport utilisé.

1 Comment transporter les marchandises ? | PARLER

Voici quelques marchandises. Il faut les transporter du Havre à Paris. Quel(s) moyen(s) de transport est-ce que vous proposez ? Exemple : Pour le transport de 10 tonnes de tomates, je propose le camion. Les cartes pages 247–248 peuvent vous aider.

100 ordinateurs | 6 voitures | 500 voitures | 1000 tonnes de fioul | 5000 tonnes de blé | 1 machine de 10 tonnes | 200 arbres

2 Les transports : une branche de l'économie qui bouge | PARLER

Interprétez la statistique. Comment est-ce que le transport de marchandises en France a changé entre 1985 et 2007 ? (→ On dit page 57)

3/1

Votre profil : les transports vous passionnent.

Après le collège, Yann Mangin a fait un BEP Conducteur dans les Transports de Marchandises. Comme chauffeur-routier est un métier très dur, il a préféré compléter sa formation dans un lycée professionnel : il y a préparé un Bac Pro Exploitations des Transports. A 23 ans, il travaille maintenant depuis une semaine pour la société Martin SA à Rungis. Il y organise des transports routiers. Un matin, devant un camion, Yann rencontre Marc Laporte, un copain de son ancienne classe de BEP.

Yann : Salut Marc. Qu'est-ce que tu fais ici ?

Marc : Salut Yann. Cela fait deux ans que je suis chauffeur-routier ici. Je fais la ligne Le Guilvinec-Rungis. Tous les soirs, je vais au marché de Rungis pour y livrer du poisson et des fruits de mer. J'en ramène des fruits et des légumes. Je fais parfois aussi des allers-retours en Espagne. J'y vais quatre fois par mois. Et toi ?

Yann : Moi, je travaille ici au bureau, j'y reste du matin au soir et je n'en sors pas souvent.

Marc : Toi au bureau ici ? Tu n'es plus chauffeur-routier ?

Yann : Ah, non. Etre sur les routes toute la journée, tous les jours, ce n'est pas pour moi. On prend un café tous les deux à la cafétéria ?

Marc : Je suis assez pressé. Mais bon, allons-y !

1 Allons-y ! ▸ § 22

a) Lesen Sie die folgenden Sätze: Welche Sätze im Text entsprechen ihnen?
   1. Je vais en Espagne quatre fois par mois.
   2. Je ramène des fruits et des légumes du marché.

b) Wofür stehen *y* bzw. *en*? Wie fragt man nach *y* und *en*?
   Überprüfen Sie Ihre Vermutung im Grammatischen Anhang Seite 149.

2 J'y suis, j'y reste. ▸ § 22

Cherchez dans le texte les autres phrases où il y a **y** ou **en**.
Remplacez les noms par le complément de lieu.
Exemple : Il **y** organise des transports routiers.
→ Il organise des transports **dans la société Martin SA**.

3 J'en reviens. ▸ § 22

Complétez avec **y** ou **en**.

1. Yann : Est-ce que tu dors à l'hôtel quand tu vas en Espagne ?
2. Marc : Non, dans le camion. On ● dort très bien.
   Yann : Est-ce que tu vas aussi au Portugal ?
3. Marc : Oui, j' ● vais mardi avec un collègue et nous ● revenons vendredi.
   Et tes collègues et toi, vous sortez de votre bureau à quelle heure ?
4. Yann : Nous ● sortons entre 18 h et 19 h. On ● reste trop longtemps !

L 3/2 ◎

La chaîne du froid entre la Bretagne et Rungis

1. La société Debeaux est un grossiste spécialisé dans les produits de la mer : elle achète et vend sa marchandise à des professionnels, principalement à des restaurateurs. Dernièrement, elle a eu des problèmes avec sa société de transports habituelle. Nadine Debeaux, la gérante, cherche un nouveau transporteur et a demandé plusieurs devis qu'elle a longuement comparés. Finalement, elle s'est décidée pour la société Martin SA. Cette société a 40 véhicules frigorifiques et 70 chauffeurs. Depuis 1998, ils ont des lignes régulières non seulement entre les ports de pêche de Bretagne et Rungis mais également dans toute l'Europe. Aujourd'hui, elle appelle la société Martin SA pour lui confier le premier transport.

2.

Nadine Debeaux : Bonjour madame. Société Debeaux à Rungis. Je vous téléphone pour un transport de fruits de mer.

La secrétaire : Bonjour madame. Vous êtes cliente chez nous ?

Nadine Debeaux : Non. Pas encore. Mais vous nous avez envoyé un devis.

La secrétaire : Ne quittez pas ! Je vous passe tout de suite un commercial.

François: Bonjour ! François à votre service. Quelle est la référence du devis ?

Nadine Debeaux : Bonjour ! C'est le 024827 F.

François : Ah, la société Debeaux. Alors dites-moi, qu'est-ce que nous pouvons faire pour vous ?

Nadine Debeaux : C'est pour un transport depuis Le Guilvinec.

François : Le Guilvinec ? Nous y allons régulièrement, presque tous les jours ! En 2007, on a fait 250 allers-retours !

Nadine Debeaux : Ah bon ? Alors, vous connaissez peut-être notre négociant, il s'appelle Jaffrézic.

François : Bien sûr, nous avons l'habitude de travailler avec lui !

Nadine Debeaux : Donc, ce serait pour une livraison importante à Rungis, vendredi 10. Habituellement, vous y êtes à quelle heure ?

François : Généralement, notre chauffeur charge aux entrepôts vers 13 heures et en part à 15 heures, dernier délai. Il arrive à environ minuit trente à Rungis.

3.

Nadine Debeaux : Ce serait parfait. Alors, voici la marchandise que vous devriez nous livrer vendredi matin à Rungis. J'ai plusieurs lots : des crevettes d'abord, j'ai un lot de 500 kg en vrac, j'ai aussi 20 lots en barquettes, et seulement 7 lots en sacs. 40 lots d'huîtres en paniers de 100. J'aurais aussi 10 lots de filets de poissons conditionnés en caisse polystyrène de 6 kg filmés et sous glace.

François : Excusez-moi, le poisson, vous en avez combien de lots ?

Nadine Debeaux : Dix lots.

François : C'est noté. Je vous envoie la confirmation du transport par fax ou par e-mail ?

Nadine Debeaux : Par fax, s'il vous plaît. Vous avez notre numéro de fax ?

François : Oui, nous avons toutes vos coordonnées !

1 C'est dans le texte. | LIRE, PARLER

a) Faites un portrait de la société Debeaux.
Notez d'abord les mots-clés pour compléter la liste et formulez ensuite des phrases.
b) Que fait la société Martin SA ? Pourquoi est-ce que Nadine Debeaux contacte cette société ?
c) Le Guilvinec, qu'est-ce que c'est ?
d) Résumez l'appel téléphonique de Nadine Debeaux.

Überschrift : la société Debeaux
Stichwortliste :
branche / marchandises / chef d'entreprise / lieu / clients / négociant au Guilvinec

2 Bienvenue au Guilvinec ! | PARLER

Préparez un exposé sur le Guilvinec (→ stratégie page 59).
a) Regardez le logo page 92 : Qu'est-ce qu'il vous apprend sur la ville du Guilvinec ?
b) Donnez les informations les plus importantes sur le port et le secteur de la pêche.
c) Renseignez-vous sur les loisirs/les activités que la ville propose aux touristes.
Quelles activités pourraient intéresser les jeunes ?
Qu'est-ce que vous aimeriez faire au Guilvinec ?
d) Haliotika, qu'est-ce que c'est ? Auriez-vous envie de visiter Haliotika ? Pourquoi (pas) ?

3 En 2007, on a fait 250 allers-retours !

a) Comment est-ce que les Français prononcent les années ?
b) Travaillez à deux. Demandez à votre voisin l'anniversaire d'une personne qu'il/elle connaît. Puis changez de rôle.
Exemple : Elève A : Ton père, quand est-ce qu'il est né ?
Elève B : Mon père est né en 1965.
c) Choisissez cinq années importantes dans votre vie.
Faites une liste et notez en une phrase ce qui s'est passé chaque année.

En 2005, j'ai eu mon appareil dentaire.
...

4 Nous y allons régulièrement. ▸ § 23

a) Suchen Sie im Text die neun Wörter, die auf *-ment* enden. Um welche Wortart handelt es sich?
b) Von welchem Wort ist das Wort *généralement* abgeleitet? Wie lautet die Regel?
(Schauen Sie auch im Grammatischen Anhang Seite 150 nach.)
c) Bilden Sie die Adverbien aus den folgenden Adjektiven:

drôle | parfait | total | gratuit | difficile | simple | certain | correct | facile | professionnel | direct | délicieux | sûr | traditionnel

5 Parfaitement ! ▸ §§ 23, 24

Mettez l'**adjectif** ou l'**adverbe**. Accordez l'adjectif si nécessaire.

1. Marina est une bonne commerciale qui sait **(parfait)** aider les clients.
2. Elle organise **(principal)** des transports qui vont **(direct)** à l'étranger, mais elle s'occupe aussi des lignes **(régulier)** entre Paris et Bordeaux.
3. Ce matin, elle téléphone **(long)** avec un client, la société Lafon, qui est dans une situation **(difficile)**.
4. Son **(dernier)** transporteur n'a pas garanti **(correct)** la chaîne du froid.
5. **(final)**, un transport de fruits de mer **(frais)** est arrivé chez Lafon en mauvais état.
6. Marina peut **(facile)** s'occuper de la commande.
7. Elle dit au client : « Nous sommes une entreprise **(traditionnel)** équipée **(seul)** de véhicules modernes.
8. Vous voulez un devis ? Je vous l'envoie **(gratuit)**.
9. Votre société va **(certain)** être **(content)** ».

6 Nous y allons presque tous les jours. ▸ § 22

Répondez à la place de François aux questions de madame Debeaux. Utilisez **y** ou **en**.
Exemple : Nadine : Vous allez **au Guilvinec** combien de fois ? François : Nous **y** allons presque tous les jours.

1. Vos camions vont aussi **aux Pays-Bas** ? (oui)
2. Vous partez **du Guilvinec** à quelle heure ? (15 h)
3. Le véhicule retourne **au port** quand ? (le matin)
4. Les camions ramènent des fruits **de Rungis** ? (oui)
5. Le chauffeur arrive **à Rungis** à minuit ? (Non, 0 h 30)
6. Vous avez déjà organisé un transport **en Suisse** ? (oui)
7. Vous pouvez livrer **en Hongrie** ? (oui)
8. Vos clients viennent aussi **de l'étranger** ? (non)
9. Le camion va partir **du port** à 11h ? (Non, 15 h)

7 On y va ! ▸ § 22 | PARLER

Préparez une liste de cinq questions à l'aide des verbes suivants : sortir de ; partir de ; venir de ; revenir de ; rentrer de ; aller à ; être à ; rester à ; retourner à ; habiter à.
Utilisez **y** et **en**. Puis changez de rôle.
Exemple : Elève A : Le matin, tu sors **de la maison** quand ? Elève B : J'**en** sors à 6 h 30. Et toi, tu **en** sors quand ?
Elève A : Moi, j'**en** sors à 6 h 45.

L 3/5 8 Vous êtes cliente chez nous ? | ECOUTER, PARLER

Après chaque appel, la standardiste de la société Martin SA note les informations principales, puis résume les appels pour ses collègues. Jouez les standardistes : Ecoutez les appels de monsieur Ducroux, madame Duby et monsieur Serrat. Prenez des notes, puis résumez ces appels pour votre voisin.

On dit Telefonieren

Sich vorstellen und den Grund des Anrufs nennen	Sagen, dass die angerufene Person nicht erreichbar ist
– Société Martin SA, bonjour. … à votre service. – Bonjour madame/monsieur. Ici…/Je suis… – Qu'est-ce que nous pouvons faire pour vous ? – Je vous appelle/téléphone pour… – Est-ce que je pourrais parler à… ?	– Excusez-moi, mais il/elle est absent(e)/occupé(e) sur une autre ligne/n'est pas libre. – Ne quittez pas. Je vais me renseigner. – Il/Elle ne répond pas. Un moment, je vous passe… – Il/Elle est en réunion. Je prends un message ?
Nach den Daten fragen/Seine Daten durchgeben	**Eine Nachricht hinterlassen/Eine Nachricht aufschreiben**
– Quel est votre nom ? Quel est votre numéro ? Quelle est votre adresse e-mail ? – Mon numéro, c'est le… – Vous avez mon numéro ? – Oui, nous avons vos coordonnées.	– Est-ce qu'il/elle peut me rappeler au… ? Je peux laisser un message ? Pouvez-vous lui demander de… ? – D'accord, c'est noté. – Excusez-moi, mais je n'ai pas compris. Pouvez-vous répéter/épeler ? – Bien sûr, j'épèle : … Excusez-moi, je répète.

A vous ! | PARLER

Vous êtes à Nantes avec un groupe de jeunes. Le groupe a décidé de faire un tour en bus pour visiter les plages de Bretagne. Ecrivez un jeu de rôles et jouez-le.

Etape n° 1 : Vous appelez la société Legrand pour louer un bus (date ? lieu ? nombre ?), une personne répond, le responsable est absent et doit vous rappeler.	Etape n° 2 : La société rappelle et vous propose un voyage. Négociez le prix. Vous êtes d'accord et prenez rendez-vous au Château de Nantes.

3/8

Heureux comme un chauffeur-routier à l'heure

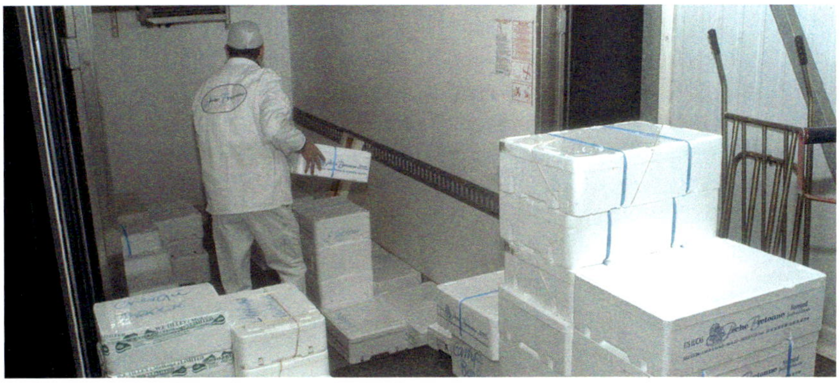

1. Il est 14 h 30. Marc Laporte va pouvoir prendre la route et quitter l'entrepôt du Guilvinec en premier. Il en a toujours rêvé. Comme ça, il est sûr d'arriver à l'heure ce soir à Rungis et de décharger rapidement son camion. Avant de monter dans sa cabine, Marc demande à Franck, le responsable logistique :

Marc : Alors, je peux y aller maintenant ?

Franck : Oui, profites-en ! Vas-y vite, toutes les caisses sont chargées. C'est parfait !

2. Au volant de son camion, Marc prend la direction de Rennes. La route est belle et la météo encore calme. Mais il roule seulement depuis dix minutes quand un voyant clignote sur son tableau de bord. Il lui indique que la climatisation fonctionne mal : la température risque de monter dans son camion. Marc appelle tout de suite l'assistance téléphonique. C'est Régis qui lui répond.

Marc : Qu'est-ce que je peux faire ?

Régis : Pas grand-chose. C'est sûrement un petit problème électronique, une pièce à changer ! Tu ne peux pas continuer sans faire la réparation. Tu dois aller à l'atelier de Quimper. Je les appelle tout de suite.

Marc : Très bien. Merci Régis. Bonne soirée !

3. Après avoir pris la direction de Quimper, Marc appelle Didier, le responsable logistique chez Martin SA. Mais Didier est occupé sur une autre ligne avec un client.

Nina (au standard) : Je lui laisse un message ?

Marc : Demande-lui de me rappeler vite, s'il te plaît ! Dis-lui seulement que j'ai une panne et que je vais à l'atelier.

A Quimper, tout est prêt pour réparer la panne. Le technicien doit effectivement changer une pièce électronique. Heureusement, la réparation est rapide. A 16 h 30, Marc prévient Didier au téléphone : il vient de reprendre la direction de Paris.

Marc : J'ai perdu deux heures, mais je peux encore arriver à l'heure.

Didier : Dépêche-toi parce que tu as un nouveau client à livrer, la société Debeaux.

Marc : Oui, j'y pense. Non, mais je ne serai pas en retard à Rungis. Le problème, ce sera, après être arrivé, de trouver une place sur les quais de déchargement !

4. Sur la route maintenant, il commence à pleuvoir. Mais Marc a l'habitude de rouler dans des mauvaises conditions. Il est minuit trente quand le camion de Marc arrive au marché de Rungis. Il se dirige vers la halle de la marée pour décharger. Heureusement, Marc n'attend pas longtemps avant de trouver une place. Ouf ! Mission accomplie encore cette nuit !

1 C'est dans le texte. | LIRE, PARLER

a) Trouvez un titre pour chaque partie du texte.
b) Vrai ou faux ? Si la phrase est correcte, expliquez pourquoi. Si la phrase est fausse, corrigez-la.

1. Marc Laporte a toujours rêvé de ne pas quitter l'entrepôt du Guilvinec en dernier.
2. A 14 h 30, il n'y a plus de caisses dans le camion de Marc.
3. Quand Marc part du Guilvinec, il fait beau.
4. Un voyant du tableau de bord indique à Marc qu'il doit faire le plein.
5. Comme la climatisation ne fonctionne pas bien, la température dans la cabine du chauffeur monte.
6. Marc appelle son assistant, Régis Quimper, qui doit faire la réparation.
7. Chez Martin SA, Didier ne s'occupe pas de la ligne Rungis – Le Guilvinec, il s'occupe des autres lignes.
8. Dans l'atelier où le technicien répare la panne, il y a une pièce pour les travaux électroniques.
9. Marc a peur de ne pas trouver de place libre sur les quais de déchargement après son arrivée à Rungis.
10. Après être parti de l'atelier, Marc constate que le beau temps ne continue pas.
11. Vers une heure du matin, Marc finit sa journée de travail.

c) Quelles sont les étapes de la chaîne du froid entre Le Guilvinec et Rungis ?
Faites un dessin/schéma que vous expliquerez après.
Qu'est-ce qu'il faut faire pour garantir la chaîne du froid ?

2 Des véhicules frigorifiques pour garantir la chaîne du froid ▸ § 26

a) Faites une phrase avec un infinitif avec **pour** ou **sans**.
Exemples : On prend un véhicule si on veut transporter des marchandises.
→ On prend un véhicule pour transporter des marchandises.
Marc roule sous la pluie mais il n'arrive pas en retard.
→ Il roule sous la pluie sans arriver en retard.

1. On a besoin d'un canal ou d'un fleuve si on veut transporter des marchandises en bateau.
2. Marc part après la réparation. Il ne paie pas.
3. Les chauffeurs-routiers ont tous des portables. Ils peuvent appeler l'assistance téléphonique.
4. Marc va directement à la halle de la marée. Il ne s'arrête pas au café des routiers.
5. Les voyants du tableau de bord clignotent. Ils indiquent des problèmes électroniques.
6. Marc décharge vite son camion. Il n'attend pas.

b) Faites six autres phrases avec **pour** et **sans**.

3 Avant de partir... ▸ § 26

a) Faites une phrase. Utilisez **après avoir...** ou **avant de...**
Exemples : **D'abord**, François a parlé à madame Debeaux. **Ensuite**, il a envoyé la confirmation par fax.
→ **Après avoir parlé** à madame Debeaux, Marc a envoyé la confirmation par fax.
→ **Avant d'envoyer** la confirmation par fax, Marc a parlé à madame Debeaux.

1. D'abord, Marc a appelé Didier. Ensuite, il est allé à l'atelier de Quimper.
2. D'abord, Marc prévient la société. Ensuite, il reprend la direction de Paris.
3. D'abord, le grossiste achète les marchandises au Guilvinec. Ensuite, il vend les poissons à Rungis.
4. D'abord, Nadine Debeaux a demandé des devis. Ensuite, elle a comparé les offres.

b) Faites quatre autres phrases avec **après avoir...** et **avant de...**

4 Les professionnels et leurs métiers | PARLER

a) Utilisez les mots indiqués pour décrire les activités des professionnels.
Exemple : Madame Debeaux est la gérante d'une société et travaille dans un bureau. Elle fait du commerce et donne des consignes aux employés.

1 madame Debeaux / gérante / bureau / commerce / consigne / employé / faire / donner / travailler

2 monsieur Laporte / chauffeur-routier / transporteur / marchandises / camion / livrer / rouler / travailler

3 monsieur Auzou / technicien / atelier / véhicule / pièces / réparer / travailler / changer

4 madame Tisane / pharmacienne / médicament / client malade / conseil / vendre / donner

5 monsieur Ravel / agriculteur / exploitation / blé / animal / cultiver / élever

6 madame Duval / guide / ville / touriste / histoire / montrer / expliquer

b) Trouvez trois autres professions indiquées dans ce livre et décrivez-les.

5 Le technicien travaille vite. ▸ § 23

Mettez l'**adjectif** ou l'**adverbe** : vite/rapide (●), bien/bon (■), mal/mauvais (★)
Accordez l'adjectif si nécessaire.

1. C'est un travail ● : Les employés du négociant ont ● chargé le camion de Marc.
2. Tout se passe ■. Le responsable logistique dit à Marc : « ■ route et à demain ! »
3. En route, un voyant prévient Marc que quelque chose ne fonctionne pas ■. Généralement, ces climatisations sont ■ mais ici, il y a un problème.
4. Marc ne peut pas continuer avec une climatisation qui fonctionne ★. C'est ★ pour la chaîne du froid.
5. Si la baisse de la température dans le camion est trop ●, le client va le constater à l'arrivée parce qu'il va ● faire un contrôle. Ce serait une catastrophe !
6. Si la marchandise voyage dans des ★ conditions, le client ne va pas accepter la livraison.
7. Dépêche-toi, Marc. Il faut ● faire la réparation !
8. Heureusement, le technicien de l'atelier de Quimper est en ■ forme. Il change très ● la pièce électronique. La journée ne finira pas ★ !

6 Une livraison à Nantes ▸ § 25

A droite, vous trouvez des **adjectifs** et des **adverbes**.
a) Transformez d'abord les adjectifs en adverbes.
b) Mettez ensuite les adverbes à la bonne place.

1. Marc s'est levé.
2. Il prend un long petit-déjeuner mais ce matin, il n'est pas resté à table.
3. La gérante lui avait dit de livrer des clients à Nantes où il ne va pas.
4. Il est parti à 7 heures parce qu'on rencontre des bouchons sur la route de Nantes quand on part tard.
5. Nantes, c'est une ville sympa où Marc a habité avec ses parents.
6. On y trouve des industries, mais il y a des quartiers sympas.
7. Marc devait transporter une machine à un client qu'il ne connaissait pas mais il a trouvé son chemin.
8. Il s'est dirigé vers le port où il a chargé sur les quais.
9. Marc s'est arrêté à un restaurant où on rencontre des routiers.
10. Après avoir mangé avec des collègues, Marc est reparti pour Rungis.
11. Au retour, il y a eu peu de voitures sur l'autoroute et Marc a pu rouler.

aujourd'hui / tôt
général / longtemps
hier / souvent
heureux / déjà / régulier
trop
assez / longtemps
certain / aussi / plutôt
d'abord /encore
facile
ensuite / direct
après / toujours
bien / vite
calme

7 Pas de problème – j'y pense ! ▸ § 22

a) Lesen Sie die folgenden Sätze. Welche Sätze im Text entsprechen ihnen?
Marc a toujours rêvé d'un départ le premier. / Je pense à cela.
b) Übersetzen Sie die Sätze aus dem Text. Wofür stehen **y** und ***en***? Formulieren Sie die Regel.

8 On en parle à midi ? ▸ § 22

Répondez aux questions et utilisez **y** ou **en**.
Exemples : Tu penses **à ton portable** ? ✓ J'**y** pense.
Nous parlerons **du rendez-vous** demain ? ✗ Nous n'**en** parlerons pas demain.

1. François, il pensera à la confirmation de ma demande ? ✓
2. Nous profitons de cette offre ? ✓
3. Marc, il est content de la réparation ? ✓
4. Notre technicien, il est responsable de cette panne ? ✗
5. Marc, tu as assisté à l'accident ? ✗
6. Vous avez besoin de cette pièce ? ✓
7. Vous avez peur de cette route ? ✗
8. Les techniciens ont envie de ce travail ? ✓
9. Marc et Luc, ils ont besoin des camions ? ✗
10. Tu participeras à ce voyage ? ✓
11. Nina a pensé à cet appel ? ✗
12. Ce soir, Marc va rêver de cette mission. ✓

L 3/12

9 Vous pouvez me renseigner ? | ECOUTER

Sur le Marché International de Rungis, trois personnes sont venues se renseigner à Pôle emploi sur les professions proposées à Rungis.
Ecoutez les dialogues et complétez la grille.

entretien	profession	niveau demandé	qualités demandées	salaire
1				
2				
3				

10 Une panne pendant les vacances | PARLER

Julia montre sur Internet son album photos à Amélie, une copine française.
Comme Amélie ne comprend pas les commentaires sous les photos, Julia lui explique.

Zweiter Tag in Frankreich: Mama hat am Steuer kein Glück! Wir fahren in Richtung Tours und nach 10 Minuten blinkt eine Warnlampe! Mama bleibt ruhig, aber Papa sagt: „Die Temperatur steigt. Wir können nicht weiter fahren. Wir rufen den Pannendienst an und fahren zur Werkstatt. Julia, erklär dem Mechaniker das Problem." Immer ich!!!

Der Mechaniker ist voll cool. Er versteht mich und kann sich sofort um uns kümmern. Was für ein Glück! Es ist nicht schlimm: Das Auto verliert kein Wasser! Ein elektronisches Teil funktioniert nicht, aber er kann es leicht auswechseln. Die Reparatur geht ganz schnell. Uff, geschafft! Jetzt noch volltanken, und weiter geht's!

Stratégie Ein Resümee verfassen

Einen Text zu resümieren bedeutet, ihn mit eigenen Worten knapp und sachlich zusammenzufassen.

Vorbereitung eines Resümees

1. Versuchen Sie zunächst, die Hauptaussage eines Textes zu erfassen.
   Dabei können Sie sich an den W-Fragen orientieren: Wer? Was? Wann? Wo? Wie? Warum?
2. Suchen Sie die Schlüsselwörter heraus: Somit erhalten Sie die wichtigsten Punkte des Textes.

Regeln zum Verfassen eines Resümees

1. Formulieren Sie die Sätze eigenständig. (Ein Resümee sollte keine Zitate aus dem Text enthalten!).
2. Behalten Sie einen neutralen Ton und vermeiden Sie persönliche Wertungen.
3. Schreiben Sie immer in der 3. Person Präsens, auch wenn der Originaltext in der Vergangenheit steht und/oder es sich um einen Ich-Erzähler handelt.
4. Formulieren Sie in der Einleitung zunächst in ein oder zwei Sätzen die Hauptaussage des Textes.
5. Orientieren Sie sich an der gedanklichen Reihenfolge des Textes.
6. Lassen Sie alle sekundären Informationen wie Details, Beispiele, Ausschmückungen, Zitate, etc. aus.
7. Ein Tipp: Ein Resümee sollte in der Länge etwa ein Drittel des Originaltextes ausmachen.

A vous ! | ECRIRE

Résumez le texte page 95.

<Bibliothèque Seite 130>

Rungis Marché International

1 Rungis nous livre quoi ? | PARLER

Regardez les affiches ci-dessus.
Il y a cinq filières du frais sur le marché de Rungis. Lesquelles ?
Quels produits est-ce qu'on vend à Rungis ?
Indiquez pour chaque filière des exemples que vous connaissez.

L 3 2 Rungis Marché International : Capitale Mondiale du Frais | PARLER

Regardez le film publicitaire sur Rungis.

a) Notez les sous-titres (Untertitel) français que vous voyez dans le film.
b) Trouvez d'autres sous-titres en français : Dites par exemple dans quel pavillon du marché on se trouve et expliquez ce qui se passe.
   Montrez le film en classe et présentez vos sous-titres à l'oral.
c) Traduisez tous les sous-titres en allemand pour créer une version allemande du film et présentez le résultat en classe.

@ 3 Projet | PARLER

Visitez http://www.rungisinternational.com/ et suivez le lien « Rungis pratique ».
Renseignez-vous : - Où est-ce que le marché est situé ?
- Comment est-ce qu'on peut y aller ?
- Est-ce qu'on peut le visiter avec un groupe d'élèves ?

Ensuite, présentez vos résultats (→ stratégie page 59).

1 Yann et Marc se rencontrent devant l'entrepôt. ▸ § 22

Répondez aux questions. Utilisez **y** ou **en**.

1. Yann, on prend un café **dans ton bureau** ? (oui)
2. J'ai une idée ! Nous allons **à la cafétéria** ? (oui)
3. Et toi, tu sors **de la société** à quelle heure ? (18 h)
4. Yann, tu as livré du poisson **à Rungis** ? (non, des fruits et légumes)
5. Yann, tu as profité **de ta formation** ? (oui)
6. Yann, vous organisez des transports ferroviaires **dans votre service** ? (non, routiers)
7. Marc, tu rêves toujours **de ton métier** ? (oui)
8. Marc, nous participerons **à la formation** ensemble ? (oui)
9. Marc, tu arrives toujours **au port** à l'heure? (non)
10. Est-ce que tous les chauffeurs-routiers pensent toujours **à leur portable** avant de partir ? (oui)
11. Tu es content quand tu arrives **à l'entrepôt** le soir ? (oui)

2 Arriver à l'heure, c'est important. ▸ §§ 23, 24, 25

Transformez les **adjectifs** en **adverbes**. Ensuite, mettez les adverbes à la bonne place.

1. Marc va charger son camion pour aller à Rungis. — **rapide** / **direct**
2. La société Martin n'organise pas de transports par bateau. — **traditionnel**
3. Marc est au volant d'un véhicule frigorifique qui va de Rennes à Rungis. — **général** / **régulier**
4. Les bateaux n'ont pas dû attendre dans le bouchon sur le canal. — **heureux**
5. Le technicien est sympa parce qu'il a changé la pièce. — **gratuit**
6. Marc connaît la route entre le Havre et Rungis, mais il est rentré ce soir. — **mauvais** / **bon**

3 Les transports vous passionnent. ▸ § 26

Faites des phrases. Utilisez :

après avoir...	**pour...**	**sans...**	**avant de...**
charger le camion / sortir de l'entrepôt	aller à Rungis / livrer un nouveau client	partir de l'atelier / ne pas prévenir la gérante	observer le tableau de bord / monter dans le camion
faire une formation / avoir un bon salaire	faire un BEP / compléter la formation	arriver chez le client / ne pas avoir de panne	choisir un transporteur / comparer les devis

Sie können jetzt

- in beruflichen Situationen telefonieren.
  → Sie arbeiten bei der Firma Schreiber GmbH. Sie erkennen an der Vorwahl, dass der Anruf aus Frankreich kommt. Melden Sie sich am Telefon.
  → Fragen Sie den französischen Anrufer, ob er Kunde bei Ihnen ist.
  → Erklären Sie, dass Herr Müller in einer Sitzung ist und der Anrufer nicht auflegen soll. Sie stellen zu Frau Geibel durch.
  → Erklären Sie, dass Frau Geibel auf einer anderen Leitung spricht. Fragen Sie, ob der Anrufer eine Nachricht hinterlassen möchte.
- einen Transport organisieren.
  → Sagen Sie am Telefon, dass es um den Transport einer Maschine geht.
  → Der Fahrer muss spätestens um 10 Uhr in Stuttgart aufladen.
  → Der Fahrer muss spätestens um 16 Uhr im Lager des Kunden abladen.
  → Sagen Sie am Telefon, dass alle Waren eingeladen sind und der LKW pünktlich losgefahren ist.

→ Überprüfen Sie Ihre Antworten auf den Seiten 225-229.

Leçon 8 Etes-vous mobile ?

Les premières destinations des étudiants français

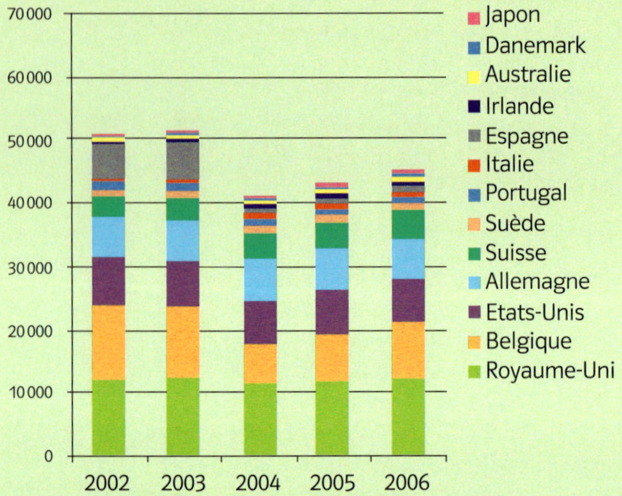

Les 10 premières destinations des étudiants allemands

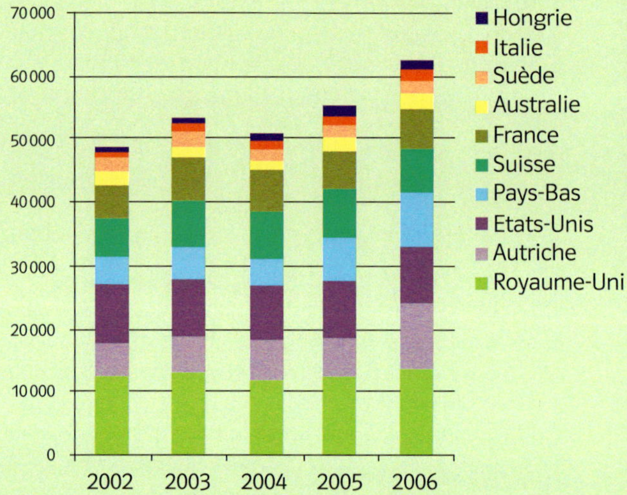

Source : CampusFrance, l'agence nationale française de promotion de l'enseignement supérieur, est le partenaire de votre projet d'étude en France. Consultez notre site : www.campusfrance.org

WEBMASTER BILINGUE ALLEMAND (H/F)

Résumé

Lieu :	Paris	Contact :	Julien BALAS
Salaire de base :	29 000 €-32 000 €/an	Téléphone :	+33.(0)1.42.56.85.32
Type de contrat :	CDI	E-mail :	balas@recruiting.fr
Catégorie :	Informatique/Télécommunications/Conception/Design	Date de parution :	19/06/2010
Secteur :	Tertiaire/Tourisme (commercialisation en ligne de résidences de loisirs sur le marché allemand)		

Pour en savoir plus

1 Qui fait des études où ? | PARLER

a) Combien d'étudiants français et allemands font des études à l'étranger ?
b) Comment est-ce que le nombre d'étudiants qui font leurs études à l'étranger a évolué (hat sich verändert) entre 2002 et 2006 ?
c) Indiquez les six destinations (Ziele) préférées des Français et des Allemands pour leurs études. Qu'est-ce que vous remarquez ? A votre avis, pourquoi est-ce que les étudiants choisissent ces pays ?

2 A vous ! | PARLER

a) Est-ce que vous connaissez des gens qui font ou qui ont fait leurs études à l'étranger ? Dans quel pays ?
b) Est-ce que vous aimeriez faire des études à l'étranger ? Quels pays vous intéresseraient ? Pourquoi ?
c) Est-ce que vous seriez prêt à partir travailler dans un autre pays européen ? Lequel ? Pourquoi ?

3/19 ◎

Le marathon du premier emploi

Julian a 23 ans. Après une formation commerciale en alternance, il a fait un stage de formation continue pour pouvoir travailler comme webmaster.

25 juin

Julian voudrait travailler en France. Sur Internet, il découvre un site où des entreprises offrent des emplois à des candidats bilingues. Julian s'intéresse à un poste dans l'e-commerce. Mais comment comprendre ces annonces ? Type de contrat : CDI ? Le CDI, c'est la bibliothèque d'une école, non ? Julian ouvre le dictionnaire en ligne : Voilà le résultat ! Intéressant !

26 juin

Julian continue ses recherches. Dans une annonce sur cinq, les employeurs écrivent : « Nous vous offrons un CDD à plein temps. » Un quoi ?

27 juin

Julian constate qu'un citoyen de l'UE n'a pas besoin d'autorisation de travail. Pas de titre de séjour. La carte d'identité ou le passeport, c'est tout. Vive l'Europe !

28 juin

Julian se dit : « Qui ne risque rien n'a rien ». Il décide de poser sa candidature en ligne au poste de webmaster. D'abord, il l'envoie à Franck, son copain français : « Cher Franck, tu pourrais relire mes documents ? Quand tu ouvres les fichiers, ne rigole pas. La photo du CV n'est pas super… »

25 juillet

Bilan d'un mois de recherche : 25 candidatures envoyées. Une sur cinq est restée sans réponse. Sur 20 réponses, 18 ont été négatives. deux entretiens d'embauche : une entreprise lui a offert un emploi à temps partiel. Il a refusé. Et le poste de webmaster ? Il est arrivé troisième sur cinq… Il recommencera à chercher après les vacances !

1 Nous vous offrons un CDD. ▸ § 27

a) Notieren Sie in einer Tabelle die Präsensformen der Verben *offrir*, *ouvrir* und *découvrir*, die Sie im Text finden. Im Text wird eines der Verben im *passé composé* benutzt. Notieren Sie auch diese Form.

b) Erschließen Sie die fehlenden Formen und vervollständigen Sie die Tabelle. Überprüfen Sie Ihre Antworten im Grammatischen Anhang auf Seite 153.

2 Il a découvert un site intéressant. ▸ § 27

Mettez la bonne forme des verbes offrir ●/ouvrir ■/découvrir ★.

1. Sur Internet, Kai ★ l'annonce d'une société de Nancy : les gérants ● un poste à un Allemand.
2. Ils écrivent : « Nous ● un CDD de 9 mois dans notre entreprise. »
   Kai a un copain à Nancy et lui écrit un e-mail :
3. « Je sais que tu ■ tes e-mails tous les jours. Ton père et toi, vous pouvez m'aider ? Si vous ★ des infos sur cette société, tu m'écris ?
4. J'■ une bonne bouteille et on la boit ensemble si on m'● ce poste ! »

L 3/25

La France côté vacances…

1. Dernier jour de vacances : Julian ouvre les volets du gîte qu'il a loué avec ses amis Tim et Luka pendant deux semaines dans une propriété viticole à Barsac, à trente kilomètres de Bordeaux. Décision spontanée mais excellente : les vacances dans ce village jumelé avec Wöllstein où ils habitent en Allemagne leur ont énormément plu ! C'est surtout la passion pour l'équitation qui a amené les trois copains dans la région et ils y ont fait des randonnées à cheval vraiment magnifiques !

2. Julian repense à la journée d'hier. Le propriétaire du gîte, Gérard Delalande, qui est très gentil, leur a offert une visite de son domaine. Depuis trois générations, sa famille fait du Sauternes, un des meilleurs vins blancs. La visite a commencé par une dégustation dans le chai. Là, Gérard Delalande a ouvert une bouteille. A ce moment-là, Tim et Luka ont dit spontanément que c'était un peu tôt pour boire du vin. Mais le viticulteur leur a expliqué qu'ils n'allaient pas boire, mais seulement goûter le vin, ce qui était très différent. Julian l'a approuvé et a raconté que son père était viticulteur à Wöllstein et qu'il faisait un excellent vin rouge. Julian a encore dit que monsieur Delalande pouvait avoir des informations sur le site Internet en français de son père et a expliqué qu'il en était le webmaster ! Gérard Delalande a répondu qu'il irait voir le site. Il avait déjà lu que certains vins allemands rivalisaient maintenant avec les meilleurs vins français. Il a demandé si Julian pourrait lui en envoyer une bouteille. Le garçon a répondu poliment qu'il le ferait avec plaisir.

3. Ce jour-là, madame Delalande a gentiment invité les garçons à dîner. Le repas a duré jusqu'à minuit, le temps de manger une entrée, de la viande avec des légumes, de la salade, du fromage, un dessert et de déguster un vin différent à chaque plat. A la fin, les garçons ont rencontré pour la première fois Lucie, la fille des Delalande, qui rentrait ce soir-là de voyage.

Elle a voulu savoir ce qu'ils avaient bien aimé pendant leurs vacances en France. Luka trouvait que la région était vraiment très belle avec ses plages, ses forêts et ses vignes. Tim avait découvert le bassin d'Arcachon, la dune du Pilat, le surf à Lacanau et trouvé cela super ! Julian a répondu qu'il avait absolument tout aimé : la région, manger différemment… Et pendant qu'il discutait avec Lucie, Julian s'est rappelé qu'il partait le lendemain. Alors, il s'est dit qu'il était vraiment dommage de rencontrer cette fille la veille de son départ.

1 C'est dans le texte. | LIRE, PARLER

a) Julian a pris les photos page 104 pendant les vacances et les a mises sur Internet pour la famille Delalande. Imaginez ses commentaires en français (au moins trois phrases) pour chaque photo.
b) Répondez aux questions suivantes :
   1. Une dégustation, qu'est-ce que c'est ?
   2. Pourquoi est-ce que monsieur Delalande s'intéresse à la famille de Julian ?
   3. Pourquoi est-ce que Lucie n'a pas participé à la visite du domaine ?

2 Regards croisés | PARLER

La France est connue pour sa bonne cuisine. Même si les traditions culinaires ont beaucoup changé, les Français aiment beaucoup les repas à caractère festif à la maison avec la famille ou avec des amis. Ces repas ne se font pas seulement à l'occasion des fêtes (anniversaire, Noël, Pâques). Ils peuvent être plutôt simples ou raffinés. On offre parfois aux invités des plats traditionnels ou typiques de la région préparés avec des produits de bonne qualité. Et pendant ces repas, les Français ouvrent des bonnes bouteilles de vin. On essaie de créer une bonne ambiance et on reste longtemps à table : l'important, c'est la convivialité.

Lisez le texte ci-dessus. Utilisez le dictionnaire si nécessaire.
a) Est-ce que vous connaissez les plats d'un menu français traditionnel ? Lesquels ? (Welche?)
b) Est-ce que vous invitez souvent des amis ou de la famille à venir manger chez vous ?
c) Est-ce que vous recevez vos invités comme les Français ou différemment ? Racontez.

3 Julian a raconté que son père était viticulteur. ▸ § 28

a) Wodurch unterscheiden sich die folgenden Sätze? Beide stehen in der indirekten Rede.
   1. Julian raconte que son père fait un excellent vin rouge.
   2. Julian a raconté que son père faisait un excellent vin rouge.
b) Suchen Sie im Text auf den Seiten 104–105 die Sätze, die den folgenden Sätzen in der direkten Rede entsprechen.
   1. Julian a expliqué : « Je suis le webmaster du site. »
   2. Monsieur Delalande a demandé : « Julian, tu pourras m'envoyer une bouteille ? »
   3. Julian a répondu : « Moi, j'ai tout aimé. »
c) Welche Zeiten benutzt man im Französischen im Nebensatz der indirekten Rede, wenn das Verb im Hauptsatz in einer Zeit der Vergangenheit steht?
Formulieren Sie die Regel. Überprüfen Sie Ihre Vermutung im Grammatischen Anhang.

4 Lucie est rentrée de voyage.

▸ § 28

Après son retour à Wöllstein, Julian raconte la soirée chez les Delalande à Franck, son copain français. Faites ce récit à la place de Julian et utilisez le **discours indirect au passé**.
Utilisez **dire**/**expliquer**/**demander**/**répondre**/**vouloir savoir**/**raconter**/**trouver**.
Exemple : Madame Delalande a demandé si Lucie avait fait bon voyage.

Lucie : Bonsoir maman.
Mme Delalande : Bonsoir Lucie. Tu as fait bon voyage ?
Lucie : Oui, mais je suis très fatiguée.
Mme Delalande : Tu veux manger ?

Mme Delalande : Voilà les jeunes Allemands qui ont loué le gîte. Je les avais invités hier. Ils s'appellent Julian, Tim et Luka.

Lucie : C'est drôle. Moi, je viens de rentrer d'Allemagne.
Tim : Qu'est-ce que tu y as fait ?
Lucie : Je devais faire un stage pour mon BTS au lycée viticole.

Lucie : Un viticulteur allemand dans le Rheingau m'a offert une place. Il fait des excellents vins blancs comme mon père. Un jour, je reprendrai le domaine de papa.

Julian : Mon père aussi est viticulteur. Mais je veux faire un autre métier, je préfère l'informatique.
Lucie : Et ton père, qu'est-ce qu'il en pense ?
Julian : Il est d'accord.

Lucie : Maintenant, je vais me coucher. On pourra discuter demain.
Julian : Nous allons partir demain vers 10 heures.
Lucie : Ah, c'est dommage. Je serai sûrement encore au lit à 10 heures !

5 C'est vraiment magnifique ! ▸ § 29

a) Suchen Sie aus dem Text auf den Seiten 104–105 die acht unterschiedlichen Adverbien mit der Endung *-ment* heraus.
b) Notieren Sie die weiblichen und männlichen Formen der dazugehörigen Adjektive. Nur eines der Adverbien folgt der Ihnen bekannten Bildungsregel. Welches?
c) Formulieren Sie Regeln für die Bildung der anderen Adverbien. (siehe Grammatischer Anhang)

6 Un gîte réservé spontanément ▸ § 29

Transformez les adjectifs en **adverbes**.

1. Julian va (régulier) en France.
2. Il adore (vrai) le pays et parle (parfait) le français.
3. Fin juillet, il parle (spontané) à ses amis et leur explique qu'il a (énorme) envie d'aller à Barsac.
4. Tim découvre et réserve un gîte (absolu) magnifique.
5. (final), les garçons arrivent après un long voyage en voiture et se présentent (poli) aux propriétaires.
6. La famille Delalande les reçoit (gentil).
7. A leur retour, les jeunes offrent quelques bouteilles de vin (joli) emballées à leurs parents.

7 Notre vin est le meilleur ! | ECOUTER, PARLER

3/28 Quatre viticulteurs français qui viennent de régions différentes se présentent : François Mangin/Odile Desmarets/Catherine Meyer/Raymond Fort.

a) Ecoutez chaque présentation trois fois et notez pour chaque viticulteur le plus d'informations possibles : Faites une grille avec les mots-clés suivants : propriétaire/ région viticole/produits de la propriété/clients et situation économique de la propriété.
b) Travaillez à deux. Choisissez la présentation d'un viticulteur et faites une interview.
Exemple : Elève A : Quel est votre nom ?
Elève B : Je m'appelle Gérard Delalande.
Ensuite, changez de rôle. La carte page 246 peut vous aider.

Stratégie Internetrecherche optimieren

Versuchen Sie, das Internet möglichst effektiv als Informationsquelle zu nutzen. Dazu einige Tipps:
- Stellen Sie eine **Auswahl von französischen Stichwortern** als Suchbegriffe zusammen.
- Suchmaschinen in französischer Sprache führen meistens zu interessanteren Suchergebnissen.
- Beschränken Sie sich darauf, nur die ersten Suchergebnisse auf Brauchbarkeit zu prüfen.
- Schätzen Sie die **Qualität der Information** ein: Handelt es sich um eine offizielle/private Webseite bzw. um Werbung ohne Informationswert? Sind das Impressum, ein Aktualisierungsdatum und Quellen angegeben? Wirken Informationen objektiv/tendenziös?
- Kopieren Sie Textausschnitte mit **passendem französischen Wortschatz** für Ihre weitere Arbeit in eine Textdatei auf Ihrem PC und notieren Sie die Webadresse.
- Formulieren Sie eigene Texte sofort auf Französisch. Vermeiden Sie die Übersetzung deutscher Texte ins Französische. Automatische Übersetzung (im Internet) führt oft zu schlechten Ergebnissen.

@ A vous ! | PARLER

L'histoire pages 104–105 se passe en Aquitaine. Préparez un exposé (⟶ stratégie page 59) avec des informations générales sur la région. Faites une liste des noms géographiques que vous trouvez dans le texte et présentez-les sur une carte. Ensuite, choisissez un lieu et cherchez des informations détaillées.

L 3/32

. . . et côté travail.

1.

Julian : Qu'est-ce qui se passe encore avec cet ordinateur ?

Julian voudrait travailler plus rapidement, mais l'ordinateur réagit le plus lentement du monde. Cela fait maintenant six semaines que Julian travaille à Barsac dans le même bureau que son patron. Après ses vacances, le jeune Allemand est brièvement rentré chez lui à Wöllstein. Il est revenu aussi vite que possible car le jour de son départ, Gérard Delalande lui a dit qu'il avait un emploi à lui offrir : un contrat à durée déterminée de six mois. Julian n'a pas hésité longtemps. Il a demandé l'avis de sa famille et c'est son père qui l'a le plus encouragé.

2. Il a donc pris le poste. Ne correspond-il pas exactement à ses compétences : le commerce en ligne ? Julian a pour mission de créer un nouveau site Internet en allemand et, plus globalement, de prospecter le marché allemand pour le Sauternes des Delalande. Travailler dans un autre pays et surtout ici, c'est une chance. Ce qui est moins bien, c'est tout ce qu'il a fallu faire : ouvrir un compte bancaire, s'inscrire à la sécu…
Le pire, ça a été le logement. Julian ne pouvait pas rester dans le gîte qui est constamment loué à des touristes. Les agences immobilières lui ont demandé des documents qu'il n'avait pas encore, par exemple des fiches de paie. Heureusement, Lucie l'a aidé et le garçon a emménagé plus vite qu'il n'avait imaginé dans un studio du centre de Barsac.

3.

Gérard Delalande : Qu'est-ce qui t'arrive ? As-tu un problème ?
Julian : C'est l'ordinateur ! Il bugue plus qu'hier encore !
Gérard Delalande : Les ordinateurs, c'est toujours l'enfer, non ?
Julian : Bof ! Plus ou moins ! Là, c'est pire que tout ! Je pense que vous pourriez en acheter un nouveau, non ? J'ai fait une liste de quelques ordinateurs qui ont un bon rapport qualité-prix. Voulez-vous la voir ?
Julian donne la liste à Gérard Delalande qui la lit.
Julian : Votre connexion Internet, elle n'est pas assez rapide non plus !
Gérard Delalande : Dis donc, qu'est-ce que tu veux me dire ? Qu'en Allemagne tout fonctionne toujours le plus parfaitement du monde ?
Julian : Non, les ordinateurs buguent aussi en Allemagne. Mais, moi, je commence à bien m'habituer aux mentalités françaises. Il est presque midi, on pourrait fermer le bureau et parler de tout ça au restaurant. Je vous invite pour une fois ! D'accord ?

1 C'est dans le texte. | LIRE, PARLER

a) Les titres suivants résument le texte page 108.
   1. Faites une liste de ces titres dans le bon ordre.
   2. Puis expliquez chaque titre en une ou deux phrases.

« La fin des vacances »

« Le repas »

« Le nouvel appartement »

« L'offre du viticulteur »

« Le poste de Julian »

« La discussion sur l'équipement informatique »

b) Répondez aux questions suivantes :
   1. Qu'est-ce que Julian doit organiser pour pouvoir travailler à Barsac ?
   2. Qu'est-ce que les propriétaires veulent savoir avant de louer un logement à Julian ?

2 Regards croisés | PARLER

Julian findet diesen Text, der sich an deutsche Geschäftsleute richtet, auf der Webseite der Deutsch-Französischen Industrie- und Handelskammer.

AHK **Deutsch-Französische Industrie- und Handelskammer**
Chambre Franco-Allemande de Commerce et d'Industrie

« In Deutschland wird ein Geschäft mit einem Geschäftsessen besiegelt, in Frankreich beginnt es damit. Franzosen verbinden gerne das Angenehme mit dem Wichtigen. So werden Geschäfte oft beim Essen, und zwar meistens beim Mittagessen besprochen. […]

Sie sollten nicht bereits bei der Vorspeise mit dem Geschäftlichen anfangen, sondern erst gegen Ende des Menüs – etwa beim Dessert. Franzosen essen langsam mit Genuss und lassen sich Zeit – mittags meist bis zu 2 Stunden. Alkohol wird in Maßen und mit Genuss getrunken. Trunkenheit wird verachtet, halten Sie sich daher beim Weintrinken während des Essens zurück, zudem hört der Alkoholgenuss beim Dessert auf. Wer einlädt, zahlt auch. Eine Aufteilung der Rechnung je nach Konsum des Einzelnen – wie in Deutschland – ist in Frankreich absolut unüblich. »

Erklären Sie Gérard Delalande (auf Französisch) den Inhalt.

a) Welche Funktion hat ein Geschäftsessen (un repas d'affaires) in Frankreich bzw. in Deutschland?
b) Formulieren Sie Regeln: Was soll ein Deutscher bei einem Geschäftsessen mit Franzosen machen? Was soll man nicht machen?

3 As-tu un problème ? ▸ § 30

Julian pose des questions avec « est-ce que… ». Remplacez par **l'interrogation par inversion**.

1. J'ai pris ce poste. Mais est-ce qu'il correspond à mes compétences ?
2. Est-ce que vous m'inscrivez à la sécu ?
3. Lucie, où est-ce que tu as ouvert ton compte bancaire ?
4. Madame, Monsieur, est-ce que vous avez loué le gîte à des touristes anglais ?
5. Est-ce que nous ne visitons pas le studio ensemble ?
6. Et les autres viticulteurs, est-ce qu'ils vendront leurs vins aux grossistes ou aux restaurants ?
7. Monsieur, est-ce que vous n'avez pas vu ma liste ?

4 On travaille plus vite avec un équipement moderne. ▶ § 31

Complétez avec un **adverbe** au **comparatif** ou au **superlatif**.

1. Avec un équipement informatique pas très performant, on travaille **(– bon)**.
2. Avec le nouveau projet, nous quittons le bureau **(– tôt)** et rentrons **(+ tard)**.
3. La connexion Internet réagit **(– rapide)** le soir.
4. Si je me connecte tôt le matin, **(++ souvent)**, elle marche **(+ correct)** que l'après-midi ou le soir.
5. Je lis des magazines pour savoir quels ordinateurs marchent **(++ bon)** ou **(–– bon)**.
6. Monsieur Delalande ne travaille pas **(= régulier)** sur ordinateur que moi qui suis au bureau **(+ longtemps)**.
7. Gérard comprend **(– facile)** que Lucie qu'il faut acheter un nouvel ordinateur **(= rapide)** que possible.

5 Le sondage de Lucie | PARLER ▶ § 31

Lisez d'abord les résultats du sondage que Lucie a fait dans sa classe (phrases 1–8).
Ensuite, posez des questions à votre voisin.
Utilisez le **comparatif** ou le **superlatif** de souvent/régulièrement/tôt/tard/longtemps/bien/vite.
Exemples : Vas-tu au cinéma aussi souvent que Yann ? Quel ami y va le plus souvent ? etc.

1. Yann : Je vais au cinéma deux fois par mois.
2. Anne : Je regarde la télé trois heures par jour.
3. Francis : Je fais du sport tous les mercredis.
4. Sophie : Moi, je me couche à 23 heures.
5. Henri : Je fais des jeux sur Internet le week-end.
6. Lou : Je réponds aux SMS dans les deux heures.
7. Béa : J'ai un job. Je travaille une fois par semaine.
8. Alex : Moi, je travaille bien au lycée : je suis le premier de la classe !

6 Qu'est-ce que tu veux savoir ? ▶ § 32

Lisez les réponses et imaginez les questions qu'on a posées.
Utilisez **qu'est-ce qui...** ou **qu'est-ce que...** Exemple : Julian : Lucie, qu'est-ce que tu as reçu ?

1
Julian : ?
Lucie : J'ai reçu une lettre de ma copine.

2
Lucie : ?
Julian : Ce rapport qualité-prix me frappe vraiment !

3
Lucie : ?
Julian : Je ne comprends pas pourquoi l'ordinateur a bugué !

4
Julian : ?
M. Delalande : Nos vignes nous passionnent.

5
M. Delalande : ?
Julian : La connexion Internet fonctionne mal.

6
Julian : ?
M. Delalande : Nous achèterons un ordinateur, mais pas d'écran.

3/35
7 Dans quel pays habitez-vous ? | ECOUTER, PARLER

Voilà l'interview de trois Français qui ont quitté la France pour habiter à l'étranger.
Ecoutez chaque partie de l'interview trois fois.

a) A la première écoute de chaque partie, notez d'abord les questions que le journaliste pose à son invité.
b) Ecoutez les présentations et prenez des notes.
c) Choisissez une personne interviewée et présentez-la à votre voisin(e).
d) Regardez la carte : A votre avis, pourquoi est-ce que ces dix pays sont les destinations préférées des Français qui quittent leur pays ?

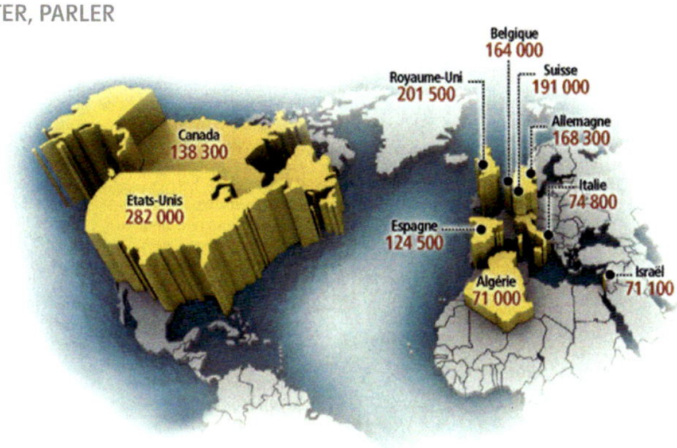

8 Les investissements allemands en France | PARLER

Julian veut accepter le CDD proposé par monsieur Delalande et explique sa décision à ses parents. Pour leur montrer l'importance des relations économiques entre la France et l'Allemagne, il leur présente ce document trouvé sur Internet. Mettez-vous à la place de Julian et dites de quoi parle le texte.

L'Allemagne est le grand partenaire économique de la France. Premier client, c'est aussi son premier fournisseur avec des échanges commerciaux à hauteur de 125 milliards d'euros. Plus de 13 millions d'Allemands visitent régulièrement la France et y dépensent environ 3,8 milliards d'euros par an. Près de 150 000 Allemands résident en France, attirés par une qualité de vie très appréciée. L'Allemagne est le premier investisseur européen en France et le deuxième mondial après les Etats-Unis.

nombre d'entreprises allemandes en France : 2700

nombre d'emplois créés : 300.000

montant investi : environ 40 milliards €

source : www.investinfrance.org

On dit Die erste Arbeit

La recherche
- Je cherche/trouve des annonces/des offres d'emploi dans le journal/sur Internet/à Pôle emploi.
- Le poste (ne) correspond (pas) à mes compétences.
- J'ai la formation (professionnelle) demandée : je suis…

La candidature
- Je réponds à une offre d'emploi./ Je pose ma candidature à un poste.
- J'envoie mon CV et une lettre de motivation.
- J'ai un entretien (d'embauche).
- L'employeur m'offre un poste/m'engage.

Le contrat de travail
- J'ai un CDD/CDI.
  Je suis en CDD/CDI.
- Je travaille à plein temps/à temps partiel.
  Je fais XX heures par jour/semaine/mois.
  Mes horaires sont : …
- Je gagne XX euros de l'heure/par mois.
  Mon salaire (annuel) est de XX euros./
  J'ai un salaire de XX euros.
- J'ai XX jours de congé par an.

A vous ! | ECRIRE

a) Imaginez une offre d'emploi : Une entreprise allemande cherche un collaborateur français (h/f) bilingue.
b) Thomas Durand de Barsac a pris ce poste. Après une semaine, il écrit un e-mail à sa copine Lucie Delalande. Il explique son contrat, sa mission et raconte ses expériences.
Ecrivez cet e-mail à la place de Thomas.

La France – Pays de rêve . . .

La baie de la Somme

Tahiti

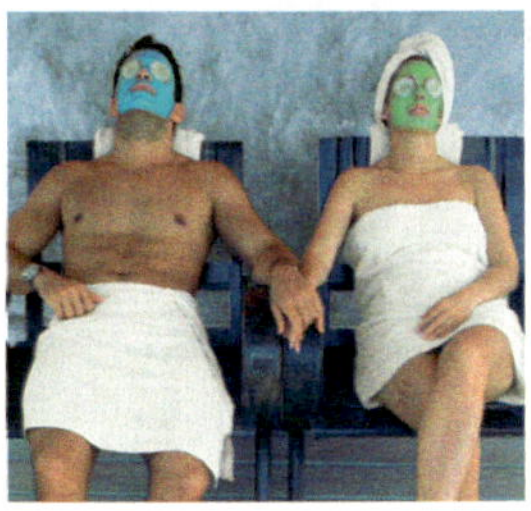

Thalasso à Quiberon

Ski dans les Alpes

Camping dans les Landes

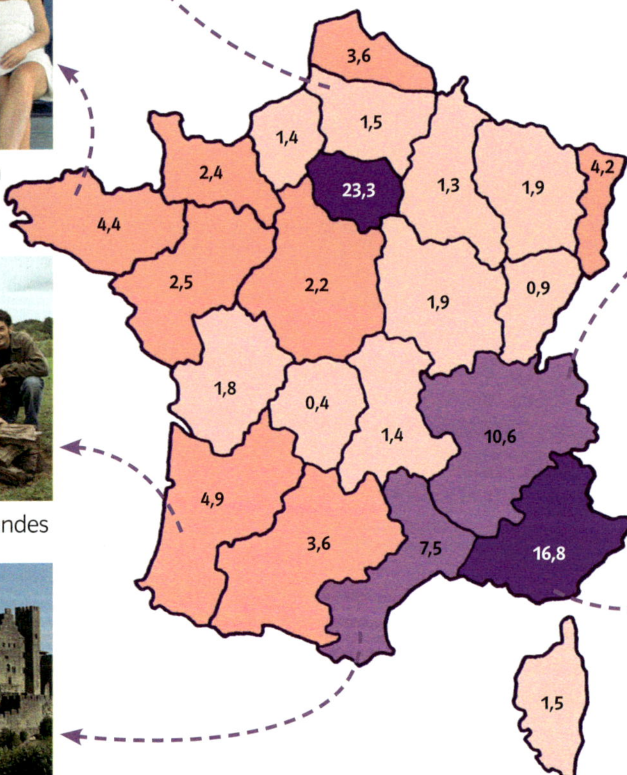

Saint-Tropez

Carcassonne

Parts régionales (en %) du total des nuitées passées par les touristes étrangers en France (2004).

A vous ! | PARLER

a) Décrivez les photos. Quelles activités est-ce qu'on vous propose ?
b) Imaginez que vous travaillez dans une agence de publicité. Formulez un slogan publicitaire pour chaque photo. Comment pouvez-vous intéresser des jeunes à ces régions et à ces activités ?
c) Regardez la carte et classez les régions françaises selon les taux d'accueils de visiteurs étrangers.
d) Choisissez une des trois premières régions (du classement). Renseignez-vous sur cette région. Pourquoi est-ce que les étrangers y vont ? Auriez-vous envie d'y aller ? Pourquoi ?
e) Choisissez une des trois dernières régions du classement. Renseignez-vous sur cette région. Est-ce qu'elle offre des destinations ou des activités qui vous intéresseraient ? Pourquoi ?

1 Le retour à Wöllstein ▸ § 27

Mettez la bonne forme des verbes **offrir** ● / **ouvrir** ■ / **découvrir** ★.

1. Avant leur départ, le viticulteur ● une bouteille à chaque garçon : « Vous les ● **(futur)** à vos parents. »
2. Les Delalande ● une autre bouteille à Julian.
3. Gérard dit : « Je t'● mon meilleur vin. Tu ne l'■ pas trop tôt. Tu l'■ **(futur)** pour ton 30ᵉ anniversaire ! »
4. « Regardez ce que Gérard m'● **(p. c.)** ! »
5. Les garçons regardent la bouteille et ★ que le vin a déjà 23 ans, comme Julian !
6. « Tim, Luka, nous ■ le coffre de la voiture ? On va la charger ! »

2 Je m'intéresse à votre poste. ▸ § 28

Vous vous êtes renseigné sur une offre d'emploi. Ensuite, vous racontez à un ami ce que la DRH a dit au téléphone. Mettez les phrases au **discours indirect au passé**.

1. Notre entreprise cherche un employé bilingue.
2. Le nouvel employé travaillera à Montpellier.
3. Demain, je vais vous envoyer un prospectus.
4. Hier, nous avons engagé un Anglais.
5. Où avez-vous vu notre annonce ?
6. Parlez-vous des langues étrangères ?
7. Qu'est-ce que vous avez fait pendant votre stage ?
8. Aujourd'hui, deux candidats se présenteront.

3 La vente directe au domaine ▸ § 29

Complétez avec les **adverbes**.

1. Un dimanche, Julian décide **(spontané)** d'aider Lucie.
2. Dans le chai, elle s'occupe **(gentil)** des touristes qui s'arrêtent **(bref)** au domaine pour une dégustation.
3. Julian reçoit les visiteurs **(poli)** dans la cour.
4. Ensuite, il les amène au chai où il fait **(constant)** 12 °C.
5. Lucie dit : « Papa est **(vrai)** un bon viticulteur mais moi, je travaillerai **(différent)**.
6. Il faudra investir **(énorme)** pour moderniser. »

4 Les ordinateurs, c'est parfois l'enfer... ▸ § 31

Mettez les **adverbes** au **comparatif** ou au **superlatif**. Transformez les adjectifs si nécessaire.

1. Cet ordinateur travaille **(+ rapide)** que l'autre et il bugue **(– souvent)**.
2. Si la connexion Internet ne fonctionne pas **(++ rapide)** du monde, le travail se fait **(+ difficile)**.
3. Cet écran fonctionne **(– bon)** que l'autre.
4. Cet équipement bugue **(– souvent)** que le dernier.
5. L'ordinateur de mon copain fonctionne déjà **(+ bon)**.
6. L'ordinateur qui marche **(++ bon)** est trop cher.

Sie können jetzt

- in Frankreich die Besichtigung eines Weinguts organisieren.
  → Fragen Sie, ob man das Weingut und den Keller besichtigen kann.
  → Fragen Sie, ob man die Produkte des Winzers probieren kann.
  → Erkundigen Sie sich, ob die Verkostung kostenlos ist.
  → Sagen Sie, dass Sie gern wissen möchten, ob der Winzer seine Weine online vertreibt.
- über ein Stellenangebot und ein Arbeitsverhältnis sprechen.
  → Sagen Sie, dass Sie sich bewerben möchten.
  → Erklären Sie Ihrem Freund Luc, dass Sie ein unbefristetes Arbeitsverhältnis in Vollzeit haben und dass Sie den Auftrag haben, den Markt für französische Produkte in Deutschland zu erkunden.
  → Sagen Sie, dass Sie sich noch bei der Sozialversicherung anmelden müssen. Fragen Sie auch nach der Gehaltsabrechnung.

→ Überprüfen Sie Ihre Antworten auf den Seiten 225–229.

1 Un petit tour du livre

Vous avez maintenant terminé le livre. Connaissez-vous bien les histoires ?

a) Répondez aux questions suivantes et notez les lettres.

1. Thierry Laboudigue a passé sa commande et a… le matériel informatique. (troisième lettre du participe)
2. Quel est le travail de Pauline ? (septième lettre du premier mot)
3. C'est une céréale qu'on cultive en France. Le… (première lettre du mot)
4. Qu'est-ce qui ne fonctionne pas dans le camion de Marc ? La… (cinquième lettre du mot)
5. Julian a passé ses vacances près de quelle grande ville française ? (troisième lettre du mot)
6. De quelle région est-ce qu'on a parlé dans la première leçon ? (première lettre du mot)
7. Pascal Brunet est… (deuxième lettre du premier mot)
8. En France, les enfants de 3 à 5 ans vont à l'… (cinquième lettre du premier mot)

b) Quelle est la solution ?

2 Mon année de français | PARLER

Comment avez-vous trouvé votre année de français ? Discutez avec votre voisin(e).

a) Qu'est-ce qui était bien ?
b) Qu'est-ce qui était ennuyeux ?
c) Quel sujet était le plus/le moins intéressant ?
d) Quel a été votre plus grand succès ?
e) Avez-vous eu un moment de crise ? Qu'est-ce qui a été difficile ? Racontez.

3 Ça commence par la même lettre. | PARLER, ECRIRE

Les mots dans les cartons ont les mêmes lettres initiales (Anfangsbuchstaben), sauf un intrus (Eindringling).

a) Trouvez pour chaque carton la lettre initiale et l'intrus.
b) Choisissez un carton et racontez une petite histoire avec les mots donnés.

4 Des homophones | ECOUTER

L 3/46

Vous entendez dix mots. Notez deux variantes pour chaque mot.

5 Des voitures | PARLER

1

2

3

4

5

6

a) Quelle voiture choisiriez-vous :
   1. pour partir en vacances ?
   2. pour aller à un repas d'affaires ?
   3. pour aller chercher votre copain/copine ?

   Quelle voiture recommanderiez-vous :
   4. à une famille avec quatre enfants ?
   5. à un riche célibataire ?
   6. à un étudiant ?

   Décrivez brièvement la voiture et expliquez votre choix.

b) Présentez votre voiture allemande préférée.

6 Histoire de marques | PARLER

Voilà dix-sept grandes entreprises françaises.

a) Quel est leur secteur d'activité ? Choisissez entre : banque, matériaux, énergie, médias, télécommunications, secteur médical, grande distribution, assurances, industrie, cosmétique, alimentation.

b) Quelles entreprises connaissez-vous ?

@ c) Présentez les plus grandes entreprises allemandes.

7 Des professions

Vous connaissez déjà beaucoup de professions. Classez-les dans les catégories suivantes :

services | médias | santé | commerce | agriculture | tourisme/gastronomie | enseignement

8 La conduite accompagnée | LIRE, PARLER

Depuis 1990, les jeunes de plus de 16 ans peuvent s'inscrire à la conduite accompagnée. Il s'agit d'une formation longue durée avec un accompagnateur. Cet apprentissage est réglementé et se déroule en trois étapes :

1. Une formation initiale en auto-école

Elle comporte au minimum 20 heures de conduite. Le candidat doit se présenter ensuite au code (épreuve théorique du permis de conduire). En cas de réussite, l'auto-école lui délivre une attestation de fin de formation initiale.

2. La conduite accompagnée

Elle dure de 1 à 3 ans. Il faut conduire en tout au moins 3000 km. Le jeune ne conduit jamais seul, mais accompagné d'une personne âgée d'au moins 28 ans, titulaire du permis B depuis au moins 3 ans. Et il y a des règles à respecter :

- Il faut apposer à l'arrière du véhicule un disque « Conduite accompagnée ».
- Il y a des limitations de vitesse spéciales : 110 km/h sur autoroute au lieu de 130 km/h ; 100 km/h sur voie rapide au lieu de 110 km/h ; 80 km/h sur le réseau routier classique au lieu de 90 km/h.
- Le jeune n'a pas le droit de conduire hors de France.

3. Le suivi de la formation et la présentation à l'épreuve pratique

Deux rendez-vous pédagogiques sont obligatoires. Le premier a lieu quand le jeune a fait environ 1000 km, entre quatre et six mois après la formation en auto-école. Le second a lieu dans les deux mois avant la fin de la période de conduite accompagnée. Dès l'âge de 18 ans, on peut alors se présenter à l'épreuve pratique du permis de conduire.

La conduite accompagnée offre de nombreux avantages :

- meilleur taux de réussite au permis de conduire que pour les candidats sans conduite accompagnée
- pour les assurances, réduction de la surprime « jeune conducteur »

a) Vrai ou faux ? Corrigez si nécessaire.

1. La conduite accompagnée s'adresse aux jeunes âgés de 16 ans et plus.
2. La formation comporte trois étapes.
3. On n'a pas besoin du code pour commencer.
4. Le jeune doit conduire 3000 km en trois ans.
5. L'accompagnateur doit avoir son permis depuis moins de trois ans.
6. Quand on a fini la formation initiale, on ne retourne plus à l'auto-école.
7. A 16 ans, le jeune peut passer l'épreuve pratique du permis de conduire.
8. Le conducteur peut conduire à l'étranger.
9. Les jeunes qui ont fait la conduite accompagnée ont leur permis plus facilement.

b) Un(e) de vos ami(e)s allemand(e)s s'intéresse à la conduite accompagnée.
Résumez-lui les informations données dans le texte et expliquez-lui les avantages.

c) Est-ce qu'il y a une formation semblable (eine ähnliche Ausbildung) en Allemagne ?
Quelles sont les différences ?

d) Comment est-ce que vous trouvez la conduite accompagnée ?
Vous auriez envie de vous inscrire ?/Vous vous êtes déjà inscrit(e) ? Pourquoi (pas) ?

47 ## 9 Au téléphone | ECOUTER

a) Travaillez à cinq. Chacun écoute un appel, puis complète la grille ci-dessous.

	Qui appelle ?	Qui répond ?	Raison de l'appel	Autres informations
Appel 1				

b) Puis résumez l'appel à votre voisin(e).

10 Des textos | ECRIRE

a) Sur Internet et dans les textos (SMS), on utilise beaucoup d'abréviations (Abkürzungen).
Qu'est-ce que les abréviations suivantes veulent dire ? Trouvez la signification correspondante.

Abréviation

1. ASV
2. @2m1
3. jf
4. pr
5. 5pa
6. kesketufe ?
7. 10kut
8. koi 2 9 ?
9. @+
10. Slt cv ?
11. M jvb
12. bjr
13. bap
14. rdv
15. G1id
16. JTM
17. biz
18. jh

Signification

a) discuter
b) J'ai une idée.
c) Qu'est-ce que tu fais ?
d) Bonjour.
e) jeune homme
f) sympa
g) A plus (tard) !
h) rendez-vous
i) Bisous.
k) âge, sexe, ville
l) jeune fille
m) Je t'aime.
n) A demain.
o) pour
p) Bon après-midi.
q) Salut ça va ?
r) Quoi de neuf ?
s) Moi, je vais bien.

b) Quelle est la traduction en allemand ?
c) Voilà quelques messages trouvés sur Internet. Expliquez-les, puis répondez à une des annonces.

slt, si vous avez 16-20, apLER moi pr 10kut + prendre mon keur.

Bjr. T'a 18 – 22, BL é 5pa. JTM Dja.

Jh 18 cherche famjf LS moi 1 msg. Biz

52 ## 11 Au soleil (Jenifer)

Ce qui ne me tue pas me rend forte
On pourrait en venir aux mains
Je suis à celui qui me transporte
Je reste tant que l'on me supporte
Où je reprends seule le chemin
Malgré les risques que cela comporte
Avec toi j'irai bien
Même sans toi j'irai bien

(Refrain, x2)
Au soleil
M'exposer un peu plus
Au soleil
Quand le cœur n'y est plus
Brûler ce que l'on adore
Et réchauffer son corps

Malgré tout l'amour que je te porte
Toi tu n'y entends vraiment rien
Notre histoire que le diable l'emporte

Avec toi j'irai bien
Même sans toi j'irai bien

(Refrain, x2)
Au soleil
M'exposer un peu plus
Au soleil
Quand le cœur n'y est plus
Brûler ce que l'on adore
Et réchauffer son corps

K/T: Hallaf, Hocine © Case Productions/Une Musique/Universal Music Publishing (FR)/Universal Music Publishing GmbH Germany

On finit en chanson...
Bonnes vacances et à l'année prochaine !

→ Überprüfen Sie Ihre Antworten auf den Seiten 230–235.

L 1/17 Les bons plans en Corse

La Corse en ferry ?
La Corse est reliée[1] au continent par des ferrys au départ de Marseille, Toulon, Nice. Vous pouvez ainsi arriver à Bastia, Calvi, Ajaccio, Porto Vecchio, Propriano…
Un bon plan : Réservez votre ferry plusieurs mois avant votre départ pour avoir des prix intéressants. En Corse, les transports publics[2] sont peu développés[3]. On peut louer des voitures dans les aéroports ou dans les ports !

Scandola

Choisir le bon moment ?
La publicité[4] dit : « La Corse, c'est toujours le bon moment ! », mais la réalité est un peu différente. Si vous voulez visiter des belles villes, Bastia, Calvi, Ajaccio, Bonifacio, Porto Vecchio, pas de problème ! Le littoral est globalement[5] bien équipé[6], mais le tourisme itinérant[7] ou de randonnée en montagne demande plus d'organisation. Renseignez-vous bien avant votre départ.

Produit du terroir

La mer, la mer !!!
Quand ils arrivent en Corse, les touristes cherchent en général tout de suite la mer ! Et ils ont bien raison[8] car la Corse a su sauvegarder[9] son littoral[10]. Les réserves naturelles[11] comme à Scandola, aux îles Lavezzi, Finocchiarola ou Cerbale et le parc marin international[12] permettent à la Corse d'offrir[13] des côtes[14] et des îles encore sauvages. Un bon plan : Découvrez de nouveaux sports ! Kayak de mer, plongée sous-marine, pêche en mer, canoë-kayak, voile, char à voile, mais aussi escalade, golf, parapente, randonnée équestre…

Que rapporter ?
Des produits du terroir[15] : les charcuteries (coppa, lonzo…), le miel[16] du maquis[17], les apéritifs, l'huile d'olive[18] de Balagne, les fromages (l'excellent brocciu que l'on trouve partout en Corse ne voyage pas facilement !).

En musique
Découvrez (si vous n'avez encore jamais écouté) les chants[19] polyphoniques de groupes célèbres comme Canta u Populu Corsu, I Muvrini, Soledonna…
En été, ces groupes organisent des concerts dans les villages corses, au festival de Pigna et aux Rencontres polyphoniques de Calvi.

1 être relié à qc mit etw. verbunden sein – **2 public, publique** öffentlich – **3 être développé,e** entwickelt sein – **4 la publicité** die Werbung – **5 globalement** im Großen und Ganzen – **6 être équipé,e** ausgestattet sein – **7 itinérant,e** Wander- – **8 une raison** ein Grund – **9 sauvegarder qc** etw. bewahren – **10 le littoral** die Küste – **11 une réserve naturelle** ein Naturschutzgebiet – **12 un parc marin international** – ein internationales Meeresschutzgebiet – **13 offrir** (an)bieten – **14 la côte** die Küste – **15 du terroir** regional, aus der Gegend stammend – **16 le miel** der Honig – **17 le maquis** die Macchia *(dichtes, nahezu undurchdringliches Gebüsch aus verschiedenen wildwachsenden Sträuchern)* – **18 l'huile** *(f.)* **d'olive** das Olivenöl – **19 les chants** *(m.)* **polyphoniques** die polyphonen (mehrstimmigen) Gesänge

1 Histoire de mots | PARLER

a) Quelle est la traduction allemande des mots suivants ? Cherchez dans un dictionnaire.

un kayak de mer | la plongée sous-marine | la pêche | le canoë | le char à voile | le parapente | la randonnée équestre

b) Quelles activités est-ce que vous préférez ? Dites pourquoi.

2 En vacances | ECRIRE, PARLER

a) Vous trouvez cette île magnifique. Vous contactez une agence de voyages pour organiser un séjour de deux semaines. Ecrivez, puis jouez ce dialogue.
b) Choisissez un thème qui vous intéresse (par exemple les produits du terroir, la musique corse, les ferrys, les réserves naturelles…) et faites des recherches sur Internet. Puis présentez vos résultats à la classe.

Facebouk

A vous ! | PARLER

a) Décrivez le dessin ci-dessus. La stratégie page 19 peut vous aider.
b) Est-ce que vous êtes inscrits sur un forum comme Facebook, Twitter, etc. ? Qu'est-ce que vous faites sur ces forums ? Racontez.

Le CV de Tanja

Tanja ACKERMANN
Karl-Schwering-Platz 5
50931 KÖLN (Allemagne)
Mobile : +49 (0)174 6317410
E-Mail : tackermann@hotmail.com

Née le 3 avril 1988
Nationalité allemande
Célibataire, sans enfant

FORMATION

2008–Aujourd'hui	Formation d'éducatrice (Ausbildung zur staatlich geprüften Erzieherin) Berufskolleg Ehrenfeld, Köln, Allemagne
2007	AbiBac Wagenburg Gymnasium, Stuttgart

EXPÉRIENCES PROFESSIONNELLES

07/2008–08/2008	Animatrice, responsable d'un groupe d'enfants âgés de 7 à 9 ans – Centre aéré, Valréas (84)
09/2007	Stage Charlotten-Kindergarten (jardin d'enfants), Stuttgart
2004–2007	Serveuse Café Stöckle, Stuttgart

LANGUES ET INFORMATIQUE

Allemand	Langue maternelle
Français	Niveau professionnel
Anglais	Niveau courant
Logiciels	Word, Excel, PowerPoint

CENTRES D'INTÉRÊT

Sports	Randonnée, volley-ball
Loisirs	Chant, photographie, jardinage
Autres	Permis B Titulaire du BAFA

Stratégie Einen Lebenslauf auf Französisch verfassen

1. Schreiben Sie Ihren Lebenslauf mit Computer.
2. Er sollte nicht mehr als eine Seite umfassen und sorgfältig formuliert sein.
3. Sie geben Adresse, Geburtsdatum und Familienstand oben links an.
   Oben rechts ist der Platz für Ihr (farbiges) Foto.
4. In den Rubriken **Formation** und **Expériences professionnelles** beginnen Sie in der Gegenwart, d.h. mit Ihrer aktuellen Situation. Dann stellen Sie Ihren Werdegang in chronologisch umgekehrter Reihenfolge dar.
5. In der Rubrik **Langues et Informatique** geben Sie Ihre Sprach- und Computerkenntnisse an. Schätzen Sie bei den Sprachen Ihr Niveau ein: Niveau professionnel/courant/scolaire.
6. Ihre Hobbys werden in der Rubrik **Centres d'intérêt** zusammengestellt.

A vous !

Formulieren Sie nun Ihren eigenen Lebenslauf auf Französisch.

Tanja écrit une lettre de motivation

Tanja Ackermann
Karl-Schwering-Platz 5
D-50931 COLOGNE
Mobile : +49 (0)174 6317410
tackermann@hotmail.com

Crèche du Soleil
A l'attention de Madame la Directrice
99 avenue de Paris
F-78000 VERSAILLES

Cologne, le 5 juin 2009

Madame la Directrice,

Suite à votre annonce du 1er juin, je vous adresse ma candidature au stage d'aide-puéricultrice à la Crèche du Soleil.

J'ai suivi un cursus franco-allemand au lycée de Wagenburg à Stuttgart (Allemagne) et aimerais beaucoup effectuer un stage en France.
Je suis actuellement une formation d'éducatrice et je suis très intéressée par le travail dans une crèche afin de compléter ma formation.

Je serai à Versailles entre le 25 et le 30 juin, et souhaiterais, si ma candi dature retient votre attention, vous rencontrer pour un entretien.

Dans l'attente de votre réponse, je vous prie d'agréer, Madame la Directrice, l'expression de mes sentiments les meilleurs.

Tanja Ackermann

P.J. : Curriculum vitae

- oben links: Name und Anschrift
- darunter rechts: Name und Adresse des Empfängers
- Ort und Datum
- Anrede
- Verweis auf Anzeige/ vorigen Kontakt usw.
- Begründung für das Interesse an dem Praktikum
- Höflichkeitsformel zum Abschluss
- Unterschrift
- Anlage

Stratégie Einen Bewerbungsbrief verfassen

1. Das Anschreiben ist kurz gehalten (eine Seite), in der Regel handschriftlich, zunehmend jedoch auch als Computerausdruck, da die Online-Bewerbung mehr und mehr zur Norm wird.
2. Wenn Sie eine Bewerbung nach Frankreich schicken, achten Sie auf die vom Deutschen abweichende Platzierung von Absender, Adressat und Datumsangabe.
3. Wenn Sie die Funktion der angeschriebenen Person nicht kennen, so verwenden Sie neutral „Madame, Monsieur, …".
   Achten Sie darauf, dass im Französischen nach der Anrede trotz Komma groß weiter geschrieben wird.
4. Im Französischen gibt es viele verschiedene Höflichkeitsformeln, um einen Brief abzuschließen.
   Im Falle einer Bewerbung sollten Sie eine möglichst respektvolle Schlussformel wählen.
5. Das Anschreiben ist keine Kurzfassung Ihres Lebenslaufs, es greift vielmehr einen wichtigen Aspekt Ihres CV auf. Es verdeutlicht, warum Sie sich gerade für diese Stelle bewerben.

Faisons vite, ça chauffe ![1]

Projet – L'environnement et vous | PARLER

Faites trois groupes. Chaque groupe travaille sur une des affiches. Commencez par décrire et présenter l'affiche. (→ stratégie page 19.) Utilisez un dictionnaire si nécessaire.

a) Faites un sondage dans votre groupe. Est-ce que vous consommez des produits bio ? Pourquoi ? Lesquels ? Si non : pourquoi est-ce que vous n'en achetez pas ?
b) A votre avis, comment est-ce qu'on peut réduire les déchets ? Faites des propositions. Puis présentez vos résultats en classe.
c) Faites un sondage dans votre groupe. Comment est-ce que vous allez au lycée ? Comment est-ce que vous vous déplacez (bewegen Sie sich) ?

1 **Faisons vite, ça chauffe !** Beeilen wir uns, es wird heiß!

Les 10 étapes pour gagner

1ère étape :

Après l'effort, je choisis le réconfort d'une douche plutôt qu'un bain.

Une douche de 4 à 5 minutes consomme 30 à 80 litres d'eau et un bain 150 à 200 litres.

ECONOMIES D'ENERGIE FAISONS VITE ÇA CHAUFFE

2ème étape :

Je pratique le co-voiturage et fais respirer l'environnement.

En France, 30% des déplacements correspondent à des trajets domicile-travail, dont les 3/4 se font en voiture, avec un taux de remplissage proche de 1 !

ECONOMIES D'ENERGIE FAISONS VITE ÇA CHAUFFE

3ème étape :

Quand je fais mes courses, j'évite les sacs plastique.

Sacs plastique = 100 000 tonnes de déchets annuels = 100 à 400 ans pour se dégrader naturellement.

RÉDUISONS VITE NOS DÉCHETS. ÇA DÉBORDE.

4ème étape :

Je me déplace malin, j'utilise les transports en commun.

Un autobus rempli de 40 passagers permet de retirer 40 véhicules de la route aux heures de pointe, et d'économiser ainsi 70 000 litres de carburant par an.

ECONOMIES D'ENERGIE FAISONS VITE ÇA CHAUFFE

A vous ! | PARLER

Voilà des mesures pour protéger l'environnement.

a) Regardez les mesures proposées pour protéger l'environnement. Si nécessaire, utilisez votre dictionnaire.

b) Est-ce que vous seriez prêts à en adopter une (Wären Sie bereit, eine davon umzusetzen) ? Laquelle (welche) ? Pourquoi ?

@ c) Proposez d'autres étapes. A la fin, vous pouvez comparer vos résultats sur Internet à l'adresse suivante : http://www.reduisonsnosdechets.fr/html/com_tools.asp

L 2/11

La femme chocolat (Olivia Ruiz)

Approche | PARLER

a) A quoi est-ce que vous pensez quand vous lisez le titre ? Notez vos idées.
b) Ecoutez la chanson une première fois. Parlez de la musique, de la mélodie, du rythme, des instruments et de la voix de la chanteuse.
Servez-vous pour cela du vocabulaire Pour parler d'une chanson ci-dessous.
c) Est-ce que la chanson vous plaît ? Dites pourquoi.

Taille[1]-moi les hanches[2] à la hache[3]
J'ai trop mangé de chocolat
Croque[4]-moi la peau[5], s'il te plaît
Croque-moi les os[6], s'il le faut

C'est le temps des grandes métamorphoses[7]

Au bout de mes tout petits seins[8]
S'insinuent[9], pointues[10] et dodues[11]
Deux noisettes[12], crac ! Tu les manges

C'est le temps des grandes métamorphoses

Au bout de mes lèvres[13] entrouvertes[14]
Pousse[15] un framboisier[16] rouge argenté[17]
Pourrais-tu m'embrasser pour me le couper…

Pétris-moi[18] les hanches de baisers[19]
Je deviens la femme chocolat
Laisse fondre[20] mes hanches Nutella
Le sang[21] qui coule en moi c'est du chocolat chaud…

Un jour je vais m'envoler[22]
A travers le ciel à force de gonfler…[23]
Et je baillerai[24] des éclairs[25]
Une comète plantée entre les dents[26]
Mais sur terre, en attendant[27]
Je me transformerai[28] en la femme chocolat…

Taille-moi les hanches à la hache
J'ai trop mangé de chocolat…

On dit | Pour parler d'une chanson

La **mélodie** est simple/gaie/mélancolique/harmonieuse/dissonnante.
Le **rythme** est lent/rapide/monotone/(ir)régulier/dynamique.
Les **instruments** : le piano, le synthétiseur, la guitare (électrique), la basse, les percussions, les cuivres, les violons.
La **voix** du chanteur/de la chanteuse est douce/forte/claire/grave.
L'**interprétation** est | mélancolique/sentimentale/passionnée/agressive/monotone.
| en harmonie/en contraste avec les paroles.
La **chanson** comporte… couplets et un refrain qui revient… fois.

A vous ! | PARLER

a) Ecoutez la chanson encore une fois.
1. Est-ce qu'il y a un refrain dans la chanson ?
2. Notez les mots que vous avez compris.

b) Lisez le texte.
1. Quel vocabulaire se rapporte (bezieht sich) au chocolat ? Et au corps humain (der menschliche Körper) ?
2. Dites en allemand comment vous imaginez la femme chocolat.

---

1 tailler zuschneiden – **2 une hanche** [yn(ə)ãʃ] eine Hüfte – **3 une hache** [yn(ə)aʃ] eine Axt – **4 croquer** knabbern – **5 la peau** die Haut – **6 un os/des os** [ɛ̃nɔs/dezo] Knochen – **7 une métamorphose** eine Verwandlung – **8 les seins** *(m. pl.)* die Brüste – **9 s'insinuer** eindringen, sich einschleichen – **10 pointu,e** spitz – **11 dodu,e** fleischig, wohl genährt – **12 une noisette** eine Haselnuss – **13 les lèvres** *(f. pl.)* die Lippen – **14 entreouvert,e** halb geöffnet – **15 pousser** wachsen – **16 un framboisier** ein Himbeerstrauch – **17 argenté,e** silbern – **18 pétrir** kneten – **19 un baiser** ein Kuss – **20 fondre** schmelzen – **21 le sang** das Blut – **22 s'envoler** wegfliegen – **23 à force de gonfler** dadurch, dass ich anschwelle (dicker werde) – **24 bailler** gähnen – **25 un éclair** ein Blitz – **26 plantée entre les dents** zwischen den Zähnen eingepflanzt – **27 attendre** warten – **28 transformer** verwandeln

12 Les goûts du chocolat – Au Japon

En carré, en forme de cœur ou de téléphone portable, le Japon croque de plus en plus de chocolat, encourageant[1] de nombreux chocolatiers ou pâtissiers européens à tenter l'aventure nippone. Le premier Salon du Chocolat à Tokyo, qui s'est déroulé[2] au moment de la Saint-Valentin 2000, a rencontré un immense succès auprès du public japonais et révélé[3] un véritable[4] phénomène de société[5].

Le chocolat n'est présent au Japon que depuis un siècle, contre plus de quatre en Europe. C'est sans doute ce qui explique son apogée[6] tardive[7] au pays des sushis et des kimonos. Les consommateurs réguliers[8] de chocolat sont surtout les enfants et les femmes de 20 à 30 ans… Pour un produit que l'on trouve principalement dans les supermarchés (45%), la demande de chocolat est particulièrement importante au moment de la Saint-Valentin, car la tradition veut que les femmes offrent[9] du chocolat aux hommes. 80% des chocolats importés sont destinés[10] à être vendus à l'occasion de[11] la Fête des Amoureux et du White Day (14 mars).

Les Japonais craquent[12] pour les chocolats crémeux et fondants[13] en bouche, particulièrement le chocolat au lait.

Ils apprécient[14] encore peu le chocolat amer[15]. Pour preuve, la consommation de chocolat noir ne représente que 10% de la consommation totale. En revanche, ils commencent à se tourner[16] vers les produits sucrés, et de plus en plus de restaurants proposent des desserts – notamment[17] au chocolat –, ce qui traduit[18] une vraie évolution des habitudes[19] de consommation.

La dégustation[20] courante[21] est avant tout composée[22] de barres ou de bouchées[23] individuelles. La Maison Blanche, la Tour Eiffel et même la Vénus de Milo se mangent en chocolat. Plaisir[24] d'offrir ? Dans un emballage en chocolat se dissimule[25] souvent un cadeau : croisière[26], billet d'avion, bague[27] ou d'autres choses encore plus insolites[28]…

www.salonduchocolat.fr

1 Vrai ou faux ? | LIRE

Dites quelles phrases sont vraies/fausses.

1. Les Japonais ont de plus en plus envie de manger du chocolat.
2. Au Japon, les hommes mangent moins de chocolat que les femmes et les enfants.
3. Au Japon, on mange du chocolat depuis quatre siècles.
4. Les Japonais n'ont pas du tout aimé le premier Salon du chocolat.
5. A la Saint-Valentin, les hommes offrent du chocolat aux femmes.
6. Les Japonais aiment surtout le chocolat noir.
7. Les Japonais découvrent aussi les desserts sucrés.
8. Au Japon, un cadeau en chocolat accompagne souvent d'autres cadeaux.

2 A vous ! | PARLER

@ Quelle est la différence entre la Saint-Valentin et le « White Day » au Japon ? Faites des recherches et expliquez.

---

1 encourageant,e ermutigend – **2 se dérouler** *(hier)* stattfinden – **3 révéler** offenbaren, zeigen – **4 véritable** wirklich, echt – **5 un phénomène de société** ein gesellschaftliches Phänomen – **6 une apogée** ein Höhepunkt – **7 tardif, tardive** spät – **8 régulier, régulière** regelmäßig – **9 offrir** schenken – **10 être destiné, e** bestimmt sein – **11 à l'occasion de** anlässlich – **12 craquer** *(hier)* schwach werden – **13 fondant < fondre** (schmelzen) – **14 apprécier** schätzen, sehr gern mögen – **15 amer, amère** bitter – **16 se tourner vers** sich zuwenden – **17 notamment** besonders – **18 traduire** *(hier)* zum Ausdruck bringen – **19 une habitude** Gewohnheit – **20 une dégustation** eine Verkostung – **21 courant,e** *(hier)* üblich, normal – **22 être composé,e de** zusammengesetzt sein aus – **23 une bouchée** *(hier)* eine Praline – **24 le plaisir** die Freude, der Spaß – **25 se dissimuler** sich verstecken – **26 une croisière** eine Kreuzfahrt – **27 une bague** ein Ring – **28 insolite** ungewöhnlich, außergewöhnlich

Une demande

Pierre Béguin
Restaurant Cheval blanc
34 rue Gambetta
33500 Libourne

Le Monde de la Maison
17 rue Sainte Catherine
33000 Bordeaux

Libourne, le 16 mars 2010

Madame, Monsieur,

Nous recherchons pour notre nouveau restaurant qui ouvrira ses portes au début du mois de mai, une vaisselle raffinée et résistante à la fois. La série Paysages de Mer qui se trouve dans votre catalogue nous a beaucoup plu. Nous avons besoin de :

- 40 assiettes creuses
- 40 assiettes plates
- 40 assiettes à dessert
- 50 fourchettes
- 50 couteaux
- 50 cuillères
- 50 cuillères à dessert

Nous vous remercions par avance de nous faire une proposition intéressante (emballage et livraison compris).

Veuillez agréer, Madame, Monsieur,
l'expression de nos sentiments les meilleurs.

oben links:
Name und Anschrift

darunter rechts:
Name und Adresse des Empfängers

Ort und Datum

Anrede

Höflichkeitsformel zum Abschluss

Unterschrift

Stratégie Einen Geschäftsbrief verfassen

1. Der Brief ist kurz gehalten (eine Seite).
2. Feste Bestandteile zu Beginn sind: der Absender, der Adressat, der Ort und das Datum, ein Betreff. Achten Sie auf die vom Deutschen abweichende Platzierung von Absender, Adressat und Datum.
3. Wenn Sie die Funktion der angeschriebenen Person nicht kennen, so verwenden Sie neutral „Madame, Monsieur, ...".
   Achten Sie darauf, dass im Französischen nach der Anrede trotz Komma groß weiter geschrieben wird.
4. Im Französischen gibt es viele verschiedene Höflichkeitsformeln, um einen Brief abzuschließen. Im Falle eines Geschäftsbriefs sollten Sie eine möglichst respektvolle Schlussformel wählen.
5. Die Geschäftskorrespondenz wird heute zum großen Teil per E-Mail erledigt. Dennoch müssen Sie einige Konventionen beachten (siehe 1, 3 und 4).

Une offre

Le Monde de la Maison | 17 rue Sainte Catherine | 33 000 Bordeaux

Pierre Béguin
Restaurant Cheval blanc
34 rue Gambetta
33500 Libourne

N. réf : P.B/Paysages/12
Objet : votre demande d'informations du 16 mars

Bordeaux, le 20 mars 2010

Cher Monsieur Béguin,

Nous accusons réception de votre lettre du 16 mars dernier.
Nous vous remercions pour l'intérêt que vous portez à notre vaisselle, et plus particulièrement à la série Paysages de Mer.

Etant donné l'importance de votre éventuelle commande, nous vous proposons un escompte de 2,5% si vous réglez dans les dix jours après réception.

Je vous informe que tous nos articles sont garantis un an contre tout vice de fabrication.

Nous nous tenons à votre entière disposition pour de plus amples renseignements.

Veuillez agréer, Monsieur Béguin, l'expression de nos sentiments les meilleurs.

Brigitte Levallois
Le Monde de la Maison

A vous ! | ECRIRE

Ecrivez une des lettres suivantes :

Lettre 1 : Vous travaillez comme secrétaire dans une entreprise.
Vous devez commander du matériel informatique pour équiper un bureau.
Demandez des renseignements.

Lettre 2 : Vous travaillez dans une entreprise qui fournit du matériel informatique.
Vous recevez la lettre 1. Faites une proposition de prix ou d'escompte pour ce matériel.

Lettre 3 : Vous recevez le matériel informatique, mais vous n'êtes pas satisfait de votre commande.
Vous écrivez une lettre de réclamation.

No stress

NICOLAS TAVERNIER/REA

Devoirs et médias l'effet cumul

Écoutent la radio pendant leurs devoirs 40 %
Regardent la télé pendant leurs devoirs 18 %
Cumulent les deux 3 %

Source : Études médias, juin 2006.

Temps de sommeil

Temps moyen d'un 15-19 ans (en semaine) : 7 h 45

Moins de 7 heures	14 %
7 heures	26 %
8 heures	38 %
9 heures et plus	22 %

Source : enquête réalisée par l'Institut du sommeil et de la vigilance, en 2005, auprès de 502 jeunes de 15 à 19 ans.

Nombre d'heures de cours par an

Suède	741
Luxembourg	750
Angleterre	760
Portugal	821
Finlande	858
Allemagne	897
France	1 042
Mexique	1 058
Grèce	1 089
Moyenne des pays de l'OCDE	911
Moyenne des pays de l'Union européenne	892

Source : Regards sur l'éducation 2006, OCDE.

Votre semaine à la loupe

49 heures de sommeil
40 heures de cours
17,30 heures de repas
15 heures de devoirs à la maison
14 heures de télé
14 heures de radio
10 heures d'Internet
7 heures de transport
5 heures de toilette

= 171,30 heures… quand une semaine fait 168 heures
Et on n'a pas comptabilisé les sorties et les loisirs !

Et pour vos parents, c'était comment…

Comment peut-on être jeune sans MSN, sans portable, etc. ? Posez la question à vos parents, qui n'ont pas connu à l'adolescence l'âge glorieux des nouvelles technologies.

- **Comment vous retrouviez-vous entre potes sans vous louper ?**
- **Que faisiez-vous le soir après les cours et le week-end ?**
- **Comment tchatchiez-vous avec un téléphone fixe familial ?**
- **Où alliez-vous pêcher l'info pour faire vos devoirs ?**
- **Et si, ado, vous aviez pu profiter d'une des technologies actuelles, laquelle auriez-vous choisie ?**

A vous ! | LIRE, PARLER, ECRIRE

Regardez les documents ci-dessus et répondez aux questions.

a) Votre semaine à la loupe : Quelle est votre situation ? Faites votre bilan personnel.
b) Devoirs et médias : l'effet cumul/temps de sommeil. Faites un sondage dans votre classe. Créez une affiche et présentez les résultats.
c) Et pour vos parents, c'était comment ? Interviewez vos parents. Ecrivez en français une lettre de lecteur à Phosphore qui résume les réponses de vos parents.

On dit Auf eine Aussage reagieren

Eine persönliche Stellungnahme einleiten	Mit etwas einverstanden sein
Je pense que…/Je trouve que… A mon avis, …/Pour moi, … En effet, … Si tu me demandes mon avis, je dois dire que…	Je suis d'accord avec…/Tu as raison. Je comprends ton/tes argument(s). C'est une bonne/mauvaise idée. C'est vrai/sûr. Sans doute, …/De toute façon, …
Die eigene Situation mit anderen vergleichen	**Mit etwas nicht einverstanden sein**
Je constate que… Chez moi, c'est le contraire/c'est différent. Si je compare à…,/Si je fais un bilan, …	Je ne suis pas d'accord avec…/Tu as tort. Je refuse cette idée/cet argument. J'ai des doutes/Ce n'est pas vrai. Je dois critiquer cette idée. Je me demande si… C'est une bêtise.
Eine Situation charakterisieren und bewerten	**Vorschläge machen und Lösungen vorbereiten**
C'est un aspect important/intéressant/compliqué. Cela veut dire que… C'est un problème/une catastrophe. Cela me plaît/me stresse/m'ennuie/me fâche/m'inquiète/me dérange. C'est un avantage/un inconvénient. C'est dur/positif/négatif. J'adore./J'aime./Je déteste./Je suis content(e) de… J'ai de la chance./Je n'ai pas de chance.	J'ai envie de (faire qc)… Je suis prêt à faire qc… Je te donne un conseil./Je te recommande… Il faut faire./Il ne faut pas faire. On peut…/pourrait… Je préfère (faire) qc. Je propose (de faire) qc. Je voudrais…/Je veux… Il n'est pas question de faire…

Génération surbookée

Sernin, terminale ES

Après les cours, je suis épuisé. Du coup, j'ai tendance à m'endormir en rentrant. Je me réveille la tête dans le sac, je mange, puis je travaille jusqu'à 22h30. Je ne me couche pas tout de suite parce que je ne suis plus fatigué. Le lendemain matin, je suis crevé.

Thibaud, seconde

J'aimerais qu'on finisse plus tôt l'après-midi. Il faudrait pour cela accepter d'avoir moins de vacances. Ça m'irait bien, je les trouve trop longues.

Igal, terminale ES

Nous sommes pas mal à nous plaindre de ne pas trouver le sommeil à cause du stress. Il faudrait trouver un moyen de lever le pied sans pour autant négliger ses résultats scolaires. On a tous une vie à côté du lycée !

A vous !

Lisez les témoignages, puis répondez aux questions dans l'ordre que vous voulez.

Texte 1 : Est-ce que vous comprenez les problèmes de Sernin ?
Est-ce que vous avez fait les mêmes expériences ? Racontez.

Texte 2 : Comment est-ce que vous trouvez les propositions de Thibaud ?

Texte 3 : Quel est le problème d'Igal ? Comment est-ce qu'on pourrait le résoudre ?

Stratégie Lesetechniken

Lesen bedeutet, mit einem Text umzugehen. Vor dem Lesen sollten Sie als Leser sich darüber klar werden, warum Sie sich mit einem bestimmten Text beschäftigen wollen, da für unterschiedliche Leseabsichten (Ziele) unterschiedliche Lesestrategien hilfreich sind.

1. Vor dem Lesen

a) Welche Informationen über den Text stehen Ihnen zur Verfügung? Handelt es sich um einen Sachtext, einen erzählenden Text, ein Lied, einen Comic, eine Werbeanzeige? Haben Sie Informationen über den Autor? Gibt es Titel, Untertitel, Vorinformationen, Grafiken, einen besonderen Seitenaufbau?
b) Welche Leseziele haben Sie? Können Sie aufgrund der Vorinformationen (vgl. 1a) Fragen formulieren, die Sie interessieren und die Sie durch die Lektüre überprüfen möchten? Sind Ihnen durch eine Aufgabenstellung Fragen vorgegeben?
c) Wählen Sie passend zu jeder Frage/Aufgabenstellung (vgl. 1b) eine geeignete Lesestrategie aus (vgl. 2).

2. Während des Lesens

Es ist nicht immer notwendig, einen Text Wort für Wort zu lesen und alle Details zu verstehen. Sie sollten Ihre Lesestrategie Ihrem Ziel anpassen:

Ziel: Globalverständnis	Ziel: Selektives Leseverständnis		Ziel: Detailverständnis
Globales Lesen	**Suchendes Lesen (Scanning)**	**Orientierendes Lesen (Skimming)**	**Detailliertes Lesen**
Sie möchten sich eine Vorstellung vom Thema und vom Aufbau des Textes machen. Überfliegen Sie den Text und stützen Sie sich, wenn möglich, auf Wörter/Satzteile/Sätze, die Sie sofort verstehen. Wenn der Text sich dafür eignet, konzentrieren Sie sich auf Überschriften, die Einleitung oder den Schluss. Sie ergeben häufig eine Zusammenfassung.	Sie suchen aufgrund Ihrer Fragestellung nach (einer) bestimmten Information(en) (z. B. Eigennamen, Zahlen, Daten). Sie überfliegen den Text und bemühen sich, alles zu überlesen, was in keinem Zusammenhang mit Ihrer Frage steht.	Sie möchten die Hauptgedanken eines Textes herausfinden. Überfliegen Sie den Text abschnittweise und versuchen Sie, aufgrund von Schlüsselwörtern für jeden Abschnitt eine resümierende Überschrift zu formulieren. Wenn der Text nicht in Absätze gegliedert ist, versuchen Sie selbst, inhaltliche Abschnitte festzulegen.	Sie beschäftigen sich mit Fragen, für deren Beantwortung das Detailverständnis ganzer Sätze oder Textabschnitte nötig ist. Die Ergebnisse der anderen Lesestrategien reichen hierfür nicht aus. Benutzen Sie ggf. das Wörterbuch. Wenn Sie unsicher sind, ob Sie den französischen Satz vollständig verstanden haben, formulieren Sie eine Kontrollübersetzung: Macht die deutsche Formulierung Sinn und passt sie in den Zusammenhang?

3. Nach dem Lesen

Formulieren Sie Ihre Ergebnisse.

3/15 Avec mon père en Bretagne

Pour son anniversaire, Stéphane veut faire une surprise à son fils Sébastien : il l'emmène en Bretagne. Le voyage commence mal, notamment avec une panne de voiture. Puis, finalement, Stéphane et Sébastien arrivent à Cancale.

Enfin, nous avons eu nos huîtres. Chacun une douzaine achetée directement sur la plage, que nous avons mangée assis sur un rocher, face à la mer qui, tout au fond, était en train de remonter.

– Comment on va faire pour retourner à la voiture ? j'ai demandé à mon père alors que nous marchions vers le bout de la jetée.

– On verra bien. T'en fais donc pas toujours pour tout ! On n'est pas bien, là ?

– Si, mais il va falloir rentrer ! J'ai cours, moi, demain…

Mon père a soupiré.

– Ce que tu peux être ch… sérieux. Détends-toi, Seb… astien. Moi, j'aurais adoré que mon père m'emmène à la mer sur un coup de tête.

J'en connaissais plein, des copains qui, eux aussi, auraient adoré ça. Tous ceux qui n'arrêtaient pas de me dire que mon père était « trop cool » et qui passaient leur temps à se plaindre du leur. Surtout les filles, qui trouvaient mon père « craquant ».

C'est alors que j'ai vu son regard se fixer sur un point de la grève.

– C'est pas vrai ! s'est il exclamé pour lui-même.

– Quoi ?

– Il est encore là ?

– Qui ?

Le visage de mon père s'était illuminé d'un large sourire.

– Tu vois ce bateau, là-bas ?

– Lequel ?

– Tout au fond : le vieux en bois.

Il désignait un bateau de pêche qui tenait debout dans la vase grâce à deux énormes cales en bois, comme des béquilles.

– Le bleu et blanc ?

– Oui.

– Et alors ?

– Alors ? a répété mon père. C'est… Comment t'expliquer. Il était déjà là quand j'étais môme. Un jour que la mer était basse, comme aujourd'hui, j'y ai emmené ma première petite amie. Elle s'appelait Jeanne. On cherchait un coin tranquille, tu vois ce que je veux dire !… Alors on a marché jusqu'au bateau, et à l'intérieur, on a… enfin tu comprends !

– Oui, j'ai répondu, un peu gêné.

– C'était notre première fois à tous les deux. Dans ce bateau, c'était comme si on était seuls au monde… Je devais avoir ton âge.

Là, j'étais carrément rouge comme une tomate. Je commençais à comprendre ce que mon père voulait dire par « profiter de sa jeunesse » !

Mikaël Ollivier, « Sous le même signe »

A vous ! | LIRE, ECRIRE

Welche der folgenden Aufgaben sind welcher Phase des Lesens zuzuordnen (1/2/3)?
Welche Lesestrategie(n) könnte man bei den Aufgaben anwenden, die der Phase 2 zuzuordnen sind?

a) Welche Frage(n) stellen Sie sich, die Sie vom Text gern beantwortet haben möchten?
b) Welche Worte/Sätze/Stellen des Textes verstehen Sie bereits beim ersten Lesen? Worum geht es in dem Text? Formulieren Sie einen oder zwei Sätze auf Französisch.
c) Zerlegen Sie den Text in sinnvolle inhaltliche Abschnitte. Formulieren Sie dafür Überschriften auf Französisch.
d) Lesen Sie den Textabschnitt genau, der für Sie am wichtigsten oder interessantesten ist, und resümieren Sie ihn. Warum finden Sie diesen Abschnitt wichtig/interessant?
e) Formulieren Sie, wenn möglich, die Antwort(en) auf die Frage(n), die Sie sich zu Beginn gestellt haben.
f) Schreiben Sie auf Französisch eine Fortsetzung der Geschichte (mindestens 10 Sätze).

Notre entreprise a choisi la France.

L 3/38

Direction l'Auvergne pour la société Brüggen

Jochen Brüggen, PDG, explique :
« Nous avons choisi de nous installer[1] en Auvergne parce que cette région est idéalement située[2] par rapport aux pays que nous ciblons[3] comme la France, l'Italie, le Portugal et l'Espagne. Et nous voulons rapprocher nos outils de production[4] des régions où se trouvent les consommateurs. Les avantages de cette région sont d'abord liés à une expérience historique de l'agriculture, notamment dans le domaine des[5] matières premières. En second lieu, c'est le patrimoine industriel[6] de la région qui est caractéristique et qui permet de trouver, dans la population active, le personnel compétent que nous recherchons.
Notre principale stratégie est de rapprocher[7] le plus possible notre production de notre clientèle. Le transport des marchandises a un coût et nous essayons de le réduire[8] le plus possible. Dans un premier temps, nous allons débuter notre production avec des céréales pour le petit-déjeuner. Mais nous pensons que l'étape suivante dans cette future usine sera la production de muesli. »

En France, les habitudes changent au petit-déjeuner. Le café et les tartines sont remplacés, surtout chez les femmes, par un petit-déjeuner à base de céréales et fruits.

Source : www.investinfrance.org

1 A vous ! | LIRE, PARLER

a) De quel secteur est-ce que la société Brüggen fait partie ?
b) Dans quelle région française est-ce que cette entreprise s'est installée et pourquoi ?
c) Quels sont les avantages de la région où la société Brüggen s'est installée ?
d) Quels sont les prochains projets de la société Brüggen ?

2 Projet

Traditionnellement, les Français prennent du café et une tartine beurrée avec de la confiture pour le petit-déjeuner. Imaginez une affiche publicitaire de l'entreprise Brüggen pour proposer ses produits aux consommateurs français.

---

1 s'installer sich niederlassen – **2 être situé,e** gelegen sein *(örtlich)* – **3 cibler un pays** ein Land (als Kunden) erreichen wollen – **4 les outils** *(m.)* [uti] **de production** *(hier)* die Produktionsanlagen – **5 dans le domaine de** im Bereich von – **6 le patrimoine industriel** das industrielle Erbe, die Erfahrung mit industrieller Produktion – **7 rapprocher qc de qc/qn** etw. einer Sache/einer Person annähern – **8 réduire** verringern

3/39

Un Erasmus pour les jeunes entrepreneurs[1]

Erasmus pour jeunes entrepreneurs

Lancé[2] le 19 février par la Commission européenne, le programme « Erasmus for Young Entrepreneurs » permet[3] aux jeunes porteurs de projets de création d'entreprise[4] de passer jusqu'à 6 mois dans un autre Etat[5] membre de l'Union européenne, auprès d'un entrepreneur plus expérimenté[6].
Inspiré du programme Erasmus pour les étudiants, « Erasmus for Young Entrepreneurs » incite[7] les jeunes Européens qui souhaitent suivre une voie entrepreneuriale[8] à effectuer[9] un court séjour (de 1 à 6 mois) dans une entreprise d'un autre Etat membre de l'Union. Ils sont ainsi placés sous la responsabilité d'un « entrepreneur expérimenté » et bénéficient[10] d'une aide financière[11].
Le programme « Erasmus for Young Entrepreneurs » vise, d'une part, à faire acquérir des compétences[12] managériales aux jeunes entrepreneurs, d'autre part à ouvrir les Petites et moyennes entreprises (PME) à de nouveaux marchés européens. Il a enfin pour but[13] d'encourager et d'activer la constitution de réseaux de relation d'affaires[14] à travers l'Europe.

[...] La gestion des partenariats entre jeunes et expérimentés est confiée à des « points de contacts nationaux » présents dans 21 pays de l'Union, auprès desquels les participants[15] potentiels doivent s'inscrire, et qui les suivra[16] pendant toute la durée du séjour Erasmus (de 1 à 6 mois).
Un soutien financier est offert au jeune entrepreneur, qui doit permettre de couvrir[17] les frais[18] de transports, de logement et de séjour dans le pays d'accueil. A titre indicatif, les indemnités[19] vont de 560 € pour un mois en Bulgarie, en Roumanie et en Lituanie, à 1100 € pour un mois au Danemark.

http://www.leseuronautes.eu/connaitre-l-europe/actualite/un-erasmus-pour-les-jeunes-entrepreneurs

A vous ! | ECRIRE, LIRE, PARLER

a) Préparez un article en allemand pour le journal de votre lycée et résumez le programme « Erasmus pour jeunes entrepreneurs ».
b) Le logo de ce programme européen, qu'est-ce qu'il signifie ?
c) Quel est votre avis : pourquoi est-ce que l'Union européenne a lancé ce programme ? Quels sont les avantages pour les participants et pour l'Europe ? Est-ce que vous aimeriez participer à ce programme ? Expliquez pourquoi (pas).

1 un entrepreneur ein Unternehmer – **2 lancer qc** etw. starten – **3 permettre à qn de faire qc** jdm erlauben etw. zu tun – **4 des jeunes porteurs de projets de création d'entreprise** junge Leute, die sich mit dem Gedanken tragen, ein Unternehmen zu gründen – **5 un Etat** ein Staat – **6 expérimenté,e** erfahren – **7 inciter qn à faire qc** jdn dazu bewegen etw. zu tun – **8 suivre une voie entrepreneuriale** einen Weg als Unternehmer einschlagen – **9 effectuer qc** etwas durchführen – **10 bénéficier de qc** etw. erhalten – **11 une aide financière** eine finanzielle Unterstützung – **12 viser à faire acquérir des compétences** darauf abzielen, Kompetenzen zu vermitteln – **13 un but** ein Ziel – **14 une relation d'affaires** eine Geschäftsbeziehung – **15 un,e participant,e** ein Teilnehmer/eine Teilnehmerin – **16 suivre** *(hier)* betreuen – **17 couvrir** (ab)decken – **18 les frais** *(m.)* die Kosten – **19 une indemnité** eine Aufwandsentschädigung

§1 Die Bildung des *imparfait*

	avoir		Ebenso:		
j'	av **ais**	[ʒavɛ]	regarder :	nous **regard**ons	→ je regard**ais**
tu	av **ais**	[tyavɛ]	acheter :	nous **achet**ons	→ j'achet**ais**
il		[ilavɛ]	préférer :	nous **préfér**ons	→ je préfér**ais**
elle	av **ait**	[ɛlavɛ]	essayer :	nous **essay**ons	→ j'essay**ais**
on		[õnavɛ]	aller :	nous **all**ons	→ j'all**ais**
nous	av **ions**	[nuzavjõ]	prendre :	nous **pren**ons	→ je pren**ais**
vous	av **iez**	[vuzavjɛ]	faire :	nous **fais**ons	→ je fais**ais**
ils	av **aient**	[ilzavɛ]	dire :	nous **dis**ons	→ je dis**ais**
elles		[ɛlzavɛ]	pouvoir :	nous **pouv**ons	→ je pouv**ais**

R Die Ausgangsform für das ***imparfait*** ist die **1. Person Plural Präsens des Verbs**.
An diesen Stamm hängt man die ***imparfait*-Endungen *-ais*, *-ais*, *-ait* ,*-ions*, *-iez*, *-aient*.**

! **a) Ausnahmen:**

être nous sommes → j'**ét**ais
falloir il faut → il **fall**ait
pleuvoir il pleut → il **pleuv**ait

b) Bei den **Verben auf *-ger* und *-cer*** muss man auf eine Besonderheit achten:

manger
nous mang**e**ons → je mang**e**ais **Aber:** → nous mangions, vous mangiez

Ebenso: *partager* (teilen), *ranger* (aufräumen), *changer* (wechseln, ändern)

commencer
nous commen**ç**ons → je commen**ç**ais **Aber:** → nous commencions, vous commenciez

Ebenso: *placer* (etw. (hin-)stellen/(hin-)legen)

§2 Der Gebrauch des *imparfait*

Quand j'**étais** jeune, je **faisais** beaucoup de sport.
Après l'école, on **jouait** souvent au foot avec les copains.
Le soir, on **rentrait** fatigués.

R Das ***imparfait*** beschreibt **Zustände** und **gewohnheitsmäßige Handlungen** in der Vergangenheit.
Man kann fragen: Wie **war** es damals? Was **geschah** damals **häufig** oder **regelmäßig**?

§3 *Imparfait* und *passé composé*

1. *Imparfait* und *passé composé* in Hauptsätzen

Imparfait **– zeitlich nicht begrenzt** **– Begleitumstände**		***Passé composé*** **– zeitlich begrenzt** **– Haupthandlung**	
Der Sprecher erzählt von seinen Ferien in der Kindheit. Man kann fragen: – Wie war es damals? – Was geschah regelmäßig?	En été, ma famille **passait** toujours les vacances en Corse. On **louait** un appartement à la mer et on **allait** tous les jours à la plage. C'**était** super.		
		Un matin, mon père nous **a proposé** de faire une randonnée en montagne. On **a préparé** un pique-nique. Puis mon père **a pris** son grand sac à dos et nous **avons mis** nos chaussures de montagne.	Der Sprecher greift ein einzelnes Ereignis heraus. Man kann fragen: – Was geschah an diesem Tag? Er erzählt der Reihe nach, was danach passierte. Man fragt: – Und dann? (= Handlungskette)
Hier beschreibt er die Umstände. – Wie war es an diesem Tag?	Il **faisait** très chaud et il y **avait** du soleil.		
		Après trois heures de marche, on **a** enfin **fait** une pause.	Der Sprecher setzt seinen Bericht fort. Eine neue Handlung beginnt. – Und dann?
Der Sprecher beschreibt die Umstände und Gefühle. – Wie war es?	Toute la famille **était** fatiguée et **avait** faim.		
		Alors, on **a commencé** à manger notre pique-nique. Mais tout à coup, il y **a eu** un orage. On **a** vite **rangé** nos affaires et mon père **a dit**: « Il faut monter jusqu'au refuge. »	Die Handlung geht weiter. – Und dann?

> **R** Im ***imparfait*** stehen **Begleitumstände** und **gewohnheitsmäßige Handlungen.**
> Sie werden als **zeitlich nicht begrenzt** angesehen.
>
> Im ***passé composé*** stehen **einmalige Handlungen** und **Handlungsketten.**
> Sie werden als **zeitlich begrenzt** angesehen.

a) Als Hilfe können Sie **folgende Fragen** stellen:

Imparfait:
Was geschah oft oder regelmäßig?
Was war schon/noch?
Was war gerade?
Wie war es?

Passé composé:
Was geschah/passierte an diesem Tag?
Was geschah plötzlich/unerwartet?
Was geschah/passierte dann?
Und dann?

b) Die **folgenden Wörter** sind neben anderen meist ein Signal dafür, welche Zeit Sie verwenden müssen:

Imparfait:
(comme) toujours
souvent
tous les jours (matins, soirs…)

Passé composé:
alors
un jour (un matin, un soir…)
tout à coup
ce matin (ce soir…)
cette fois
enfin

2. *Imparfait* und *passé composé* im Satzgefüge

Daniel, 25 ans, raconte :

a) Quand j'**avais** 18 ans,
je **rêvais** d'avoir une voiture.

> **R** Wenn **Haupt- und Nebensatz gleichzeitig verlaufende Handlungen** ausdrücken,
> stehen beide im ***imparfait.***

b) Un jour, je **lisais** les annonces pour les voitures dans
le journal quand mon père **est entré** dans le salon.

c) Comme je **voulais** avoir son avis,
je lui **ai montré** une annonce pour une Twingo d'occasion.

> **R** Tritt in eine sich **im Verlauf befindliche Handlung** (***imparfait***) oder in eine **Zustandsbeschreibung** (***imparfait***) eine neue Handlung ein, so steht diese im ***passé composé.***

d) Mon père, qui **adorait** aussi les voitures, **a commencé** à lire les annonces avec moi.

> **R** **Relativsätze** sind meist **beschreibende Ergänzungen oder Erklärungen** und
> stehen daher im ***imparfait.***

e) Quand il **a vu** l'annonce, il m'**a proposé** de me prêter de l'argent.

> **R** Folgen in einem Satzgefüge **zwei oder mehrere Handlungen aufeinander**, dann stehen diese Handlungen im ***passé composé***.

§4 Das *plus-que-parfait*

Hier, Bruno a réservé un vol pour la Nouvelle-Calédonie.
Avant, il **avait parlé** à un employé d'une agence. — Vorher hatte er mit einem Angestellten eines Reisebüros gesprochen.
Sa femme **était venue** avec lui. — Seine Frau war mit ihm gekommen.

1. Bildung

> **R** Das ***plus-que-parfait*** wird aus dem ***imparfait*** von ***avoir*** und ***être*** und dem ***participe passé*** des jeweiligen Verbs gebildet.
> Für die Angleichung des ***participe passé*** gelten die gleichen Regeln wie beim ***passé composé***.

2. Gebrauch

> **R** Das ***plus-que-parfait*** bezeichnet Vergangenes, das schon **vor einem Geschehen oder Zustand in der Vergangenheit abgeschlossen** war. (= **Vorvergangenheit**: Was war vorher schon geschehen?)

Zusammenfassung

Plus-que-parfait	Passé composé/Imparfait	Présent
Avant son voyage en Corse, Rémi **avait discuté** avec ses parents de ses projets de vacances.	Après le voyage, il leur **a montré** ses photos de l'île. Ses parents **étaient** très contents.	Maintenant, Rémi **fait** ses études en Corse.
Vorvergangenheit	**Vergangenheit**	**Gegenwart**

§5 Die Verben auf *-ir* : *dormir, partir, sortir*

	dormir	[dɔʀmiʀ]	schlafen	
je	dors	[ʒədɔʀ]	ich schlafe	**Passé composé:** J'ai dormi. [dɔʀmi]
tu	dors	[tydɔʀ]	du schläfst	
il	dort	[ildɔʀ]	er schläft	**Imperativ:** Dors. Dormons. Dormez.
elle	dort	[ɛldɔʀ]	sie schläft	
on	dort	[õdɔʀ]	man schläft	
nous	dormons	[nudɔʀmõ]	wir schlafen	
vous	dormez	[vudɔʀme]	ihr schlaft	
ils	dorment	[ildɔʀm]	sie schlafen	
elles	dorment	[ɛldɔʀm]	sie schlafen	

	sortir	[sɔʀtiʀ]	hinausgehen/weggehen	
je	sors	[ʒəsɔʀ]	ich gehe hinaus	**Passé composé:** Je suis sorti(e). [sɔʀti]
tu	sors	[tysɔʀ]	du gehst hinaus	
il	sort	[ilsɔʀ]	er geht hinaus	**Imperativ:** Sors. Sortons. Sortez.
elle	sort	[ɛlsɔʀ]	sie geht hinaus	
on	sort	[õsɔʀ]	man geht hinaus	
nous	sortons	[nusɔʀtõ]	wir gehen hinaus	
vous	sortez	[vusɔʀte]	ihr geht hinaus	
ils	sortent	[ilsɔʀt]	sie gehen hinaus	
elles	sortent	[ɛlsɔʀt]	sie gehen hinaus	

	partir	[paʀtiʀ]	weggehen/abfahren	
je	pars	[ʒəpaʀ]	ich gehe weg	**Passé composé:** Je suis parti(e). [paʀti]
tu	pars	[typaʀ]	du gehst weg	
il	part	[ilpaʀ]	er geht weg	**Imperativ:** Pars. Partons. Partez.
elle	part	[ɛlpaʀ]	sie geht weg	
on	part	[õpaʀ]	man geht weg	
nous	partons	[nupaʀtõ]	wir gehen weg	
vous	partez	[vupaʀte]	ihr geht weg	
ils	partent	[ilpaʀt]	sie gehen weg	
elles	partent	[ɛlpaʀt]	sie gehen weg	

R Die Verben auf -*ir* haben die Endungen *-s, -s, -t, -ons, -ez, -ent.*

Im Singular fällt der Endkonsonant des Infinitivstamms weg, im Plural bleibt er erhalten:
sort-ir → je sors, nous sort-ons

§6 Das Verb *savoir*

	savoir	[savwaʀ]	wissen/können	Passé composé: J'ai su. [sy]
je	sais	[ʒəsɛ]	ich weiß	
tu	sais	[tysɛ]	du weißt	
il	sait	[ilsɛ]	er weiß	
elle	sait	[ɛlsɛ]	sie weiß	
on	sait	[ɔ̃sɛ]	man weiß	
nous	savons	[nusavɔ̃]	wir wissen	
vous	savez	[vusave]	ihr wisst	
ils	savent	[ilsav]	sie wissen	
elles	savent	[ɛlsav]	sie wissen	

§7 Die reflexiven Verben im *passé composé*

1. Bildung

Jérôme **s'est** énervé. — Jérôme hat sich aufgeregt.

Julie **s'est** couchée. — Julie hat sich hingelegt.

Fabrice et sa femme **se sont** séparés. — Fabrice und seine Frau haben sich getrennt.

Les filles **se sont** bien amusées. — Die Mädchen haben sich gut amüsiert.

R Das ***passé composé*** der reflexiven Verben wird mit ***être*** + dem ***participe passé*** gebildet.
Das ***participe passé*** richtet sich nach dem **Subjekt**.

2. Verneinung

Tanja et Julie **ne** se sont **pas** disputées. — Tanja und Julie haben sich nicht gestritten.

R Die **Verneinung** umschließt die konjugierte Form des Hilfsverbs ***être***.

§8 Die Bildung des *futur simple*

1. Bildung

	regarder	
je	regarder **ai**	[ʒəʀəgaʀd(ə)ʀɛ]
tu	regarder **as**	[tyʀəgaʀd(ə)ʀa]
il		[ilʀəgaʀd(ə)ʀa]
elle	regarder **a**	[ɛlʀəgaʀd(ə)ʀa]
on		[ɔ̃ʀəgaʀd(ə)ʀa]
nous	regarder **ons**	[nuʀəgaʀd(ə)ʀɔ̃]
vous	regarder **ez**	[vuʀəgaʀd(ə)ʀe]
ils	regarder **ont**	[ilʀəgaʀd(ə)ʀɔ̃]
elles		[ɛlʀəgaʀd(ə)ʀɔ̃]

	sortir	
je	sortir **ai**	[ʒesɔʀtiʀɛ]
tu	sortir **as**	[tysɔʀtiʀa]
il		[ilsɔʀtiʀa]
elle	sortir **a**	[ɛlsɔʀtiʀa]
on		[ɔ̃sɔʀtiʀa]
nous	sortir **ons**	[nusɔʀtiʀɔ̃]
vous	sortir **ez**	[vusɔʀtiʀe]
ils	sortir **ont**	[ilsɔʀtiʀɔ̃]
elles		[ɛlsɔʀtiʀɔ̃]

R Das ***futur simple*** wird gebildet, indem man an das ***-r*** des Infinitivs die Endungen ***-ai***, ***-as***, ***-a***, ***-ons***, ***-ez***, ***-ont*** anhängt.

!
a) Aussprache: Im *futur simple* wird das *-e* des Infinitivs (je regard**e**rai) [ə] wie bei *demain* ausgesprochen.
b) Die **Endungen** des *futur simple* kann man sich leicht merken, wenn man an die Formen von *avoir* denkt.

2. Verben auf *-er* mit zwei verschiedenen Stämmen

Infinitiv	Präsens		Futur		
acheter	j'	ach**è**te	j'	ach**è**te **rai**	[ʒaʃɛtʀɛ]
préférer	je	préf**è**re	je	préf**è**re **rai**	[ʒəpʀefɛʀʀɛ]
appeler	j'	appe**lle**	j'	appe**lle** **rai**	[ʒapɛlʀɛ]
se lever	je	me l**è**ve	je me	l**è**ve **rai**	[ʒəməlɛvʀɛ]
payer	je	pa**i**e	je	pa**i**e **rai**	[ʒəpɛʀɛ]
amener	j'	am**è**ne	j'	am**è**ne **rai**	[ʒamɛnʀɛ]

R Bei Verben auf *-er* mit **zwei verschiedenen Stämmen** im Präsens wird das ***futur simple*** von der 1. Person Singular abgeleitet.

3. Sonderformen

Mit einfachem „r"		Mit doppeltem „r"		Mit eingeschobenem „d"	
avoir	→ j'aurai [ʒɔʀɛ]	**voir**	→ je verrai [ʒəvəʀɛ]	**venir**	→ je viendrai [ʒəvjɛ̃dʀɛ]
savoir	→ je saurai [ʒəsoʀɛ]	**pouvoir**	→ je pourrai [ʒəpuʀɛ]	**vouloir**	→ je voudrai [ʒəvudʀɛ]
être	→ je serai [ʒəsəʀɛ]			**il faut (falloir)**	→ il faudra [ilfodʀa]
faire	→ je ferai [ʒəfəʀɛ]				
devoir	→ je devrai [ʒədəvʀɛ]				
pleuvoir	→ il pleuvra [ilpløvʀa]				
aller	→ j'irai [ʒiʀɛ]				

§9 Der Gebrauch des *futur simple*

1.

A la fin de l'été, Olivier **partira** pour le Québec.
Am Ende des Sommer **fährt** Olivier nach Québec. (**wird** Olivier nach Québec **fahren**)

Il **fera** un stage de six mois dans une ferme.
Er **macht** dort ein Praktikum … (**wird** dort ein Praktikum … **machen**)

> **R** Wenn man im Französischen von einem **zukünftigen Geschehen** spricht, verwendet man in der Regel die **Zukunftsform** (***futur simple*** oder ***futur composé***).
> Im Deutschen verwendet man in diesen Fällen meist das **Präsens**.

2.

Gesprochene Sprache	Geschriebene Sprache
– Qu'est-ce que tu vas faire samedi ? – On ira chez ma grand-mère. On va faire des grillades dans son jardin.	Bonjour Anne, Demain, je serai en ville. Nous pourrons nous voir chez Marie. Bisous, Eric

> **R** In der **gesprochenen Sprache** werden sowohl das ***futur composé*** als auch das ***futur simple*** verwendet.
> In der **geschriebenen Sprache** bevorzugt man das ***futur simple***.

§10 *venir de faire/être en train de faire*

1. ***venir de faire***

– Olivier est là ?	Ist Olivier da?
– Oui, il **vient de** rentrer.	Ja, er ist gerade zurückgekehrt.
– Tu as lu les annonces ?	Hast du die Anzeigen gelesen?
– Oui, je **viens de les** lire.	Ja, ich habe sie gerade gelesen.

> **R** Mit der Wendung ***venir de faire*** drückt man aus, dass man gerade etwas getan hat oder dass gerade etwas passiert ist.
> Die **Objektpronomen** stehen **unmittelbar vor dem Infinitiv**.

2. *être en train de faire*

– Que fait Cécile ?	Was macht Cécile?
– Elle est **en train de** ranger le gîte.	Sie räumt gerade die Ferienunterkunft auf.
– Et Olivier ?	Und Olivier?
– Il est **en train de l'**aider.	Er ist gerade dabei, ihr zu helfen.

R Mit der Wendung ***être en train de faire qc*** kann man ausdrücken, dass gerade etwas geschieht. Die **Objektpronomen** stehen **unmittelbar vor dem Infinitiv**.

§11 Der Gebrauch von *pouvoir* und *savoir*

Le père d'Olivier **peut** aider son fils.	Oliviers Vater **kann** seinem Sohn helfen.
Il **sait** travailler à l'ordinateur.	Er **kann** am Computer arbeiten.

R Das deutsche Verb „können" wird im Französischen durch ***pouvoir*** oder ***savoir*** wiedergegeben:
– ***pouvoir*** wird verwendet, wenn die **äußeren Umstände** eine Tätigkeit erlauben.
– ***savoir*** wird benutzt, wenn man etwas **weiß** oder **gelernt hat**, wie es geht.

§12 Die Steigerung der Adjektive und der Vergleich

1. Der Komparativ

Le chocolat français est **plus** cher **que** le chocolat allemand.
Französische Schokolade ist teurer als deutsche Schokolade.

Le chocolat allemand est **aussi** cher **que** le chocolat belge.
Deutsche Schokolade ist genauso teuer wie belgische Schokolade.

Le chocolat allemand et le chocolat belge sont **moins** chers **que** le chocolat français.
Deutsche und belgische Schokolade sind weniger teuer/preiswerter als französische Schokolade.

> **R** Der **Komparativ** („teurer", „genauso teuer", „weniger teuer") wird gebildet, indem man ***plus***, ***aussi*** oder ***moins*** vor das Adjektiv stellt.
> Das **Bezugswort des Vergleichs** wird immer durch ***que/qu'*** (deutsch „als" und „wie") angeschlossen.

Zusammenfassung

+	plus		
=	aussi	cher(s), chère(s)	que/qu'
–	moins		

2. Der Superlativ

La Côte d'Ivoire est le producteur de cacao **le** **plus grand** **du** monde.
… der größte Kakaoproduzent …

Dans le centre, il y a la plantation de cacao **la** **plus importante** **du** pays.
… die bedeutendste Plantage …

Ici, on rencontre les ouvriers **les** **moins exploités** **de** Côte d'Ivoire.
… die am wenigsten ausgebeuteten Arbeiter …

> **R** Der **Superlativ** wird gebildet, indem man vor den Komparativ **den bestimmten Artikel** setzt.
> In der Regel steht das Adjektiv dann **nach dem Nomen**.
> Das **Bezugswort des Vergleichs** wird mit ***de*** angeschlossen.

Zusammenfassung

++	le/la/les plus		
		cher(s), chère(s)	(de/d')
--	le/la/les moins		

! **a)** Bei Adjektiven, die normalerweise vor dem Nomen stehen, z.B. *grand, petit, bon, joli* kann der Superlativ auch vor dem Nomen stehen:

Paris est **la plus grande** ville de France. … die größte Stadt …

b) Beim Superlativ kann vor dem Nomen statt des bestimmten Artikels auch ein Possessivbegleiter stehen:

Où est-ce que tu as passé **tes plus belles** vacances ?	… deine schönsten Ferien …
Mes plus belles vacances ? Je les ai passées en Corse.	Meine schönsten Ferien? …

c) Das **Adjektiv *bon*** hat eine besondere Steigerungsform (ohne *plus*):

Amélie est	**bonne**	en gestion.
Marie est	**meilleure**	que sa copine.
Manon est	**la meilleure styliste**	de la classe.

bon, bonne	gut
meilleur(e)	besser
le/la meilleur(e)	der/die beste

d) Der Superlativ ***le meilleur/la meilleure*** steht immer vor dem Nomen.

§13 Die Verben auf *-ir*: Gruppe *finir*

	finir	**[finir]**	**beenden**
je	finis	[ʒəfini]	ich beende
tu	finis	[tyfini]	du beendest
il	finit	[ilfini]	er beendet
elle	finit	[ɛlfini]	sie beendet
on	finit	[õfini]	man beendet
nous	finissons	[nufinisõ]	wir beenden
vous	finissez	[vufinise]	ihr beendet
ils	finissent	[ilfinis]	sie beenden
elles	finissent	[ɛlfinis]	sie beenden

Passé composé :
J'ai fini. [fini]

Imparfait :
Je finissais.

Imperativ :
Finis.
Finissons.
Finissez.

Ebenso:
choisir
garantir
investir
réfléchir

> **R** Die zweite Gruppe der Verben auf ***-ir*** enden im Präsens auf ***-s***, ***-s***, ***-t***, ***-ons***, ***-ez***, ***-ent***.
> Im **Plural** wird der Stamm durch ***-ss-*** erweitert.

§14 Die Relativpronomen *ce qui* und *ce que*

Ce qui m'intéresse, c'est la fabrication du chocolat.	**Was** mich interessiert, ist die Herstellung von Schokolade..
Le chocolatier fait **ce que** ses clients demandent.	Der Chocolatier macht, **was** seine Kunden verlangen.
Tout **ce qu'**il fait est délicieux.	Alles, **was** er macht, ist köstlich.

> **R** Das deutsche Relativpronomen „was" wird mit ***ce qui*** und ***ce que*** übersetzt.
> ***Ce qui*** ist **Subjekt**, ***ce que*** ist **direktes Objekt** des folgenden Verbs.
> ***Ce que*** wird vor Vokal und stummem ***h*** zu ***ce qu'*** verkürzt.

! *Ce qui* oder *ce que*?

qc intéresse	*qc* ist **Subjekt**	→ **ce qui** intéresse les jeunes
faire **qc**	*qc* ist **direktes Objekt**	→ faire **ce qu'**on veut

§15 Der Bedingungssatz (I)

1.
Der Bedingungssatz setzt sich aus zwei **Teilsätzen** zusammen.
Der **Nebensatz** drückt eine **Bedingung** („wenn/falls") aus, der **Hauptsatz** die **Folge** („dann").

Nebensatz: Bedingung	Hauptsatz: Folge
Wenn/Falls wir weitere Großaufträge bekommen,	stellen wir neue Mitarbeiter ein.

2.
Man unterscheidet verschiedene Arten von Bedingungen.
In dieser Lektion geht es um Bedingungen, deren Erfüllung der Sprecher für **möglich** oder **wahrscheinlich** hält:

Nebensatz: Bedingung	Hauptsatz: Folge
Si Thierry accepte l'offre, Wenn/Falls Thierry das Angebot akzeptiert,	monsieur Bordas lui **fera** un bon prix. macht ihm monsieur Bordas einen guten Preis.
S'il n'investit pas dans un nouveau serveur, Wenn/Falls er nicht in einen neuen Server investiert,	il y **aura** bientôt des problèmes de réseau. gibt es bald Probleme mit dem Netz.

R Wenn die Erfüllung der Bedingung als **möglich** oder **wahrscheinlich** angesehen wird, steht im ***si***-Satz das **Präsens**, im Hauptsatz in der Regel das **Futur**.

§16 Das Verb *recevoir*

	recevoir	**[ʀəsəwar]**	**empfangen/erhalten**		
je	reçois	[ʒəʀəswa]	ich empfange	**Passé composé:** J'ai reçu. [ʀəsy]	**Imperativ:** Reçois. Recevons. Recevez.
tu	reçois	[tyʀəswa]	du empfängst	**Imparfait:** Je recevais.	
il / elle / on	reçoit	[ilʀəswa] / [ɛlʀəswa] / [õʀəswa]	er / sie / man empfängt	**Futur:** Je recevrai.	
nous	recevons	[nuʀəsəvõ]	wir empfangen		
vous	recevez	[vuʀəsəve]	ihr empfangt		
ils / elles	reçoivent	[ilʀəswav] / [ɛlʀəswav]	sie empfangen		

§17 Die Verben auf *-dre*

	répondre	**[ʀepɔ̃dʀə]**	**antworten**	**Passé composé:** J'ai répondu. [ʀepɔ̃dy]	**Imperativ:** Réponds. Répondons. Répondez.
je	répon**ds**	[ʒəʀepɔ̃]	ich antworte	**Imparfait:** Je répondais.	**Ebenso:** attendre entendre perdre
tu	répon**ds**	[tyʀepɔ̃]	du antwortest	**Futur:** Je répondrai.	
il / elle / on	répon**d**	[ilʀepɔ̃] [ɛlʀepɔ̃] [ɔ̃ʀepɔ̃]	er / sie / man antwortet		
nous	répond**ons**	[nuʀepɔ̃dɔ̃]	wir antworten		
vous	répond**ez**	[vuʀepɔ̃de]	ihr antwortet		
ils / elles	répond**ent**	[ilʀepɔ̃d] [ɛlʀepɔ̃d]	sie antworten		

R Die Verben auf -***dre*** haben im Präsens die Endungen ***-s***, ***-s***, ***-d***, ***-ons***, ***-ez***, ***-ent***.
Nur die Endungen ***-ons*** und ***-ez*** werden ausgesprochen.

! **a)** il répond [ilʀepɔ̃] — il entend [ilɑ̃tɑ̃]
ils répondent [ilʀepɔ̃d] — ils‿enten**d**ent [ilzɑ̃tɑ̃d]

b) Eine Ausnahme bildet das Verb ***prendre***, das Sie bereits kennen:
Es ist **nur im Singular regelmäßig**: *je pren**ds**, tu pren**ds**, il pren**d**.*
Im **Plural** entfällt das ***-d*** des Stammes: *nous pre**n**ons, vous pre**n**ez, ils/elles pre**nn**ent.*
(Ebenso: *compren**dre*** und *appren**dre***).

§18 Die Bildung des *conditionnel présent*

Das ***conditionnel présent*** wird genauso abgeleitet wie das ***futur simple***. Nur die Endungen unterscheiden sich.

1. Bei den meisten Verben:

aimer	→	j'	aimer **ais**	[ʒɛmʀɛ]
prendre	→	tu	prendr **ais**	[typʀɑ̃dʀɛ]
dire	→	il	dir **ait**	[ildiʀɛ]
écrire	→	elle	écrir **ait**	[ɛlekʀiʀɛ]
sortir	→	on	sortir **ait**	[ɔ̃sɔʀtiʀɛ]
choisir	→	nous	choisir **ions**	[nuʃwaziʀjɔ̃]
finir	→	vous	finir **iez**	[vufiniʀje]
attendre	→	ils	attendr **aient**	[ilzatɑ̃dʀɛ]
entendre	→	elles	entendr **aient**	[ɛlzɑ̃tɑ̃dʀɛ]

R Das ***conditionnel présent*** wird gebildet, indem man bei den meisten Verben an das ***-r*** des Infinitivs die ***imparfait*-Endungen *-ais*, *-ais*, *-ait*, *-ions*, *-iez*, *-aient*** anhängt.

2. Verben auf *-er* mit zwei verschiedenen Stämmen

Infinitiv	Präsens		Conditionnel présent		
acheter	j'	achète	j'	achète **rais**	[ʒaʃɛtʀɛ]
préférer	je	préfère	je	préfère **rais**	[ʒəpʀefɛʀʀɛ]
appeler	j'	appelle	j'	appelle **rais**	[ʒapɛlʀɛ]
se lever	je	me lève	je me	lève **rais**	[ʒəmɔlɛvʀɛ]
payer	je	paie	je	paie **rais**	[ʒəpɛʀɛ]
amener	j'	amène	j'	amène **rais**	[ʒamɛnʀɛ]

R Bei Verben auf *-er* mit **zwei verschiedenen Stämmen** im Präsens wird das *conditionnel présent* von der 1. Person Singular abgeleitet.

3. Sonderformen

Mit einfachem „r"		Mit doppeltem „r"		Mit eingeschobenem „d"	
avoir	→ j'aurais [ʒɔʀɛ]	**voir**	→ je verrais [ʒəvɛʀɛ]	**venir**	→ je viendrais [ʒəvjɛ̃dʀɛ]
savoir	→ je saurais [ʒəsɔʀɛ]	**pouvoir**	→ je pourrais [ʒəpuʀɛ]	**vouloir**	→ je voudrais [ʒəvudʀɛ]
être	→ je serais [ʒəsəʀɛ]	**envoyer**	→ j'enverrais [ʒɑ̃vɛʀɛ]	**il faut (falloir)**	→ il faudrait [ilfodʀɛ]
faire	→ je ferais [ʒəfəʀɛ]				
devoir	→ je devrais [ʒədəvʀɛ]				
aller	→ j'irais [ʒiʀɛ]				

! Die Aussprache der 1. Person Singular ist beim *futur simple* und *conditionnel présent* dieselbe, z. B.: ***j'irai*** und ***j'irais*** = [ʒiʀɛ]

§19 Der Gebrauch des *conditionnel présent*

Est-ce que je **pourrais** parler au Dr Vinson ?	Könnte ich Dr. Vinson sprechen?	▶ höfliche Bitte
J'**aimerais** lui poser quelques questions.	Ich möchte ihm einige Fragen stellen.	▶ Wunsch
D'accord, vous **pourriez** lui parler dans une demi-heure.	Einverstanden, Sie könnten ihn in einer halben Stunde sprechen.	▶ Möglichkeit
Il **devrait** être de retour de ses consultations à domicile.	Er müsste von seinen Hausbesuchen zurück sein.	▶ Vermutung
Vous **feriez** mieux d'attendre ici.	Sie sollten lieber hier warten.	▶ Ratschlag

R Mit dem ***conditionnel présent*** kann man einen **Wunsch**, eine **Möglichkeit**, eine **Vermutung**, einen **Ratschlag** oder eine **höfliche Bitte** ausdrücken.

§20 Das Verb *connaître*

	connaître	[kɔnɛtʀ]	kennen
je	connais	[ʒəkɔnɛ]	ich kenne
tu	connais	[tykɔnɛ]	du kennst
il	connaît	[ilkɔnɛ]	er kennt
elle	connaît	[ɛlkɔnɛ]	sie kennt
on	connaît	[ɔ̃kɔnɛ]	man kennt
nous	connai**ss**ons	[nukɔnɛsɔ̃]	wir kennen
vous	connai**ss**ez	[vukɔnɛse]	ihr kennt
ils	connai**ss**ent	[ilkɔnɛs]	sie kennen
elles	connai**ss**ent	[ɛlkɔnɛs]	sie kennen

Passé composé:
J'ai **connu**. [kɔny]

Imparfait:
Je connai**ss**ais.

Futur simple:
Je connaîtrai.

Conditionnel présent:
Je connaîtrais.

Ebenso:
reconnaître

§21 Der Imperativ mit einem Pronomen

– Tu as vu mes lunettes ?	– Non, cherche-les.	Such sie!
– Je prends ce sirop ?	– Non, **ne** le prenez **pas**, madame.	Nehmen Sie ihn nicht ein!
– Qu'est-ce que tu veux ?	– Donne-moi le numéro du Dr Gallet.	Gib mir die Nummer von Dr. Gallet!
– Je te donne aussi le numéro du Dr Valade ?	– Non, **ne** me donne **pas** son numéro. Je l'ai déjà noté.	Nein, gib mir seine Nummer nicht! Ich habe sie schon notiert.
– Ce vieux monsieur fait un malaise.	– Occupe-toi de lui.	Kümmere (du) dich um ihn!
– Oh, tu as été génial ce matin.	– **Ne** te moque **pas** de moi.	Mach dich nicht über mich lustig!
– Pauline est déjà partie ?	– Oui. Téléphonez-lui.	Rufen Sie sie an.
– Je peux parler à Pauline ?	– **Ne** lui parle **pas**. Elle dort.	Sprich nicht mir ihr. Sie schläft.

R Beim **bejahten Imperativ** stehen die Pronomen **hinter dem Verb**.
Sie werden mit einem **Bindestrich** angeschlossen. Statt ***me*** und ***te*** stehen ***moi*** und ***toi***.
Beim **verneinten Imperativ** ist die Wortstellung wie im Aussagesatz. Die Pronomen stehen **vor dem Verb**.

§ 22 Die Pronomen *en* und *y*

1. Das Pronomen *en*

Tu reviens **de Rungis** ?	Oui, j'**en** reviens.	**von dort**
A qui est-ce que tu as déjà parlé **de la panne** ?	J'**en** ai parlé à mes collègues.	**davon/darüber**
Mais tu dois aussi parler **de la panne** au chef.	Oui, je vais **en** parler quand il sera de retour.	**davon**

R Das Pronomen ***en*** vertritt **Ortsangaben** (z. B. *revenir **de***) und **andere Ergänzungen** mit ***de*** (z. B. *parler **de qc***). Es hat dann die Bedeutung „von dort", „davon", „darüber".
Es steht immer direkt **vor dem konjugierten Verb** oder **vor dem Infinitiv**, wenn dem konjugierten Verb ein Infinitiv folgt.

2. Das Pronomen *y*

Yann préfère travailler **au bureau**.	Il **y** reste du matin au soir.	**dort**
Combien de fois par mois est-ce que tu vas **en Allemagne** ?	J'**y** vais trois fois par mois.	**dorthin**
Tu es déjà allé **en Espagne** ?	Non, je vais **y** aller la semaine prochaine.	**dorthin**
Tu penses aussi **à aller en Espagne** ?	Non, je n'**y** ai pas encore pensé.	**daran**

R Das Pronomen ***y*** vertritt **Ortsbezeichnungen**, die mit **Präpositionen** (*à*, *dans*, *en*, *chez* usw.) eingeleitet werden (aber nicht mit *de*!).
Es vertritt auch **andere Ergänzungen** mit ***à***, wenn sie sich auf **Sachen** beziehen (z. B. *penser **à qc***).
Es steht immer direkt **vor dem konjugierten Verb** oder **vor dem Infinitiv**, wenn dem konjugierten Verb ein Infinitiv folgt.

!
a) Unterscheiden Sie zwischen Personen und Sachen:
Je parle **à Yann**. → Je **lui** parle. (Yann = eine Person → lui/leur).
Je pense **à la route**. → J'**y** pense. (la route = eine Sache → y).

b) Achten Sie auf das „s" bei *vas-y*: Va à la maison. → Va**s**-y.

§ 23 Die Bildung der Adverbien

1. Definition

Man benutzt Adverbien, wenn man z. B. beschreiben will, **wie** man etwas macht oder **auf welche Art und und Weise** etwas geschieht. Im Französischen gibt es wie im Englischen für Adjektiv und Adverb jeweils unterschiedliche Formen.

Le camion est **rapide**. Le camion arrive **rapidement**.	The truck is **quick**. The truck arrives **quickly**.	Der LKW ist **schnell**. Der LKW kommt **schnell** herangefahren.

2. Bildung

Adjektiv		Adverb
m.	f.	
égal	égal**e**	égal**e**ment
sûr	sûr**e**	sûr**e**ment
heureux	heur**euse**	heur**euse**ment
long	long**ue**	long**ue**ment
habituel	habitu**elle**	habitu**elle**ment
dernier	derni**ère**	derni**ère**ment
effectif	effecti**ve**	effecti**ve**ment
rapid**e**	rapid**e**	rapid**e**ment
facil**e**	facil**e**	facil**e**ment

R Die meisten Adverbien werden vom Adjektiv abgeleitet, indem man an die **feminine Form** des **Adjektivs** die Endung ***-ment*** anhängt. Man nennt sie deshalb **abgeleitete Adverbien.**

Bei den Adjektiven, die im Maskulinum auf **-e** enden *(rapide, facile)* wird die Endung ***-ment*** an die **maskuline Form** des Adjektivs angehängt.

3. Sonderformen

Adjektiv		Adverb
m.	f.	
bon	bonne	**bien**
mauvais	mauvaise	**mal**

! Neben den abgeleiteten Adverbien auf ***-ment*** gibt es im Französischen auch ursprüngliche (= nicht abgeleitete) Adverbien, die keine spezielle Endung haben: ***très, déjà, maintenant, demain, beaucoup, toujours, surtout, souvent***.

§ 24 Die Funktionen des Adverbs

Das **Adverb** bestimmt **verschiedene Satzteile** und **Sätze** näher.

a) Marc monte **rapidement** dans sa cabine.	ein **Verb**	… steigt schnell …
b) C'est un routier **vraiment** sympa.	ein **Adjektiv**	… ein wirklich netter …
c) **Généralement**, il est à l'heure.	einen **ganzen Satz**	Im Allgemeinen ist er pünktlich.
d) Une fois, il est rentré **trop** tard.	ein **Adverb**	… zu spät …

§25 Die Stellung der Adverbien

Im Folgenden finden Sie eine Zusammenstellung der **Grundregeln** für die Stellung der Adverbien im Satz.

Zunächst ein wichtiger Hinweis:

Elle va **souvent** au cinéma.

She **often** goes to the cinema.

Im Gegensatz zum Englischen stehen die Adverbien im Französischen **niemals zwischen Subjekt und dem konjugierten Verb**.

1. Adverbien der Zeit (Zeitpunkt oder zeitliche Abfolge) und Adverbien des Ortes

Il est rentré **hier**.	Er ist gestern zurückgekommen.
Aujourd'hui, il va travailler.	Er wird heute arbeiten.
D'abord, il dira bonjour à ses collègues.	Er wird zunächst seinen Kollegen Guten Tag sagen.
Puis il ira dans son bureau.	Dann wird er in sein Büro gehen.
Ici, il lira ses e-mails.	Hier wird er seine E-Mails lesen.

R Am **Anfang** oder am **Ende** des Satzes stehen in der Regel:
- **Adverbien der Zeit**, die einen **Zeitpunkt** (*hier, aujourd'hui*) oder eine **zeitliche Abfolge** (*d'abord, puis*) angeben
- **Adverbien des Ortes** (*ici*)

! Anders als im Deutschen können Ortsadverbien und Adverbien, die einen **Zeitpunkt** angeben, im Französischen **nicht zwischen Hilfsverb und *participe passé*** bzw. **zwischen konjugiertem Verb und Infinitiv** stehen:

Ils sont partis **hier**.	Sie sind **gestern** abgereist.
Ils veulent nous appeler **demain**.	Sie wollen uns **morgen** anrufen.
Ils ne sont pas encore arrivés **là-bas**.	Sie sind **dort** noch nicht angekommen.

2. Adverbien, die eine unbestimmte Zeit, eine Menge und Intensität oder die Art und Weise ausdrücken

Tu rentres **toujours tard**.	Du kommst immer spät zurück.
Je vais **bientôt** partir en vacances.	Ich werde bald in die Ferien fahren.
J'ai **beaucoup trop** travaillé.	Ich habe viel zu viel gearbeitet.
Tu veux **certainement** te reposer.	Du willst dich sicherlich ausruhen.

R **Adverbien** der **unbestimmten Zeit** (*toujours, tard*, bientôt), der **Menge** und **Intensität** (*beaucoup, trop*) sowie der **Art und Weise** (*certainement*) stehen meist **hinter der konjugierten Verbform**.

! a) In den **zusammengesetzten Zeiten** (*futur composé, passé composé, plus-que-parfait*) können die **abgeleiteten Adverbien** auch **nach dem *participe passé*** oder **dem Infinitiv** stehen:
Il a **longuement** expliqué ses problèmes./Il a expliqué **longuement** ses problèmes.

b) Die Adverbien ***tôt*** und ***tard*** stehen **immer nach dem *participe passé*** oder **dem Infinitiv**:
Rose s'est levée **tôt** ce matin.
Paul va arriver **tard** ce soir.

3. Satzadverbien

Heureusement, il fait beau. — Glücklicherweise ist es schön.
Finalement, tout s'est bien passé. — Schließlich ist alles gut gegangen.

> **R** Wenn sich die Adverbien **auf einen ganzen Satz** beziehen, stehen sie fast immer am **Satzanfang** und werden durch **Komma** abgetrennt.

§ 26 Infinitivsätze mit *après avoir, avant de, pour* und *sans*

Mit ***pour***, ***sans***, ***avant de*** und ***après*** kann man Sätze verkürzen:

Diane travaille beaucoup. **Elle** veut avoir une bonne note.
→ Diane travaille beaucoup **pour avoir** une bonne note.

Elle rentre tout de suite à la maison. **Elle** n'attend pas ses copines.
→ Elle rentre tout de suite à la maison **sans attendre** ses copines.

Elle va dans sa chambre. Avant, **elle** mange un sandwich.
→ **Avant d'aller** dans sa chambre, elle mange un sandwich.

Elle a rangé ses affaires. Puis **elle** commence à écrire une lettre.
→ **Après avoir rangé** ses affaires, elle commence à écrire une lettre.

> **R** Zwei Sätze, die das gleiche Subjekt haben, können miteinander verbunden werden:
> 1. durch ***pour***, ***avant de***, ***sans*** + **Infinitiv**
> 2. durch ***après*** + ***avoir*** + ***participe passé***

§ 27 Die Verben *offrir* und *ouvrir*

	offrir	[ɔfʀiʀ]	anbieten		
j'	offre	[ʒɔfʀ]	ich biete an	**Passé composé:** J'ai **offert**. [ɔfɛʀ]	**Imperativ:** Offre. Offrons. Offrez.
tu	offres	[tyɔfʀ]	du bietest an	**Imparfait:** J'offrais.	
il / elle / on	offre	[ilɔfʀ] [ɛlɔfʀ] [õnɔfʀ]	er / sie / man bietet an	**Futur simple:** J'offrirai.	
nous	offrons	[nuzɔfʀõ]	wir bieten an	**Conditionnel présent:** J'offrirais.	
vous	offrez	[vuzɔfʀe]	ihr bietet an		
ils / elles	offrent	[ilzɔfʀ] [ɛlzɔfʀ]	sie bieten an		

	ouvrir	[uvʀiʀ]	öffnen		
j'	ouvre	[ʒuvʀ]	ich öffne	**Passé composé:** J'ai **ouvert**.	**Imperativ:** Ouvre. Ouvrons. Ouvrez.
tu	ouvres	[tyuvʀ]	du öffnest	**Imparfait:** J'ouvrais.	**Ebenso:** découvrir
il / elle / on	ouvre	[iluvʀ] [ɛluvʀ] [õnuvʀ]	er / sie / man öffnet	**Futur simple:** J'ouvrirai.	
nous	ouvrons	[nuzuvʀõ]	wir öffnen	**Conditionnel présent:** J'ouvrirais.	
vous	ouvrez	[vuzuvʀe]	ihr öffnet		
ils / elles	ouvrent	[ilzuvʀ] [ɛlzuvʀ]	sie öffnen		

§ 28 Dic Zeitenfolge in der indirekte Rede/Frage

1.

Direkte Rede/Frage	**Indirekte Rede/Frage** Redeeinleitendes Verb in der **Vergangenheit**
Monsieur Delalande **a dit** : « Je suis le propriétaire du gîte. »	Monsieur Delalande **a dit** **qu**'il était le propriétaire du gîte.
Tim et Luka **ont demandé** : « On va boire du vin le matin ? »	Tim et Luka **ont demandé** **s'**ils allaient boire du vin le matin.
Monsieur Delalande **voulait savoir** : « Est-ce que vous avez déjà **fait** une dégustation ? »	Monsieur Delalande **voulait savoir** **s'ils** avaient déjà **fait** une dégustation.
Il **avait annoncé** : « Vous dégusterez un vin différent à chaque plat. »	Il **avait annoncé qu**'ils dégusteraient un vin différent à chaque plat.

R Steht in der indirekten Rede/Frage der **redeeinleitende Satz** in einer **Zeit der Vergangenheit**, so ergeben sich im Nebensatz folgende Zeitverschiebungen:

Direkte Rede/Frage		**Indirekte Rede/Frage**
Présent	→	Imparfait
Passé composé	→	Plus-que-parfait
Futur simple	→	Conditionnel présent

2.

In einigen Fällen findet **keine** Zeitverschiebung statt:

Direkte Rede/Frage	Indirekte Rede/Frage
Monsieur Delalande a raconté : « Mon grand-père **faisait** déjà des bons vins. » Il a ajouté : « Il **avait eu** l'idée de faire des excellents Sauternes. »	Monsieur Delalande a raconté que son grand-père **faisait** déjà des bons vins. Il a ajouté qu'il **avait eu** l'idée de faire des excellents Sauternes.
Lucie a ajouté : « J'**aurais** envie de continuer ce travail. »	Lucie a ajouté qu'elle **aurait** envie de continuer ce travail.

R Endet das konjugierte Verb in der direkten Rede auf ***-ais, -ais, -ait, -ions, -iez, -aient***, so findet **keine Zeitverschiebung** statt:

Direkte Rede/Frage		Indirekte Rede/Frage
Imparfait	bleibt	Imparfait
Plus-que-parfait	bleibt	Plus-que-parfait
Conditionnel présent	bleibt	Conditionnel présent

! **a)** Die Zeitverschiebung gilt nicht nur in der indirekten Rede, sondern auch **in anderen Nebensätzen mit *que***:

Je pense que les gîtes sont une très bonne chose.
Je **pensais** que les gîtes **étaient** une très bonne chose.

b) Einige **Zeit- und Ortsangaben** der direkten Rede ändern sich in der indirekten Rede/Frage, z. B.:

Direkte Rede/Frage	Indirekte Rede/Frage
Madame Delalande a dit : « Lucie est arrivée **hier**. »	Madame Delalande a dit que Lucie était arrivée la veille.
Lucie a demandé aux garçons : « Vous partirez **demain** ? »	Lucie a demandé aux garçons s'ils partiraient le lendemain.

direkte Rede/Frage			indirekte Rede/Frage	
hier	gestern	→	la veille	am Vortag
aujourd'hui	heute	→	ce jour-là	an jenem Tag
demain	morgen	→	le lendemain	am folgenden Tag
ici	hier	→	là-bas	dort

§ 29 Die Adverbien: Besonderheiten

1. Adjektiven, die im Maskulinum auf Vokal enden

Adjektiv		Adverb
vra**i**	vrai**e**	vraiment
spontan**é**	spontané**e**	spontan**é**ment

R Bei den Adjektiven, die im Maskulinum auf **Vokal** enden *(vrai, spontané)* wird die Endung ***-ment*** an die **maskuline Form** des Adjektivs angehängt.

Ebenso: poli, polie → pol**i**ment; absolu, absolue → absol**u**ment

2. Adjektive auf *-ent*/*-ant*

Adjektiv		Adverb	
const**ant**	constante	const**amment**	[kɔ̃stamɑ̃]
différ**ent**	différente	différ**emment**	[difeʀamɑ̃]
excell**ent**	excellente	excell**emment**	[ɛkselamɑ̃]
indépend**ant**	indépendante	indépend**amment**	[ɛ̃depɑ̃damɑ̃]
intellig**ent**	intelligente	intellig**emment**	[ɛ̃teliʒamɑ̃]

R Adjektive, die auf ***-ent*** oder ***-ant*** enden, bilden das Adverb mit der Endung ***-emment*** oder ***-amment***.

! **Aber regelmäßig:** lent, lente → lent**e**ment

3. Sonderformen

Adjektiv		Adverb
meilleur	meilleure	**mieux**
bref	brève	**brièvement**
gentil	gentille	**gentiment**
énorme	énorme	**énormément**

§ 30 Die Inversionsfrage

Inversion bedeutet hier die **Umstellung** von Subjekt und Verb im Fragesatz.
Die Inversionsfrage wird vor allem in förmlicher Sprache und in der Schriftsprache verwendet: in Briefen, Zeitungen, Interviews, Umfragen usw. Sie wirkt gewählter als die anderen Frageformen.

Tu as faim. → As-tu faim ?

Elles sont allées en France. → Où sont-elles allées ?

R Die Inversionsfrage wird nur verwendet, wenn das **Subjekt** ein **Pronomen** ist.
Sie wird gebildet, indem man das **Subjektpronomen hinter das Verb** stellt.
Das Pronomen wird dann mit einem **Bindestrich** an das Verb angeschlossen.

Où travaille-**t**-elle ? — Wo arbeitet sie?

Où va-**t**-il ? — Wohin geht er?

R Bei den **Pronomen der 3. Person Singular** *(il/elle/on)* tritt zwischen Verb und Subjektpronomen ein ***-t-***, wenn die Verbform auf ***-e*** oder ***-a*** endet. Dieses eingeschobene ***-t-*** erleichtert die Aussprache.

! Die Objektpronomen stehen wie im Aussagesatz **vor der konjugierten Verbform** bzw. **vor dem Infinitiv**, auf den sie sich beziehen.

Votre fils, quand **l**'avez-vous vu la dernière fois ?

Pourquoi ne veux-tu pas **la** voir ?

§ 31 Die Steigerung der Adverbien

L'ordinateur de Lucie bugue	**plus**	souvent	**que**	l'ordinateur de Julian.	+	… öfter …
Il marche	**aussi**	mal	**que**	l'ordinateur de Luka.	=	… genauso schlecht …
Julian travaille	**moins**	rapidement	**que**	Lucie.	–	… weniger schnell/langsamer …
Lucie travaille	**le plus**	vite	**de**	toute la famille.	++	… am schnellsten …
Le père de Lucie travaille	**le moins**	vite.			– –	… am langsamsten …

> **R** Der **Komparativ** des Adverbs wird mit ***plus… que***, ***aussi… que*** bzw. ***moins… que*** gebildet.
> Der **Superlativ** des Adverbs wird mit ***le plus… (de)*** bzw. ***le moins… (de)*** gebildet.

! **a)** Das Adverb ***bien*** hat besondere Steigerungsformen:

Lucie chante bien.

Elle chante	**mieux**	**qu'**	Elise.	+	… besser als …
Elle chante	**moins bien**	**que**	Juliette.	–	… weniger gut/schlechter …
Marine chante	**aussi bien**	**que**	Lucie.	=	… genauso gut wie …
C'est Amélie qui chante	**le mieux.**			++	… am besten.
C'est Luka qui chante	**le moins bien.**			– –	… am wenigsten gut/am schlechtesten.

b) Wiedergabe eines hohen Steigerungsgrads mit ***possible***:

Il faut réagir **aussi vite que possible**. … so schnell wie möglich …
Il faut répondre **le plus vite possible**. … schnellstmöglich …

§ 32 Qu'est-ce qui …?/Qu'est-ce que …?

Qu'est-ce **qui** s'est passé hier soir ? — Frage nach dem Subjekt: Was?
Was ist gestern Abend passiert?

Qu'est-ce **que** tu as fait ? — Frage nach dem direkten Objekt: Was?
Was hast du gemacht?

> **R** Mit *qu'est-ce* ***qui*** fragt man nach Sachen, die **Subjekt** des Satzes sind. („Was?").
> Mit *qu'est-ce* ***que*** fragt man nach Sachen, die **direktes Objekt** des Satzes sind („Was?").

Lautzeichen

Vokale	
[a]	ma**da**me; wie das deutsche *a*.
[e]	caf**é**, mang**er**, regard**ez**; geschlossenes *e*, etwa wie in *geben*.
[ɛ]	il **fait**, il **met**, il **est**, m**er**ci; offenes *ä*, etwa wie in *Ärger*.
[i]	**il**, qu**i**che; geschlossener als das deutsche *i*, Lippen stark spreizen.
[ɔ]	l'éc**o**le, al**o**rs; offenes *o*, offener als in *Loch*.
[ø]	**deux**, mons**ieur**; geschlossenes *ö*, etwa wie in *böse*.
[o]	phot**o**, all**ô**; geschlossenes *o*, wie in *Rose*.
[œ]	s**œu**r, n**eu**f, h**eu**re; offenes *ö*, bei kurzem Vokal etwa wie in *Röcke*.
[ə]	**le**, d**e**main; der Laut liegt zwischen [œ] und [ø], näher bei [œ].
[u]	**où**; geschlossenes *u*, etwa wie in *Ufer*.
[y]	**tu**, r**ue**; ähnlich dem deutschen *ü* in *Tüte*.

Nasalvokale	
[ɛ̃]	**un** vin, cop**ain**; nasales [ɛ]
[õ]	**on**, s**on**t, n**om**; nasales [o]
[ɑ̃]	d**an**s, je pr**en**ds; nasales [ɑ]

Die Nasalvokale haben im Deutschen keine Entsprechungen.
Beachte: un, lundi: Neben [ɛ̃] hört man in Frankreich auch [œ̃] = nasales [œ].

Konsonanten	
[f]	**f**rère; wie das deutsche *f* in *falsch*.
[v]	de**v**ant; wie das deutsche *w* in *werden*.
[s]	**s**œur, **c**'est, **ç**a, re**s**ter, invita**t**ion; stimmloses *s*, wie in *Los*; als Anlaut vor Vokal ist *s* immer stimmlos.
[z]	phra**s**e, mai**s**on, il**s** arrivent, **z**éro; stimmhaftes *s*, wie in *Esel*; zwischen zwei Vokalen ist *s* stimmhaft.
[ʒ]	**j**e, bon**j**our, ran**g**er; wie *j* in *Journalist*.
[ʃ]	je **ch**er**ch**e; stimmloses *sch*, wie in *schön*.
[ɲ]	si**gn**e; etwa wie in *Kognak*.
[ŋ]	in Wörtern aus dem Englischen, z. B. pi**ng**-pong
[ʀ]	**r**ega**r**de**r**; Zäpfchen-Reibelaut; wird auch am Wortende und vor Konsonanten deutlich ausgesprochen.

Die nicht erwähnten Konsonanten sind den deutschen sehr ähnlich. Bei [p], [b], [t], [d], [k], [g] ist jedoch darauf zu achten, dass sie ohne „Hauchlaut“ gesprochen werden.

Halbkonsonanten	
[j]	quart**i**er; weicher als das deutsche *j* in *ja*.
[w]	**ou**i, t**oi**; flüchtiger [u]-Laut, gehört zum folgenden Vokal.
[ɥ]	c**ui**sine, je s**ui**s, h**ui**t; flüchtiger [y]-Laut gehört zum folgenden Vokal.

Das Alphabet, das Buchstabieren und die Zeichensetzung

A	[a]	D	[de]	G	[ʒe]	J	[ʒi]	M	[ɛm]	P	[pe]	S	[ɛs]	V	[ve]	Y	[igʀɛk]
B	[be]	E	[ə]	H	[aʃ]	K	[ka]	N	[n]	Q	[ky]	T	[te]	W	[dubləve]	Z	[zɛd]
C	[se]	F	[ɛf]	I	[i]	L	[ɛl]	O	[o]	R	[ɛʀ]	U	[y]	X	[iks]		

Jetzt können Sie auf Französisch buchstabieren! Versuchen Sie es mal mit Ihrem Namen!

.	le point	der Punkt	,	la virgule	das Komma
?	le point d'interrogation	das Fragezeichen	:	les deux points	der Doppelpunkt
!	le point d'exclamation	das Ausrufezeichen	« »	les guillemets [legijmɛ]	die Anführungszeichen

rue Terme	s'écrit	**en deux mots.**	ar**r**iver	s'écrit	avec **deux 'r'**.
rue	s'écrit	avec **une minuscule.**	caf**é**	s'écrit	avec **'e' accent aigu**.
Terme	s'écrit	avec **une majuscule.**	tr**è**s	s'écrit	avec **'e' accent grave**.
petit**-**déjeuner	s'écrit	avec **un trait d'union.**	all**ô**	s'écrit	avec **'o' accent circonflexe**.
l'histoire	s'écrit	avec **'l' apostrophe**.	**ç**a	s'écrit	avec **'c' cédille**.

Jetzt können Sie auf Französisch sagen, wie ein Wort geschrieben wird!

Hinweise zum Vocabulaire

Das *Vocabulaire* hat **zwei Spalten** und die Einträge ähneln bis auf die Reihenfolge den Einträgen eines Wörterbuchs.
Die **linke Spalte** zeigt die neuen Lernwörter **in der Reihenfolge des Auftretens** im Buch.
In der **rechten Spalte** steht die deutsche Bedeutung des neuen französischen Lernwortes bzw. Ausdruckes.
Die Angaben unter den Einträgen helfen Ihnen beim Lernen der Vokabeln. Sie zeigen Ihnen u. a. in **Beispielsätzen** (in blau) typische Verwendungen des neuen Wortes oder sie weisen auf die **Ähnlichkeit zu anderen Sprachen** hin. Außerdem finden Sie dort weitere **Erläuterungen und Hinweise** wie zum Beispiel zur Aussprache und zur Schreibung.
In den **Infoboxen** finden Sie die Konjugation der wichtigsten Verben, Vokabelübersichten nach Themen sowie zusätzliche Informationen.

Die grauen **Fakultativ-Boxen** fassen thematischen Spezialwortschatz einer Lektion zusammen. Dieser wird nicht als Lernwortschatz vorausgesetzt.

Wichtiges **Übungsvokabular** …
finden Sie in der Übersicht **Pour faire les exercices du livre** auf Seite 238.

In der **Liste des mots** …
können Sie alle französischen Wörter nachschlagen. Sie sind dort alphabetisch aufgelistet, mit Angabe der Phonetik, der Übersetzung und des erstmaligen Erscheinens im Buch.
Dort finden Sie auch alle Namen, die im Buch auftauchen, jeweils mit einer kurzen Erläuterung.

Die **deutsch-französische** Wortliste …
führt die wichtigsten Lernwörter in alphabetischer Reihenfolge auf. Sie kann Ihnen beim Verfassen eigener französischer Texte hilfreich sein.

Neue Wörter der **Bilan-**, **Zoom-** und **Escale-Seiten** stehen nicht alle im Vokabular.
Sie sind zum Teil auf den Seiten direkt annotiert und müssen nicht gelernt werden.

Symbole und Abkürzungen

	Schreibung	*m.*	*masculin* (= maskulin)
	Aussprache	*f.*	*féminin* (= feminin)
!	Achtung!	*pl.*	*pluriel* (= Plural)
	Wortfamilie	*qc*	*quelque chose* (= etwas)
=	Hat die gleiche Bedeutung wie …	*qn*	*quelqu'un* (= jemand)
≠	Ist das Gegenteil von …	jd	jemand
F	Französisch	jdn	jemanden
D	Deutsch	jdm	jemandem
E	Englisch	etw.	etwas
I	Italienisch		
fam.	*familier* (= umgangssprachlich)		
ugs.	umgangssprachlich		

Leçon 1

Accueil

la **santé**	die Gesundheit
Est-ce que tes grands-parents sont en bonne santé ?	Geht es deinen Großeltern gesundheitlich gut?
un **ferry**	eine Fähre E ferry
un **avion**	ein Flugzeug
Tu vas en Corse en ferry ou en avion ?	Fährst du mit der Fähre oder dem Flugzeug nach Korsika?
un **train**	ein Zug E train
un **bateau**/des **bateaux** bateau**x**	ein Boot/Boote; ein Schiff/Schiffe
un **scooter** [skutœʀ]	ein Roller
un **moyen**	ein Mittel
un **moyen de transport**	ein Verkehrsmittel

Les moyens de transport

le train	le bateau
le vélo	l'avion *(m.)*
la voiture	le bus
le ferry	le scooter

une **famille** [famij] fami**ll**e	eine Familie
en famille	mit/in der Familie
Chez nous, on passe le dimanche en famille.	Bei uns verbringt man den Sonntag mit der Familie.
une **époque**	eine Epoche
à cette époque	damals/zu der Zeit
un **départ**	eine Abreise

Les vacances en France

Die Sommerferien beginnen überall in Frankreich Anfang Juli und dauern bis Anfang September. Viele französische Kinder und Jugendliche nützen in den Ferien die Angebote der *colonies de vacances*.

réveiller qn	jdn (auf)wecken
tôt *(Adv.)*	früh
Je te réveille demain à 7 heures. – Mais c'est trop tôt !	Ich wecke dich morgen um 7 Uhr. – Aber das ist zu früh!
éviter qc	etw. vermeiden I evitare
une **route** E road	eine Straße; eine Fahrt D Route
un **tour du monde**	eine Weltreise
une **valise**	ein Koffer
Tu as déjà fait ta valise ?	Hast du deinen Koffer schon gepackt?
une **capitale**	eine Hauptstadt E capital
Paris est la capitale de la France.	Paris ist die Hauptstadt von Frankreich.
européen/européenne	europäisch
Quels pays européens est-ce que tu as déjà visités ?	Welche europäischen Länder hast du schon besucht?
déprimé/déprimée	deprimiert/niedergeschlagen
pourri/pourrie *(fam.)*	mies *(ugs.)*
avoir horreur de qc/qn	etw./jdn verabscheuen/hassen
J'ai horreur des interros d'anglais !	Ich hasse Englisch-Klassenarbeiten!
un **jeu**/des **jeux** jeu**x**	ein Spiel/Spiele

Texte A : Vacances sur l'île de beauté

une **île**	eine Insel E island
On appelle la Corse aussi l'île de beauté.	Man nennt Korsika auch die Insel der Schönheit.
une **étape** F éta**p**e	eine Etappe/ein Abschnitt D Eta**pp**e
Il fait nuit.	Es ist dunkel./Es ist Nacht.
Mon petit frère a peur quand il fait nuit.	Mein kleiner Bruder hat Angst, wenn es dunkel ist.
presque	fast/beinahe
l'**horizon** *(m.)*	der Horizont
orange	orange
contraster avec qc	einen Kontrast/starken Gegensatz zu etw. bilden
un **camping** [kɑ̃piŋ]	ein Campingplatz
Qu'est-ce que tu préfères ? Des vacances dans un camping ou dans un hôtel ?	Was magst du lieber? Ferien auf einem Campingplatz oder in einem Hotel?
L'eau est bonne.	Das Wasser ist angenehm.
comme	da/weil
Comme il faisait nuit, on ne pouvait rien voir.	Da es dunkel war, konnte man nichts sehen.
ronfler	schnarchen

une/des **voix**	eine Stimme/Stimmen
E voice	I voce
un **agent de police**	ein Polizist/ Polizeibeamter
long/longue	lang
	E long
observer qn/qc	etw./jdn beobachten
	E to observe
tard *(Adv.)*	spät
	≠ tôt
un **employé**/une **employée**	ein Angestellter/eine Angestellte
monter qc	*(hier)* etw. aufstellen/ aufbauen
une **tente**	ein Zelt
	E tent
Tu m'aides à monter la tente ?	Hilfst du mir, das Zelt aufzubauen?
Nous avons dormi.	Wir haben geschlafen.
à la belle étoile	unter freiem Himmel (*une étoile:* ein Stern)
pour faire qc	um etw. zu tun
Pauline a pris des vacances pour se reposer.	Pauline hat Urlaub genommen, um sich auszuruhen.
une **randonnée**	eine Wanderung
faire de la randonnée	wandern
un **refuge**	eine Schutzhütte/ Wanderhütte
E refugee	D Refugium
un **mètre**	ein Meter
une **montagne**	ein Berg/Gebirge
	E mountain
haut/haute	hoch
Cette montagne est haute de 1200 mètres.	Dieser Berg ist 1200 Meter hoch.
un **paysage**	eine Landschaft
un pays	
parfois	manchmal
un **mouton**	ein Schaf
pendant que	während *(Konjunktion)*
nager	schwimmen
la natation	

Attention !

nager wird wie *manger* und *ranger* konjugiert.

retrouver qn	jdn treffen; wieder sehen
faire des grillades *(f., pl.)* [gʀijad]	grillen
une **paëlla**	eine Paella *(span. Reisgericht mit Fisch, Fleisch und Gemüse)*
ennuyeux/ennuyeuse	langweilig ≠ intéressant(e)

Dans la nature

nager dans la mer
regarder le paysage/l'horizon
dormir à la belle étoile
faire des randonnées dans la montagne
observer les moutons

Atelier A

un **berger**/une **bergère**	ein Hirte/eine Hirtin
un **homme**	ein Mann
	I uomo
seul/seule	allein
Eric n'a pas d'amis. Il est toujours seul.	Eric hat keine Freunde. Er ist immer allein.
un **chien**	ein Hund
l'**hiver** *(m.)*	der Winter
	≠ l'été

Texte B : En route pour la Guadeloupe !

la **RTT** *(= la réduction du temps de travail)*	Überstundenabbau
prendre ses RTT	seine Überstunden abbauen
En ce moment, je ne peux pas prendre mes RTT. J'ai trop de travail.	Momentan kann ich meine Überstunden nicht abbauen. Ich habe zu viel Arbeit.
une **langue**	eine Sprache
I lingua	E language
une **langue étrangère**	eine Fremdsprache
Combien de langues étrangères est-ce que tu parles ?	Wie viele Fremdsprachen sprichst du?
un **département**	*Verwaltungsbezirk in Frankreich*
Lyon se trouve dans le département du Rhône.	Lyon liegt im Departement Rhône.
les **DOM-TOM** *(m., pl.) (les départements et territoires d'outre-mer)*	die Überseeprovinzen
un **rêve**	ein Traum
Mon rêve, c'est de faire un voyage en Afrique.	Mein Traum ist es, eine Reise nach Afrika zu machen.
une **offre**	ein Angebot
	I offerta
une **offre promotionnelle**	ein Sonderangebot

un **vol**	ein Flug
Ce vol est très cher. Il n'y a pas d'offres promotionnelles ?	Dieser Flug ist sehr teuer. Gibt es keine Sonderangebote?
le **temps**	das Wetter
Quel temps pourri !	Was für ein mieses Wetter!
Il pleut. (*Infinitiv:* pleuvoir)	Es regnet. I piovere
un **orage**	ein Gewitter
le **vent**	der Wind
Il fait quel temps ? – Il y a beaucoup de vent.	Wie ist das Wetter? – Es ist sehr windig.
Il fait très beau.	Es ist sehr schönes Wetter.
chaud/chaude	warm/heiß I caldo
Il ne fait pas trop chaud.	Es ist nicht zu warm/heiß.
un **degré**	ein Grad
degré	E degree
un **aller-retour**	eine Hin- und Rückfahrt; ein Hin- und Rückflug
un **aéroport** E airport	ein Flughafen I aeroporto
un **billet**	eine Fahrkarte; ein Flugticket
Je voudrais un billet aller-retour pour Strasbourg.	Ich hätte gerne eine Rückfahrkarte nach Straßburg.
un **passeport**	ein (Reise)Pass
F passeport	E passport
le **bagage**	das Gepäck E baggage
une **main**	eine Hand I mano
le **bagage à mains**	das Handgepäck(stück)
dépasser (qc)	(etw.) überschreiten; (Frist) ablaufen
un **poids**	ein Gewicht
le **poids autorisé**	das zulässige Gewicht
Votre bagage dépasse le poids autorisé.	Ihr Gepäck überschreitet das zulässige Gewicht.
une **fenêtre**	ein Fenster I finestra
un **couloir**	ein Gang/Flur
avoir raison	Recht haben I avere ragione
une **vue**	eine Aussicht E view
magnifique	herrlich/wunderschön
un **nuage**	eine Wolke I nube

une **carte d'embarquement** (*m.*)	eine Bordkarte E boarding-card
des **horaires** (*m., pl.*) I orario	ein Fahrplan; *(hier)* (Start)Zeiten
un **prospectus**	ein Prospekt

Les vacances

regarder des prospectus réserver un vol faire sa valise	ne pas oublier le passeport et les billets trouver un camping monter une tente

s'inscrire	sich einschreiben

Attention !

S'inscrire wird wie *écrire* konjugiert.

la **pluie**	der Regen
Il pleut.	

Atelier B

la **protection**	der Schutz E protection
une **tortue**	eine Schildkröte E turtle
mauvais/mauvaise	schlecht ≠ bon/bonne
Il fait mauvais.	Es ist schlechtes Wetter. ≠ Il fait beau.
froid/froide ≠ chaud/chaude	kalt I fredo
Il neige. (*Infinitiv:* neiger)	Es schneit. I neve
une **température**	eine Temperatur
Ce matin, la température est de 18 degrés.	Heute Morgen beträgt die Temperatur 18 Grad.
la **météo**	der Wetterbericht; das Wetter
Tu as écouté la météo ? – Oui. Demain, il va neiger.	Hast du den Wetterbericht gehört? – Ja, morgen wird es schneien.
un **dessin**	eine Zeichnung I desegno
au premier plan	im Vordergrund
un **centre**	ein Mittelpunkt/Zentrum
au centre	im Mittelpunkt
à l'arrière-plan (*m.*)	im Hintergrund
un/une **photographe**	ein Fotograf/eine Fotografin

un **dessinateur**/une **dessinatrice**	ein Zeichner/eine Zeichnerin
un dessin	
critiquer qc	etw. kritisieren E to criticize

Leçon 2

Accueil

une **école**	eine Schule I scuola
un **jardin**	ein Garten I giardino
un **jardin d'enfants**	ein Kindergarten
une **école primaire**	eine Grundschule
A six ans, les enfants vont à l'école primaire.	Mit sechs Jahren gehen die Kinder in die Grundschule.
une **école maternelle**	eine Vorschule
un **système**	ein System
une **crèche**	eine (Kinder)Krippe

Les enfants en France

Eltern können für ihre Kinder ab 3 Monaten das Betreuungsangebot der *crèche* nutzen. Im Alter von 3 bis 6 Jahren gehen die Kinder in die *école maternelle*. Mit der *école primaire* beginnt in Frankreich die Schulpflicht. Kinder im Alter von 6–11 Jahren besuchen diese Einrichtung.

jeune	jung
une **formation**	eine Ausbildung
devenir	werden

Attention !

devenir wird wie *venir* konjugiert.

une **puéricultrice**	eine Kinderpflegerin
Nadja veut faire une formation de puéricultrice.	Nadja möchte eine Ausbildung zur Kinderpflegerin machen.
une **mairie**	eine Stadtverwaltung; ein Rathaus
partir	weggehen/aufbrechen
le départ	≠ arriver

Le verbe partir

je pars	nous partons
tu pars	vous partez
il/elle/on part	ils/elles partent
p. c. : je suis parti(e)	

se connecter à/sur	sich einloggen in
Après l'école, Eric se connecte sur Facebook pour chatter avec ses copains.	Nach der Schule loggt sich Eric in Facebook ein, um mit seinen Freunden zu chatten.
sortir (de qc) ≠ entrer (dans qc)	(aus etw.) hinausgehen/kommen; ausgehen
tout juste	gerade
venir chercher qn	jdn abholen
Tu viens me chercher ce soir ?	Holst du mich heute Abend ab?
dormir	schlafen
Le dimanche, je dors jusqu'à midi.	Sonntags schlafe ich bis Mittag.

Attention !

Dormir und *sortir* werden wie *partir* konjugiert.

mal	schlecht *(Adv.)*
Je me sens mal.	Ich fühle mich schlecht.
une **larme**	eine Träne I lacrima
en larmes	in Tränen (aufgelöst)
Paul ne va pas bien en ce moment. Hier, il était en larmes.	Paul geht es im Moment nicht gut. Gestern war er in Tränen aufgelöst.

Texte A : 1, 2, 3, je mets un doigt…

un **doigt** [dwa]	ein Finger
âgé/âgée de… ans l'âge	im Alter von … Jahren/… Jahre alt
savoir	wissen; kennen
Tu viens ce soir ? – Je ne sais pas encore.	Kommst du heute Abend? – Ich weiß noch nicht.

Le verbe savoir

je sais	nous savons
tu sais	vous savez
il/elle/on sait	ils/elles savent
p. c. : j'ai **su**	

savoir faire qc	etw. tun können *(wissen, wie es geht)*
Marine est âgée de cinq ans et elle sait déjà lire et écrire.	Marine ist fünf Jahre alt und sie kann schon lesen und schreiben.
tomber	fallen
pleurer	weinen
Pourquoi est-ce que tu pleures ?	Warum weinst du?

amener qn à/chez	jdn bringen nach/zu/in
A 8 heures, madame Séguret amène ses enfants à la crèche.	Um 8 Uhr bringt Frau Séguret ihre Kinder in die Krippe.

Le verbe amener

j'amène	nous amenons
tu amènes	vous amenez
il/elle/on amène	ils/elles amènent
p. c. : j'ai amené	

faire des bisous à qn	jdm Küsschen geben
consoler qn	jdn trösten I consolare
Tanja **voudrait** passer une semaine dans une école maternelle.	Tanja möchte gerne eine Woche in einer Vorschule verbringen.
comparer qc/qn à qc/qn E comparison	eine Sache/jdn mit einer anderen Sache/jdm vergleichen
une **réponse**	eine Antwort ≠ une question
faire la connaissance de qn	jdn kennen lernen
Où est-ce que tu as fait sa connaissance ?	Wo hast du ihn kennen gelernt?
un **maître**/une **maîtresse** E mistress	ein (Grundschul)Lehrer/eine (Grundschul) Lehrerin
un **rituel** F rituel	ein Ritual D Ritual
emmener qn à	jdn mitnehmen/bringen zu/in

Attention !

Emmener wird wie *amener* konjugiert.

les **toilettes** *(f., pl.)*	die Toilette
! aller aux toilettes	auf die Toilette gehen
un **bruit**	ein Geräusch/Lärm
Les enfants de mon voisin font beaucoup de bruit.	Die Kinder meines Nachbarn machen viel Lärm.
une **bouche**	ein Mund I bocca
un **rang**	eine Reihe/ein Rang
se mettre en rang	sich in einer Reihe aufstellen
une **activité** E activity	eine Aktivität; eine Tätigkeit
le **goût** goûter	der Geschmack I gusto
l'**écriture** *(f.)* écrire	die Schrift; *(hier)* das Schreiben
ensuite	danach/anschließend
une **récréation** *(fam.:* une **récré**)	eine Pause *(in der Schule/im Kindergarten)*
A la récréation, les élèves vont dans la cour.	In der Pause gehen die Schüler in den Hof.
une **quantité**	eine Menge
un **nombre**	eine Zahl/Nummer E number
aller voir qn	jdn besuchen; *(hier)* zu jdm gehen
s'appeler	heißen

Le verbe s'appeler

je m'appelle	nous nous appelons
tu t'appelles	vous vous appelez
il/elle/on s'appelle	ils/elles s'appellent

ressembler à qc/qn	etw./jdm ähneln
Luc ressemble beaucoup à sa mère.	Luc ähnelt seiner Mutter sehr.

⟨A l'école maternelle⟩

les métiers :
une assistante-maternelle
une aide-maternelle

les groupes :
petite section : les enfants de 2 à 3 ans
moyenne section : les enfants de 3 à 4 ans
grande section : les enfants de 5 à 6 ans

Atelier A

un **quart d'heure**	eine Viertelstunde

Texte B : Histoires de familles…

se retrouver	sich treffen
On se retrouve à quelle heure ?	Um wie viel Uhr treffen wir uns?
intelligent/intelligente	intelligent
se séparer	sich trennen E to separate
élever qn	jdn großziehen/erziehen

Attention !

élever wird wie *amener* konjugiert.

s'arrêter	aufhören; *(hier)* aufhören, zu arbeiten
Florence travaille encore ? – Non, elle s'est arrêtée.	Arbeitet Florence noch? – Nein, sie hat aufgehört.

une **naissance**	eine Geburt
être né(e)	
une **séparation**	eine Trennung
se séparer	
recommencer à faire qc	wieder anfangen, etw. zu tun
travailler à plein temps	ganztags/Vollzeit arbeiten
Comme Lucie élève seule sa fille, elle ne peut pas travailler à plein temps.	Da Lucie ihre Tochter alleine erzieht, kann sie nicht ganztags arbeiten.
un **fils**/une **fille**	ein Sohn/eine Tochter
[fis/fij]	I figlio, figlia
manquer à qn	jdm fehlen
une **famille monoparentale**	eine Familie mit nur einem Elternteil
une **situation**	eine Situation
divorcer	sich scheiden lassen E to divorce
un **mariage**	eine Ehe; eine Hochzeit E marriage
une **femme**	eine Frau/Ehefrau
Depuis notre séparation, ma femme me manque beaucoup.	Seit unserer Trennung fehlt mir meine Frau sehr.
avoir la garde de qn	das Sorgerecht für jdn haben
se marier avec qn	jdn heiraten E to marry
Paul et Lisa vont **se** ! marier dans deux semaines.	Paul und Lisa werden in zwei Wochen heiraten.
une **famille recomposée**	eine Patchworkfamilie
accepter qn/qc E to accept	jdn/etw. akzeptieren/ annehmen
un **beau-père**/ une **belle-mère**	ein Stiefvater; ein Schwiegervater/ eine Stiefmutter; eine Schwiegermutter
se disputer (avec qn)	sich (mit jdm) streiten
Je n'ai pas envie de me disputer avec toi.	Ich habe keine Lust, mich mit dir zu streiten.
un **demi-frère**/ une **demi-sœur**	ein Halbbruder/ eine Halbschwester
C'est au tour de qn de faire qc.	Jd ist an der Reihe, etw. zu tun.
C'est à ton tour de faire les courses !	Du bist an der Reihe einzukaufen!
se remarier (avec qn)	wieder heiraten
un **divorce**	eine Scheidung
divorcer	
pas question de faire qc	es kommt überhaupt nicht in Frage, etw. zu tun

traditionnel/ traditionnelle	traditionell
F traditio**nn**el	D traditione**ll**
arriver à faire qc	es schaffen, etw. zu tun
un **compromis**	ein Kompromiss
F comprom**is**	D Kompromi**ss**
Après deux heures, nous sommes enfin arrivés à trouver un compromis.	Nach zwei Stunden haben wir es endlich geschafft, einen Kompromiss zu finden.
se pacser	in einem eheähnlichen Verhältnis leben *(le Pacs: Pacte Civil de Solidarité: eheähnliche Lebensgemeinschaft)*
célibataire	ledig/unverheiratet ≠ être marié/e
pas grand-chose	nicht viel
Qu'est-ce que tu as fait ce week-end ? – Pas grand-chose.	Was hast du am Wochenende gemacht? – Nicht viel.

Atelier B

un **couple**	ein Paar E couple
une **soirée**	ein Abend
un soir	
des **frères et sœurs**	Geschwister E brothers and sisters
Tu as des frères et sœurs ?	Hast du Geschwister?
un **mari**	ein Ehemann
se marier avec	
un **grand-père**	ein Großvater
une **grand-mère**	eine Großmutter

La famille

les grands-parents	
le père	la mère
le beau-père	la belle-mère
le frère	la sœur
le beau-frère	la belle-sœur
l'onlce	la tante
le cousin	la cousine

Leçon 3

Accueil

un **agriculteur**/ une **agricultrice**	ein Landwirt/ eine Landwirtin

Attention !

Wörter, die im Maskulinum auf „**-teur**“ enden, bilden das Femininum mit „**-trice**“:
un animateur – une animatrice
un dessinateur – une dessinatrice
un agriculteur – une agricultrice
un consommateur – une consommatrice

l'**élevage** *(m.)*	die Viehzucht
élever qn	
les **céréales** *(f., pl.)*	das Getreide
le **blé**	der Weizen
le **maïs**	der Mais
! maïs [mais]	
une **vigne**	ein Weinstock
des **vignes**	ein Weinberg
une **betterave sucrière**	eine Zuckerrübe
cultiver qc	etw. anbauen
Beaucoup d'agriculteurs de notre région cultivent du blé.	Viele Landwirte aus unserer Region bauen Weizen an.
technologique	technisch
un **exposé**	ein Referat
une **ferme**	ein Bauernhof E farm
une **surface**	eine (Ober)Fläche E surface
occuper qc	etw. einnehmen
une **part**	ein Teil; ein Anteil
un **territoire** E territory	ein Territorium/ (Staats)Gebiet
le **nord**	der Norden
La Picardie se trouve dans le nord de la France.	Die Picardie liegt im Norden Frankreichs.
le **sud**	der Süden
l'**est** *(m.)*	der Osten
l'**ouest** *(m.)*	der Westen
un **producteur**/ une **productrice**	ein Erzeuger/ eine Erzeugerin; ein Hersteller/ eine Herstellerin
le **sucre** E sugar	der Zucker I zucchero
Voilà ton café. Tu prends du sucre ?	Hier ist dein Kaffee. Nimmst du Zucker?
laitier/laitière	Milch-
La France est un producteur important de produits laitiers.	Frankreich ist ein wichtiger Erzeuger von Milchprodukten.
un **rôle**	eine Rolle
! F **un** rôle	D **eine** Rolle
un **pour cent**	ein Prozent
une **population**	eine Bevölkerung E population
la **population active**	die Erwerbstätigen/ Berufstätigen
3,5% de la population active travaille dans l'agriculture.	3,5% der Erwerbstätigen arbeiten in der Landwirtschaft.
total/totale	Gesamt-
en particulier	gesondert; besonders E in particular
des **cultures** *(f., pl.)*	(Gemüse)Kulturen; Felder

Texte A : Bac pro ... et Québec !

un **bac pro(fessionnel)**	ein Fachabitur
venir de faire qc	gerade etw. getan haben
Fred vient de terminer sa formation.	Fred hat gerade seine Ausbildung beendet.
une **étable**	ein Kuhstall E stable
général/générale/ généraux/générales	allgemein E general
ennuyer qn	jdn langweilen
ennuyeux	
Tu m'ennuies avec tes histoires !	Du langweilst mich mit deinen Geschichten.
sans doute	wahrscheinlich
se passionner pour qc	sich für etw. begeistern E passion
une **vache**	eine Kuh I vacca
la **4**ᵉ *(= la quatrième)*	*entspricht der 8. Klasse*
Nicolas est en 4ᵉ.	Nicolas ist in der 8. Klasse.
une **vie**	ein Leben I vita
un **internat**	ein Internat
un **développement**	eine Entwicklung
le **développement durable**	die nachhaltige Entwicklung
les **déchets** *(m., pl.)*	der Müll/Abfall
le **tri des déchets**	die Mülltrennung
biologique *(fam.: bio)*	biologisch
L'agriculture bio a beaucoup de succès en Europe.	Die biologische Landwirtschaft hat viel Erfolg in Europa.

passer son permis	seinen Führerschein machen
un **tracteur**	ein Traktor
Pour pouvoir rouler en tracteur, il faut passer un permis.	Um Traktor fahren zu können, muss man einen Führerschein machen.

L'agriculture

un agriculteur	cultiver du blé
une agricultrice	du maïs
une ferme	des betteraves sucrières
un tracteur	des céréales
élever des vaches	
des moutons	

rêver de faire qc	davon träumen, etw. zu tun
un rêve	
reprendre qc	etw. übernehmen
avant	vorher/davor ≠ après
une **exploitation**	ein (landwirtschaftlicher) Betrieb
l'**énergie** *(f.)*	die Energie E energy
renouvelable	erneuerbar
nouveau	
Léa fait un exposé sur les énergies renouvelables.	Léa hält ein Referat über die erneuerbaren Energien.
le **retour**	die Rückkehr
retourner	
une **chose**	eine Sache I cosa
changer E to change	sich verändern
Tu as beaucoup changé.	Du hast dich sehr verändert.
attirer qn/qc	jdn/etw. anziehen E to attract
la **campagne**	das Land *(im Gegensatz zur Stadt)*
≠ la ville	I campagna
en plus de qc	zusätzlich zu etw./neben etw.
En plus de son travail d'agriculteur, Yann fait encore des études.	Zusätzlich zu seiner Arbeit als Landwirt studiert Yann noch.
un **gîte**	eine Ferienunterkunft
mettre du beurre dans les épinards	sich ein nettes Zubrot verdienen *(les épinards: der Spinat)*
moderniser qc	etw. modernisieren
coûter	kosten
Ça coûte combien ?	Wie viel kostet das?

⟨Fruits et légumes⟩

une pêche	ein Pfirsich
une pomme	ein Apfel
un oignon	eine Zwiebel
un poireau	eine Stange Lauch
un navet	eine weiße Rübe/Mairübe
une poire	eine Birne
un chou	ein Kohl(kopf)
une tomate	eine Tomate
une carotte	eine Karotte

⟨Fruits, légumes et locutions⟩

avoir la pêche	in Form sein
tomber dans les pommes	ohnmächtig werden
Ce ne sont pas tes oignons !	Das geht dich nichts an!
faire le poireau	herumstehen „wie bestellt und nicht abgeholt"
un navet	ein Schundfilm
couper la poire en deux	halbe-halbe machen
Les carottes sont cuites.	Es ist nichts mehr zu machen.
C'est bête comme chou.	Das ist ein Kinderspiel/kinderleicht.

Atelier A

un **contraire** I contrario	ein Gegenteil E contrary
« Vieux » est le contraire de « jeune ».	„Alt" ist das Gegenteil von „jung".

Texte B : Ferme, gîte et économies d'énergie !

les **économies** *(f., pl.)*	die Ersparnisse/das Sparen
emménager	einziehen
un **hectare**	ein Hektar
garder qn/qc	jdn/etw. behalten
Je vais garder mon vieux manteau.	Ich werde meinen alten Mantel behalten.
un **ouvrier**/une **ouvrière**	ein Arbeiter/eine Arbeiterin
même si	auch wenn/selbst wenn
Je l'aime bien, ma sœur, même si elle me stresse souvent !	Ich mag meine Schwester gerne, auch wenn sie mich oft stresst.

être d'accord avec qn	jdm zustimmen
Tu as raison. Je suis d'accord avec toi.	Du hast Recht. Ich stimme dir zu.
un **conseil**	ein Rat(schlag)
	I consiglio
rappeler qc à qn	jdn an etw. erinnern
J'appelle pour te rappeler notre rendez-vous demain.	Ich rufe an, um dich an unser Treffen morgen zu erinnern.
un **début**	ein Anfang
	≠ une fin
au début	am Anfang
difficile	schwierig
E difficult	≠ facile
Au début, ma vie à la ferme était difficile.	Am Anfang war mein Leben auf dem Bauernhof schwierig.
refuser qc	etw. ablehnen
≠ accepter qc	E to refuse
une **expérience**	eine Erfahrung
	E experience
la **confiance**	das Vertrauen
	E confidence
faire confiance à qn	jdn vertrauen
Je ne peux plus lui faire confiance.	Ich kann ihm nicht mehr vertrauen.
un **argument**	ein Argument
rentable	rentabel/Gewinn bringend
F renta**ble**	D renta**bel**
être en train de faire qc	gerade etw. tun/dabei sein etw. zu tun
Tu peux m'aider ? – Non, je suis en train de faire mes devoirs.	Kannst du mir helfen? – Nein, ich mache gerade meine Hausaufgaben.
la **construction**	die Konstruktion/der Bau
loger qn	jdn unterbringen
Mon appartement est grand. Je peux loger cinq personnes sans problème.	Meine Wohnung ist groß. Ich kann ohne Problem fünf Personen unterbringen.
une **maison passive**	ein Passivhaus
La construction d'une maison passive est rentable.	Der Bau eines Passivhauses ist rentabel.
c'est-à-dire	das heißt
	I vuoi dire
un **chauffage**	eine Heizung
chaud	
Le chauffage ne marche plus.	Die Heizung funktioniert nicht mehr.
faire des économies *(f., pl.)*	sparen

l'**électricité** *(f.)*	der Strom
	E electricity
indépendant/ indépendante	unabhängig
	E independent
Fabrice n'a pas de copine. Il veut être indépendant.	Fabrice hat keine Freundin. Er möchte unabhängig sein.
c'est pourquoi	deshalb
réparer qc	etw. reparieren
F r**é**parer	
un **moulin**	eine Mühle
	I mulino
solaire	Sonnen-/Solar-
un **panneau solaire**	ein Solarzellenpanel
J'ai installé des panneaux solaires pour faire des économies d'énergie.	Ich habe Solarzellenpanele aufgestellt, um Energie zu sparen.

La protection de la nature

un panneau solaire	les économies *(f.)* d'énergie
un moulin à eau	le développement durable
une maison passive	le tri des déchets *(m.)*
l'énergie *(f.)* renouvelable	

le **fioul**	das (Heiz)Öl
	E fuel
la **pollution**	die Umwelt-verschmutzung
E pollution	
un **crédit**	ein Kredit
prendre un crédit	einen Kredit aufnehmen
Mon père a pris un crédit.	Mein Vater hat einen Kredit aufgenommen.
risqué/risquée	riskant
Ton projet est trop risqué.	Dein Plan ist zu riskant.
stable	stabil
à court/long terme	kurzfristig/langfristig
un **investissement**	eine Investition
	E investment

Atelier B

un **épi**	eine Ähre; *(hier) Symbol für klassifizierte Unterkünfte*

Les gîtes en France

Was für ein Hotel der Stern, ist für ein *gîte* die Ähre. Die Klassifizierung reicht von einer Ähre bis fünf Ähren. Mindestens einmal in fünf Jahren wird jede Unterkunft neu bewertet.

Leçon 4

Accueil

le **chocolat**	die Schokolade
! F **le** chocolat	D **die** Schokolade
une **arrivée**	eine Ankunft
arriver	≠ un départ
la **fabrication**	die Herstellung
La Suisse est connue pour la fabrication de chocolat.	Die Schweiz ist bekannt für die Herstellung von Schokolade.
le **cacao**	der Kakao
[kakao]	
une **fève**	eine (Kakao)Bohne
une **tablette de chocolat**	eine Tafel Schokolade
la **production**	die Produktion
un **effet**	eine Wirkung/ein Effekt
positif/positive	positiv
Le chocolat peut avoir un effet positif sur votre santé.	Schokolade kann eine positive Wirkung auf Ihre Gesundheit haben.
consommer qc	etw. verbrauchen/konsumieren
un consommateur	E to consume
consommer avec modération	in Maßen/maßvoll essen/trinken
Mes enfants adorent le chocolat, mais ils en consomment avec modération.	Meine Kinder lieben Schokolade, aber sie essen sie in Maßen.
tout au long de l'année	das ganze Jahr lang/über
Noël *(m.)*	Weihnachten
J'ai trouvé un super cadeau de Noël pour mon frère.	Ich habe ein super Weihnachtsgeschenk für meinen Bruder gefunden.

Noël en France

Die Weihnachtsgeschenke bekommt man in Frankreich erst am 25. Dezember.

Pâques *(f., pl.)*	Ostern
Qu'est-ce que tu fais à Pâques ?	Was machst du an Ostern?

Pâques en France

In Frankreich bringt der Osterhase keine Schokoladeneier sondern Schokoladenglocken.

un **calendrier**	ein Kalender
Vous avez le temps mercredi soir ? – Attendez, je dois regarder dans mon calendrier.	Haben Sie am Mittwoch Abend Zeit? – Warten Sie, ich muss in meinen Kalender schauen.
un **salon**	eine Messe
Le Salon du Chocolat à Paris ouvre ses portes du 29 octobre au 2 novembre.	Die Schokoladenmesse in Paris öffnet ihre Türen vom 29. Oktober bis zum 2. November.
être **gourmand/gourmande**	eine Naschkatze sein
gros/grosse	dick; *(hier)* groß
Tu me trouves trop grosses ?	Findest du mich zu dick?
au chocolat	Schokoladen-
J'adore la glace au chocolat.	Ich liebe Schokoladeneis.
la **chantilly**	die Schlagsahne
[ʃɑ̃tiji]	
une **pomme**	ein Apfel
Tu veux un peu de chantilly avec ton gâteau aux pommes ?	Möchtest du ein bisschen Sahne zu deinem Apfelkuchen?
riche (en)	reich (an)
	E rich
une **calorie**	eine Kalorie
Les desserts de ma grand-mère sont délicieux, mais riches en calories.	Die Nachtische meiner Großmutter sind köstlich, aber kalorienreich.
sain/saine	gesund
la santé	
un **carré de chocolat**	ein Stück Schokolade

Texte A : Interview 100 % cacao

dedans	hinein
le **meilleur...**/ la **meilleure...**	der/die/das beste
Philippe est le meilleur copain de Victor.	Philippe ist der beste Freund von Victor.
le **CAP** (certificat d'aptitude professionnelle)	*berufsqualifizierender Abschluss*

Le CAP

Es gibt in den Sektoren Industrie, Wirtschaft und Dienstleistung ungefähr 200 Bereiche, auf die man sich im CAP spezialisieren kann. Die Prüfung kann man nach zwei Jahren als Schüler an einer berufsbildenden Schule *(lycée professionnel)* oder als Auszubildender in Berufsschule und Betrieb ablegen.

un **métier**	ein Beruf
Chocolatier est un métier qui me passionne.	Chocolatier ist ein Beruf, der mich begeistert.
créer qc	etw. schaffen; gründen
	E to create
une **SARL** *(= société à responsabilité limitée)*	eine GmbH
il y a	vor *(zeitlich)*
Il y a 10 ans, Pascal a créé une SARL.	Vor 10 Jahren hat Pascal eine GmbH gegründet.
choisir qc	etw. wählen/aussuchen
un choix	

Le verbe choisir

je choisi**s**	nous choisi**ss**ons
tu choisi**s**	vous choisi**ss**ez
il/elle/on choisi**t**	ils/elles choisi**ss**ent
p. c. : j'ai choisi	

réfléchir (à qc)	überlegen/(über etw.) nachdenken
E to reflect	D reflektieren
Est-ce que vous avez déjà réfléchi à mon offre ?	Haben Sie schon über mein Angebot nachgedacht?
un **emballage**	eine Verpackung
Ce nouvel emballage va avoir beaucoup de succès.	Diese neue Verpackung wird viel Erfolg haben.
finir qc	etw. beenden/fertig machen; aufessen; austrinken
I finire	
E to finish	
Luc finit toujours sa journée par un exercice de yoga.	Luc beendet seinen Tag immer mit einer Yogaübung.
une **vente**	ein Verkauf
augmenter de	steigen/wachsen um
En 2010, nos ventes ont augmenté de 2 %.	2010 sind unsere Verkäufe um 2 % gestiegen.
classique	klassisch
un **aspect**	ein Aspekt
[aspɛ]	
un **jour férié**	ein Feiertag
Ouvert de 9 à 17 heures, sauf dimanche et jours fériés.	Geöffnet von 9 bis 17 Uhr, außer Sonn- und Feiertage.
une **concurrence**	eine Konkurrenz
Notre chef observe les activités de la concurrence.	Unser Chef beobachtet die Aktivitäten der Konkurrenz.
certain/certaine	bestimmter/bestimmte/bestimmtes
E certain	
remplacer qc	etw. ersetzen
une place	E to replace
une **gamme**	eine (Produkt)Palette
Avec notre gamme de produits, nous voulons surtout attirer un public jeune.	Mit unserer Produktpalette möchten wir vor allem ein junges Publikum ansprechen.
Ça n'a rien à voir avec…	Das hat nichts zu tun mit …
la **provenance**	die Herkunft
une **matière première**	ein Rohstoff
un **amateur**/une **amatrice de qc**	ein Liebhaber/eine Liebhaberin von etw.
aimer	
la **main d'œuvre**	die Arbeitskräfte
Beaucoup d'entreprises vont en Asie parce que là-bas, la main d'œuvre est moins chère.	Viele Unternehmen gehen nach Asien, weil dort die Arbeitskräfte billiger sind.
exploiter qn	jdn ausbeuten
	E to exploit
investir dans qc	in etw. investieren
un investissement	
soutenir qc	etw. unterstützen/sich für etw. einsetzen
garantir qc	etw. garantieren
Les investissements à long terme garantissent le succès d'une entreprise.	Langfristige Investitionen garantieren den Erfolg eines Unternehmens.

Attention !

réfléchir, finir, investir und *garantir* werden wie *choisir* konjugiert.

correct/correcte	korrekt
« Consommer » s'écrit avec deux « m » ? – Oui, c'est correct.	„Consommer" schreibt sich mit zwei „m"? – Ja, das ist korrekt.
local/locale/locaux/locales	örtlich

Quand on est responsable d'une entreprise

créer une SARL
investir dans la gamme des produits
augmenter les ventes
observer la concurrence
améliorer les emballages
soutenir la main d'œuvre locale
garantir des salaires corrects

Atelier A

une **machine**	eine Maschine

Texte B : De la fève de cacao à la tablette de chocolat

un **arbre**	ein Baum
principal/principale/ principaux/principales	Haupt-/wichtigste(r, s)
un **exportateur**/ une **exportatrice**	ein Exporteur/ eine Exporteurin; ein Exportland
La Côte d'Ivoire est un des principaux exportateurs de cacao.	Die Elfenbeinküste ist einer der Haupt-exporteure von Kakao.
à la main	mit der Hand
Quand ma grand-mère était jeune, elle devait laver ses vêtements à la main.	Als meine Großmutter jung war, musste sie ihre Kleider mit der Hand waschen.
un **endroit**	ein Ort/eine Stelle
J'ai rencontré Laure pour la première fois à cet endroit.	An diesem Ort habe ich Laure zum ersten Mal getroffen.
sec/sèche	trocken I secco
ce qui	was *(Relativpronomen, Subjekt)*
Je veux savoir ce qui t'intéresse.	Ich möchte wissen, was dich interessiert.
le **parfum**	der Duft; das Aroma
un **importateur**/ une **importatrice**	ein Importeur/ eine Importeurin; ein Importland
une **usine**	eine Fabrik
En 1819, le Suisse Cailler a créé la première usine de chocolat.	1819 hat der Schweizer Cailler die erste Schokoladenfabrik gegründet.
ce que	was *(Relativpronomen, Objekt)*
Je ne comprends pas ce que tu veux dire.	Ich verstehe nicht, was du sagen willst.
un **Hollandais**/ une **Hollandaise**	ein Holländer/ eine Holländerin
un **siècle**	ein Jahrhundert
Au 16e siècle, les Espagnols ont apporté le cacao en Europe.	Im 16. Jahrhundert haben die Spanier den Kakao nach Europa gebracht.
un **moule**	eine Form
une **tonne**	eine Tonne
un **tiers**	ein Drittel
la **consommation** consommer	der Konsum/Verbrauch/ Verzehr

La formation des mots

consommer	la consommation le consommateur/la consommatrice
exporter	l'exportation *(f.)* l'exportateur *(m.)*/l'exportatrice *(f.)*
importer	l'importation *(f.)* l'importateur *(m.)*/l'importatrice *(f.)*
investir	l'investissement *(m.)* l'investisseur *(m.)*
créer	la création le créateur/la créatrice
fabriquer/	la fabrication le fabricant
exploiter	l'exploitation *(f.)* l'exploiteur *(m.)*
planter	la plantation le planteur

baisser	sinken
Pendant les soldes, les prix baissent.	Während des Schlussverkaufs sinken die Preise.
la **moyenne**	der Durchschnitt
en moyenne	im Durchschnitt
un/une **adulte**	ein Erwachsener/ eine Erwachsene
Un adulte consomme en moyenne 4g de chocolat par jour.	Ein Erwachsener konsumiert im Durchschnitt 4g Schokolade am Tag.
plus de… que	mehr als
un **habitant**/ une **habitante** habiter	ein Einwohner/ eine Einwohnerin
A Berlin, il y a plus d'habitants qu'à Munich.	In Berlin gibt es mehr Einwohner als in München.

Atelier B

une **statistique**	eine Statistik
un **graphique**	eine Graphik
un **diagramme**	ein Diagramm
d'après qn/qc	nach/gemäß jdm/etw.
D'après un sondage de 2008, 45% des Français consomment du chocolat.	Nach einer Umfrage von 2008 konsumieren 45% der Franzosen Schokolade.

la **moitié (de)**	die Hälfte (von)

Les quantités

la moitié de la classe	die Hälfte der Klasse
un tiers de la population	ein Drittel der Bevölkerung
un quart des voyageurs	ein Viertel der Urlauber

la **plupart des**	die meisten
La plupart des Français passent leurs vacances en France.	Die meisten Franzosen verbringen ihre Ferien in Frankreich.
la **majorité (des)**	die Mehrheit (von)
Aujourd'hui, la majorité des jeunes ont un portable.	Heute hat die Mehrheit der Jugendlichen ein Handy.
la **minorité (des)**	die Minderheit (von)
les **données** *(f., pl.)*	die Daten/Angaben
égal/égale (à)	gleich (wie)
un **pourcentage**	ein Prozentsatz
diminuer (de)	abnehmen (um)/ zurückgehen (um)
= baisser	≠ augmenter
Le pourcentage des gens qui n'ont pas de portable a diminué.	Der Prozentsatz der Leute, die kein Handy haben, hat abgenommen.
une **hausse**	ein Anstieg
être en hausse	steigen
une **baisse**	ein Rückgang
être en baisse	zurückgehen/sinken
Les salaires sont en baisse dans l'Union européenne.	Die Löhne in der EU sinken.
une **augmentation**	eine Zunahme/ein Anstieg/eine Steigerung
faible	schwach
un **thème**	ein Thema E theme
un **tableau**/des **tableaux**	eine Tafel/Tafeln;
des tableau**x**	eine Tabelle/Tabellen
En cours, est-ce que tu aimes écrire au tableau ?	Schreibst du im Unterricht gerne an die Tafel?
annoncer qc	etw. ankündigen
une annonce	E to announce
un **plan**	*(hier)* eine Gliederung/ Aufbau
Voilà le plan de mon exposé.	Hier ist die Gliederung meines Referates.
une **partie**	ein Teil E part
un **titre**	ein Titel E title
signifier qc	etw. bedeuten/heißen
E to signify	I significare

une **feuille**	ein Blatt
Est-ce que tu peux me donner une feuille de papier, s'il te plaît ?	Kannst du mir bitte ein Blatt Papier geben?
une **affiche**	ein Plakat/Poster
un **transparent**	eine Folie

⟨Tout autour du chocolat⟩

un/une Aztèque	ein Azteke/eine Aztekin
un chocolatier	ein Schokoladenhersteller
un chocolatier-confiseur	ein Hersteller von Süßigkeiten aus Schokolade und anderen Zutaten
une chocolaterie	eine Schokoladenfabrik
une plantation	eine Plantage
un cacaoyer	ein Kakaobaum
une cabosse	Kakaoschote
retirer qc	etw. herausnehmen
le séchage	das Trocknen
la torréfaction	das Rösten
la pâte de cacao	die Kakaomasse
presser qc	etw. pressen
la conservation	das Konservieren
une matière grasse végétale	ein pflanzliches Fett
une barre chocolatée	ein Schokoladenriegel

Leçon 5

Accueil

un **créateur**/une **créatrice d'entreprise**	ein Firmengründer/ eine Firmengründerin
créer	
un **exposant**/ une **exposante**	ein Aussteller/ eine Ausstellerin
une exposition	
être à l'écoute de qn	für jdn da sein/ein offenes Ohr für jdn haben
Si tu as besoin d'un conseil, je suis à ton écoute.	Wenn du einen Rat brauchst, habe ich ein offenes Ohr für dich.
un **financement**	eine Finanzierung
consulter qn	jdn um Rat fragen/ konsultieren; (einen Arzt) aufsuchen
être présent/présente	anwesend/vertreten sein
souhaiter qc	etw. wünschen
Je te souhaite une bonne journée !	Ich wünsche dir einen schönen Tag!
souhaiter faire qc	wünschen, etw. zu tun
une **démarche**	ein Schritt; ein Gesuch

manquer qc	etw. verpassen/versäumen
Anne a manqué son train.	Anne hat ihren Zug verpasst.
Une rencontre à ne pas manquer !	Dieses Treffen sollten Sie nicht verpassen!
un **soutien**	eine Unterstützung
soutenir	
une **conférence**	ein Vortrag/eine Konferenz E conference
un **stand**	ein Stand
interactif/interactive	interaktiv

Texte A : Se mettre à son compte

se mettre à son compte	sich selbstständig machen
Nathalie s'est mise à son compte parce qu'elle veut être indépendante.	Nathalie hat sich selbstständig gemacht, weil sie unabhängig sein will.
une **chaîne**	eine (Handels)Kette
Les grandes chaînes de supermarchés proposent presque tout.	Die großen Supermarktketten bieten fast alles an.
muter qn	jdn versetzen
Son chef l'a muté à l'étranger.	Sein Chef hat ihn ins Ausland versetzt.
en effet	tatsächlich/in der Tat
chaque	jeder/jede/jedes
Chaque employé est responsable de son travail.	Jeder Angestellte ist verantwortlich für seine Arbeit.
une **façon**	eine Art (und Weise)
C'est ma façon de voir les choses.	Das ist meine Art, die Dinge zu sehen.
monter	*(hier)* wachsen/sich entwickeln
engager qn	jdn einstellen

Attention !

engager wird wie *manger* und *ranger* konjugiert.

un **collaborateur**/une **collaboratrice**	ein Mitarbeiter/eine Mitarbeiterin
décrocher qc *(fam.)*	etw. kriegen/ergattern *(ugs.)*
plusieurs	mehrere
Mon chef a engagé plusieurs collaboratrices.	Mein Chef hat mehrere Mitarbeiterinnen eingestellt.
faire face à qc	mit etw. fertig werden/einer Sache nachkommen
la **demande**	die Nachfrage
demander	
un **travailleur**/une **travailleuse**	ein Arbeiter/eine Arbeiterin
On n'a pas assez de travailleurs pour faire face à la demande.	Wir haben nicht genug Arbeiter, um mit der Nachfrage fertig zu werden.
équipé/équipée	ausgestattet/ausgerüstet
une **PME** *(= une petite et moyenne entreprise)*	ein mittelständisches Unternehmen

Créer une entreprise

se mettre à son compte
faire une étude de marché
visiter un salon des entrepreneurs
préparer un business plan
chercher un financement
consulter les banques
obtenir un crédit
louer des bureaux
décrocher des contrats
engager des collaborateurs

un **écran**	ein Bildschirm
un **pouce**	ein Daumen; *(hier)* ein Zoll *(Maßeinheit)*
une **imprimante**	ein Drucker
Ma nouvelle imprimante ne fonctionne pas.	Mein neuer Drucker funktioniert nicht.
se décider	sich entscheiden
Si vous vous décidez pour cet écran, vous serez bien équipés.	Wenn Sie sich für diesen Bildschirm entscheiden, werden Sie gut ausgestattet sein.
gratuit/gratuite	kostenlos/gratis

Atelier A

réussir	Erfolg haben

Attention !

réussir wird wie *choisir, finir* und *réfléchir* konjugiert.

une **femme au foyer**	eine Hausfrau

Texte B : Réclamation

une **réclamation**	eine Beschwerde/Reklamation
quelques	einige/ein paar
J'ai quelques questions.	Ich habe ein paar Fragen.

recevoir qc/qn	etw. bekommen/erhalten; jdn empfangen
Tu as reçu ma lettre ?	Hast du meinen Brief bekommen?

Le verbe recevoir

je re**ç**ois	nous recevons
tu re**ç**ois	vous recevez
il/elle/on re**ç**oit	ils/elles re**ç**oi**v**ent
p. c. : j'ai re**çu**	

une **société**	eine Gesellschaft; ein Unternehmen
E society	
une **société informatique**	ein Computerdienstleister
une **assistance dépannage**	ein Reparaturdienst/Pannendienst
dans les deux heures	innerhalb von zwei Stunden
un **délai**	eine Frist
	E delay
une **livraison**	eine Lieferung
Quels sont vos délais de livraison ?	Was sind Ihre Lieferfristen?
un **réseau**	ein Netz(werk)

Tout autour de l'ordinateur

un réseau	une installation
un écran 24 pouces	un serveur performant
une imprimante	une assistance dépannage

paralysé/paralysée	*(hier)* zusammengebrochen/lahm gelegt (*wörtl.:* gelähmt)
E paralysed	
attendre qn/qc	auf jdn/etw. warten
Notre réseau est paralysé. J'attends l'assistance dépannage.	Unser Netzwerk ist zusammengebrochen. Ich warte auf den Reparaturdienst.

Le verbe attendre

j'attends	nous attendons
tu attends	vous attendez
il/elle/on attend	ils/elles attendent
p. c. : j'ai attendu	

personne ne...	niemand *(Subjekt)*
rappeler qn	jdn noch einmal anrufen; zurückrufen
appeler qn	
Vous pouvez rappeler dans cinq minutes ?	Können Sie in fünf Minuten noch einmal anrufen?
un **standard**	eine (Telefon)Zentrale

répondre à qn	jdm antworten
Personne n'a répondu à mon appel.	Niemand hat auf meinen Anruf geantwortet.
entendre qc	etw. hören
un **message**	eine Nachricht
F **un** message	D **eine** Nachricht
	E message
une **boîte vocale**	eine Mailbox; ein Voice Mail
Vous pouvez laisser un message sur la boîte vocale.	Sie können eine Nachricht auf der Mailbox hinterlassen.
perdre qc	etw. verlieren
Zut ! J'ai perdu ma clé.	Mist! Ich habe meinen Schlüssel verloren.

Attention !

perdre, entendre und *répondre* werden wie *attendre* konjugiert.

envoyer qc à qn	jdm etw. schicken

Le verbe envoyer

j'envoie	nous envoyons
tu envoies	vous envoyez
il/elle/on envoie	ils/elles envoient
p. c. : j'ai envoyé	

une **direction**	eine Geschäftsleitung
une **surprise**	eine Überraschung
	E surprise
ne... ni... ni	weder ... noch
Jean ne parle ni l'anglais, ni l'allemand.	Jean spricht weder Englisch noch Deutsch.
une **lettre recommandée**	ein Einschreiben
J'ai envoyé une lettre recommandée.	Ich habe ein Einschreiben geschickt.
rien ne...	nichts *(Subjekt)*
Rien ne t'intéresse.	Nichts interessiert dich.

La négation

Rien ne va plus.
Personne ne s'occupe de moi.
Paul n'a ni l'argent ni l'envie de partir en vacances.

pourtant	dennoch/trotzdem
Je n'ai pas gagné. Pourtant, je suis content.	Ich habe nicht gewonnen. Dennoch bin ich zufrieden.
une **catastrophe** *(fam.: une cata)*	eine Katastrophe
traiter qc	*(hier)* etw. bearbeiten

impossible	unmöglich
Il était impossible de traiter tous les e-mails.	Es war unmöglich, alle E-Mails zu bearbeiten.
une **perte**	ein Verlust
perdre	
rembourser qc	etw. erstatten/ersetzen

Atelier B

à l'appareil *(m.)*	am Apparat

Téléphoner

Florence à l'appareil.
Le standard ne répond pas.
Vous pouvez rappeler dans une heure ?
Luc a laissé un message sur la boîte vocale.
Je viens d'écouter votre message.

un/une **standardiste**	ein Angestellter/eine Angestellte in einer Telefonzentrale
un standard	
promettre à qn de faire qc	jdm versprechen etw. zu tun E to promise
Il m'a promis de ne rien dire.	Er hat mir versprochen, nichts zu sagen.

Attention !

promettre wird wie *mettre* konjugiert.

livrer qc	etw. liefern E to deliver
le **paiement**	die Bezahlung
payer	
une **facture**	eine Rechnung
le **service après vente (SAV)**	der Kundendienst
S'il y a un problème avec le produit, contactez le service après vente.	Wenn es ein Problem mit dem Produkt gibt, kontaktieren Sie den Kundendienst.
satisfait/satisfaite	zufrieden
satisfaire	
déçu/déçue	enttäuscht
perdre confiance en qn ≠ faire confiance à qn	das Vertrauen in jdn verlieren
une **réparation**	eine Reparatur
réparer	
des **frais** *(m., pl.)*	Kosten
arriver à échéance	fällig werden
un **GPS**	ein GPS

⟨Ecrire une lettre⟩

A l'attention de…	Zu Händen von …
Je me vois dans l'obligation de…	Ich sehe mich verpflichtet …
ci-joint	anbei
dans les plus bref délais	innerhalb kürzester Frist
Dans l'attente de votre réponse, je vous prie d'agréer, Madame, Monsieur, mes salutations distinguées.	In Erwartung Ihrer Antwort verbleibe ich mit freundlichen Grüßen …

Leçon 6

Accueil

un **docteur**	ein Doktor
un **médecin**	ein Arzt
un/une **généraliste**	ein Allgemeinarzt
une **consultation**	eine Sprechstunde
Quand est-ce que les consultations du docteur Vinson ont lieu ?	Wann hat Doktor Vinson Sprechstunde?
un/une **dentiste** E dentist	ein Zahnarzt/eine Zahnärztin
Tu peux me recommander un dentiste ?	Kannst du mir einen Zahnarzt empfehlen?
une **ambulance**	ein Krankenwagen
les **urgences** *(f., pl.)*	eine Notaufnahme/Unfallstation
une **pharmacie**	eine Apotheke
un **hôpital**/des **hôpitaux**	ein Krankenhaus/Krankenhäuser
F un hôpital	E **hos**pital
un **patient**/une **patiente**	ein Patient/eine Patientin
suivant/suivante	folgender/folgende/folgendes
un **cabinet (médical)**	eine (Arzt)Praxis
Où est votre cabinet ?	Wo ist Ihre Praxis?
une **tête**	ein Kopf
avoir mal à la tête	Kopfweh haben
un **appareil dentaire**	eine Zahnspange
un **vaccin**	eine Impfung
Ce patient a besoin d'un vaccin pour son voyage en Inde.	Dieser Patient braucht eine Impfung für seine Reise nach Indien.
une **ordonnance**	ein Rezept
Voilà votre ordonnance.	Hier ist Ihr Rezept.
la **pilule**	die (Antibaby)Pille
Tu prends la pilule ?	Nimmst du die Pille?

une **cheville**	ein Knöchel
des **lunettes** *(f., pl.)*	eine Brille
! F **des** lunettes	D **eine** Brille
une **dent**	ein Zahn
un/une dentiste	
un **rhume**	eine Erkältung; ein Schnupfen
le **rhume des foins**	der Heuschnupfen
Au printemps, beaucoup de gens ont le rhume des foins.	Im Frühling haben viele Leute Heuschnupfen.
une **oreille**	ein Ohr
les **yeux** *(sg.:* un **œil**)	die Augen

Attention !

Anne a **les** yeux bleus.	Anne hat blaue Augen.

une **gorge**	ein Hals
un **dos**	ein Rücken
un **bras**	ein Arm
Paul a pris Laure dans ses bras pour la consoler.	Paul hat Laure in seine Arme genommen, um sie zu trösten.
une **jambe**	ein Bein
un **genou**	ein Knie
un **ventre**	ein Bauch
un **corps**	ein Körper
! [ɛ̃kɔʀ]	
humain/humaine	menschlich E human

⟨Les médecins⟩

un/une **pédiatre**	ein Kinderarzt/ eine Kinderärztin
un/une **orthopédiste**	ein Orthopäde/ eine Orthopädin
un/une **orthodontiste**	ein Kieferorthopäde/ eine Kieferorthopädin
un/une **gynécologue**	ein Frauenarzt/ eine Frauenärztin
un/une **ophtalmologue**	ein Augenarzt/eine Augenärztin
un/une **ORL** (oto-rhino-laryngologiste)	ein HNO-Arzt/ eine HNO-Ärztin
un/une **allergologue**	ein Allergologe/ eine Allergologin

Texte A : Une question de vie ou de mort

la **mort**	der Tod
s'associer à qn	sich mit jdm zusammenschließen
avoir les moyens de faire qc	sich leisten können, etw. zu tun
Cette année, je n'ai pas les moyens de partir en vacances.	Dieses Jahr kann ich es mir nicht leisten, in Urlaub zu fahren.
une **secrétaire médicale**	*Angestellte in einer Arztpraxis*
enceinte	schwanger
le **congé maternité**	der Mutterschutz

Le congé maternité

Die Dauer des Mutterschutzes ist in Frankreich abhängig von der Anzahl der bereits vorhandenen Kinder:
16 Wochen bei keinem oder einem weiteren Kind;
26 Wochen bei zwei oder mehr bereits vorhandenen Kindern. Nach dem Mutterschutz kann man sich für den *congé parental* (Elternzeit) entscheiden und die berufliche Tätigkeit maximal bis zu drei Jahren unterbrechen.

malade	krank
Ça va ? – Bof ! Je suis un peu malade.	Wie geht's? – Naja. Ich bin ein bisschen krank.
une **grippe**	eine Grippe
une **épidémie**	eine Epidemie/Seuche
une **gastroentérite** (*fam.:* une gastro)	eine Magen-Darm-Entzündung
la **fièvre**	das Fieber E fever
négocier	verhandeln
Les employés ont longtemps négocié avec le chef.	Die Angestellten haben lange mit dem Chef verhandelt.
une **consultation à domicile**	ein Hausbesuch (*un domicile:* ein Wohnsitz)
une **salle d'attente**	ein Wartezimmer (*l'attente (f.):* das Warten)
plein/pleine (de)	voll (von/mit)
La salle d'attente est pleine.	Das Wartezimmer ist voll.
un **symptôme**	ein Symptom/Anzeichen
! sympt**ô**me	
tousser	husten
Tu tousses et tu as de la fièvre : ce sont les symptômes d'une grippe.	Du hustest und du hast Fieber: Das sind die Symptome einer Grippe.
la **diarrhée**	der Durchfall
un **brevet de secouriste**	ein Erste-Hilfe-Schein
un **diagnostic**	eine Diagnose
passer qn à qn	jdn mit jdm verbinden
Est-ce que vous pouvez me passer le Dr. Vinson ?	Können Sie mich mit Doktor Vinson verbinden?
un **laboratoire d'analyses** *(f.)*	ein Diagnoselabor

une **urgence**	ein Notfall
Je dois parler au docteur Calvez. C'est une urgence.	Ich muss mit Doktor Calvez sprechen. Es ist ein Notfall.
Tu ferais mieux de te calmer.	Du solltest dich lieber beruhigen.
être embêté/embêtée *(fam.)*	verlegen sein/jdm unangenehm sein
Je suis embêtée, j'ai oublié l'anniversaire de mon copain.	Es ist mir unangenehm, ich habe den Geburtstag meines Freundes vergessen.
régler qc	*(hier)* etw. begleichen
un **honoraire**	ein Honorar

Les honoraires

In Frankreich muss man den Arztbesuch sofort bezahlen. Man bekommt das Geld dann je nach Versicherungsstatus komplett oder nur teilweise rückerstattet.

tout à l'heure	vorhin/eben
remercier qn = dire merci	jdm danken/sich bei jdm bedanken
! F remercier **qn**	D **jdm** danken
Ce n'était pas la peine !	Das wäre doch nicht nötig gewesen!
un **cachet**	eine Tablette
une **aspirine**	ein Aspirin
être blanc/blanche comme un cachet d'aspirine	kreidebleich sein

Atelier A

une **raison**	ein Grund
Tu connais les raisons de son départ ?	Kennst du die Gründe für seine Abreise?

Texte B : Mademoiselle fait un malaise.

le **malaise**	das Unwohlsein
faire un malaise	ohnmächtig werden
un **médicament**	ein Medikament/eine Arznei
une **pastille** [pastij]	eine Pastille/Lutschtablette
un **sirop** [siʀo]	ein Sirup/Saft
contre	gegen ≠ pour
Mon conseil : Prends une pastille contre le rhume.	Mein Rat: Nimm eine Lutschtablette gegen die Erkältung.
une **queue**	eine (Menschen-)Schlange
se sentir	sich fühlen
Marie ne se sent pas bien.	Marie fühlt sich nicht gut.
attraper qc	etw. fangen; *(hier)* bekommen/sich holen
un **pharmacien**/une **pharmacienne** — une pharmacie	ein Apotheker/eine Apothekerin
une **carte vitale**	eine Krankenversicherungskarte
une **mutuelle**	eine Zusatzversicherung
rien du tout	überhaupt nichts
assister à qc	etw. miterleben
un **accident**	ein Unfall E accident
rentrer dans qc/qn	*(hier)* jdn/etw.anfahren/anrempeln *(ugs.)*
connaître qn	jdn kennen
Vous vous connaissez ? – Non, on ne s'est jamais vus.	Kennt ihr euch? – Nein, wir haben uns nie gesehen.

Le verbe connaître

je connais	nous connai**ss**ons
tu connais	vous connai**ss**ez
il/elle/on connaî**t**	ils/elles connai**ss**ent
p. c. : j'ai conn**u**	

quelque part	irgendwo
s'inquiéter	sich Sorgen machen/sich beunruhigen
les **pompiers**	die Feuerwehr
un **pompier**	ein Feuerwehrmann
le **SAMU** (= *Service d'aide médicale d'urgence)*	der Notarzt/Rettungsdienst
Ne vous inquiétez pas. J'ai déjà appelé le SAMU.	Machen Sie sich keine Sorgen. Ich habe schon den Notarzt gerufen.
bouger qc	etw. bewegen
reconnaître qc/qn	etw./jdn (wieder)erkennen
Yann a beaucoup changé. Je ne l'ai presque pas reconnu.	Yann hat sich sehr verändert. Ich habe ihn fast nicht wiedererkannt.
depuis que	seit(dem)
un **quartier**	ein (Stadt)Viertel
un **petit-fils**/une **petite-fille**	ein Enkel/eine Enkelin
un **infirmier**/une **infirmière**	ein Krankenpfleger/eine Krankenschwester
le **cœur**	das Herz

qn a mal au cœur	jdm ist schlecht

être malade

avoir mal	à la tête à la gorge au ventre au cœur
avoir	un rhume/une gastro/de la fièvre

vomir	sich übergeben
J'ai mal au cœur. Je crois que je dois vomir.	Mir ist schlecht. Ich glaube, ich muss mich übergeben.
soigner qn	jdn behandeln; pflegen
une **plaie**	eine Wunde
un **blessé**/une **blessée**	ein Verletzter/eine Verletzte
Je soigne d'abord votre plaie, puis je m'occupe des autres blessés.	Ich behandle zuerst Ihre Wunde, dann kümmere ich mich um die anderen Verletzten.

Atelier B

protéger qc/qn	jdn (be)schützen
la protection	E to protect
une **catégorie**	eine Kategorie
un **aliment**	ein Nahrungsmittel D Alimente
une **loupe**	eine Lupe
l'**alimentation** *(f.)*	die Ernährung
équilibré/équilibrée	ausgeglichen
Il est important de s'occuper d'une alimentation équilibrée.	Es ist wichtig, sich um eine ausgeglichene Ernährung zu kümmern.
limiter qc	etw. einschränken E limit
il vaut mieux faire qc	es ist besser, etw. zu tun
un **boulanger**/une **boulangère**	ein Bäcker/eine Bäckerin

Leçon 7

Accueil

une **bataille**	eine Schlacht
les **transports** *(m., pl.)*	das Transportwesen/Transportgewerbe
Rémi cherche un travail dans les transports.	Rémi sucht eine Arbeit im Transportwesen.
routier/routière	Straßen-
un **camion**	ein Lastwagen
une **marchandise**	eine Ware/ein (Handels)Gut
un marché	E marchandise
Vous transportez vos marchandises par camion ou en train ?	Transportieren Sie Ihre Waren mit dem Lastwagen oder mit dem Zug?
ferroviaire	(Eisen)Bahn-
passer par	fahren/fließen durch/über; *(hier)* abgewickelt werden über
Pour aller de Strasbourg à Rennes, tu passes par Paris.	Um von Straßburg nach Rennes zu kommen, fährst du über Paris.
une **voie**	ein Weg
une **voie navigable**	ein Schifffahrtsweg/Wasserweg
un **fleuve**	ein (großer) Fluss/Strom
La Loire est le plus long fleuve de France.	Die Loire ist der längste Fluss Frankreichs.
un **canal**/des **canaux**	ein Kanal/Kanäle
le **pétrole**	das (Erd)Öl
un **oléoduc**	eine Pipeline/Erdölleitung
une **branche**	eine Branche/ein Zweig
Le tourisme est une branche économique importante au Maroc.	Der Tourismus ist eine wichtige Wirtschaftsbranche in Marokko.
un **profil**	ein Profil
un **chauffeur**	ein Fahrer
un **chauffeur-routier**	ein Fernfahrer
compléter qc	etw. vervollständigen/ergänzen
Complétez les phrases.	Vervollständigen Sie die Sätze.
y	dort/dorthin; darüber
Yann aime son travail chez Martin SA. Il s'y sent bien.	Yann mag seine Arbeit bei der Martin AG. Er fühlt sich dort wohl.
à 23 ans	mit 23 Jahren/im Alter von 23 Jahren
ancien/ancienne	alt/ehemalig
Hier, j'ai rencontré mon ancien prof de maths.	Gestern habe ich meinen ehemaligen Mathelehrer getroffen.

Attention !

Je trouve qu'elle a un copain **vieux**.
– Oui, il est beaucoup plus âgé qu'elle.
Je vous présente Jacques, un **ancien** collègue.
On ne s'est pas vus depuis 15 ans.

cela fait... que	seit
Cela fait deux ans que je suis chauffeur-routier ici.	Ich bin seit zwei Jahren Fernfahrer hier.
des **fruits de mer**	Meeresfrüchte
en *(Pronomen)*	daher/daraus/von dort; darüber
Tu vas à Rungis ? – Non, j'en reviens.	Fährst du nach Rungis? – Nein, ich komme von dort.
ramener qc de qc	etw. zurückbringen (von); etw. mitbringen (von)

Attention !

ramener wird wie *amener* konjugiert.

une **cafétéria**	eine Cafeteria
être pressé/pressée	es eilig haben/in Eile sein

Les transports

- le transport routier
  - un chauffeur-routier
  - un camion
- le transport ferroviaire
- les voies navigables
  - les canaux
  - les fleuves
- le transport par oléoduc

Texte A : La chaîne du froid entre la Bretagne et Rungis

le **froid**	die Kälte
une **chaîne du froid**	eine Kühlkette
un/une **grossiste**	ein Großhändler/Grossist
vendre qc à qn	jdm etw. verkaufen
un vendeur/une vendeuse	I vendere

Attention !

vendre wird wie *attendre, entendre* und *répondre* konjugiert.

un **professionnel**/une **professionnelle**	ein Fachmann/eine Fachfrau; *(hier)* ein Großverbraucher
Je ne peux pas vous aider. Vous devrez demander à un professionnel.	Ich kann Ihnen nicht helfen. Sie sollten einen Fachmann fragen.
principalement	hauptsächlich/vor allem
Cette société transporte principalement des fruits.	Dieses Unternehmen transportiert hauptsächlich Obst.
un **restaurateur**/une **restauratrice**	ein Gastronom/eine Gastronomin; ein Gastwirt/eine Gastwirtin
dernièrement	neulich/kürzlich
habituel/habituelle	üblich; *(hier)* gewohnt
Eric nous a ennuyés avec ses commentaires habituels.	Eric hat uns mit seinen üblichen Kommentaren gelangweilt.
un **gérant**/une **gérante**	ein Geschäftsführer/eine Geschäftsführerin
un **transporteur**	ein Transportunternehmen/Spediteur
le transport; transporter	
finalement	schließlich/zum Schluss/letztendlich
E finally	
Après une longue discussion, nous avons finalement trouvé un compromis.	Nach einer langen Diskussion haben wir schließlich einen Kompromiss gefunden.
un **véhicule**	ein Fahrzeug
frigorifique	Kühl-
régulier/régulière	regelmäßig
Le grand avantage de mon poste, ce sont les horaires de travail réguliers.	Der große Vorteil meiner Stelle sind die regelmäßigen Arbeitszeiten.
un **port**	ein Hafen
la **pêche**	der Fischfang/die Fischerei/das Angeln
La pêche est interdite dans ce fleuve.	Das Angeln ist in diesem Fluss verboten.
également	ebenfalls
un **secrétaire**/une **secrétaire**	ein Sekretär/eine Sekretärin
quitter qc/qn	etw./jdn verlassen
Ma mère a quitté mon père quand j'avais trois ans.	Meine Mutter hat meinen Vater verlassen, als ich drei Jahre alt war.
Ne quittez pas.	Bleiben Sie am Apparat.
un **commercial**/une **commerciale**	ein/e kaufmännische/r Angestellte/r *(hier:* im Vertrieb)
A votre service.	Was kann ich für Sie tun? *(le service:* der Dienst)
une **référence**	*(hier)* ein (Buchungs-) Zeichen/eine (Kunden-) Nummer

depuis	ab *(bei Ortsangaben)*/ von … aus
Est-ce que vous organisez aussi des transports depuis Le Guilvinec ?	Organisieren Sie auch Transporte ab Le Guilvinec?
un **négociant**/ une **négociante**	ein Händler/ eine Händlerin
une **habitude**	eine Gewohnheit
habituel/habituelle	E habit
avoir l'habitude *(f.)* **de faire qc**	es gewohnt sein, etw. zu tun
Les chauffeurs-routiers ont l'habitude de passer des heures sur l'autoroute.	Die Fernfahrer sind es gewohnt, Stunden auf der Autobahn zu verbringen.
charger (qc)	einladen; etw. beladen
Yann est en train de charger son camion.	Yann belädt gerade seinen Lastwagen.
un **entrepôt**	eine Lagerhalle
un **lot**	ein (Waren)Posten
J'ai plusieurs lots sur ma liste.	Ich habe mehrere Posten auf meiner Liste.
une **crevette**	eine Garnele
en vrac	lose/nicht abgepackt
un **sac**	ein Sack
une **huître**	eine Auster
Tu aimes le poisson ? – Non, mais j'adore les crevettes et les huîtres.	Magst du Fisch? – Nein, aber ich liebe Garnelen und Austern.
une **caisse**	eine Kiste
une **confirmation**	eine Bestätigung
un **fax**	ein Fax
Vous pouvez m'envoyer la confirmation par fax, s'il vous plaît ?	Können Sie mir die Bestätigung bitte per Fax schicken?

Organiser un transport

Bonjour madame, je vous appelle pour un transport de…
Ce serait pour une livraison importante à…
Il s'agit de plusieurs lots/caisses/sacs de…
Il nous faut un véhicule frigorifique.
Le chauffeur doit charger aux entrepôts le 3 mai vers 6 heures du matin.
La livraison doit arriver à… vers midi.
Est-ce vous pouvez envoyer la confirmation par fax, s'il vous plaît ?

Atelier A

moderne	modern
absent/absente	abwesend; nicht da ≠ présent/présente
une **ligne**	*(hier)* eine (Telefon)Leitung
être occupé/e sur une autre ligne	auf einer anderen Leitung sprechen
répéter qc	etw. wiederholen

Attention !

répéter wird wie *préférer* konjugiert.

une **date**	ein Datum; Termin

Texte B : Heureux comme un chauffeur-routier à l'heure

heureux/heureuse	glücklich
à l'heure	pünktlich ≠ en retard
décharger qc	etw. entladen ≠ charger qc
rapide	schnell

Attention !

Le TGV **est** très **rapide**. *(adjectif)*
Le TGV **va** très **vite**. *(adverbe)*

avant de faire qc	bevor man etw. tut
Réfléchis avant de répondre.	Denk nach, bevor du antwortest.
logistique	logistisch
profiter de qc	von etw. profitieren/ etw. ausnutzen
Profitez du beau temps et faites un pique-nique.	Nutzt das schöne Wetter aus und macht ein Picknick.
être chargé/chargée	beladen sein
un **volant**	ein Lenkrad/Steuer(rad)
au volant	am Steuer
Quand ma mère est au volant, elle s'énerve souvent.	Wenn meine Mutter am Steuer ist, regt sie sich oft auf.
calme	ruhig
se calmer	
un **voyant**	eine Kontrolllampe
clignoter	blinken
un clignotant	
Le voyant clignote tout le temps.	Die Kontrolllampe blinkt die ganze Zeit.
un **tableau de bord**	ein Armaturenbrett
indiquer qc	etw. anzeigen

risquer de faire qc	Gefahr laufen etw. zu tun/es besteht die Gefahr, dass etw. passiert
Mets un pull, sinon tu risques d'être malade.	Zieh einen Pulli an, sonst besteht die Gefahr, dass du krank wirst.
téléphonique	telefonisch/Telefon-
électronique	elektronisch/Elektro-
sans faire qc	ohne etw. zu tun
Entrez sans faire de bruit.	Tretet ein, ohne Lärm zu machen.
après avoir fait qc	nachdem man etw. getan hat
Après avoir chargé son camion, Marc prend la direction de Rungis.	Nachdem Marc seinen Lastwagen beladen hat, fährt er Richtung Rungis.
une **panne**	eine Panne
effectif/effective	effektiv/wirksam
effectivement	tatsächlich
Je trouve que Paul a amélioré son français. – Oui, effectivement.	Ich finde, dass Paul sein Französisch verbessert hat. – Ja, tatsächlich.
une **pièce**	ein Stück; ein Teil
prévenir qn	jdn benachrichtigen
Préviens-moi si tu viens à la fête de Julie.	Benachrichtige mich, falls du zu Julies Party gehst.

Attention !

prévenir wird wie *venir* konjugiert.

un **quai**	ein Bahnsteig; ein Kai
un **quai de déchargement**	eine Verladerampe
une **condition**	eine Bedingung/Voraussetzung
Les conditions de travail sont très mauvaises ici.	Die Arbeitsbedingungen sind sehr schlecht hier.
une **halle**	eine (Markt)Halle

Etre chauffeur-routier

- charger/décharger son camion
- livrer qc
- être sur la route toute la journée
- faire des allers-retours
- être à l'heure
- être au volant
- être dans la cabine
- avoir une panne
- appeler l'assistance téléphonique
- trouver une place sur les quais de déchargement

la **marée**	Fische und Meeresfrüchte *(im Handelskontext)*
Ouf !	*Ausdruck der Erleichterung*
une **mission**	eine Mission/ein Auftrag
Mission accomplie !	Auftrag ausgeführt!

Atelier B

une **qualité**	eine Qualität

⟨Comment transporter le poisson⟩

en barquettes	in Schalen
en paniers	in Körben
conditionné en caisse polystyrène	in Styropor-Kisten verpackt
filmé et sous glace	in Folie und auf Eis

Leçon 8

Accueil

mobile	mobil/beweglich
un **webmaster**	ein Webmaster
! [wɛbmastɛʀ]	
un **marathon**	ein Marathon
un **emploi**	eine Stelle/Anstellung
un employé/une employée	= un travail, un boulot
une **formation en alternance**	eine duale Ausbildung
Une formation en alternance se passe à l'école et dans l'entreprise.	Eine duale Ausbildung findet in der Schule und im Betrieb statt.
une **formation continue**	eine Weiterbildung
découvrir qc	etw. entdecken E to discover
Pendant mon voyage, j'ai découvert des beaux paysages.	Während meiner Reise habe ich schöne Landschaften entdeckt.

Le verbe découvrir

je découvre	nous découvrons
tu découvres	vous découvrez
il/elle/on découvre	ils/elles découvrent
p. c. : j'ai découvert	

offrir qc à qn	jdm etw. anbieten/ schenken
E to offer	
Pour mon anniversaire, mon copain m'a offert un voyage à Paris.	Zu meinem Geburtstag hat mir mein Freund eine Reise nach Paris geschenkt.
bilingue	zweisprachig
une langue	E bilingual
l'**e-commerce** *(m.)*	der E-Commerce
une **durée**	eine Dauer
un **CDI** *(= contrat à durée indéterminée)*	ein unbefristeter Vertrag
ouvrir qc	etw. öffnen/aufmachen
Qui est là ? – C'est moi. Tu m'ouvres ?	Wer ist da? – Ich bin's. Machst du mir auf?

Attention !

ouvrir und *offrir* werden wie *découvrir* konjugiert.

un **dictionnaire**	ein Wörterbuch
	E dictionary
Que veut dire ce mot ? – Regarde dans le dictionnaire !	Was heißt dieses Wort? – Schau im Wörterbuch nach!
en ligne	online
une **recherche**	eine Recherche/Suche
Après six mois de recherche, Eric a enfin trouvé un emploi.	Nach sechs Monaten Suche hat Eric endlich eine Stelle gefunden.
un **employeur**	ein Arbeitgeber
un emploi	
Pendant la crise, les employeurs ne vont pas augmenter les salaires.	Während der Krise werden die Arbeitgeber die Löhne nicht erhöhen.
un **CDD** *(= contrat à durée déterminée)*	ein befristeter Vertrag
un **citoyen**/ une **citoyenne**	ein (Staats)Bürger/ eine (Staats)Bürgerin
	E citizen
une **autorisation**	eine Genehmigung
un **séjour**	ein Aufenthalt
Mon séjour au Maroc était super.	Mein Aufenthalt in Marokko war super.
un **titre de séjour**	eine Aufenthalts-genehmigung
Pour travailler en France, un Européen n'a besoin ni d'autorisation de travail ni de titre de séjour.	Um in Frankreich zu arbeiten, braucht ein Europäer weder eine Arbeitserlaubnis noch eine Aufenthaltsgeneh-migung.
une **carte d'identité** *(f.)*	ein Personalausweis

Qui ne risque rien n'a rien.	Wer nicht wagt, der nicht gewinnt.
une **candidature**	eine Bewerbung
un(e) candidat(e)	
poser sa candidature	sich bewerben
J'ai vu une offre d'emploi sur Internet.	Ich habe ein Stellenangebot im Internet gesehen.
– Tu vas poser ta candidature ?	– Wirst du dich bewerben?
un **fichier**	eine Datei
Tu peux m'envoyer le fichier, s'il te plaît ?	Kannst du mir bitte die Datei schicken?
négatif/négative	negativ
un **emploi à temps partiel**	eine Teilzeitstelle ≠ un emploi à plein temps

Texte A : La France côté vacances…

un **côté**	eine Seite
un **volet**	Fensterladen
Il y a du soleil ! Ouvre les volets.	Die Sonne scheint! Mach die Fensterläden auf.
une **propriété**	ein Anwesen/ Besitz(tum)/Gut
viticole	Wein-
Pendant les vacances, j'ai travaillé dans une propriété viticole.	In den Ferien habe ich auf einem Weingut gearbeitet.
une **décision**	eine Entscheidung
décider	E decision
spontané/spontanée	spontan
excellent/excellente	ausgezeichnet/ hervorragend
un **village**	ein Dorf
une ville	
être jumelé/jumelée avec	Partnerstadt/-dorf sein von
Barsac est jumelé avec Wöllstein.	Barsac ist das Partnerdorf von Wöllstein.
une **passion**	eine Leidenschaft
passionner	
Voyager est pour moi une vraie passion.	Reisen ist für mich eine richtige Leidenschaft.
vraiment	wirklich
gentil/gentille	nett = sympa
Monsieur Delalande est vraiment très gentil.	Herr Delalande ist wirklich sehr nett.
un **domaine**	Ländereien

une **génération**	eine Generation
une **dégustation**	eine Weinprobe
un **chai**	ein (Wein)Lager
à ce moment-là	in dem/diesem Moment
un **viticulteur**/ une **viticultrice**	ein Winzer/eine Winzerin
Les Delalande sont viticulteurs depuis trois générations.	Die Delalandes sind seit drei Generationen Winzer.
approuver qn	jdm zustimmen
Quand Luc a dit que c'était une mauvaise idée, je l'ai approuvé tout de suite.	Als Luc gesagt hat, dass das eine schlechte Idee sei, habe ich ihm sofort zugestimmt.
rivaliser avec qc/qn	sich mit etw./jdm messen können
poli/polie	höflich
Sois poli et dis bonjour à la dame.	Sei höflich und sag der Dame Guten Tag.
un **plaisir**	ein Vergnügen E pleasure
ce jour-là	an diesem Tag
inviter qn à faire qc une invitation	jdn einladen, etw. zu tun
dîner	zu Abend essen
Est-ce que tu veux dîner avec nous ? – Avec plaisir !	Möchtest du mit uns zu Abend essen? – Mit Vergnügen!

Les repas en France

le petit-déjeuner	das Frühstück
le déjeuner	das Mittagessen
le goûter	kleine Zwischenmahlzeit am Nachmittag
le dîner	das Abendessen

durer la durée	dauern
jusqu'à	bis
La réunion a duré jusqu'à 9 heures du soir.	Die Besprechung hat bis 9 Uhr abends gedauert.
déguster qc une dégustation	etw. probieren/kosten

Tout sur le vin

une propriété viticole	un chai
un viticulteur/ une viticultrice	une dégustation
	déguster
des vignes	un domaine

ce soir-là	an diesem Abend
Ce soir-là, Jacques nous a invités à déguster son nouveau vin.	An diesem Abend hat uns Jacques eingeladen, seinen neuen Wein zu probieren.
une **forêt**	ein Wald E forest
absolu/absolue	absolut
se rappeler (de qc)	sich (an etw.) erinnern
On a vu ce film ensemble. Tu te rappelles ?	Wir haben diesen Film zusammen gesehen. Erinnerst du dich?
le **lendemain** demain	am folgenden Tag/am Tag darauf
Julien s'est couché tard. Le lendemain, il était très fatigué.	Julien ist spät ins Bett gegangen. Am folgenden Tag war er sehr müde.
il est dommage de faire qc	es ist schade, dass man etw. tut
la **veille**	am Vortag/tags zuvor

Attention !

Beachten Sie Folgendes in der indirekten Rede in der Vergangenheit: *Demain* wird zu *le lendemain*. *Hier* wird zu *la veille*.

Texte B : . . . et côté travail.

Qu'est-ce qui . . . ?	Was … ? *(Frage nach Sachen, die Subjekt sind)*
Qu'est-ce qui t'intéresse ? La musique ? Le sport ?	Was interessiert dich? Musik? Sport?
réagir	reagieren
J'ai écrit un e-mail à Marie, mais elle n'a pas encore réagi.	Ich habe Marie eine Mail geschrieben, aber sie hat noch nicht reagiert.

Attention !

réagir wird wie *finir* konjugiert.

lent/lente	langsam
le/la **même**	der-/die-/dasselbe
Mon copain m'ennuie. Il raconte toujours les mêmes histoires.	Mein Freund langweilt mich. Er erzählt immer dieselben Geschichten.
un **patron**/une **patronne**	ein Chef/eine Chefin
bref/brève	kurz/knapp
car	denn = parce que

hésiter	zögern E to hesitate
Tu achètes cette jupe ? – J'hésite encore.	Kaufst du diesen Rock? – Ich zögere noch.
encourager qn	jdn ermutigen/jdm Mut machen
Maxime a peur de participer au marathon. – Il faut l'encourager.	Maxime hat Angst, beim Marathon mitzumachen. – Wir müssen ihm Mut machen.
correspondre à qc/qn	etw. entsprechen/zu jdm passen
exact/exacte	genau/exakt
une **compétence**	eine Kompetenz/Kenntnis
avoir pour mission de faire qc	den Auftrag haben, etw. zu tun
Pendant son stage, Nadia avait pour mission de préparer une conférence.	Während ihres Praktikums hatte Nadia den Auftrag, eine Konferenz vorzubereiten.
global/globale/globaux/globales	global
prospecter le marché	den Markt erkunden
un **compte bancaire**	ein Bankkonto
Bonjour. J'aimerais ouvrir un compte bancaire.	Guten Tag. Ich würde gerne ein Bankkonto eröffnen.
la **sécu** *(fam.)* (= *sécurité sociale)*	die Sozialversicherung
le **pire**	das Schlimmste
un **logement** loger	eine Wohnung/Unterkunft
À Paris, le pire, c'est de trouver un logement.	Das Schlimmste in Paris ist, eine Wohnung zu finden.
constant/constante	konstant/ständig
une **agence immobilière**	ein Immobilienmakler
une **fiche de paie**	eine Gehaltsabrechnung/ein Gehaltszettel

Des documents qu'il ne faut pas perdre

un titre de séjour	un passeport
une autorisation de travail	une carte vitale
une carte d'identité	une fiche de paie

un **studio**	eine Einzimmerwohnung

Chercher un logement

lire des annonces
contacter une agence immobilière
visiter des studios
louer un appartement

qc arrive à qn	etw. ist mit jdm los; etw. passiert jdm
Qu'est-ce qui t'arrive ? Tu es blanche comme un cachet d'aspirine.	Was ist los mit dir? Du bist kreidebleich.
buguer	abstürzen (Computer)
l'**enfer** *(m.)*	die Hölle I inferno
un **rapport**	ein Zusammenhang; ein Verhältnis
Je ne vois pas le rapport entre ces deux problèmes.	Ich sehe den Zusammenhang zwischen diesen beiden Problemen nicht.
un **rapport qualité-prix**	ein Preis-Leistungs-Verhältnis
une **connexion Internet**	ein Internetanschluss/eine Internetverbindung
Ma connexion Internet est trop lente.	Meine Internetverbindung ist zu langsam.

Les ordinateurs et Internet

un fichier	en ligne
buguer	l'e-commerce *(m.)*
une connexion Internet	un webmaster

s'habituer à qc une habitude	sich an etw. gewöhnen
Sophie s'est vite habituée à son nouveau travail.	Sophie hat sich schnell an ihre neue Arbeit gewöhnt.
une **mentalité**	eine Mentalität
fermer qc	etw. schließen
Il fait froid. Tu peux fermer la fenêtre, s'il te plaît ?	Es ist kalt. Kannst du bitte das Fenster schließen?

Atelier B

un **sondage**	eine Umfrage
une **relation**	eine Beziehung/ein Verhältnis
annuel/annuelle un an	jährlich/Jahres-

A

à [a] in **I1E**
Au revoir ! [ɔʀ(ə)vwaʀ] Auf Wiedersehen! **I1A**
Au travail ! [otʀavaj] An die Arbeit! **I1B**
à trois [atʀwa] zu dritt **I2B**
à la maison [alamɛzõ] zu Hause; nach Hause **I3A**
à droite [adʀwat] (nach) rechts **I3B**
à gauche [agoʃ] (nach) links **I3B**
A plus ! *(fam.)* (= A plus tard !) [aplys] Bis dann!/Bis später! *(ugs.)* **I4B**
A quelle heure ? [akɛlœʀ] Um wie viel Uhr? **I4B**
à l'étranger *(m.)* [aletʀɑ̃ʒe] im Ausland **I7E**
A table ! [atabl(ə)] Zu Tisch! **I8E**
à mon avis [amõnavi] meiner Meinung nach **I8A**
à 15 € [akɛ̃zøʀo] zu 15.-€ **I8A**
à côté de [akotedə] neben **I10E**
à pied [apje] zu Fuß **I10B**
à cheval [aʃəval] mit dem Pferd **I10B**
au centre [osɑ̃tʀ] im Mittelpunkt **II1B**
à l'arrière-plan *(m.)* [alaʀjɛʀplɑ̃] im Hintergrund **II1B**
à court/long terme [akuʀ/lõtɛʀm] kurzfristig/langfristig **II3B**
à l'appareil *(m.)* [alapaʀɛj] am Apparat **II5B**
à 23 ans [avɛ̃tʀwazɑ̃] mit 23 Jahren/im Alter von 23 Jahren **II7E**
à l'heure [alœʀ] pünktlich **II7B**
au volant [ovolɑ̃] am Steuer **II7B**
absent/absente [absɑ̃/absɑ̃t] abwesend; nicht da **II7A**
absolu/absolue [apsoly] absolut **II8A**
un **accent** [ɛ̃naksɑ̃] ein Akzent **I4A**
accepter qn/qc [aksɛpte] jdn/etw. akzeptieren/annehmen **II2B**
un **accident** [ɛ̃naksidɑ̃] ein Unfall **II6B**
accompagner qn [akõpaɲe] jdn begleiten **I6E**
l'**accueil** *(m.)* [lakœj] der Empfang; *(hier)* der Einstieg **I1E**
acheter qc [aʃ(ə)te] etw. kaufen **I9B**
une **activité** [ynaktivite] eine Aktivität; eine Tätigkeit **II2A**
une **addition** [ynadisjõ] eine Rechnung *(im Restaurant)* **I8A**
adorer qc [adoʀe] etw. lieben/etw. sehr gerne haben **I3A**
une **adresse** [ynadʀɛs] eine Adresse **I1B**
une adresse e-mail [ynadʀɛsimɛl] eine E-Mail-Adresse **I4A**
un/une **adulte** [ɛ̃/ynadylt] ein Erwachsener/eine Erwachsene **II4B**
un **aéroport** [ɛ̃naeʀopoʀ] ein Flughafen **II1B**
les **affaires** *(f., pl.)* [lezafɛʀ] die Sachen **I4E**
une **affiche** [ynafiʃ] ein Plakat/Poster **II4B**
africain/africaine [afʀikɛ̃/afʀikɛn] afrikanisch **I10A**
Tu as quel âge ? [tyakɛlaʒ] Wie alt bist du? **I2B**
âgé/âgée de ... ans [aʒedə...ɑ̃] im Alter von ... Jahren/... Jahre alt **II2A**
une **agence de voyages** [ynaʒɑ̃sd(ə)vwajaʒ] ein Reisebüro **I2B**
une **agence immobilière** [ynaʒɑ̃simobiljɛʀ] ein Immobilienmakler **II8B**
un **agent de police** [ɛ̃naʒɑ̃d(ə)polis] ein Polizist/Polizeibeamter **II1A**
agrandir qc [agʀɑ̃diʀ] etw. vergrößern **II5A**
agricole [agʀikol] landwirtschaftlich **I7E**
un pays agricole [ɛ̃peiagʀikol] ein Agrarland **I7E**
un **agriculteur**/une **agricultrice** [ɛ̃nagʀikyltœʀ/ynagʀikyltʀis] ein Landwirt/eine Landwirtin **II3E**
l'**agriculture** *(f.)* [lagʀikyltyʀ] die Landwirtschaft **I7E**
aider qn [ede] jdm helfen **I8B**
ailleurs [ajœʀ] woanders (hin) **I6A**
aimer qn/qc [eme] jdn/etw. lieben/(gerne) mögen **I1B**
un **airbag** [ɛ̃nɛʀbag] ein Airbag **I9B**
un **aliment** [ɛ̃nalimɑ̃] ein Nahrungsmittel **II6B**
l'**alimentation** *(f.)* [lalimɑ̃tasjõ] die Ernährung **II6B**
l'**allemand** *(m.)* [lalmɑ̃] Deutsch/die deutsche Sprache **I5E**
allemand/allemande [almɑ̃/almɑ̃d] deutsch **I6A**
aller [ale] gehen/fahren **I2E**
aller à qn [ale] jdm stehen **I9A**
Ça va ? [sava] Wie geht's? **I1A**
On y va ! [õniva] Auf geht's!/Los! **I1A**
un **aller-retour** [ɛ̃naleʀətuʀ] eine Hin-und Rückfahrt; ein Hin- und Rückflug **II1B**
aller voir qn [alevwaʀ] jdn besuchen; *(hier)* zu jdm gehen **II2A**
Allô ? [alo] Hallo? *(am Telefon)* **I3A**
allumer qc [alyme] etw. anmachen **I9B**
alors [aloʀ] also; *(hier)* na **I1A**
un **amateur**/une **amatrice de qc** [ɛ̃namatœʀ/ynamatʀis] ein Liebhaber/eine Liebhaberin von etw. **II4A**
une **ambiance** [ynɑ̃bjɑ̃s] eine Stimmung/Atmosphäre **I1A**
une **ambulance** [ynɑ̃bylɑ̃s] ein Krankenwagen **II6E**
améliorer qc [ameljoʀe] etw. verbessern **I7B**
amener qn à/chez [am(ə)ne] jdn bringen nach/zu/in **II2A**
un **ami**/une **amie** [ɛ̃nami/ynami] ein Freund/eine Freundin **I7B**
un **amour** [ɛ̃namuʀ] eine Liebe; *(hier)* ein Schatz **I6E**
s'amuser [samyze] Spaß haben **I10B**
un **an** [ɛ̃nɑ̃] ein Jahr **I2A**
les 15-20 ans *(m., pl.)* [lekɛ̃zvɛ̃tɑ̃] die 15- bis 20-Jährigen **I2A**
ancien/ancienne [ɑ̃sjɛ̃/ɑ̃sjɛn] alt/ehemalig **II7E**
l'**anglais** *(m.)* [lɑ̃glɛ] Englisch/die englische Sprache **I5E**
un **animateur**/une **animatrice** [ɛ̃nanimatœʀ/ynanimatʀis] ein Moderator/eine Moderatorin **I3A**
une **année** [ynane] ein Jahr **I4B**
une année de construction [ynanedəkõstʀuksjõ] ein Baujahr **I9B**

un **anniversaire** [ɛ̃anivɛʀsɛʀ] ein Geburtstag **I 9A**
une **annonce** [ynanɔ̃s] eine Anzeige **I 3A**
annoncer qc [anɔ̃se] etw. ankündigen **II 4B**
annuel/annuelle [anɥɛl] jährlich/Jahres- **II 8B**
antique [ɑ̃tik] Antik- **I 10A**
un **apéritif** [ɛ̃apeʀitif] ein Aperitif **I 8A**
à l'appareil *(m.)* [alapaʀɛj] am Apparat **II 5B**
un **appareil dentaire** [ɛ̃apaʀɛjdɑ̃tɛʀ] eine Zahnspange **II 6E**
un **appartement** [ɛ̃apaʀtəmɑ̃] eine Wohnung **I 2B**
un **appel** [ɛ̃apɛl] ein Anruf **I 3B**
appeler qn [ap(ə)le] jdn (an)rufen **I 9B**
s'appeler [sap(ə)le] heißen **II 2A**
Je m'appelle ... [ʒəmapɛl] Ich heiße ... **I 1E**
Tu t'appelles comment ? [tytapɛlkɔmɑ̃] Wie heißt du? **I 1E**
apporter qc [apɔʀte] etw. (mit)bringen **I 4B**
apprendre qc [apʀɑ̃dʀ] etw. lernen **I 7B**
un **apprenti**/une **apprentie** [ɛ̃apʀɑ̃ti/ynapʀɑ̃ti] ein Auszubildender/eine Auszubildende **I 1B**
approuver qn [apʀuve] jdm zustimmen **II 8A**
après [apʀɛ] danach *(zeitlich)*; später **I 1B**
après [apʀɛ] nach **I 3B**
après avoir fait qc [apʀɛzavwaʀ] nachdem man etw. getan hat **II 7B**
l'**après-midi** *(m. oder f.)* [lapʀɛmidi] der Nachmittag/nachmittags **I 1E**
un **arbre** [ɛ̃naʀbʀ] ein Baum **II 4B**
l'**argent** *(m.)* [laʀʒɑ̃] das Geld **I 5B**
un **argument** [ɛ̃naʀgymɑ̃] ein Argument **II 3B**
arrêter qc [aʀete] mit etw. aufhören **I 4A**
s'arrêter [saʀete] anhalten **I 10B**; aufhören; *(hier)* aufhören, zu arbeiten **II 2B**

à l'arrière-plan *(m.)* [alaʀjɛʀplɑ̃] im Hintergrund **II 1B**
une **arrivée** [ynaʀive] eine Ankunft **II 4E**
arriver [aʀive] (an)kommen **I 1B**
qc arrive à qn [aʀiv] etw. ist mit jdm los; etw. passiert jdm **II 8B**
arriver à faire qc [aʀive] es schaffen, etw. zu tun **II 2B**
arriver à échéance [aʀiveaeʃeɑ̃s] fällig werden **II 5B**
un/une **artiste** [ɛ̃/ynaʀtist] ein Künstler/eine Künstlerin **I 10A**
un **aspect** [ɛ̃naspɛ] ein Aspekt **II 4A**
une **aspirine** [ynaspiʀin] ein Aspirin **II 6A**
assez [ase] genug **I 5B**
une **assistance dépannage** [ynasistɑ̃sdepanaʒ] ein Reparaturdienst/Pannendienst **II 5B**
un **assistant de direction**/une **assistante de direction** [ɛ̃nasistɑ̃/ynasistɑ̃ntdədiʀɛksjɔ̃] ein Assistent/eine Assistentin der Geschäftsleitung **I 8B**
assister à qc [asiste] etw. miterleben **II 6B**
une **association** [ynasɔsjasjɔ̃] ein Verein **I 5B**
s'associer à qn [sasɔsje] sich mit jdm zusammenschließen **II 6A**
une **assurance** [ynasyʀɑ̃s] eine Versicherung **I 7E**
l'**atelier** *(m.)* [latəlje] die Werkstatt; *(hier)* das Atelier **I 1A**
l'**athlétisme** *(m.)* [latletism] die Leichtathletik **I 3E**
attendre qn/qc [atɑ̃dʀ] auf jdn/etw. warten **II 5B**
Attention ! [atɑ̃sjɔ̃] Achtung! **I 1A**
attirer qn/qc [atiʀe] jdn/etw. anziehen **II 3A**
attraper qc [atʀape] etw. fangen; *(hier)* bekommen/sich holen **II 6B**
au fait [ofɛt] übrigens **I 4B**
une **augmentation** [ynɔgmɑ̃tasjɔ̃] eine Zunahme/ein Anstieg/eine Steigerung **II 4B**
augmenter de [ɔgmɑ̃te] steigen/wachsen um **II 4A**
aujourd'hui [oʒuʀdɥi] heute **I 2A**
aussi [osi] auch **I 2B**
automobile [otomɔbil] Auto-/Automobil- **I 7E**

un **autoradio** [ɛ̃notoʀadjo] ein Autoradio **I 9B**
une **autorisation** [ynotoʀizasjɔ̃] eine Genehmigung **II 8E**
une **autoroute** [ynotoʀut] eine Autobahn **I 10A**
autre [otʀ(ə)] anderer/andere/anderes **I 6A**
les **autres** *(m., pl.)* [lezotʀ] die anderen **I 2B**
avant [avɑ̃] vorher/davor **II 3A**
un **avantage** [ɛ̃navɑ̃taʒ] ein Vorteil **I 9B**
avant de faire qc [avɑ̃də] bevor man etw. tut **II 7B**
avec [avɛk] mit **I 1A**
un **avion** [ɛ̃navjɔ̃] ein Flugzeug **II 1E**
un **avis** [ɛ̃navi] eine Meinung **I 7B**
donner son avis sur qc [donesɔ̃navi] über etw. seine Meinung abgeben **I 7B**
à mon avis [amɔ̃navi] meiner Meinung nach **I 8A**
changer d'avis [ʃɑ̃ʒedavi] seine Meinung ändern **I 9A**
avoir [avwaʀ] haben **I 2B**
avoir rendez-vous [avwaʀʀɑ̃devu] verabredet sein **I 2B**
en avoir marre *(fam.)* [ɑ̃navwaʀmaʀ] die Nase voll haben *(ugs.)* **I 4B**
avoir la trouille *(fam.)* [avwaʀlatʀuj] Schiss haben *(ugs.)* **I 5A**
avoir de la chance [avwaʀdəlaʃɑ̃s] Glück haben **I 7B**
avoir envie (de faire qc) [avwaʀɑ̃vi] Lust haben (etw. zu tun) **I 9A**
avoir l'air *(m.)* [avwaʀlɛʀ] aussehen **I 9B**
avoir besoin de qc [avwaʀbəswɛ̃də] etw. brauchen **I 10A**
avoir horreur de qc/qn [avwaʀɔʀœʀ] etw./jdn verabscheuen/hassen **II 1E**
avoir raison [avwaʀʀɛzɔ̃] Recht haben **II 1B**
avoir la garde de qn [avwaʀlagaʀd] das Sorgerecht für jdn haben **II 2B**
avoir l'habitude (f.) de faire qc [avwaʀlabityd] es gewohnt sein, etw. zu tun **II 7A**

B

le **bac** *(fam.)* (= *baccalauréat*) [ləbak(aloʀea)] das Abi *(ugs.)* **I 2A**
le bac blanc [ləbakblɑ̃] das Probeabitur **I 5A**
un bac pro(fessionnel) [ɛ̃bakpʀo(fɛsjɔnɛl)] ein Fachabitur **II 3A**
le **bagage** [ləbagaʒ] das Gepäck **II 1B**
le bagage à mains [ləbagaʒamɛ̃] das Handgepäck(stück) **II 1B**
se baigner [səbeɲe] baden **I 10B**
une **baisse** [ynbɛs] ein Rückgang **II 4B**
baisser [bɛse] sinken **II 4B**
une **banque** [ynbɑ̃k] eine Bank **I 7E**
le **basket(-ball)** [ləbaskɛt(bal)] der Basketball *(als Sportart)* **I 3A**
une **bataille** [ynbataj] eine Schlacht **II 7E**
un **bateau**/des **bateaux** [ɛ̃bato/debato] ein Boot/Boote; ein Schiff/Schiffe **II 1E**
beau/bel/belle/beaux/belles [bo/bɛl] schön **I 9A**
Il fait très beau. [ilfɛtʀɛbo] Es ist sehr schönes Wetter. **II 1B**
beaucoup [boku] sehr **I 6B**; viel **I 8A**
beaucoup de [bokudə] viel(e) *(bei Mengen)* **I 8B**
un **beau-père**/une **belle-mère** [ɛ̃bopɛʀ/ynbɛlmɛʀ] ein Stiefvater; ein Schwiegervater/eine Stiefmutter; eine Schwiegermutter **II 2B**
Ben… *(fam.)* [bɛ̃] Ja …/Tja … *(ugs.)* **I 2A**
un/une **bénévole** [ɛ̃/ynbenevɔl] ein Freiwilliger/eine Freiwillige **I 9B**
un **berger**/une **bergère** [ɛ̃bɛʀʒe/ynbɛʀʒɛʀ] ein Hirte/eine Hirtin **II 1A**
avoir besoin de qc [avwaʀbəswɛ̃də] etw. brauchen **I 10A**
une **bêtise** [ynbetiz] eine Dummheit **I 4A**
une **betterave sucrière** [ynbɛtʀavsykʀijɛʀ] eine Zuckerrübe **II 3E**
Beurk ! [bœʀk] Igitt! **I 8E**
le **beurre** [ləbœʀ] die Butter **I 8E**
au beurre [obœʀ] mit Butter **I 8E**
mettre du beurre dans les épinards [mɛtʀdybœʀdɑ̃lezepinaʀ] sich ein nettes Zubrot verdienen **II 3A**
bien [bjɛ̃] gut **I 1B**
Bien sûr ! [bjɛ̃syʀ] Na klar! **I 4A**
Bienvenue ! [bjɛ̃v(ə)ny] Willkommen! **I 1E**
une **bière** [ynbjɛʀ] ein Bier **I 8E**
un **bilan** [ɛ̃bilɑ̃] eine Bilanz **I 1B**
bilingue [bilɛ̃g] zweisprachig **II 8E**
un **billet** [ɛ̃bijɛ] eine Fahrkarte; ein Flugticket **II 1B**
biologique *(fam.: bio)* [bjɔlɔʒik] biologisch **II 3A**
un **bisou** [ɛ̃bizu] ein Küsschen **I 6A**
faire des bisous à qn [fɛʀdebizu] jdm Küsschen geben **II 2A**
bizarre [bizaʀ] komisch **I 4B**
blanc/blanche [blɑ̃/blɑ̃ʃ] weiß **I 6B**
le **blé** [ləble] der Weizen **II 3E**
un **blessé**/une **blessée** [ɛ̃/ynblese] ein Verletzter/eine Verletzte **II 6B**
bleu/bleue [blø] blau **I 6B**
un **blog** [ɛ̃blɔg] ein Blog **I 5E**
boire qc [bwaʀ] etw. trinken **I 8A**
une **boisson** [ynbwasõ] ein Getränk **I 4B**
une **boîte** [ynbwat] eine Schachtel; *(hier)* eine Packung **I 8E**
une **boîte vocale** [ynbwatvɔkal] eine Mailbox; ein Voice Mail **II 5B**
bon/bonne [bõ/bɔn] gut **I 6B**
L'eau est bonne. [loɛbɔn] Das Wasser ist angenehm. **II 1A**
Bonjour ! [bõʒuʀ] Guten Tag!/Guten Morgen! **I 1E**
Bonsoir ! [bõswaʀ] Guten Abend. **I 3B**
une **bouche** [ynbuʃ] ein Mund **II 2A**
un **bouchon** [ɛ̃buʃõ] ein Stau **I 10A**
bouger qc [buʒe] etw. bewegen **II 6B**
un **boulanger**/une **boulangère** [ɛ̃bulɑ̃ʒe/ynbulɑ̃ʒɛʀ] ein Bäcker/eine Bäckerin **II 6B**
une **bouteille** [ynbutɛj] eine Flasche **I 7B**
une **boutique** [ynbutik] ein Laden/eine Boutique **I 6A**
un **bouton** [ɛ̃butõ] ein Knopf **I 3B**
une **branche** [ynbʀɑ̃ʃ] eine Branche/ein Zweig **II 7E**
un **bras** [ɛ̃bʀa] ein Arm **II 6E**
bref/brève [bʀɛf/bʀɛv] kurz/knapp **II 8B**
un **brevet de secouriste** [ɛ̃bʀəvɛd(ə)s(ə)kuʀist] ein Erste-Hilfe-Schein **II 6A**
bronzer [bʀõze] sich bräunen **I 10B**
un **bruit** [ɛ̃bʀɥi] ein Geräusch/Lärm **II 2A**
un **BTS** (= *Brevet de Technicien Supérieur*) [ɛ̃beteɛs] *Abschluss nach einer 2-jährigen Ausbildung an einer FH* **I 5A**
un **buffet** [ɛ̃byfɛ] ein Büffet **I 8B**
buguer [bœge] abstürzen (Computer) **II 8B**
un **bureau** [ɛ̃byʀo] ein Büro **I 1B**
un **bus** [ɛ̃bys] ein Bus **I 10B**
un **business plan** [ɛ̃bisnɛsplɑ̃] ein Businessplan **II 5A**

C

ça [sa] das **I 3A**
Ça va ? [sava] Wie geht's? **I 1A**
Ça se prononce comment ? [sasəpʀɔnõs(ə)kɔmɑ̃] Wie spricht man das aus? **I 1A**
Ça veut dire… [savødiʀ] Das heißt … **I 4A**
Ça a été ? [saaete] War alles in Ordnung? **I 8A**
Ça fait … [safɛ] Das sind … /Das macht … **I 8A**
Ça change. [saʃɑ̃ʒ] Das ist (einmal) etwas Anderes. **I 9A**
une **cabine** [ynkabin] eine (Umkleide-)Kabine **I 9A**
un **cabinet (médical)** [ɛ̃kabinɛmedikal] eine (Arzt)Praxis **II 6E**
le **cacao** [ləkakao] der Kakao **II 4E**
un **cachet** [ɛ̃kaʃɛ] eine Tablette **II 6A**
être blanc/blanche comme un cachet d'aspirine [ɛtʀblɑ̃/blɑ̃ʃkɔmɛ̃kaʃɛdaspiʀin] kreidebleich sein **II 6A**
un **cadeau** [ɛ̃kado] ein Geschenk **I 8B**
le **café** [ləkafe] das Café **I 1E**
un café [ɛ̃kafe] ein Kaffee **I 5E**

une machine à café [ynmaʃinakafe] eine Kaffeemaschine **I 7A**
une **cafétéria** [ynkafeteʀja] eine Cafeteria **II 7E**
une **caisse** [ynkɛs] eine Kiste **II 7A**
une **calèche** [ynkalɛʃ] eine Kutsche **I 10B**
un **calendrier** [ɛ̃kalɑ̃dʀije] ein Kalender **II 4E**
calme [kalm] ruhig **II 7B**
se calmer [səkalme] sich beruhigen **I 10B**
une **calorie** [ynkalɔʀi] eine Kalorie **II 4E**
un **camembert** [ɛ̃kamɑ̃bɛʀ] ein Camembert **I 8B**
un **camion** [ɛ̃kamjɔ̃] ein Lastwagen **II 7E**
la **campagne** [lakɑ̃paɲ] das Land *(im Gegensatz zur Stadt)* **II 3A**
un **camping** [ɛ̃kɑ̃piŋ] ein Campingplatz **II 1A**
un **canal**/des **canaux** [ɛ̃kanal/dekano] ein Kanal/Kanäle **II 7E**
un **candidat**/une **candidate** [ɛ̃kɑ̃dida/ynkɑ̃didat] ein Bewerber/eine Bewerberin **I 4A**
une **candidature** [ynkɑ̃didatyʀ] eine Bewerbung **II 8E**
poser sa candidature [pozesakɑ̃didatyʀ] sich bewerben **II 8E**
une **cantine** [ynkɑ̃tin] eine Kantine **I 5E**
le **CAP** [ləseape] *berufsqualifizierender Abschluss* **II 4A**
une **capitale** [ynkapital] eine Hauptstadt **II 1E**
un **capot** [ɛ̃kapo] eine (Motor-)Haube **I 9B**
car [kaʀ] denn **II 8B**
une **carafe** [ynkaʀaf] eine Karaffe **I 8E**
un **carnet** [ɛ̃kaʀnɛ] ein Heftchen; *(hier)* ein Zehnerstreifen **I 6A**
un carnet de chèques [ɛ̃kaʀnɛd(ə)ʃɛk] ein Scheckheft **I 9A**
une **carotte** [ynkaʀɔt] eine Karotte **I 8E**
un **carré de chocolat** [ɛ̃kaʀed(ə)ʃɔkɔla] ein Stück Schokolade **II 4E**
une **carte** [ynkaʀt] eine Karte; *(hier)* eine Visitenkarte **I 6B**; eine Speisekarte **I 8E**
une carte postale [ynkaʀt(ə)pɔstal] eine Postkarte **I 9E**
une carte bleue [ynkaʀtəblø] eine Kreditkarte **I 9A**
une carte d'embarquement *(m.)* [ynkaʀt(ə)dɑ̃baʀkəmɑ̃] eine Bordkarte **II 1B**
une carte vitale [ynkaʀt(ə)vital] eine Krankenversicherungskarte **II 6B**
une carte d'identité *(f.)* [ynkaʀt(ə)didɑ̃tite] ein Personalausweis **II 8E**
un **casque** [ɛ̃kask] *(hier)* ein Kopfhörer **I 3B**
cassé/cassée *(fam.)* [kase] fertig *(ugs.)* **I 10A**
un **catalogue** [ɛ̃katalɔg] ein Katalog **I 6B**
une **catastrophe** [ynkatastʀɔf] eine Katastrophe **II 5B**
une **catégorie** [ynkategɔʀi] eine Kategorie **II 6B**
un **CD**/des **CD** [ɛ̃/desede] eine CD/CDs **I 4B**
un **CDD** *(= contrat à durée déterminée)* [ɛ̃sedede] ein befristeter Vertrag **II 8E**
un **CDI** *(= centre de documentation et d'information)* [ɛ̃sedei] *eine Dokumentations- und Informationsstelle einer Schule* **I 5E**
un CDI *(= contrat à durée indéterminée)* [ɛ̃sedei] ein unbefristeter Vertrag **II 8E**
ce/cet/cette/ces [sə/sɛt/sɛt/se] dieser/diese/dieses *(Demonstrativbegleiter)* **I 9E**
ce/c' [sə] das **I 2A**
célibataire [selibatɛʀ] ledig/unverheiratet **II 2B**
un **centime** [ɛ̃sɑ̃tim] ein Cent **I 2B**
un **centre** [ɛ̃sɑ̃tʀ] ein Mittelpunkt/Zentrum **II 1B**
au centre [osɑ̃tʀ] im Mittelpunkt **II 1B**
ce que [səkə] was *(Relativpronomen, Objekt)* **II 4B**
ce qui [səki] was *(Relativpronomen, Subjekt)* **II 4B**
les **céréales** *(f., pl.)* [leseʀeal] das Getreide **II 3E**
certain/certaine [sɛʀtɛ̃/sɛʀtɛn] bestimmter/bestimmte/bestimmtes **II 4A**
ce sont… [səsɔ̃] das sind … **I 1A**
c'est… [sɛ] das ist … **I 1A**
C'est marrant. [sɛmaʀɑ̃] Das ist lustig. **I 2A**
C'est combien ? [sɛkɔ̃bjɛ̃] Was kostet das? **I 2B**
C'est nul ! *(fam.)* [sɛnyl] Das ist blöd! *(ugs.)* **I 2B**
C'est grave. [sɛgʀav] Das ist schlimm. **I 4A**
C'est sûr ! [sɛsyʀ] Das ist sicher! **I 5B**
C'est galère ! *(fam.)* [sɛgalɛʀ] Das ist anstrengend! **I 10A**
c'est-à-dire [sɛtadiʀ] das heißt **II 3B**
c'est pourquoi [sɛpuʀkwa] deshalb **II 3B**
un **chai** [ɛ̃ʃɛ] ein (Wein)Lager **II 8A**
une **chaîne** [ynʃɛn] eine (Handels)Kette **II 5A**
une chaîne du froid [ynʃɛndyfʀwa] eine Kühlkette **II 7A**
une **chambre** [ynʃɑ̃bʀ] ein (Schlaf-)Zimmer **I 4E**
une chambre d'hôte [ynʃɑ̃bʀdot] ein Pensionszimmer **I 10B**
la **chance** [laʃɑ̃s] das Glück **I 7B**
avoir de la chance [avwaʀdəlaʃɑs] Glück haben **I 7B**
changer [ʃɑ̃ʒe] sich verändern **II 3A**
On change. [ɔ̃ʃɑ̃ʒ] Wir steigen um. **I 6A**
Ça change. [saʃɑ̃ʒ] Das ist (einmal) etwas Anderes. **I 9A**
changer d'avis [ʃɑ̃ʒedavi] seine Meinung ändern **I 9A**
chanter [ʃɑ̃te] singen **I 10A**
la **chantilly** [laʃɑ̃tiji] die Schlagsahne **II 4E**
chaque [ʃak] jeder/jede/jedes **II 5A**
la **charcuterie** [laʃaʀkytʀi] die Wurstwaren **I 8B**
être chargé/chargée [ɛtʀʃaʀʒe] beladen sein **II 7B**
charger (qc) [ʃaʀʒe] einladen; etw. beladen **II 7A**
chaud/chaude [ʃo/ʃod] warm/heiß **II 1B**

un **chauffage** [ɛ̃ʃofaʒ] eine Heizung **II 3B**

un **chauffeur** [ɛ̃ʃofœʀ] ein Fahrer **II 7E**

un chauffeur-routier [ɛ̃ʃofœʀʀutje] ein Fernfahrer **II 7E**

une **chaussure** [ynʃosyʀ] ein Schuh **I 9A**

un **chef**/une **chef** [ɛ̃ʃɛf/ynʃɛf] ein Chef/eine Chefin; *(hier)* ein Küchenchef/eine Küchenchefin **I 1B**

un/une chef-comptable [ɛ̃/ynʃɛfkõtabl] ein Chef/eine Chefin der Buchhaltung **I 8B**

un **chemin** [ɛ̃ʃəmɛ̃] ein Weg **I 6B**

demander son chemin à qn [dəmɑ̃desõʃəmɛ̃] jdn nach dem Weg fragen **I 6B**

un **chèque** [ɛ̃ʃɛk] ein Scheck **I 9A**

un carnet de chèques [ɛ̃kaʀnɛd(ə)ʃɛk] ein Scheckheft **I 9A**

cher/chère [ʃɛʀ] liebe(r) **I 6B**; teuer **I 8A**

chercher qc/qn [ʃɛʀʃe] etw./jdn suchen **I 1B**

un **cheval**/des **chevaux** [ɛ̃ʃəval] ein Pferd/Pferde **I 10E**

à cheval [aʃəval] mit dem Pferd **I 10B**

monter à cheval [mõteaʃəval] reiten **I 10B**

une **cheville** [ynʃ(ə)vij] ein Knöchel **II 6E**

chez [ʃe] zu *(einer Person)* **I 2E**; bei **I 3A**

un **chien** [ɛ̃ʃjɛ̃] ein Hund **II 1A**

un **chiffre d'affaires** [ɛ̃ʃifʀ(ə)dafɛʀ] ein Umsatz **I 7E**

chinois/chinoise [ʃinwa/ʃinwaz] chinesisch **II 5A**

le **chocolat** [ləʃɔkɔla] die Schokolade **II 4E**

au chocolat [oʃɔkɔla] Schokoladen- **II 4E**

une tablette de chocolat [yntablɛtd(ə)ʃɔkɔla] eine Tafel Schokolade **II 4E**

choisir qc [ʃwaziʀ] etw. wählen/aussuchen **II 4A**

Vous avez choisi ? [vuzavɛʃwazi] Haben Sie (schon) gewählt? **I 8A**

un **choix** [ɛ̃ʃwa] eine Auswahl **I 9E**

une **chose** [ynʃoz] eine Sache **II 3A**

un **cinéma** [ɛ̃sinema] ein Kino **I 2E**

Arrête ton cinéma ! *(fam.)* [aʀɛtõsinema] Hör doch mit dem Theater auf! *(ugs.)* **I 4B**

un **citoyen**/une **citoyenne** [ɛ̃sitwajɛ̃/ynsitwajɛn] ein (Staats)Bürger/eine (Staats)Bürgerin **II 8E**

une **classe** [ynklas] eine Klasse **I 1A**

classique [klasik] klassisch **II 4A**

une **clé** [ynkle] ein Schlüssel **I 4E**

un **client**/une **cliente** [ɛ̃klijɑ̃/ynklijɑ̃t] ein Kunde/eine Kundin **I 7E**

un **clignotant** [ɛ̃kliɲɔtɑ̃] ein Blinker **I 9B**

clignoter [kliɲɔte] blinken **II 7B**

la **clim** (= *climatisation*) [laklim(atizasjõ)] die Klimaanlage **I 9B**

un **clown** [ɛ̃klun] ein Clown **I 4A**

un **coca(-cola)** [ɛ̃kɔkakɔla] eine Cola **I 8E**

le **cœur** [ləkœʀ] das Herz **II 6B**

qn a mal au cœur [malokœʀ] jdm ist schlecht **II 6B**

un **coffre** [ɛ̃kɔfʀ] ein Kofferraum **I 9B**

être en colère [ɛtʀɑ̃kɔlɛʀ] wütend sein **I 4B**

un **collaborateur**/une **collaboratrice** [ɛ̃kɔlabɔʀatœʀ/ynkɔlabɔʀatʀis] ein Mitarbeiter/eine Mitarbeiterin **II 5A**

une **collection** [ynkɔlɛksjõ] eine Kollektion **I 2A**

un/une **collègue** [ɛ̃/ynkɔlɛg] ein Kollege/eine Kollegin **I 7B**

un/une **coloc** *(fam.)* (= *colocataire*) [ɛ̃/ynkolɔk] ein Mitbewohner/eine Mitbewohnerin **I 4E**

une **colocation** *(fam.: une coloc)* [ynkolɔkasjõ] eine Wohngemeinschaft/WG *(ugs.)* **I 2B**

une **colonie de vacances** [ynkɔlɔnid(ə)vakɑ̃s] ein Feriencamp/-lager **I 3B**

combien [kõbjɛ̃] wie viel **I 2B**

C'est combien ? [sɛkõbjɛ̃] Was kostet das? **I 2B**

une **commande** [ynkɔmɑ̃d] eine Bestellung **I 7B**

commander qc [kɔmɑ̃de] etw. bestellen **I 2A**

comme [kɔm] wie *(beim Vergleich)* **I 1A**; als **I 8A**

comme ça [kɔmsa] so **I 5B**

comme prévu [kɔmpʀevy] wie geplant **I 10B**

comme [kɔm] da/weil **II 1A**

commencer [kɔmɑ̃se] anfangen **I 4A**

commencer par qc [kɔmɑ̃se] mit etw. anfangen **I 8B**

Comment ... ? [kɔmɑ̃] Wie ...? **I 4E**

Ça se prononce comment ? [sasəpʀɔnɔ̃s(ə)kɔmɑ̃] Wie spricht man das aus? **I 1A**

un **commentaire** [ɛ̃kɔmɑ̃tɛʀ] ein Kommentar **I 5A**

le **commerce** [ləkɔmɛʀs] der Handel **I 5B**; der Einzelhandel **I 7E**

le commerce équitable [ləkɔmɛʀsekitabl] der faire Handel **I 5B**

un **commercial**/une **commerciale** [ɛ̃/ynkɔmɛʀsjal] ein kaufmännischer Angestellter/eine kaufmännische Angestellte *(hier:* im Vertrieb) **II 7A**

la **communication** [lakɔmynikasjõ] die Kommunikation/das Kommunikationswesen **I 5E**

une **compagnie** [ynkõpaɲi] eine Gruppe; *(hier)* eine Tanzgruppe **I 3E**

comparer qc/qn à qc/qn [kõpaʀe] eine Sache/jdn mit einer anderen Sache/jdm vergleichen **II 2A**

une **compétence** [ynkõpetɑ̃s] eine Kompetenz/Kenntnis **II 8B**

compléter qc [kõplete] etw. vervollständigen/ergänzen **II 7E**

un **compliment** [ɛ̃kõplimɑ̃] ein Kompliment **I 6E**

compliqué/compliquée [kõplike] kompliziert **I 7B**

comprendre qc [kõpʀɑ̃dʀ] etw. verstehen **I 4A**

compris/comprise [kõpʀi/kõpʀiz] inklusiv **I 8B**

un **compromis** [ɛ̃kõpʀomi] ein Kompromiss **II 2B**

se mettre à son compte [səmɛtʀasõkõt] sich selbstständig machen **II 5A**
un **compte bancaire** [ɛ̃kõtbɑ̃kɛʀ] ein Bankkonto **II 8B**
se concentrer sur qc [səkõsɑ̃tʀe] sich auf etw. konzentrieren **II 5A**
un **concept** [ɛ̃kõsɛpt] ein Konzept **II 5A**
une **concurrence** [ynkõkyʀɑ̃s] eine Konkurrenz **II 4A**
une **condition** [ynkõdisjõ] eine Bedingung/Voraussetzung **II 7B**
une **conférence** [ynkõfeʀɑ̃s] ein Vortrag/eine Konferenz **II 5E**
la **confiance** [lakõfjɑ̃s] das Vertrauen **II 3B**
faire confiance à qn [fɛʀkõfjɑ̃s] jdn vertrauen **II 3B**
perdre confiance en qn [pɛʀdʀkõfjɑ̃s] das Vertrauen in jdn verlieren **II 5B**
confier qc à qn [kõfje] jdm etw. anvertrauen **I 7B**
une **confirmation** [ynkõfiʀmasjõ] eine Bestätigung **II 7A**
un **congé** [ɛ̃kõʒe] ein Urlaub **I 2A**
être en congé [ɛtʀɑ̃kõʒe] Urlaub haben **I 2A**
le congé maternité [ləkõʒematɛʀnite] der Mutterschutz **II 6A**
faire la connaissance de qn [fɛʀlakɔnɛsɑ̃s] jdn kennen lernen **II 2A**
connaître qn [kɔnɛtʀ] jdn kennen **II 6B**
se connecter à/sur [səkɔnɛkte] sich einloggen in **II 2E**
une **connexion Internet** [ynkɔnɛksjõɛ̃tɛʀnɛt] ein Internetanschluss/eine Internetverbindung **II 8B**
connu/connue [kɔny] bekannt **I 9E**
un **conseil** [ɛ̃kõsɛj] ein Rat(schlag) **II 3B**
une **conserve** [ynkõsɛʀv] eine Dose/Konserve **I 9E**
une **consigne** [ynkõsiɲ] eine Anweisung; ein Arbeitsauftrag **I 7A**
consoler qn [kõsɔle] jdn trösten **II 2A**
un **consommateur**/une **consommatrice** [ɛ̃kõsɔmatœʀ/ynkõsɔmatʀis] ein Verbraucher/eine Verbraucherin **I 9E**
la **consommation** [lakõsɔmasjõ] der Konsum/Verbrauch/Verzehr **II 4B**
consommer qc [kõsɔme] etw. verbrauchen/konsumieren **II 4E**
consommer avec modération [kõsɔmeavɛkmɔdeʀasjõ] in Maßen/maßvoll essen/trinken **II 4E**
constant/constante [kõstɑ̃/kõstɑ̃t] konstant/ständig **II 8B**
constater qc [kõstate] etw. feststellen **I 7B**
la **construction** [lakõstʀyksjõ] die Konstruktion/der Bau **II 3B**
une **consultation** [ynkõsyltasjõ] eine Sprechstunde **II 6E**
une consultation à domicile [ynkõsyltasjõadɔmisil] ein Hausbesuch **II 6A**
consulter qn [kõsylte] jdn um Rat fragen/konsultieren; (einen Arzt) aufsuchen **II 5E**
contacter qn [kõtakte] jdn kontaktieren/mit jdm Kontakt aufnehmen **I 7A**
content/contente [kõtɑ̃/kõtɑ̃t] glücklich/zufrieden **I 6A**
un **continent** [ɛ̃kõtinɑ̃] ein Kontinent **I 10E**
continuer [kõtinɥe] weitermachen; *(hier)* weiterlaufen **I 6B**
un **contraire** [ɛ̃kõtʀɛʀ] ein Gegenteil **II 3A**
contraster avec qc [kõtʀaste] einen Kontrast/starken Gegensatz zu etw. bilden **II 1A**
un **contrat** [ɛ̃nkõtʀa] ein Vertrag **I 1B**
contre [kõtʀ] gegen **II 6B**
le **contrôle technique** [ləkõtʀoltɛknik] der TÜV **I 9B**
passer le contrôle technique [paseləkõtʀoltɛknik] durch den TÜV kommen **I 9B**
cool *(fam.)* [kul] cool *(ugs.)* **I 1A**
les **coordonnées** *(f., pl.)* [lekɔɔʀdɔne] die persönlichen Angaben **I 2B**
un **copain**/une **copine** *(fam.)* [ɛ̃kɔpɛ̃/ynkɔpin] ein Freund/eine Freundin **I 2E**
un **corps** [ɛ̃kɔʀ] ein Körper **II 6E**
correct/correcte [kɔʀɛkt] korrekt **II 4A**
correspondre à qc/qn [kɔʀɛspõdʀ] etw. entsprechen/zu jdm passen **II 8B**
les **cosmétiques** *(m., pl.)* [lekɔsmetik] die Kosmetikprodukte **I 7E**
un **côté** [ɛ̃kote] eine Seite **II 8A**
à côté de [akɔtedə] neben **I 10E**
se coucher [səkuʃe] ins Bett gehen **I 10B**
une **couleur** [ynkulœʀ] eine Farbe **I 9A**
un **couloir** [ɛ̃kulwaʀ] ein Gang/Flur **II 1B**
couper qc [kupe] etw. schneiden **II 4B**
un **couple** [ɛ̃kupl] ein Paar **II 2B**
une **cour** [ynkuʀ] ein (Schul)Hof **I 5A**
un **cours** [ɛ̃kuʀ] ein Kurs/eine Unterrichtsstunde **I 4B**
les **courses** *(f., pl.)* [lekuʀs] die Einkäufe **I 4B**
faire les courses [fɛʀlekuʀs] einkaufen **I 4B**
court/courte [kuʀ/kuʀt] kurz **I 9A**
coûter [kute] kosten **II 3A**
un **CPE** (= *Conseiller Principal d'Education*) [sepeə] *Pädagogische Fachkraft an einer Schule* **I 5A**
craquer *(fam.)* [kʀake] ausflippen *(ugs.)*/die Nerven verlieren **I 5A**
un **créateur**/une **créatrice d'entreprise** [ɛ̃kʀeatœʀ/ynkʀeatʀisdɑ̃tʀəpʀiz] ein Firmengründer/eine Firmengründerin **II 5E**
une **crèche** [ynkʀɛʃ] eine (Kinder)Krippe **II 2E**
un **crédit** [ɛ̃kʀedi] ein Kredit **II 3B**
prendre un crédit [pʀɑ̃dʀɛ̃kʀedi] einen Kredit aufnehmen **II 3B**
créer qc [kʀee] etw. schaffen; gründen **II 4A**
On pend la crémaillère. [õpɑ̃lakʀemajɛʀ] Wir machen eine Einweihungsparty. **I 4E**

la **crème fraîche** [lakʀɛmfʀɛʃ] die Crème fraîche **I 8E**
une **crevette** [ynkʀəvɛt] eine Garnele **II 7A**
une **crise** [ynkʀiz] eine Krise **I 5A**
critiquer qc [kʀitike] etw. kritisieren **II 1B**
une **cuisine** [ynkɥizin] eine Küche **I 1B**
cultiver qc [kyltive] etw. anbauen **II 3E**
des **cultures** *(f., pl.)* [dekyltyʀ] (Gemüse)Kulturen; Felder **II 3E**
culturel/culturelle [kyltyʀɛl] kulturell **II 5A**
un **CV** *(= curriculum vitae)* [ɛ̃seve] ein Lebenslauf **I 3A**

D

d'abord [dabɔʀ] zuerst/erst **I 1B**
d'accord [dakɔʀ] einverstanden/ o.k. **I 1B**
être d'accord avec qn [ɛtʀdakɔʀ] jdm zustimmen **II 3B**
un **Danois**/une **Danoise** [ɛ̃danwa/ yndanwaz] ein Däne/eine Dänin **I 10A**
dans [dɑ̃] in **I 1A**
dans les deux heures [dɑ̃ledøzœʀ] innerhalb von zwei Stunden **II 5B**
la **danse** [ladɑ̃s] der Tanz/das Tanzen **I 3E**
faire de la danse [fɛʀdəladɑ̃s] tanzen **I 3E**
danser [dɑ̃se] tanzen **I 4B**
d'après qn/qc [dapʀɛ] nach/ gemäß jdm/etw. **II 4B**
une **date** [yndat] ein Datum; Termin **II 7A**
de/d' [də] von/aus **I 1A**
de… à… [də…a] von … bis … **I 2A**
D'où… ? [du] Woher …? **I 4A**
un **débouché** [ɛ̃debuʃe] eine Perspektive/Berufsaussicht **I 5A**
se débrouiller [sədebʀuje] zurecht kommen **I 10B**
un **début** [ɛ̃deby] ein Anfang **II 3B**
au début [odeby] am Anfang **II 3B**
décharger qc [deʃaʀʒe] etw. entladen **II 7B**

les **déchets** *(m., pl.)* [ledeʃɛ] der Müll/Abfall **II 3A**
décider (de faire qc) [deside] entscheiden (etw. zu tun) **I 9B**
se décider [sədeside] sich entscheiden **II 5A**
une **décision** [yndesisjɔ̃] eine Entscheidung **II 8A**
découvrir qc [dekuvʀiʀ] etw. entdecken **II 8E**
décrocher qc *(fam.)* [dekʀɔʃe] etw. kriegen/ergattern *(ugs.)* **II 5A**
déçu/déçue [desy] enttäuscht **II 5B**
dedans [dədɑ̃] hinein **II 4A**
un **degré** [ɛ̃dəgʀe] ein Grad **II 1B**
une **dégustation** [yndegystasjɔ̃] eine Weinprobe **II 8A**
déguster qc [degyste] etw. probieren/kosten **II 8A**
déjà [deʒa] schon **I 3A**
un **délai** [ɛ̃delɛ] eine Frist **II 5B**
délicieux/délicieuse [delisjø/ delisjøz] köstlich **I 8E**
demain [dəmɛ̃] morgen **I 2A**
la **demande** [lad(ə)mɑ̃d] die Nachfrage **II 5A**
demander qc à qn [d(ə)mɑ̃de] jdn etw. fragen **I 6A**
demander qc [d(ə)mɑ̃de] *(hier)* etw. anfordern **I 8B**
se demander [səd(ə)mɑ̃de] sich fragen **I 10B**
une **démarche** [yndemaʀʃ] ein Schritt; ein Gesuch **II 5E**
demie [d(ə)mi] halb **I 4B**
un **demi-frère**/une **demi-sœur** [ɛ̃d(ə)mifʀɛʀ/ynd(ə)misœʀ] ein Halbbruder/eine Halbschwester **II 2B**
une **dent** [yndɑ̃] ein Zahn **II 6E**
un/une **dentiste** [ɛ̃/yndɑ̃tist] ein Zahnarzt/eine Zahnärztin **II 6E**
un **départ** [ɛ̃depaʀ] eine Abreise **II 1E**
un **département** [ɛ̃depaʀt(ə)mɑ̃] eine Abteilung **I 7A**
un département [ɛ̃depaʀt(ə)mɑ̃] *Verwaltungsbezirk in Frankreich* **II 1B**
dépasser (qc) [depase] (etw.) überschreiten; (Frist) ablaufen **II 1B**
se dépêcher [sədepeʃe] sich beeilen **I 10B**

se déplacer [sədeplase] sich bewegen **I 10B**
déposer qn [depoze] jdn absetzen **I 10B**
déprimé/déprimée [depʀime] deprimiert/niedergeschlagen **II 1E**
depuis [dəpɥi] seit **I 3E**; ab *(bei Ortsangaben)*/von… aus **II 7A**
depuis que [dəpɥikə] seit(dem) **II 6B**
déranger qn [deʀɑ̃ʒe] jdn stören **I 6E**
dernier/dernière [dɛʀnje/dɛʀnjɛʀ] letzter/letzte/letztes **I 7B**
dernièrement [dɛʀnjɛʀmɑ̃] neulich/kürzlich **II 7A**
derrière [dɛʀjɛʀ] hinter/hinten **I 10A**
On descend. [ɔ̃desɑ̃] Wir steigen aus. **I 6A**
un **dessert** [ɛ̃desɛʀ] ein Dessert/ Nachtisch **I 8E**
un **dessin** [ɛ̃desɛ̃] eine Zeichnung **II 1B**
un **dessinateur**/une **dessinatrice** [ɛ̃desinatœʀ/yndesinatʀis] ein Zeichner/eine Zeichnerin **II 1B**
un **détail** [ɛ̃detaj] ein Detail **I 8B**
détester qc [detɛste] etw. hassen/(überhaupt) nicht mögen **I 4B**
devant [dəvɑ̃] vor *(örtlich)* **I 2B**
un **développement** [ɛ̃devlɔpmɑ̃] eine Entwicklung **II 3A**
le développement durable [lədevlɔpmɑ̃dyʀabl] die nachhaltige Entwicklung **II 3A**
devenir [dəv(ə)niʀ] werden **II 2E**
un **devis** [ɛ̃dəvi] ein Kostenvoranschlag **I 8B**
devoir faire qc [dəvwaʀfɛʀ] etw. tun müssen **I 7A**
les **devoirs** *(m., pl.)* [ledəvwaʀ] die Hausaufgaben **I 5A**
un **diagnostic** [ɛ̃djagnɔstik] eine Diagnose **II 6A**
un **diagramme** [ɛ̃djagʀam] ein Diagramm **II 4B**
un **dialogue** [ɛ̃djalɔg] ein Dialog **I 5B**
la **diarrhée** [ladjaʀe] der Durchfall **II 6A**
un **dictionnaire** [ɛ̃diksjɔnɛʀ] ein Wörterbuch **II 8E**

une **différence** [yndifeʀɑ̃s] ein Unterschied **I 7B**
différent/différente [difeʀɑ̃/difeʀɑ̃t] unterschiedlich/verschieden **I 7A**
difficile [difisil] schwierig **II 3B**
diminuer (de) [diminɥe] abnehmen (um)/zurückgehen (um) **II 4B**
dîner [dine] zu Abend essen **II 8A**
diplomate [diplomat] diplomatisch **I 7B**
dire qc [diʀ] etw. sagen **I 5A**
Ça veut dire… [savødiʀ] Das heißt … **I 4A**
direct/directe [diʀɛkt] direkt **I 7B**
une **direction** [yndiʀɛksjõ] eine Richtung **I 6A**; eine Geschäftsleitung **II 5B**
la direction assistée [ladiʀɛksjõasiste] die Servolenkung **I 9B**
se diriger vers [sədiʀiʒe] zugehen auf **I 10B**
discuter [diskyte] diskutieren/sich unterhalten **I 2E**
discuter le prix [diskyteləpʀi] verhandeln **I 9B**
se disputer (avec qn) [sədispyte] sich (mit jdm) streiten **II 2B**
un **divorce** [ɛ̃divɔʀs] eine Scheidung **II 2B**
divorcer [divɔʀse] sich scheiden lassen **II 2B**
un **DJ** [ɛ̃didʒɛ] ein DJ **I 10A**
un **docteur** [ɛ̃dɔktœʀ] ein Doktor **II 6E**
un/une **documentaliste** [ɛ̃/yn dɔkymɑ̃talist] ein Schulbibliothekar/eine Schulbibliothekarin **I 5A**
un **doigt** [ɛ̃dwa] ein Finger **II 2A**
un **domaine** [ɛ̃dɔmɛn] Ländereien **II 8A**
il est dommage de faire qc [dɔmaʒ] es ist schade, dass man etw. tut **II 8A**
les **DOM-TOM** *(m., pl.) (les départements et territoires d'outre-mer)* [ledɔmtɔm] die Überseeprovinzen **II 1B**
donc [dõk] also **I 8B**
les **données** *(f., pl.)* [ledɔne] die Daten/Angaben **II 4B**
donner qc à qn [dɔne] jdm etw. geben **I 3A**
donner son avis sur qc [dɔnesõnavi] über etw. seine Meinung abgeben **I 7B**
donner faim à qn [dɔnefɛ̃] jdm Hunger/Appetit machen **I 8B**
dormir [dɔʀmiʀ] schlafen **II 2E**
un **dos** [ɛ̃do] ein Rücken **II 6E**
un **dossier** [ɛ̃dɔsje] ein Dossier; *(hier)* die Unterlagen **I 1B**
un **doute** [ɛ̃dut] ein Zweifel **I 5A**
un/une **DRH** (= *Directeur/-trice des ressources humaines*) [ɛ̃/yndeɛʀaʃ] ein Personalleiter/eine Personalleiterin **I 7A**
le **droit** [lədʀwa] das Recht/die Rechtskunde **I 5E**
tout droit [tudʀwa] geradeaus **I 6B**
à droite [adʀwat] (nach) rechts **I 3B**
drôle [dʀol] witzig **I 4E**
dur/dure [dyʀ] hart **I 10A**
une **durée** [yndyʀe] eine Dauer **II 8E**
durer [dyʀe] dauern **II 8A**

E

une **eau minérale** [ynomineʀal] ein Mineralwasser **I 8E**
un **échantillon** [ɛ̃neʃɑ̃tijõ] eine (Produkt)Probe **I 7B**
arriver à échéance [aʀiveaeʃeɑ̃s] fällig werden **II 5B**
une **école** [ynekɔl] eine Schule **II 2E**
une école maternelle [ynekɔlmatɛʀnɛl] eine Vorschule **II 2E**
une école primaire [ynekɔlpʀimɛʀ] eine Grundschule **II 2E**
l'**e-commerce** *(m.)* [likɔmɛʀs] der E-Commerce **II 8E**
l'**économie** *(f.)* [lekɔnɔmi] die Wirtschaft **I 5E**
les **économies** *(f., pl.)* [lezekɔnɔmi] die Ersparnisse/das Sparen **II 3B**
faire des économies (f., pl.) [fɛʀdezekɔnɔmi] sparen **II 3B**
être à l'écoute de qn [ɛtʀalekut] für jdn da sein/ein offenes Ohr für jdn haben **II 5E**
écouter qn [ekute] jdm zuhören **I 1B**
un **écran** [ɛ̃nekʀɑ̃] ein Bildschirm **II 5A**
écraser qc [ekʀaze] etw. zerdrücken **II 4B**
écrire qc [ekʀiʀ] etw. schreiben **I 5A**
l'**écriture** *(f.)* [lekʀityʀ] die Schrift; *(hier)* das Schreiben **II 2A**
effectif/effective [efɛktif/efɛktiv] effektiv/wirksam **II 7B**
effectivement [efɛktivmɑ̃] tatsächlich **II 7B**
un **effet** [ɛ̃nefɛ] eine Wirkung/ein Effekt **II 4E**
en effet [ɑ̃nefɛ] tatsächlich/in der Tat **II 5A**
égal/égale (à) [egal] gleich (wie) **II 4B**
également [egalmɑ̃] ebenfalls **II 7A**
l'**électricité** *(f.)* [lelɛktʀisite] der Strom **II 3B**
électronique [elɛktʀɔnik] elektronisch/Elektro- **II 7B**
l'**élevage** *(m.)* [lel(ə)vaʒ] die Viehzucht **II 3E**
un/une **élève** [ɛ̃nelɛv/ynelɛv] ein Schüler/eine Schülerin **I 1A**
élever qn [el(ə)ve] jdn großziehen/erziehen **II 2B**
un **e-mail** [ɛ̃nimɛl] eine E-Mail **I 4A**
une adresse e-mail [ynadʀɛsimɛl] eine E-Mail-Adresse **I 4A**
un **emballage** [ɛ̃nɑ̃balaʒ] eine Verpackung **II 4A**
emballé/emballée *(fam.)* [ɑ̃bale] begeistert **I 6B**
être embêté/embêtée *(fam.)* [ɑ̃bete] verlegen sein/jdm unangenehm sein **II 6A**
une **émission** [ynemisjõ] eine Sendung **I 3B**
emménager [ɑ̃menaʒe] einziehen **II 3B**
emmener qn à [ɑ̃m(ə)ne] jdn mitnehmen/bringen zu/in **II 2A**
un **emploi** [ɛ̃nɑ̃plwa] eine Stelle/Anstellung **II 8E**
un emploi à temps partiel [ɛ̃nɑ̃plwaatɑ̃paʀsjɛl] eine Teilzeitstelle **II 8E**
un **emploi du temps** [ɛ̃nɑ̃plwadytɑ̃] ein Stundenplan **I 5E**

un **employé**/une **employée** [ɛ̃/yn ɑ̃plwaje] ein Angestellter/eine Angestellte **II 1A**
un **employeur** [ɛ̃nɑ̃plwajœʀ] ein Arbeitgeber **II 8E**
en [ɑ̃] in **I 1A**
en bon état [ɑ̃bɔneta] in gutem Zustand **I 9B**
en espèces *(f., pl.)* [ɑ̃nɛspɛs] bar **I 9A**
en particulier [ɑ̃paʀtikylje] gesondert; besonders **II 3E**
en plus de qc [ɑ̃plysdə] zusätzlich zu etw./neben etw. **II 3A**
en effet [ɑ̃nefɛ] tatsächlich/in der Tat **II 5A**
en *(Pronomen)* [ɑ̃] davon **I 8A;** daher/daraus/von dort; darüber **II 7E**
enceinte [ɑ̃sɛ̃t] schwanger **II 6A**
encore [ɑ̃kɔʀ] noch **I 1B**
encourager qn [ɑ̃kuʀaʒe] jdn ermutigen/jdm Mut machen **II 8B**
un **endroit** [ɛ̃nɑ̃dʀwa] ein Ort/eine Stelle **II 4B**
l'**énergie** *(f.)* [lenɛʀʒi] die Energie **II 3A**
s'énerver [senɛʀve] sich aufregen **I 10B**
un **enfant** [ɛ̃nɑ̃fɑ̃] ein Kind **I 3B**
l'**enfer** *(m.)* [lɑ̃fɛʀ] die Hölle **II 8B**
enfin [ɑ̃fɛ̃] endlich **I 5B**
engager qn [ɑ̃gaʒe] jdn einstellen **II 5A**
ennuyer qn [ɑ̃nɥije] jdn langweilen **II 3A**
ennuyeux/ennuyeuse [ɑ̃nɥijø/ ɑ̃nɥijøz] langweilig **II 1A**
énorme [enɔʀm] riesig/Riesen- **I 6A**
un **enseignant**/une **enseignante** [ɛ̃nɑ̃sɛɲɑ̃/ynɑ̃sɛɲɑ̃t] ein Lehrer/ eine Lehrerin **I 5E**
un **ensemble** [ɛ̃nɑ̃sɑ̃bl] ein Outfit **I 9A**
ensemble [ɑ̃sɑ̃bl] zusammen **I 1A**
ensuite [ɑ̃sɥit] danach/ anschließend **II 2A**
entendre qc [ɑ̃tɑ̃dʀ] etw. hören **II 5B**
entre [ɑ̃tʀ] zwischen **I 5B**
une **entrée** [ynɑ̃tʀe] eine Vorspeise **I 1B;** ein Eingang **I 4E**

un **entrepôt** [ɛ̃nɑ̃tʀəpo] eine Lagerhalle **II 7A**
une **entreprise** [ynɑ̃tʀəpʀiz] ein Unternehmen **I 2A**
entrer (dans) [ɑ̃tʀe] eintreten/ betreten/hereinkommen **I 1B**
un **entretien d'embauche** [ɛ̃nɑ̃tʀətjɛ̃dɑ̃boʃ] ein Vorstellungsgespräch **I 7B**
avoir envie (de faire qc) [avwaʀɑ̃vi] Lust haben (etw. zu tun) **I 9A**
environ [ɑ̃viʀɔ̃] circa **I 8E**
envoyer qc à qn [ɑ̃vwaje] jdm etw. schicken **II 5B**
J'épèle ... [ʒepɛl] Ich buchstabiere ... **I 2B**
un **épi** [ɛ̃nepi] eine Ähre; *(hier) Symbol für klassifizierte Unterkünfte* **II 3B**
l'**épicerie du coin** [lepisʀidykwɛ̃] der Tante-Emma-Laden **I 9E**
une **épidémie** [ynepidemi] eine Epidemie/Seuche **II 6A**
une **époque** [ynepɔk] eine Epoche **II 1E**
à cette époque [asɛtepɔk] damals/zu der Zeit **II 1E**
équilibré/équilibrée [ekilibʀe] ausgeglichen **II 6B**
une **équipe** [ynekip] ein Team **I 1B**
faire équipe [fɛʀekip] ein Team bilden **I 10A**
équipé/équipée [ekipe] ausgestattet/ausgerüstet **II 5A**
l'**équitation** *(f.)* [lekitasjɔ̃] das Reiten **I 3A**
l'**escalade** *(f.)* [lɛskalad] das Klettern **I 3A**
espagnol/espagnole [ɛspaɲɔl] spanisch **I 10A**
en espèces *(f., pl.)* [ɑ̃nɛspɛs] bar **I 9A**
un **essai** [ɛ̃nesɛ] eine Probe(aufnahme) **I 3A**
essayer qc [eseje] etw. anprobieren **I 9A**
l'**est** *(m.)* [lɛst] der Osten **II 3E**
Est-ce que ... ? [ɛskə] *(Frageformel)* **I 2B**
et [e] und **I 1E**
une **étable** [ynetabl] ein Kuhstall **II 3A**

un **étage** [ɛ̃netaʒ] ein Stockwerk/ eine Etage **I 4E**
un **étang** [ɛ̃netɑ̃] ein Teich **I 10B**
une **étape** [ynetap] eine Etappe/ ein Abschnitt **II 1A**
en bon état [ɑ̃bɔneta] in gutem Zustand **I 9B**
l'**été** *(m.)* [lete] der Sommer **I 1A**
à la belle étoile [alabɛletwal] unter freiem Himmel (*une étoile:* ein Stern) **II 1A**
étonner qn [etɔne] jdn erstaunen **I 7B**
à l'étranger *(m.)* [aletʀɑ̃ʒe] im Ausland **I 7E**
étranger/étrangère [etʀɑ̃ʒe/ etʀɑ̃ʒɛʀ] ausländisch/Ausländer- **I 7B**
être [ɛtʀ] sein **I 1E**
être en forme [ɛtʀɑ̃fɔʀm] fit sein **I 1A**
Qui est-ce ? [kiɛs] Wer ist das? **I 1A**
être en retard [ɛtʀɑ̃ʀ(ə)taʀ] spät dran sein/zu spät sein **I 1A**
être en congé [ɛtʀɑ̃kɔ̃ʒe] Urlaub haben **I 2A**
être en colère [ɛtʀɑ̃kɔlɛʀ] wütend sein **I 4B**
Ça a été ? [saaete] War alles in Ordnung? **I 8A**
être en hausse [ɛtʀɑ̃'os] steigen **II 4B**
être en baisse [ɛtʀɑ̃bɛs] zurückgehen/sinken **II 4B**
être en train de faire qc [ɛtʀɑ̃tʀɛ̃] gerade etw. tun/dabei sein etw. zu tun **II 3B**
une **étude de marché** [ynetyd(ə)dəmaʀʃe] eine Marktstudie **II 5A**
des **études** *(f., pl.)* [dezetyd] ein Studium **I 4A**
faire des études [fɛʀdezetyd] studieren **I 4A**
des études d'économie *(f., pl)* [dezetyd(ə)dekɔnɔmi] ein BWL-Studium **I 4A**
un **étudiant**/une **étudiante** [ɛ̃netydjɑ̃/ynetydjɑ̃t] ein Student/ eine Studentin **I 7B**
un **euro** [ɛ̃nøʀo] ein Euro **I 2B**
européen/européenne [øʀɔpeɛ̃/ øʀɔpeɛn] europäisch **II 1E**

éviter qc [evite] etw. vermeiden **II 1E**
exact/exacte [ɛgzakt] genau/exakt **II 8B**
un **examen** [ɛ̃nɛgzamɛ̃] eine Prüfung **I 4A**
excellent/excellente [ɛkselɑ̃/ɛkselɑ̃t] ausgezeichnet/hervorragend **II 8A**
Excuse-moi ! [ɛkskyzmwa] Entschuldige!/Entschuldigung! **I 1A**
Excusez-moi ! [ɛkskyzemwa] Entschuldigen Sie! **I 1B**
une **expérience** [ynɛkspeʀjɑ̃s] eine Erfahrung **II 3B**
expliquer qc à qn [ɛksplike] jdm etw. erklären **I 3A**
une **exploitation** [ynɛksplwatasjɔ̃] ein (landwirtschaftlicher) Betrieb **II 3A**
exploiter qn [ɛksplwate] jdn ausbeuten **II 4A**
un **exportateur**/une **exportatrice** [ɛ̃nɛkspɔʀtatœʀ/ynɛkspɔʀtatʀis] ein Exporteur/eine Exporteurin; ein Exportland **II 4B**
un **exposant**/une **exposante** [ɛ̃nɛkspozɑ̃/ynɛkspozɑ̃t] ein Aussteller/eine Ausstellerin **II 5E**
un **exposé** [ɛ̃nɛkspoze] ein Referat **II 3E**
une **exposition** [ynɛkspozisjɔ̃] eine Ausstellung **I 5E**

F

la **fabrication** [lafabʀikasjɔ̃] die Herstellung **II 4E**
fabriquer qc [fabʀike] etw. herstellen **I 7E**
la **fac** *(fam.)* (= *faculté*) [lafak(ylte)] die Uni *(ugs.)* **I 2B**
faire face à qc [fɛʀfas] mit etw. fertig werden/einer Sache nachkommen **II 5A**
se fâcher [səfaʃe] sich ärgern **I 10B**
facile [fasil] einfach **I 2A**
une **façon** [ynfasɔ̃] eine Art (und Weise) **II 5A**
de toute façon [dətutfasɔ̃] sowieso **I 6A**
une **facture** [ynfaktyʀ] eine Rechnung **II 5B**
faible [fɛbl] schwach **II 4B**
donner faim à qn [dɔnefɛ̃] jdm Hunger/Appetit machen **I 8B**
faire qc [fɛʀ] etw. machen **I 3E**
faire de la danse [fɛʀdəladɑ̃s] tanzen **I 3E**
faire la fête [fɛʀlafɛt] feiern **I 3E**
faire du vélo [fɛʀdyvelo] Rad fahren **I 3A**
faire du shopping [fɛʀdyʃɔpiŋ] shoppen **I 3B**
faire des études [fɛʀdezetyd] studieren **I 4A**
faire vite [fɛʀvit] schnell machen **I 7A**
faire la plonge [fɛʀlaplɔ̃ʒ] den Abwasch machen **I 8E**
Ça fait … [safɛ] Das sind … /Das macht … **I 8A**
faire le tour de qc [fɛʀlətuʀ] eine Runde um etw. machen/um etw. herumgehen **I 9B**
faire le plein [fɛʀləplɛ̃] voll tanken **I 9B**
faire la route [fɛʀlaʀut] eine Strecke fahren **I 10A**
faire équipe [fɛʀekip] ein Team bilden **I 10A**
Il fait nuit. [ilfɛnɥi] Es ist dunkel./Es ist Nacht. **II 1A**
faire de la randonnée [fɛʀd(ə)laʀɑ̃dɔne] wandern **II 1A**
faire des grillades (f., pl.) [fɛʀdegʀijad] grillen **II 1A**
Il fait très beau. [ilfɛtʀɛbo] Es ist sehr schönes Wetter. **II 1B**
faire la connaissance de qn [fɛʀlakɔnɛsɑ̃s] jdn kennen lernen **II 2A**
faire un malaise [fɛʀɛ̃malɛz] ohnmächtig werden **II 6B**
une **famille** [ynfamij] eine Familie **II 1E**
en famille [ɑ̃famij] mit/in der Familie **II 1E**
une famille monoparentale [ynfamijmonopaʀɑ̃tal] eine Familie mit nur einem Elternteil **II 2B**
une famille recomposée [ynfamijʀ(ə)kɔ̃poze] eine Patchworkfamilie **II 2B**
fatigué/fatiguée [fatige] müde **I 10B**
il faut qc [ilfo] man braucht etw. **I 5B**
il faut faire qc [ilfo] man muss etw. tun **I 7B**
il ne faut pas faire qc [ilnəfopafɛʀ] man darf etw. nicht tun **I 7B**
un **fax** [ɛ̃faks] ein Fax **II 7A**
une **femme** [ynfam] eine Frau **I 6B**; eine Ehefrau **II 2B**
une femme au foyer [ynfamofwaje] eine Hausfrau **II 5A**
une **fenêtre** [ynf(ə)nɛtʀ] ein Fenster **II 1B**
un **jour férié** [ɛ̃ʒuʀfeʀje] ein Feiertag **II 4A**
une **ferme** [ynfɛʀm] ein Bauernhof **II 3E**
fermenter [fɛʀmɑ̃te] gären **II 4B**
fermer qc [fɛʀme] etw. schließen **II 8B**
ferroviaire [feʀɔvjɛʀ] (Eisen)Bahn- **II 7E**
un **ferry** [ɛ̃feʀi] eine Fähre **II 1**
un **festival** [ɛ̃fɛstival] ein Festival **I 9B**
une **fête** [ynfɛt] eine Party/Fete **I 3E**
faire la fête [fɛʀlafɛt] feiern **I 3E**
une **feuille** [ynfœj] ein Blatt **II 4B**
une **fève** [ynfɛv] eine (Kakao)Bohne **II 4E**
février *(m.)* [fevʀije] Februar **I 5E**
une **fiche de paie** [ynfiʃdəpɛ] eine Gehaltsabrechnung/ein Gehaltszettel **II 8B**
un **fichier** [ɛ̃fiʃje] eine Datei **II 8E**
la **fièvre** [lafjɛvʀ] das Fieber **II 6A**
un **fil de fer** [ɛ̃fildəfɛʀ] ein Eisendraht **I 6E**
la **fille** [lafij] das Mädchen **I 1A**
un **fils**/une **fille** [ɛ̃fis/ynfij] ein Sohn/eine Tochter **II 2B**
la **fin** [lafɛ̃] das Ende **I 4B**
finalement [finalmɑ̃] schließlich/zum Schluss/letztendlich **II 7A**
un **financement** [ɛ̃finɑ̃smɑ̃] eine Finanzierung **II 5E**
finir qc [finiʀ] etw. beenden/fertig machen; aufessen; austrinken **II 4A**
pour finir [puʀfiniʀ] zum Schluss **I 8A**
le **fioul** [ləfjul] das (Heiz)Öl **II 3B**

un **fleuve** [ɛ̃flœv] ein (großer) Fluss/Strom **II 7E**
une **fois** [ynfwa] ein Mal **I 6E**
fonctionner [fɔ̃ksjɔne] funktionieren **I 10A**
une **forêt** [ynfɔʀɛ] ein Wald **II 8A**
une **formation** [ynfɔʀmasjɔ̃] eine Ausbildung **II 2E**
une formation continue [ynfɔʀmasjɔ̃kɔ̃tiny] eine Weiterbildung **II 8E**
une formation en alternance [ynfɔʀmasjɔ̃ɑ̃naltɛʀnɑ̃s] eine duale Ausbildung **II 8E**
être en forme [ɛtʀɑ̃fɔʀm] fit sein **I 1A**
une **formule** [ynfɔʀmyl] eine Formel **I 8B**
un **fou**/une **folle** [ɛ̃fu/ynfɔl] ein Verrückter/eine Verrückte **I 10A**
un **four** [ɛ̃fuʀ] ein Ofen **I 10A**
des **frais** *(m., pl.)* [defʀɛ] Kosten **II 5B**
frais/fraîche [fʀɛ/fʀɛʃ] frisch **I 8E**
le **français** [ləfʀɑ̃sɛ] Französisch/die französische Sprache **I 1A**
français/française [fʀɑ̃sɛ/fʀɑ̃sɛz] französisch **I 7E**
qc frappe qn [fʀap] etw. fällt jdm auf **I 7B**
les **freins** *(m., pl.)* [lefʀɛ̃] die Bremsen **I 9B**
une **fréquence** [ynfʀekɑ̃s] eine Frequenz **I 3B**
un **frère** [ɛ̃fʀɛʀ] ein Bruder **I 4B**
des **frères et sœurs** [defʀɛʀesœʀ] Geschwister **II 2B**
un **frigo** [ɛ̃fʀigo] ein Kühlschrank **I 8E**
frigorifique [fʀigɔʀifik] Kühl- **II 7A**
des **fringues** *(f., pl.) (fam.)* [defʀɛ̃g] Klamotten *(ugs.)* **I 4E**
le **froid** [ləfʀwa] die Kälte **II 7A**
froid/froide [fʀwa/fʀwad] kalt **II 1B**
un **fromage** [ɛ̃fʀɔmaʒ] ein Käse **I 8E**
un **fruit** [ɛ̃fʀɥi] eine Frucht *(des fruits = Obst)* **I 9E**
des fruits de mer [defʀɥid(ə)mɛʀ] Meeresfrüchte **II 7E**

G

gagner qc [gaɲe] etw. verdienen **I 7B**
C'est galère ! *(fam.)* [sɛgalɛʀ] Das ist anstrengend! **I 10A**
une **gamme** [yngam] eine (Produkt)Palette **II 4A**
garantir qc [gaʀɑ̃tiʀ] etw. garantieren **II 4A**
un **garçon** [ɛ̃gaʀsɔ̃] ein Junge **I 1A**; *(hier)* ein Kellner **I 6A**
avoir la garde de qn [avwaʀlagaʀd] das Sorgerecht für jdn haben **II 2B**
garder qn/qc [gaʀde] jdn/etw. behalten **II 3B**
un **gardien** [ɛ̃gaʀdjɛ̃] ein Wärter **I 6A**
une **gare** [yngaʀ] ein Bahnhof **I 2E**
une **gastroentérite** *(fam.:* une gastro) [yngastʀoɑ̃teʀit] eine Magen-Darm-Entzündung **II 6A**
un **gâteau**/des **gâteaux** [ɛ̃gato/degato] ein Kuchen/Kuchen **I 4B**
à gauche [agoʃ] (nach) links **I 3B**
un **gel douche** [ɛ̃ʒɛlduʃ] ein Duschgel **I 7E**
général/générale/généraux/générales [ʒeneʀal/ʒeneʀo] allgemein **II 3A**
un/une **généraliste** [ɛ̃/ynʒeneʀalist] ein Allgemeinarzt **II 6E**
une **génération** [ynʒeneʀasjɔ̃] eine Generation **II 8A**
un **genou** [ɛ̃ʒ(ə)nu] ein Knie **II 6E**
un **genre de ...** [ɛ̃ʒɑ̃ʀ] eine Art ... **I 9B**
les **gens** *(m., pl.)* [leʒɑ̃] die Leute **I 1A**
gentil/gentille [ʒɑ̃ti/ʒɑ̃tij] nett **II 8A**
la **géographie** [laʒeɔgʀafi] die Erdkunde **I 5E**
un **gérant**/une **gérante** [ɛ̃ʒeʀɑ̃/ynʒeʀɑ̃t] ein Geschäftsführer/eine Geschäftsführerin **II 7A**
la **gestion** [laʒɛstjɔ̃] die Betriebswirtschaftslehre **I 5E**
un **gigot d'agneau** [ɛ̃ʒigodaɲo] eine Lammkeule **I 8E**
un **gîte** [ɛ̃ʒit] eine Ferienunterkunft **II 3A**
une **glace** [ynglas] ein Eis **I 8E**
global/globale/globaux/globales [glɔbal/glɔbo] global **II 8B**
une **gorge** [yngɔʀʒ] ein Hals **II 6E**
être **gourmand/gourmande** [ɛtʀguʀmɑ̃/guʀmɑ̃d] eine Naschkatze sein **II 4E**
le **goût** [legu] der Geschmack **II 2A**
goûter qc [gute] etw. probieren **I 4B**
un **GPS** [ɛ̃ʒepeɛs] ein GPS **II 5B**
un **gramme (de)** [ɛ̃gʀam] ein Gramm **I 8E**
grand/grande [gʀɑ̃/gʀɑ̃d] groß **I 6A**
une **grand-mère** [yngʀɑ̃mɛʀ] eine Großmutter **II 2B**
un **grand-père** [ɛ̃gʀɑ̃pɛʀ] ein Großvater **II 2B**
un **graphique** [ɛ̃gʀafik] eine Graphik **II 4B**
gratuit/gratuite [gʀatɥi/gʀatɥit] kostenlos/gratis **II 5A**
C'est grave. [sɛgʀav] Das ist schlimm. **I 4A**
faire des grillades *(f., pl.)* [fɛʀdegʀijad] grillen **II 1A**
grillé/grillée [gʀije] gegrillt **I 8E**
griller qc [gʀije] etw. rösten **II 4B**
une **grippe** [yngʀip] eine Grippe **II 6A**
gros/grosse [gʀo/gʀos] dick; *(hier)* groß **II 4E**
un/une **grossiste** [ɛ̃/yngʀosist] ein Großhändler/Grossist **II 7A**
un/une **guide** [ɛ̃/yngid] ein (Reise)Führer/eine (Reise)Führerin **I 6A**

H

s'habiller [sabije] sich anziehen **I 10B**
un **habitant**/une **habitante** [ɛ̃nabitɑ̃/ynabitɑ̃t] ein Einwohner/eine Einwohnerin **II 4B**
habiter [abite] wohnen **I 1B**
une **habitude** [ynabityd] eine Gewohnheit **II 7A**
avoir l'habitude (f.) de faire qc [avwaʀlabityd] es gewohnt sein, etw. zu tun **II 7A**
habituel/habituelle [abitɥɛl] üblich; *(hier)* gewohnt **II 7A**
s'habituer à qc [sabitɥe] sich an etw. gewöhnen **II 8B**

une **halle** [yn'al] eine (Markt)Halle II 7B
le **hard discount** [lə'aRddiskunt] der Discounter I 9E
une **hausse** [yn'os] ein Anstieg II 4B
haut/haute ['o/'ot] hoch II 1A
un **hectare** [ɛ̃nɛktaR] ein Hektar II 3B
…, hein ? *(fam.)* [ɛ̃] … oder?/… nicht wahr? I 3A
hésiter [ezite] zögern II 8B
l'**heure** *(f.)* [lœR] die Uhr; die Uhrzeit I 2A
à l'heure [alœR] pünktlich II 7B
Il est quelle heure ? [ilɛkɛlœr] Wie spät ist es? I 4B
A quelle heure ? [akɛlœr] Um wie viel Uhr? I 4B
heureux/heureuse [øRø/øRøz] glücklich II 7B
hier [jɛR] gestern I 5E
une **histoire** [ynistwaR] eine Geschichte I 4B
l'histoire *(f.)* [listwaR] die Geschichte *(als Schulfach)* I 5E
l'**hiver** *(m.)* [livɛR] der Winter II 1A
un **Hollandais**/une **Hollandaise** [ɛ̃'ɔlɑ̃dɛ/yn'ɔlɑ̃dɛz] ein Holländer/eine Holländerin II 4B
un **homme** [ɛ̃nɔm] ein Mann II 1A
hongrois/hongroise [ɔ̃gRwa/ɔ̃gRwaz] ungarisch I 10A
un **honoraire** [ɛ̃nɔnɔRɛR] ein Honorar II 6A
un **hôpital**/des **hôpitaux** [ɛ̃nɔpital/dezɔpito] ein Krankenhaus/Krankenhäuser II 6E
des **horaires** *(m., pl.)* [dezɔRɛR] ein Fahrplan; *(hier)* (Start)Zeiten II 1B
l'**horizon** *(m.)* [lɔRizɔ̃] der Horizont II 1A
avoir horreur de qc/qn [avwaRɔRœR] etw./jdn verabscheuen/hassen II 1E
un **hôtel** [ɛ̃notɛl] ein Hotel I 1B
une **hotline** [yn'ɔtlajn] eine Hotline I 5A
une **huître** [ynɥitR] eine Auster II 7A
humain/humaine [ymɛ̃/ymɛn] menschlich II 6E
un **hypermarché** [ɛ̃nipɛRmaRʃe] ein Supermarkt I 9E

I

ici [isi] hier I 1B
une **idée** [ynide] eine Idee I 2A
une **île** [ynil] eine Insel II 1A
il y a [ilja] vor *(zeitlich)* II 4A
il y a [ilja] es gibt I 1A
une **image** [ynimaʒ] ein Bild I 5A
un **immeuble** [ɛ̃nimœbl] ein Gebäude/Wohnhaus I 2B
un **imper** [ɛ̃nɛ̃pɛR] ein Regenmantel I 9A
important/importante [ɛ̃pɔRtɑ̃/ɛ̃pɔRtɑ̃t] wichtig I 10E
un **importateur**/une **importatrice** [ɛ̃nɛ̃mpɔRtatœR/ynɛ̃mpɔRtatRis] ein Importeur/eine Importeurin; ein Importland II 4B
impossible [ɛ̃pɔsibl] unmöglich II 5B
une **impression** [ynɛ̃pRɛsjɔ̃] ein Eindruck I 7E
une **imprimante** [ynɛ̃pRimɑ̃t] ein Drucker II 5A
Incroyable ! [ɛ̃kRwajabl] Unglaublich! I 10A
indépendant/indépendante [ɛ̃depɑ̃dɑ̃/ɛ̃depɑ̃dɑ̃t] unabhängig II 3B
un **Indien**/une **Indienne** [ɛ̃nɛ̃djɛ̃/ynɛ̃djɛn] ein Inder/eine Inderin II 5A
indiquer qc [ɛ̃dike] etw. anzeigen II 7B
l'**industrie** *(f.)* [lɛ̃dystRi] die Industrie I 7E
un **infirmier**/une **infirmière** [ɛ̃nɛ̃fiRmje/ynɛ̃fiRmjɛR] ein Krankenpfleger/eine Krankenschwester II 6B
l'**information** *(f.)* [lɛ̃fɔRmasjɔ̃] das Informationswesen I 5E
l'**informatique** *(f.)* [lɛ̃fɔRmatik] die Informatik I 2A
informe [ɛ̃fɔRm] formlos/ausgeleiert I 9A
s'inquiéter [sɛ̃kjete] sich Sorgen machen/sich beunruhigen II 6B
s'inscrire [sɛ̃skRiR] sich einschreiben II 1B
une **installation** [ynɛ̃stalasjɔ̃] eine Installation II 5A
installer qc [ɛ̃stale] etw. aufbauen/aufstellen I 4E
un **instrument** [ɛ̃nɛ̃stRymɑ̃] ein Instrument I 10A
intelligent/intelligente [ɛ̃teliʒɑ̃/ɛ̃teliʒɑ̃t] intelligent II 2B
interactif/interactive [ɛ̃tɛRaktif/ɛ̃tɛRaktiv] interaktiv II 5E
interdire à qn de faire qc [ɛ̃tɛRdiR] jdm verbieten etw. zu tun I 6A
intéressant/intéressante [ɛ̃teResɑ̃/ɛ̃teResɑ̃t] interessant I 9E
intéresser qn [ɛ̃teRese] jdn interessieren I 6B
un **internat** [ɛ̃nɛ̃tɛRna] ein Internat II 3A
l'**Internet** *(m.)* [lɛ̃tɛRnɛt] das Internet I 2A
sur Internet [syRɛ̃tɛRnɛt] im Internet I 2A
une **interro** *(fam.)* (= *interrogation*) [ynɛ̃tɛRo(gasjɔ̃)] eine Klassenarbeit I 5A
interroger qn [ɛ̃tɛRɔʒe] jdn befragen I 7B
une **interview** [ynɛ̃tɛRvju] ein Interview I 3A
investir dans qc [ɛ̃vɛstiR] in etw. investieren II 4A
un **investissement** [ɛ̃nɛ̃vɛstismɑ̃] eine Investition II 3B
l'**invitation** *(f.)* [lɛ̃vitasjɔ̃] die Einladung I 1A
inviter qn [ɛ̃vite] jdn einladen I 10A
inviter qn à faire qc [ɛ̃vite] jdn einladen, etw. zu tun II 8A

J

une **jambe** [ynʒɑ̃b] ein Bein II 6E
un **jardin** [ɛ̃ʒaRdɛ̃] ein Garten II 2E
un **jardin d'enfants** [ɛ̃jaRdɛ̃dɑ̃fɑ̃] ein Kindergarten II 2E
un **jean** [ɛ̃dʒin] eine Jeans I 9A
un **jeu**/des **jeux** [ɛ̃ʒø/deʒø] ein Spiel/Spiele II 1E
jeudi *(m.)* [ʒødi] (am) Donnerstag I 3E
un/une **jeune** [ɛ̃/ynʒœn] ein Jugendlicher/eine Jugendliche I 3E
jeune [ʒœn] jung II 2E
un **jingle** [ɛ̃dʒingœl] ein Jingle I 3B
un **job** [ɛ̃dʒɔb] ein Job I 3B
joli/jolie [ʒɔli] hübsch I 6B
jouer [ʒue] spielen I 10A
un **jour** [ɛ̃ʒuR] ein Tag I 9E
7 jours sur 7 [sɛtʒuRsyRsɛt] 7 Tage die Woche I 9E

un jour férié [ɛ̃ʒuʀfeʀje] ein Feiertag **II 4A**
ce jour-là [səʒuʀla] an diesem Tag **II 8A**
un **journal**/des **journaux** [ɛ̃ʒuʀnal/deʒuʀno] eine Zeitung/Zeitungen **I 7B**
une **journée** [ynʒuʀne] ein Tag **I 3B**
une journée portes ouvertes [ynʒuʀnepɔʀtzuvɛʀt] ein Tag der offenen Tür **I 5E**
le **judo** [ləʒydo] das Judo **I 3E**
juillet *(m.)* [ʒɥijɛ] Juli **I 10E**
juin *(m.)* [ʒɥɛ̃] Juni **I 5A**
être jumelé/jumelée avec [ʒymle] Partnerstadt/-dorf sein von **II 8A**
une **jupe** [ynʒyp] ein Rock **I 9A**
jusqu'à [ʒyska] bis **II 8A**
juste [ʒyst] direkt **I 10A**
justement [ʒystəmɑ̃] genau **I 9A**

K

le **kayak** [ləkajak] das Kajakfahren **I 3A**
un **kilo (de)** [ɛ̃kilo] ein Kilo **I 8E**

L

là [la] da/dort **I 1A**
là-bas [laba] dort **I 1A**
un **laboratoire d'analyses** *(f.)* [ɛ̃labɔʀatwaʀdanaliz] ein Diagnoselabor **II 6A**
laisser qn/qc [lese] jdn/etw. (über)lassen/etw. geben **I 6E**
le **lait** [ləlɛ] die Milch **I 8E**
laitier/laitière [letje/letjɛʀ] Milch- **II 3E**
une **langue** [ynlɑ̃g] eine Sprache **II 1B**
une langue étrangère [ynlɑ̃getʀɑ̃ʒɛʀ] eine Fremdsprache **II 1B**
large [laʀʒ] weit **I 9A**
une **larme** [ynlaʀm] eine Träne **II 2E**
en larmes [ɑ̃laʀm] in Tränen (aufgelöst) **II 2E**
laver qc [lave] etw. waschen/spülen **I 1B**
la **leçon** [laləsɔ̃] die Lektion **I 1E**
les **légumes** *(m., pl.)* [lelegym] das Gemüse **I 1B**
le **lendemain** [ləlɑ̃d(ə)mɛ̃] am folgenden Tag/am Tag darauf **II 8A**
lent/lente [lɑ̃/lɑ̃t] langsam **II 8B**
une **lettre de motivation** [ynlɛtʀ(ə)dəmɔtivasjɔ̃] ein Bewerbungsbrief **I 3A**
une **lettre recommandée** [ynlɛtʀ(ə)ʀəkɔmɑ̃de] ein Einschreiben **II 5B**
se lever [səl(ə)ve] aufstehen **I 10B**
libre [libʀ] frei **I 9A**
un **lieu**/des **lieux** [ɛ̃ljø/deljø] ein Ort/Orte **I 6A**
une **ligne** [ynliɲ] eine Linie **I 6A**; *(hier)* eine (Telefon)Leitung **II 7A**
être occupé/e sur une autre ligne [ɛtʀɔkypesyʀynotʀliɲ] auf einer anderen Leitung sprechen **II 7A**
en ligne [ɑ̃liɲ] online **II 8E**
limiter qc [limite] etw. einschränken **II 6B**
lire qc [liʀ] etw. lesen **I 5A**
une **liste** [ynlist] eine Liste **I 4B**
un **lit** [ɛ̃li] ein Bett **I 4E**
un **litre (de)** [ɛ̃litʀ] ein Liter **I 8E**
une **livraison** [ynlivʀɛzɔ̃] eine Lieferung **II 5B**
un **livre** [ɛ̃livʀ] ein Buch **I 5A**
livrer qc [livʀe] etw. liefern **II 5B**
local/locale/locaux/locales [lɔkal/lɔko] örtlich **II 4A**
une **loge** [ynlɔʒ] eine Loge; *(hier)* eine Künstlergarderobe **I 10A**
un **logement** [ɛ̃lɔʒmɑ̃] eine Wohnung/Unterkunft **II 8B**
loger qn [lɔʒe] jdn unterbringen **II 3B**
logistique [lɔʒistik] logistisch **II 7B**
les **loisirs** *(m., pl.)* [lelwaziʀ] die Freizeit **I 3E**
long/longue [lɔ̃/lɔ̃g] lang **II 1A**
longtemps [lɔ̃tɑ̃] lange *(Adv.)* **I 4A**
un **lot** [ɛ̃lo] ein (Waren)Posten **II 7A**
louer [lue] mieten; vermieten **I 10B**
une **loupe** [ynlup] eine Lupe **II 6B**
un **loyer** [ɛ̃lwaje] eine Miete **I 4A**
lundi *(m.)* [lɛ̃di] (am) Montag **I 1E**
des **lunettes** *(f., pl.)* [delynɛt] eine Brille **II 6E**
un **lycée** [ɛ̃lise] ein Gymnasium *(nur die Sekundarstufe II)* **I 1A**
un **lycéen**/une **lycéenne** [ɛ̃liseɛ̃/ynliseɛn] ein Gymnasiast/eine Gymnasiastin *(in der Oberstufe)* **I 5E**

M

un **machin** *(fam.)* [ɛ̃maʃɛ̃] ein Ding *(ugs.)* **I 4B**
une **machine** [ynmaʃin] eine Maschine **II 4A**
une machine à café [ynmaʃinakafe] eine Kaffeemaschine **I 7A**
madame... [madam] Frau ... **I 1A**
mademoiselle ... [madmwazɛl] *Anrede für eine junge Frau* **I 1B**
un **magazine** [ɛ̃magazin] eine Zeitschrift **I 3A**
magnifique [maɲifik] herrlich/wunderschön **II 1B**
une **main** [ynmɛ̃] eine Hand **II 1B**
à la main [alamɛ̃] mit der Hand **II 4B**
la **main d'œuvre** [lamɛ̃dœvʀ] die Arbeitskräfte **II 4A**
maintenant [mɛ̃t(ə)nɑ̃] jetzt **I 1B**
une **mairie** [ynmɛʀi] eine Stadtverwaltung; ein Rathaus **II 2E**
le **maïs** [ləmais] der Mais **II 3E**
mais [mɛ] aber **I 1A**
une **maison** [ynmɛzɔ̃] ein Haus **I 3A**
à la maison [alamɛzɔ̃] zu Hause; nach Hause **I 3A**
une maison passive [ynmɛzɔ̃pasiv] ein Passivhaus **II 3B**
un **maître**/une **maîtresse** [ɛ̃mɛtʀ/ynmɛtʀɛs] ein (Grundschul)Lehrer/eine (Grundschul)Lehrerin **II 2A**
la **majorité (des)** [lamaʒɔʀite] die Mehrheit (von) **II 4B**
avoir mal à la tête [avwaʀmalalatɛt] Kopfweh haben **II 6E**
qn a mal au cœur [avwaʀmalokœʀ] jdm ist schlecht **II 6B**
mal [mal] schlecht *(Adv.)* **II 2E**
malade [malad] krank **II 6A**
le **malaise** [ləmalɛz] das Unwohlsein **II 6B**

faire un malaise [fɛʀɛ̃malɛz] ohnmächtig werden **II 6B**
maman *(f.)* [mamɑ̃] Mama/Mutti **I 2A**
le **management des organisations** [ləmanadʒmɛntdezɔʀganizasjõ] der Betriebsaufbau **I 5E**
manger qc [mɑ̃ʒe] etw. essen **I 8E**
un **mannequin** [ɛ̃mankɛ̃] ein Model; *(hier)* eine Schaufensterpuppe **I 6E**
manquer à qn [mɑ̃ke] jdm fehlen **II 2B**
manquer qc [mɑ̃ke] etw. verpassen/versäumen **II 5E**
un **manteau** [ɛ̃mɑ̃to] ein Mantel **I 9A**
une **maquette** [ynmakɛt] *(hier)* eine Demo **I 3A**
un **marathon** [ɛ̃maʀatõ] ein Marathon **II 8E**
une **marchandise** [ynmaʀʃɑ̃diz] eine Ware/ein (Handels)Gut **II 7E**
un **marché** [ɛ̃maʀʃe] ein Markt **I 9E**
marcher [maʀʃe] gehen/laufen **I 4B**; funktionieren **I 5A**
mardi *(m.)* [maʀdi] (am) Dienstag **I 1A**
la **marée** [lamaʀe] Fische und Meeresfrüchte *(im Handelskontext)* **II 7B**
un **mari** [ɛ̃maʀi] ein Ehemann **II 2B**
un **mariage** [ɛ̃maʀjaʒ] eine Ehe; eine Hochzeit **II 2B**
se marier avec qn [səmaʀje] jdn heiraten **II 2B**
le **marketing** [ləmaʀketiŋ] das Marketing **I 7A**
une **marque** [ynmaʀk] eine Marke **I 9E**
marrant/marrante [maʀɑ̃/maʀɑ̃t] lustig **I 6A**
en avoir marre *(fam.)* [ɑ̃navwaʀmaʀ] die Nase voll haben *(ugs.)* **I 4B**
mars *(m.)* [maʀs] März **I 4E**
un **match** [ɛ̃matʃ] ein Spiel *(beim Sport)* **I 3E**
le **matériel informatique** [ləmateʀjɛlɛ̃fɔʀmatik] die Hardewareausstattung **II 5A**
les **mathématiques** *(f., pl.)* [lematematik] Mathematik **I 5E**
une **matière première** [ynmatjɛʀpʀəmjɛʀ] ein Rohstoff **II 4A**
le **matin** [ləmatɛ̃] der Morgen/morgens **I 1A**
mauvais/mauvaise [movɛ/movɛz] schlecht **II 1B**
Il fait mauvais. [ilfɛmovɛ] Es ist schlechtes Wetter. **II 1B**
un **médecin** [ɛ̃medsɛ̃] ein Arzt **II 6E**
un **médicament** [ɛ̃medikamɑ̃] ein Medikament/eine Arznei **II 6B**
le **meilleur. . .**/la **meilleure. . .** [mɛjœʀ] der/die/das beste **II 4A**
mélanger qc [melɑ̃ʒe] etw. mischen **II 4B**
le/la **même** [lə/lamɛm] der-/die-/dasselbe **II 8B**
même [mɛm] sogar **I 5E**
même si [mɛmsi] auch wenn/selbst wenn **II 3B**
le **ménage** [ləmenaʒ] die Hausarbeit/das Putzen **I 7B**
une **mentalité** [ynmɑ̃talite] eine Mentalität **II 8B**
un **menu** [ɛ̃məny] ein Menü **I 8E**
la **mer** [lamɛʀ] das Meer **I 1A**
Merci ! [mɛʀsi] Danke. **I 1E**
mercredi *(m.)* [mɛʀkʀədi] (am) Mittwoch **I 2A**
une **mère** [ynmɛʀ] eine Mutter **I 4B**
mesdames *(f, pl.)* [medam] meine Damen **I 8B**
un **message** [ɛ̃mɛsaʒ] eine Nachricht **II 5B**
messieurs-dames [mesjødam] meine Damen und Herren **I 8A**
la **météo** [lameteo] der Wetterbericht; das Wetter **II 1B**
un **métier** [ɛ̃metje] ein Beruf **II 4A**
un **mètre** [ɛ̃mɛtʀ] ein Meter **II 1A**
le **métro** [ləmetʀo] die Metro/die U-Bahn **I 6A**
mettre qc [mɛtʀ] etw. anziehen; etw. legen/setzen/stellen; *(hier)* etw. aufgeben **I 9B**
se mettre en rang [səmɛtʀɑ̃ʀɑ̃] sich in einer Reihe aufstellen **II 2A**
se mettre à son compte [səmɛtʀasõkõt] sich selbstständig machen **II 5A**
un **micro** *(= microphone)* [ɛ̃mikʀo] ein Mikro(fon) **I 3B**
le **midi** [ləmidi] der Mittag/mittags **I 2A**
mille [mil] tausend **I 5B**
un **million** [ɛ̃miljõ] eine Million **I 7E**
une **minijupe** [ynminiʒyp] ein Minirock **I 9A**
la **minorité (des)** [laminɔʀite] die Minderheit (von) **II 4B**
minuit *(m.)* [minɥi] Mitternacht/12 Uhr nachts **I 4B**
une **minute** [ynminyt] eine Minute **I 2B**
une **mission** [ynmisjõ] eine Mission/ein Auftrag **II 7B**
Mission accomplie ! [misjõakõpli] Auftrag ausgeführt! **II 7B**
avoir pour mission de faire qc [avwaʀpuʀmisjõ] den Auftrag haben, etw. zu tun **II 8B**
mobile [mɔbil] mobil/beweglich **II 8E**
la **mode** [lamɔd] die Mode **I 2A**
un **modèle** [ɛ̃mɔdɛl] ein Modell **I 9A**
moderne [mɔdɛʀn] modern **II 7A**
moderniser qc [mɔdɛʀnize] etw. modernisieren **II 3A**
moins [mwɛ̃] vor *(zeitlich)* **I 4B**; minus **I 3B**
un **mois** [ɛ̃mwa] ein Monat **I 4A**
la **moitié (de)** [lamwatje] die Hälfte (von) **II 4B**
un **moment** [ɛ̃mɔmɑ̃] ein Moment **I 1B**
à ce moment-là [asəmɔmɑ̃la] in dem/diesem Moment **II 8A**
le **monde** [ləmõd] die Welt **I 7E**
tout le monde [tul(ə)mõd] alle **I 3B**
monsieur . . . [məsjø] Herr . . . **I 1B**
une **montagne** [ynmõtaɲ] ein Berg/Gebirge **II 1A**
monter [mõte] steigen; *(hier)* einsteigen **I 6A**; *(hier)* wachsen/sich entwickeln **II 5A**
monter qc [mõte] *(hier)* etw. aufstellen/aufbauen **II 1A**
montrer qc à qn [mõtʀe] jdm etw. zeigen **I 3A**
se moquer de qn [səmɔke] jdn auslachen **I 10B**
la **mort** [lamɔʀ] der Tod **II 6A**
moulant/moulante [mulɑ̃/mulɑ̃t] eng **I 9A**

un **moule** [ɛ̃mul] eine Form **II 4B**
un **moulin** [ɛ̃mulɛ̃] eine Mühle **II 3B**
un **mouton** [ɛ̃mutõ] ein Schaf **II 1A**
un **moyen** [ɛ̃mwajɛ̃] ein Mittel **II 1E**
avoir les moyens de faire qc [avwaʀlemwajɛ̃] sich leisten können, etw. zu tun **II 6A**
un moyen de transport [ɛ̃mwajɛ̃d(ə)trɑ̃spɔʀ] ein Verkehrsmittel **II 1E**
la **moyenne** [lamwajɛn] der Durchschnitt **II 4B**
en moyenne [ɑ̃mwajɛn] im Durchschnitt **II 4B**
un **musée** [ɛ̃myze] ein Museum **I 3E**
un **musicien**/une **musicienne** [ɛ̃myzisjɛ̃/ynmyzisjɛn] ein Musiker/eine Musikerin **I 10E**
la **musique** [lamyzik] die Musik **I 3E**
muter qn [myte] jdn versetzen **II 5A**
une **mutuelle** [ynmytɥɛl] eine Zusatzversicherung **II 6B**

N

nager [naʒe] schwimmen **II 1A**
une **naissance** [ynnɛsɑ̃s] eine Geburt **II 2B**
la **natation** [lanatasjõ] das Schwimmen **I 3A**
une **nationalité** [ynnasjɔnalite] eine Nationalität **I 10A**
la **nature** [lanatyʀ] die Natur **I 1A**
ne… pas [nə…pa] nicht **I 2A**
ne … plus [nə…ply] nicht mehr **I 5A**
ne … pas de [nə…padə] kein/keine **I 5A**
ne … plus de [nə…plydə] kein/keine mehr **I 5A**
ne … pas encore [nə…pazɑ̃kɔʀ] noch nicht **I 7B**
ne… jamais [nə…ʒamɛ] nie **I 9E**
ne… ni… ni… [nə…ni…ni] weder … noch **II 5B**
Je suis né(e) … [ʒəsɥine] Ich bin geboren … **I 10A**
négatif/négative [negatif/negativ] negativ **II 8E**
un **négociant**/une **négociante** [ɛ̃negɔsjɑ̃/ynnegɔsjɑ̃t] ein Händler/eine Händlerin **II 7A**
négocier [negɔsje] verhandeln **II 6A**
Il neige. (*Infinitiv:* neiger) [ilnɛʒ] Es schneit. **II 1B**
un **niveau** [ɛ̃nivo] ein Niveau **I 5A**
ne pas avoir le niveau [nəpazavwaʀlənivo] nicht mehr mitkommen *(im Unterricht)* **I 5A**
Noël *(m.)* [nɔɛl] Weihnachten **II 4E**
noir/noire [nwaʀ] schwarz **I 6B**
un **nom** [ɛ̃nõ] ein Name **I 2A**
un **nombre** [ɛ̃nõbʀ] eine Zahl/Nummer **II 2A**
le **nord** [lənɔʀ] der Norden **II 3E**
une **note** [ynnɔt] eine Note **I 4A**
noter qc [nɔte] etw. aufschreiben/notieren **I 4A**
nouveau/nouvel/nouvelle/nouveaux/nouvelles [nuvo/nuvɛl] neu **I 9A**
un **nuage** [ɛ̃nɥaʒ] eine Wolke **II 1B**
une **nuit** [ynnɥi] eine Nacht **I 2E**
Il fait nuit. [ilfɛnɥi] Es ist dunkel./Es ist Nacht. **II 1A**
C'est nul ! *(fam.)* [sɛnyl] Das ist blöd! *(ugs.)* **I 2B**
un **numéro** [ɛ̃nymeʀo] eine Nummer **I 3B**

O

observer qn/qc [ɔpsɛʀve] etw./jdn beobachten **II 1A**
obtenir qc [ɔptəniʀ] etw. bekommen/erhalten **II 4B**
d'occasion [dɔkazjõ] Gebraucht- **I 9B**
être occupé/e sur une autre ligne [ɛtʀɔkypesyʀynotʀliɲ] auf einer anderen Leitung sprechen **II 7A**
s'occuper de qn/qc [sɔkype] sich um jdn/etw. kümmern **I 10B**
occuper qc [ɔkype] etw. einnehmen **II 3E**
octobre *(m.)* [ɔktɔbʀ] Oktober **I 4E**
un **œuf**/des **œufs** [ɛ̃nœf/dezø] ein Ei/Eier **I 8E**
l'**office du tourisme** *(m.)* [lɔfisdytuʀism] das Fremdenverkehrsamt **I 10B**
une **offre** [ynɔfʀ] ein Angebot **II 1B**
une offre promotionnelle [ynɔfʀpʀɔmosjɔnɛl] ein Sonderangebot **II 1B**
offrir qc à qn [ɔfʀiʀ] jdm etw. anbieten/schenken **II 8E**
un **oléoduc** [ɛ̃nɔleɔdyk] eine Pipeline/Erdölleitung **II 7E**
une **omelette** [ynɔmlɛt] ein Omelett **I 8E**
une **option** [ynɔpsjõ] ein Schwerpunkt *(beim Studium)* **I 5E;** eine Sonderausstattung *(beim Auto)* **I 9B**
un **orage** [ɛ̃nɔʀaʒ] ein Gewitter **II 1B**
orange [ɔʀɑ̃ʒ] orange **II 1A**
un **ordinateur** [ɛ̃nɔʀdinatœʀ] ein Computer **I 3E**
une **ordonnance** [ynɔʀdɔnɑ̃s] ein Rezept **II 6E**
une **oreille** [ynɔʀɛj] ein Ohr **II 6E**
organiser qc [ɔʀganize] etw. organisieren **I 8B**
ou [u] oder **I 2B**
Où… ? [u] Wo …?; Wohin…? **I 1A**
où [u] wo *(Relativpronomen, Ort)* **I 7E**
oublier qc [ublie] etw. vergessen **I 10E**
l'**ouest** *(m.)* [lwɛst] der Westen **II 3E**
ouvert/ouverte [uvɛʀ/uvɛʀt] offen **I 9E**
un **ouvrier**/une **ouvrière** [ɛ̃nuvʀije/ynuvʀijɛʀ] ein Arbeiter/eine Arbeiterin **II 3B**
ouvrir qc [uvʀiʀ] etw. öffnen/aufmachen **II 8E**

P

se pacser [səpakse] in einem eheähnlichen Verhältnis leben **II 2B**
le **paiement** [ləpɛmɑ̃] die Bezahlung **II 5B**
une **panne** [ynpan] eine Panne **II 7B**
un **panneau solaire** [ɛ̃panosɔlɛʀ] ein Solarzellenpanel **II 3B**
un **pantalon** [ɛ̃pɑ̃talõ] eine Hose **I 6B**
les **papiers** *(m., pl.)* [lepapje] die Papiere/die Unterlagen **I 2B**

par [paʀ] *(hier)* pro **I7B**
paralysé/paralysée [paʀalize] *(hier)* zusammengebrochen/lahm gelegt (*wörtl.*: gelähmt) **II5B**
un **parc** [ɛ̃paʀk] ein Park **I2E**
parce que [paʀs(ə)kə] weil **I4B**
Pardon ! [paʀdõ] Entschuldigung!/Verzeihung! **I4A**
les **parents** *(m., pl.)* [lepaʀɑ̃] die Eltern **I9E**
parfait/parfaite [paʀfɛ/paʀfɛt] perfekt **I6B**
parfois [paʀfwa] manchmal **II1A**
le **parfum** [ləpaʀfɛ̃] der Duft; das Aroma **II4B**
parler (à qn) [paʀle] (mit jdm) sprechen **I3A**
parler de qc [paʀle] von etw. erzählen **I6B**
une **parole** [ynpaʀɔl] ein Wort **I3B**
une **part** [ynpaʀ] ein Teil; ein Anteil **II3E**
partager qc [paʀtaʒe] etw. teilen **I8A**
un **partenariat** [ɛ̃paʀtənaʀia] eine Partnerschaft/Zusammenarbeit/Kooperation **I7A**
participer à qc [paʀtisipe] an etw. teilnehmen **I3A**
en particulier [ɑ̃paʀtikylje] gesondert; besonders **II3E**
une **partie** [ynpaʀti] ein Teil **II4B**
partir [paʀtiʀ] weggehen/aufbrechen **II2E**
partout [paʀtu] überall **I6A**
pas grand-chose [pagʀɑ̃ʃoz] nicht viel **II2B**
pas mal du tout [pamaldytu] gar nicht schlecht **I6B**
un **passant**/une **passante** [ɛ̃pasɑ̃/ynpasɑ̃t] ein Passant/eine Passantin **I6B**
un **passeport** [ɛ̃paspɔʀ] ein (Reise)Pass **II1B**
passer [pase] (Zeit) verbringen **I3B**
passer le contrôle technique [paselәkõtʀoltɛknik] durch den TÜV kommen **I9B**
passer qn à qn [pase] jdn mit jdm verbinden **II6A**
passer par [pasepaʀ] fahren/fließen durch/über; *(hier)* abgewickelt werden über **II7E**
se passer [səpase] (ver)laufen **I10B**
une **passion** [ynpasjõ] eine Leidenschaft **II8A**
passionner qn [pasjɔne] jdn begeistern **I7B**
se passionner pour qc [səpasjɔne] sich für etw. begeistern **II3A**
une **pastille** [ynpastij] eine Pastille/Lutschtablette **II6B**
un **pâté** [pɑte] eine Pastete **I8E**
les **pâtes** *(f., pl.)* [lepɑt] die Nudeln **I9E**
un **patient**/une **patiente** [ɛ̃pasjɑ̃/ynpasjɑ̃t] ein Patient/eine Patientin **II6E**
une **pâtisserie** [ynpɑtisʀi] eine Konditorei **I1B**; ein Gebäck/Kuchen **I8B**
un **patron**/une **patronne** [ɛ̃patʀõ/ynpatʀɔn] ein Chef/eine Chefin **II8B**
une **pause** [ynpoz] eine Pause **I3B**
payer qc [peje] etw. zahlen **I9A**
un **pays** [ɛ̃pei] ein Land **I7E**
un pays agricole [ɛ̃peiagʀikɔl] ein Agrarland **I7E**
un **paysage** [ɛ̃peizaʒ] eine Landschaft **II1A**
la **pêche** [lapɛʃ] der Fischfang/die Fischerei; das Angeln **II7A**
Ce n'était pas la peine ! [sənetɛpalapɛn] Das wäre doch nicht nötig gewesen! **II6A**
pendant [pɑ̃dɑ̃] während **I3B**
pendant que [pɑ̃dɑ̃kə] während *(Konjunktion)* **II1A**
penser à qn/qc [pɑ̃se] an jdn/etw. denken **I5A**
perdre qc [pɛʀdʀ] etw. verlieren **II5B**
un **père** [ɛ̃pɛʀ] ein Vater **I4B**
performant/performante [pɛʀfɔʀmɑ̃/pɛʀfɔʀmɑ̃t] leistungsstark **II5A**
la **périphérie** [lapeʀifeʀi] der Stadtrand **I9E**
un **permis de conduire** [ɛ̃pɛʀmidəkõdɥiʀ] ein Führerschein **I9B**
passer son permis [pasesõpɛʀmi] seinen Führerschein machen **II3A**
une **personne** [ynpɛʀsɔn] eine Person **I8B**
personne ne... [pɛʀsɔnnə] niemand *(Subjekt)* **II5B**
une **perte** [ynpɛʀt] ein Verlust **II5B**
la **pétanque** [lapetɑ̃k] das Boule-Spiel **I3A**
petit/petite [p(ə)ti] klein **I6B**
un **petit-déjeuner** [ɛ̃p(ə)tideʒœne] ein Frühstück **I4B**
prendre le petit-déjeuner [pʀɑ̃dʀləp(ə)tideʒœne] frühstücken **I4B**
un **petit-fils**/une **petite-fille** [ɛ̃p(ə)tifis/ynp(ə)titfij] ein Enkel/eine Enkelin **II6B**
des **petits fours** *(m., pl.)* [dep(ə)tifuʀ] Kleingebäck **I8B**
le **pétrole** [ləpetʀɔl] das (Erd)Öl **II7E**
un peu [ɛ̃pø] ein bisschen **I2A**
un peu de [ɛ̃pødə] ein wenig/ein bisschen *(bei Mengen)* **I8B**
peu de [pødə] wenig/wenige **I9E**
avoir peur [avwaʀpœʀ] Angst haben **I7A**
peut-être [pøtɛtʀ] vielleicht **I2B**
un **phare** [ɛ̃faʀ] ein Scheinwerfer **I9B**
une **pharmacie** [ynfaʀmasi] eine Apotheke **II6E**
un **pharmacien**/une **pharmacienne** [ɛ̃faʀmasjɛ̃/ynfaʀmasjɛn] ein Apotheker/eine Apothekerin **II6B**
une **photo** [ynfoto] ein Foto **I6E**
prendre une photo [pʀɑ̃dʀynfoto] ein Foto machen **I6E**
un/une **photographe** [ɛ̃/ynfɔtɔgʀaf] ein Fotograf/eine Fotografin **II1B**
une **pièce** [ynpjɛs] ein Zimmer/Raum **I4E**; ein Stück; ein Teil **II7B**
une pièce jointe [ynpjɛsʒwɛ̃t] eine Anlage **I7E**
à pied [apje] zu Fuß **I10B**
la **pilule** [lapilyl] die (Antibaby)Pille **II6E**
un **pique-nique** [ɛ̃piknik] ein Picknick **I10B**
le **pire** [ləpiʀ] das Schlimmste **II8B**
la **place** [laplas] der Platz **I1E**
placer qc [plase] etw. (hin-)stellen/(hin-)legen **I6A**
une **plage** [ynplaʒ] ein Strand **I3B**
une **plaie** [ynplɛ] eine Wunde **II6B**

qc/qn plaît à qn [plɛa] etw./jd gefällt jdm **I 6A**
s'il vous plaît [silvuplɛ] bitte *(zu jdm, den man siezt)* **I 2B**
un **plaisir** [ɛ̃plezir] ein Vergnügen **II 8A**
un **plan** [ɛ̃plɑ̃] ein Plan **I 6A**; *(hier)* eine Gliederung/Aufbau **II 4B**
au premier plan [opʀəmjeplɑ̃] im Vordergrund **II 1B**
la **planche à voile** [laplɑ̃ʃavwal] das Surfen; das Surfbrett **I 3A**
planifier qc [planifje] etw. (ein)planen **I 7A**
un **plat** [ɛ̃pla] ein Gericht **I 8E**
un **plateau** [ɛ̃plato] *(hier)* eine Platte **I 8B**
faire le plein [fɛʀləplɛ̃] voll tanken **I 9B**
plein/pleine (de) [plɛ̃/plɛn(də)] voll (von/mit) **II 6A**
pleurer [plœʀe] weinen **II 2A**
Il pleut. (*Infinitiv:* pleuvoir) [ilplø] Es regnet. **II 1B**
faire la plonge [fɛʀlaplɔ̃ʒ] den Abwasch machen **I 8E**
la **pluie** [laplɥi] der Regen **II 1B**
la **plupart des** [laplypaʀde] die meisten **II 4B**
plus de... que [plysdə...kə] mehr ... als **II 4B**
plusieurs [plyzjœʀ] mehrere **II 5A**
plutôt [plyto] eher/lieber **I 4B**
une **PME** *(= une petite et moyenne entreprise)* [ynpeɛmø] ein mittelständisches Unternehmen **II 5A**
une **poche** [ynpɔʃ] eine (Hosen-)Tasche **I 4E**
un **poids** [ɛ̃pwa] ein Gewicht **II 1B**
le poids autorisé [ləpwaotɔʀize] das zulässige Gewicht **II 1B**
le **poisson** [ləpwasɔ̃] der Fisch **I 8A**
poli/polie [pɔli] höflich **II 8A**
la **pollution** [lapɔlysjɔ̃] die Umweltverschmutzung **II 3B**
une **pomme** [ynpɔm] ein Apfel **II 4E**
un **pompier** [ɛ̃pɔ̃pje] ein Feuerwehrmann **II 6B**
les pompiers [lepɔ̃pje] die Feuerwehr **II 6B**

une **population** [ynpɔpylasjɔ̃] eine Bevölkerung **II 3E**
la population active [lapɔpylasjɔ̃aktiv] die Erwerbstätigen/Berufstätigen **II 3E**
un **port** [ɛ̃pɔʀ] ein Hafen **II 7A**
un **portable** [ɛ̃pɔʀtabl] ein Handy **I 2B**
porter qc [pɔʀte] etw. tragen **I 6B**
un **Portugais**/une **Portugaise** [ɛ̃pɔʀtygɛ/ynpɔʀtygɛz] ein Portugiese/eine Portugiesin **I 10A**
poser une question [pozeynkɛstjɔ̃] eine Frage stellen **I 2B**
poser sa candidature [pozesakɑ̃didatyʀ] sich bewerben **II 8E**
positif/positive [pozitif/pozitiv] positiv **II 4E**
un **poste de travail** [ɛ̃pɔstdətʀavaj] ein Arbeitsplatz **II 5A**
un **pot** [ɛ̃po] *(hier)* ein Becher **I 8E**
un **pot d'adieu** [ɛ̃podadjø] ein Abschiedsumtrunk **I 8B**
un **pouce** [ɛ̃pus] ein Daumen; *(hier)* ein Zoll *(Maßeinheit)* **II 5A**
pour [puʀ] für **I 1A**
pour finir [puʀfiniʀ] zum Schluss **I 8A**
pour faire qc [puʀfɛʀ] um etw. zu tun **II 1A**
un **pourboire** [ɛ̃puʀbwaʀ] ein Trinkgeld **I 8A**
un **pour cent** [ɛ̃puʀsɑ̃] 1% (ein Prozent) **II 3E**
un **pourcentage** [ɛ̃puʀsɑ̃taʒ] ein Prozentsatz **II 4B**
Pourquoi... ? [puʀkwa] Warum ...? **I 2A**
pourri/pourrie *(fam.)* [puʀi] mies *(ugs.)* **II 1E**
pourtant [puʀtɑ̃] dennoch/trotzdem **II 5B**
pouvoir qc [puvwaʀ] etw. können **I 7A**
pouvoir faire qc [puvwaʀfɛʀ] etw. tun können **I 7A**
préférer qc [pʀefeʀe] etw. vorziehen/lieber mögen **I 9E**
la **première** [lapʀəmjɛʀ] *(frz. Klassenstufe entspricht ungefähr der 11. Klasse)* **I 1A**
prendre qc [pʀɑ̃dʀ] etw. nehmen **I 4B**

prendre une photo [pʀɑ̃dʀynfoto] ein Foto machen **I 6E**
prendre sa retraite [pʀɑ̃dʀsaʀətʀɛt] in Rente gehen **I 8B**
un **prénom** [ɛ̃pʀenɔ̃] ein Vorname **I 7A**
les **préparatifs** *(m., pl.)* [lepʀepaʀatif] die Vorbereitungen **I 8B**
préparer qc [pʀepaʀe] etw. vorbereiten/zubereiten **I 1B**
être présent/présente [ɛtʀpʀezɑ̃/pʀezɑ̃t] anwesend/vertreten sein **II 5E**
une **présentation** [ynpʀesɑ̃tasjɔ̃] eine Vorstellung/Präsentation **I 6E**
présenter qn/qc à qn [pʀezɑ̃te] jdm jdn/etw. vorstellen **I 7A**
se présenter [səpʀezɑ̃te] sich vorstellen **I 10B**
presque [pʀɛsk] fast/beinahe **II 1A**
être pressé/pressée [ɛtʀpʀese] es eilig haben/in Eile sein **II 7A**
prêt/prête [pʀɛ/pʀɛt] bereit **I 7B**
être prêt à faire [ɛtʀ(ə)pʀɛ/pʀɛt] bereit sein, etw. zu tun **I 7B**
prêter qc à qn [pʀete] jdm etw. leihen **I 8E**
prévenir qn [pʀev(ə)niʀ] jdn benachrichtigen **II 7B**
comme prévu [kɔmpʀevy] wie geplant **I 10B**
principal/principale/principaux/principales [pʀɛ̃sipal/pʀɛ̃sipo] Haupt-/wichtigste(r, s) **II 4B**
principalement [pʀɛ̃nsipalmɑ̃] hauptsächlich/vor allem **II 7A**
une **prise de vue** [ynpʀizdəvy] eine Bildaufnahme; *(hier)* ein Fotoshooting **I 6E**
un **prix** [ɛ̃pʀi] ein Preis **I 9E**
un **problème** [ɛ̃pʀɔblɛm] ein Problem **I 1A**
un **producteur**/une **productrice** [ɛ̃pʀɔdyktœʀ/ynpʀɔdyktʀis] ein Erzeuger/eine Erzeugerin; ein Hersteller/eine Herstellerin **II 3E**
la **production** [lapʀɔdyksjɔ̃] die Produktion **II 4E**
un **produit** [ɛ̃pʀɔdɥi] ein Produkt **I 5B**

un produit de beauté [ɛ̃pʀɔdɥidəbote] ein Kosmetikprodukt I5B
un/une **prof** *(fam.)* (= *professeur*) [ɛ̃/ynpʀɔf(esœʀ)] ein Lehrer/eine Lehrerin I1A
un professeur principal [ɛ̃pʀɔfesœʀpʀɛ̃sipal] ein Klassenlehrer I5E
un **professionnel**/une **professionnelle** [ɛ̃/ynpʀɔfesjɔnɛl] ein Fachmann/eine Fachfrau; *(hier)* ein Großverbraucher II7A
professionnel/professionnelle [pʀɔfɛsjɔnɛl] beruflich I5A
un **profil** [ɛ̃pʀɔfil] ein Profil II7E
profiter de qc [pʀɔfite] von etw. profitieren/etw. ausnutzen II7B
un **projet** [ɛ̃pʀɔʒɛ] ein Projekt; *(hier)* ein Plan I5A
promettre à qn de faire qc [pʀɔmɛtʀ] jdm versprechen, etw. zu tun II5B
Ça se prononce comment ? [sasəpʀɔnɔ̃s(ə)kɔmɑ̃] Wie spricht man das aus? I1A
proposer qc [pʀɔpoze] etw. anbieten/vorschlagen I8B
un/une **propriétaire** [ɛ̃/ynpʀɔpʀijetɛʀ] ein Vermieter/eine Vermieterin; ein Eigentümer/eine Eigentümerin I2B
une **propriété** [ynpʀɔpʀijete] ein Anwesen/Besitz(tum)/Gut II8A
prospecter le marché [pʀɔspɛktel(ə)maʀʃe] den Markt erkunden II8B
un **prospectus** [ɛ̃pʀɔspɛktys] ein Prospekt II1B
la **protection** [lapʀɔtɛksjɔ̃] der Schutz II1B
protéger qn [pʀɔteʒe] jdn (be)schützen II6B
la **provenance** [lapʀɔv(ə)nɑ̃s] die Herkunft II4A
le **public** [ləpyblik] das Publikum I10A
puer [pɥe] stinken I7B
une **puéricultrice** [ynpɥeʀikyltʀis] eine Kinderpflegerin II2E
puis [pɥi] nachher; *(hier)* übrigens I4B
un **pull** [ɛ̃pyl] ein Pulli I6B

Q

un **quai** [ɛ̃kɛ] ein Bahnsteig; ein Kai II7B
un quai de déchargement [ɛ̃kɛdədeʃaʀʒ(ə)mɑ̃] eine Verladerampe II7B
une **qualité** [ynkalite] eine Qualität II7B
quand [kɑ̃] wenn I7B
Quand ... ? [kɑ̃] Wann ...? I4A
quand même [kɑ̃mɛm] trotzdem/doch I4A
une **quantité** [ynkɑ̃tite] eine Menge II2A
un **quart** [ɛ̃kaʀ] ein Viertel I4B
un quart d'heure [ɛ̃kaʀdœʀ] eine Viertelstunde II2A
un **quartier** [ɛ̃kaʀtje] ein (Stadt)Viertel II6B
le **quatrième**/la **quatrième** [ləkatʀijɛm/lakatʀijɛm] der vierte/die vierte/das vierte I6B
que/qu' [kə] den/die/das *(Relativpronomen, Objekt)* I7E
quel/quels/quelle/quelles [kɛl] welcher/welche/welches *(Fragebegleiter)* I9B
Il est quelle heure ? [ilɛkɛlœʀ] Wie spät ist es? I4B
A quelle heure ? [akɛlœʀ] Um wie viel Uhr? I4B
Quel ... ! [kɛl] Was für ein ... ! I9B
quelque part [kɛlkəpaʀ] irgendwo II6B
quelques [kɛlkə] einige/ein paar II5B
Qu'est-ce que... ? [kɛskə] Was ...? I3E
Qu'est-ce qui... ? [kɛski] Was ... ? *(Frage nach Sachen, die Subjekt sind)* II8B
une **question** [ynkɛstjɔ̃] eine Frage I2B
poser une question [pozeynkɛstjɔ̃] eine Frage stellen I2B
pas question de faire qc [pakɛstjɔ̃] es kommt überhaupt nicht in Frage, etw. zu tun II2B
une **queue** [ynkø] eine (Menschen)Schlange II6B
qui [ki] der/die/das *(Relativpronomen, Subjekt)* I7E
Qui est-ce ? [kiɛs] Wer ist das? I1A

quitter qc/qn [kite] etw./jdn verlassen II7A
Ne quittez pas. [nəkitepa] Bleiben Sie am Apparat. II7A

R

raconter qc à qn [ʀakɔ̃te] jdm etw. erzählen I5E
une **radio** [ynʀadjo] ein Radio/Radiosender I3A
avoir **raison** [avwaʀʀɛzɔ̃] Recht haben II1B
une **raison** [ynʀɛzɔ̃] ein Grund II6A
ramener qc de qc [ʀamne] etw. zurückbringen (von); etw. mitbringen (von) II7E
une **randonnée** [ynʀɑ̃dɔne] eine Wanderung II1A
faire de la randonnée [fɛʀd(ə)laʀɑ̃dɔne] wandern II1A
un **rang** [ɛ̃ʀɑ̃] eine Reihe/ein Rang II2A
se mettre en rang [səmɛtʀɑ̃ʀɑ̃] sich in einer Reihe aufstellen II2A
ranger qc [ʀɑ̃ʒe] etw. aufräumen I7B
rapide [ʀapid] schnell II7B
rappeler qc à qn [ʀap(ə)le] jdn an etw. erinnern II3B
rappeler qn [ʀap(ə)le] jdn noch einmal anrufen; zurückrufen II5B
se rappeler (de qc) [səʀap(ə)le] sich (an etw.) erinnern II8A
un **rapport** [ɛ̃ʀapɔʀ] ein Zusammenhang; ein Verhältnis II8B
un rapport qualité-prix [ɛ̃ʀapɔʀkalitepʀi] ein Preis-Leistungs-Verhältnis II8B
un rapport de stage [ɛ̃ʀapɔʀdəstaʒ] ein Praktikumsbericht I5A
une **ratatouille** [ynʀatatuj] ein Ratatouille I9A
rater qc [ʀate] etw. verpassen I3B
réagir [ʀeaʒiʀ] reagieren II8B
une **recette** [ynʀ(ə)sɛt] ein Rezept I4B
recevoir qc/qn [ʀəsəvwaʀ] etw. bekommen/erhalten; jdn empfangen II5B
la **recherche** [laʀ(ə)ʃɛʀʃ] die Forschung I7A

une recherche [ynʀ(ə)ʃɛʀʃ] eine Recherche/Suche **II 8E**
une **réclamation** [ynʀeklamasjõ] eine Beschwerde/Reklamation **II 5B**
récolter qc [ʀekɔlte] etw. ernten **II 4B**
recommander qc à qn [ʀ(ə)kɔmɑ̃de] jdm etw. empfehlen **I 8A**
recommencer à faire qc [ʀ(ə)kɔmɑ̃se] wieder anfangen, etw. zu tun **II 2B**
reconnaître qc/qn [ʀ(ə)kɔnɛtʀ] etw./jdn (wieder)erkennen **II 6B**
une **récréation** (*fam.*: une **récré**) [ynʀekʀeasjõ] eine Pause *(in der Schule/im Kindergarten)* **II 2A**
redoubler [ʀ(ə)duble] sitzen bleiben **I 5A**
une **référence** [ynʀefeʀɑ̃s] *(hier)* ein (Buchungs)Zeichen/eine (Kunden)Nummer **II 7A**
réfléchir (à qc) [ʀefleʃiʀ] überlegen/(über etw.) nachdenken **II 4A**
refroidir qc [ʀ(ə)fʀwadiʀ] etw. abkühlen (lassen) **II 4B**
un **refuge** [ɛ̃ʀ(ə)fyʒ] eine Schutzhütte/Wanderhütte **II 1A**
refuser qc [ʀ(ə)fyze] etw. ablehnen **II 3B**
regarder qc [ʀ(ə)gaʀde] etw. (an)sehen/anschauen/betrachten **I 1B**
regarder la télévision [ʀ(ə)gaʀdelatelevizjõ] fernsehen **I 3A**
se regarder [səʀ(ə)gaʀde] sich anschauen **I 10B**
une **région** [ynʀeʒjõ] eine Region **I 4B**
régler qc [ʀegle] etw. regeln/klären **I 7A**
régler qc [ʀegle] *(hier)* etw. begleichen **II 6A**
régulier/régulière [ʀegylje/ʀegyljɛʀ] regelmäßig **II 7A**
une **relation** [ynʀ(ə)lasjõ] eine Beziehung/ein Verhältnis **II 8B**
se remarier (avec qn) [səʀ(ə)maʀje] wieder heiraten **II 2B**
rembourser qc [ʀɑ̃buʀse] etw. erstatten/ersetzen **II 5B**
remercier qn [ʀ(ə)mɛʀsje] jdm danken/sich bei jdm bedanken **II 6A**
remplacer qc [ʀɑ̃plase] etw. ersetzen **II 4A**
la **rencontre** [laʀɑ̃kõtʀ] das Treffen/die Begegnung **I 1A**
rencontrer qn [ʀɑ̃kõtʀe] jdn treffen **I 2A**
un **rendez-vous** [ɛ̃ʀɑ̃devu] eine Verabredung/ein Treffen **I 2B**
avoir rendez-vous [avwaʀʀɑ̃devu] verabredet sein **I 2B**
prendre rendez-vous [pʀɑ̃dʀʀɑ̃devu] einen Termin ausmachen (bei/mit jdm) **I 8B**
renouvelable [ʀ(ə)nuv(ə)labl] erneuerbar **II 3A**
se renseigner [səʀɑ̃seɲe] sich erkundigen **I 10B**
rentable [ʀɑ̃tabl] rentabel/Gewinn bringend **II 3B**
rentrer [ʀɑ̃tʀe] zurückgehen/zurückfahren **I 10B**
rentrer dans qc/qn [ʀɑ̃tʀe] *(hier)* jdn/etw.anfahren/anrempeln *(ugs.)* **II 6B**
une **réparation** [ynʀepaʀasjõ] eine Reparatur **II 5B**
réparer qc [ʀepaʀe] etw. reparieren **II 3B**
un **repas** [ɛ̃ʀ(ə)pa] ein Essen/eine Mahlzeit **I 5B**
répéter qc [ʀepete] etw. wiederholen **II 7A**
répondre à qn [ʀepõdʀ] jdm antworten **II 5B**
une **réponse** [ynʀepõs] eine Antwort **II 2A**
un **reporter**/une **reporter** [ɛ̃ʀ(ə)pɔʀtɛʀ/ynʀ(ə)pɔʀtɛʀ] ein Reporter/eine Reporterin **I 7B**
le **repos** [ləʀ(ə)po] die Ruhe **I 10A**
se reposer [səʀ(ə)poze] sich ausruhen **I 10B**
reprendre qc [ʀ(ə)pʀɑ̃dʀ] etw. übernehmen **II 3A**
représenter qc [ʀ(ə)pʀezɑ̃te] etw. darstellen; *(hier)* etw. ausmachen **I 7E**
le **RER** *(= Réseau Express Régional)* [ləɛʀøɛʀ] *das Schnellbahnnetz für Paris und seine Umgebung* **I 6A**
un **réseau** [ɛ̃ʀezo] ein Netz(werk) **II 5B**
réserver qc [ʀezɛʀve] etw. reservieren **I 10B**
responsable [ʀɛspõsabl] verantwortlich **I 7E**
un/une responsable [ɛ̃/ynʀɛspõsabl] ein Verantwortlicher/eine Verantwortliche **I 7A**
ressembler à qc/qn [ʀ(ə)sɑ̃ble] etw./jdm ähneln **II 2A**
un **restaurant** [ɛ̃ʀɛstɔʀɑ̃] ein Restaurant **I 8E**
un **restaurateur**/une **restauratrice** [ɛ̃ʀɛstɔʀatœʀ/ynʀɛstɔʀatʀis] ein Gastronom/eine Gastronomin; ein Gastwirt/eine Gastwirtin **II 7A**
rester [ʀɛste] bleiben **I 3B**
un **résultat** [ɛ̃ʀezylta] ein Ergebnis **I 6A**
un **résumé** [ɛ̃ʀezyme] eine Zusammenfassung **I 5B**
être en retard [ɛtʀɑ̃ʀ(ə)taʀ] spät dran sein/zu spät sein **I 1A**
le **retour** [ləʀ(ə)tuʀ] die Rückkehr **II 3A**
au retour [oʀ(ə)tuʀ] auf der Rückfahrt **I 10B**
retourner [ʀ(ə)tuʀne] zurückkehren **I 2B**
prendre sa retraite [pʀɑ̃dʀsaʀ(ə)tʀɛt] in Rente gehen **I 8B**
retrouver qn [ʀ(ə)tʀuve] jdn treffen; wieder sehen **II 1A**
se retrouver [səʀ(ə)tʀuve] sich treffen **II 2B**
un **rétroviseur** [ɛ̃ʀetʀɔvizœʀ] ein Rückspiegel/Seitenspiegel **I 9B**
une **réunion** [ynʀeynjõ] eine Besprechung **I 7A**
réussir [ʀeysiʀ] Erfolg haben **II 5A**
un **rêve** [ɛ̃ʀɛv] ein Traum **II 1B**
réveiller qn [ʀeveje] jdn (auf)wecken **II 1E**
revenir [ʀəvəniʀ] zurückkommen **I 9B**
rêver de faire qc [ʀɛve] davon träumen, etw. zu tun **II 3A**
Au revoir ! [ɔʀ(ə)vwaʀ] Auf Wiedersehen! **I 1A**
un **rhume** [ɛ̃ʀym] eine Erkältung; ein Schnupfen **II 6E**

le rhume des foins [ləʀymdefwɛ̃] der Heuschnupfen **II 6E**
riche (en) [ʀiʃ] reich (an) **II 4E**
rien ne... [ʀjɛ̃nə] nichts *(Subjekt)* **II 5B**
rien du tout [ʀjɛ̃dytu] überhaupt nichts **II 6B**
rigoler [rigɔle] lachen **I 4B**
risqué/risquée [ʀiske] riskant **II 3B**
risquer de faire qc [ʀiske] Gefahr laufen etw. zu tun/es besteht die Gefahr, dass etw. passiert **II 7B**
un **rituel** [ɛ̃ʀitɥɛl] ein Ritual **II 2A**
rivaliser avec qc/qn [ʀivalize] sich mit etw./jdm messen können **II 8A**
le **riz** [ləʀi] der Reis **I 8E**
une **robe** [ynʀɔb] ein Kleid **I 6B**
un **rôle** [ɛ̃ʀol] eine Rolle **II 3E**
le **roller** [ləʀɔlœʀ] das Rollschuhlaufen/Rollerskaten **I 3E**
ronfler [ʀɔ̃fle] schnarchen **II 1A**
rouge [ʀuʒ] rot **I 6B**
rouler [ʀule] fahren **I 9B**
une **route** [ynʀut] eine Straße; eine Fahrt **II 1E**
en route pour ... [ɑ̃ʀutpuʀ] auf dem Weg nach ... /auf nach ... **I 6E**
faire la route [fɛʀlaʀut] eine Strecke fahren **I 10A**
routier/routière [ʀutjc/ʀutjɛʀ] Straßen- **II 7E**
la **RTT** *(= la réduction du temps de travail)* [laɛʀtete] Überstundenabbau **II 1B**
prendre ses RTT [prɑ̃dʀseɛʀtete] seine Überstunden abbauen **II 1B**
la **rue** [laʀy] die Straße **I 1A**
le **rugby** [ləʀygbi] das Rugby *(Ballspiel)* **I 3E**

S

le **sable** [ləsabl] der Sand **I 10B**
un **sac** [ɛ̃sak] eine Tasche **I 4E**; ein Sack **II 7A**
un sac à dos [ɛ̃sakado] ein Rucksack **I 4E**
sain/saine [sɛ̃/sɛn] gesund **II 4E**
une **salade** [ynsalad] ein Salat **I 4B**
un **salaire** [ɛ̃salɛʀ] ein Lohn/Gehalt **I 7B**
salé/salée [sale] salzig **I 8B**
une **salle** [ynsal] ein Saal/Raum **I 5E**
une salle de bains [ynsaldəbɛ̃] ein Badezimmer **I 4E**
une salle d'attente [ynsaldatɑ̃t] ein Wartezimmer **II 6A**
un **salon** [ɛ̃salɔ̃] ein Wohnzimmer **I 4E**; eine Messe **II 4E**
samedi *(m.)* [samdi] (am) Samstag **I 4E**
le **SAMU** *(= Service d'aide médicale d'urgence)* [ləsamy] der Notarzt/Rettungsdienst **II 6B**
un **sandwich** [ɛ̃sɑ̃dwitʃ] ein Sandwich **I 2A**
sans [sɑ̃] ohne **I 5B**
sans faire qc [sɑ̃fɛʀ] ohne etw. zu tun **II 7B**
sans doute [sɑ̃dut] wahrscheinlich **II 3A**
la **santé** [lasɑ̃te] die Gesundheit **II 1**
une **SARL** *(= société à responsabilité limitée)* [ynɛsaɛʀɛl] eine GmbH **II 4A**
satisfaire qn [satisfɛʀ] jdn. zufrieden stellen **II 5A**
satisfait/satisfaite [satisfɛ/satisfɛt] zufrieden **II 5B**
sauf [sof] außer **I 4B**
un **saumon** [ɛ̃somɔ̃] ein Lachs **I 8E**
sauvage [sovaʒ] wild **I 10B**
savoir [savwaʀ] wissen; kennen **II 2A**
savoir faire qc [savwaʀfɛʀ] etw. tun können *(wissen, wie es geht)* **II 2A**
un **saxophone** [ɛ̃saksɔfɔn] ein Saxofon **I 10A**
une **scène** [ynsɛn] eine Bühne **I 10A**
un **scooter** [ɛ̃skutœʀ] ein Roller **II 1E**
sec/sèche [sɛk/sɛʃ] trocken **II 4B**
la **seconde** [lasəgɔ̃d] die 10. Klasse *(die 1. Klasse auf dem Lycée)* **I 5A**
un **secrétaire**/une **secrétaire** [ɛ̃/yns(ə)kʀetɛʀ] ein Sekretär/eine Sekretärin **II 7A**
une secrétaire médicale [yns(ə)kʀetɛʀmedikal] *Angestellte in einer Arztpraxis* **II 6A**
un **secteur** [ɛ̃sɛktœʀ] ein Bereich **I 7E**
la **sécu** *(fam.) (= sécurité sociale)* [laseky] die Sozialversicherung **II 8B**
un **séjour** [ɛ̃seʒuʀ] ein Aufenthalt **II 8E**
une **semaine** [yns(ə)mɛn] eine Woche **I 3A**
se sentir [səsɑ̃tiʀ] sich fühlen **II 6B**
une **séparation** [ynsepaʀasjɔ̃] eine Trennung **II 2B**
se séparer [səsepaʀe] sich trennen **II 2B**
une **série** [ynseʀi] eine Serie **I 7B**
un **serveur** [ɛ̃sɛʀvœʀ] ein Server **II 5A**
un **service** [ɛ̃sɛʀvis] eine Abteilung **I 2A**
un service informatique [ɛ̃sɛʀvisɛ̃fɔʀmatik] eine EDV-Abteilung **I 2A**
les **services** *(m., pl.)* [lesɛʀvis] die Dienstleistungen **I 7E**
le service après vente (SAV) [ləsɛʀvisapʀɛvɑ̃t] der Kundendienst **II 5B**
A votre service. [avɔtʀəsɛʀvis] Was kann ich für Sie tun? **II 7A**
seul/seule [sœl] allein **II 1A**
seulement [sœlmɑ̃] nur **I 2B**
un **shampoing** [ɛ̃ʃɑ̃pwɛ̃] ein Shampoo **I 7E**
le **shopping** [ləʃɔpiŋ] das Shoppen **I 3B**
faire du shopping [fɛʀdyʃɔpiŋ] shoppen **I 3B**
si [si] wenn; falls **I 7A**
un **siècle** [ɛ̃sjɛkl] ein Jahrhundert **II 4B**
un **signe** [ɛ̃siɲ] ein Zeichen **I 4A**
signifier qc [siɲifje] etw. bedeuten/heißen **II 4B**
Silence total. [silɑ̃stotal] Totale Stille. **I 7B**
s'il vous plaît [silvuplɛ] bitte *(zu jdm, den man siezt)* **I 2B**
simple [sɛ̃mpl] einfach **I 6B**
sinon [sinɔ̃] ansonsten/sonst **I 9A**
un **sirop** [ɛ̃siʀo] ein Sirup/Saft **II 6B**
un **site** [ɛ̃sit] eine Website **I 4A**
une **situation** [ynsitɥasjɔ̃] eine Situation **II 2B**

le **ski** [ləski] das Skifahren **I 3A**
un **SMS** [ɛ̃nɛsɛmɛs] eine SMS **I 5B**
une **société** [ynsɔsjete] eine Gesellschaft; ein Unternehmen **II 5B**
une société informatique [ynsɔsjeteɛ̃fɔʀmatik] ein Computerdienstleister **II 5B**
une **sœur** [ynsœʀ] eine Schwester **I 2A**
soigner qn [swaɲe] jdn behandeln; pflegen **II 6B**
le **soir** [ləswaʀ] der Abend/abends **I 1A**
un soir [ɛ̃swaʀ] eines Abends **I 4A**
ce soir-là [səswaʀla] an diesem Abend **II 8A**
une **soirée** [ynswaʀe] ein Abend **II 2B**
solaire [sɔlɛʀ] Sonnen-/Solar- **II 3B**
les **soldes** *(f., pl.)* [lesɔld] der Schlussverkauf **I 9A**
le **soleil** [ləsɔlɛj] die Sonne **I 1A**
un **sondage** [ɛ̃sɔ̃daʒ] eine Umfrage **II 8B**
sonner [sɔne] klingeln **I 2B**
sortir (de qc) [sɔʀtiʀ] (aus etw.) hinausgehen/kommen; ausgehen **II 2E**
Pas de souci ! [pad(ə)susi] Keine Sorge/Kein Problem! **I 10B**
souhaiter qc [swete] etw. wünschen **II 5E**
souhaiter faire qc [swete] wünschen, etw. zu tun **II 5E**
sous [su] unter **I 9B**
soutenir qc [sut(ə)niʀ] etw. unterstützen/sich für etw. einsetzen **II 4A**
un **soutien** [ɛ̃sutjɛ̃] eine Unterstützung **II 5E**
souvent [suvɑ̃] oft **I 5A**
des **spaghettis** [despageti] Spaghetti **I 8E**
spécialisé/spécialisée (dans qc) [spesjalize] (auf etw.) spezialisiert **I 7E**
une **spécialité** [ynspesjalite] eine Spezialität **I 4B**
un **spectacle** [ɛ̃spɛktakl] eine Aufführung **I 3E**
un **spectateur**/une **spectatrice** [ɛ̃spɛktatœʀ/ynspɛktatʀis] ein Zuschauer/eine Zuschauerin **I 10E**

spontané/spontanée [spɔ̃tane] spontan **II 8A**
le **sport** [ləspɔʀ] der Sport **I 3E**
stable [stabl] stabil **II 3B**
un **stage** [ɛ̃staʒ] ein Praktikum **I 2A**
un rapport de stage [ɛ̃ʀapɔʀdəstaʒ] ein Praktikumsbericht **I 5A**
un/une **stagiaire** [ɛ̃/ynstaʒjɛʀ] ein Praktikant/eine Praktikantin **I 6B**
un **stand** [ɛ̃stɑ̃d] ein Stand **II 5E**
un **standard** [ɛ̃stɑ̃daʀ] eine (Telefon)Zentrale **II 5B**
un/une **standardiste** [ɛ̃/ynstɑ̃daʀdist] ein Angestellter/eine Angestellte in einer Telefonzentrale **II 5B**
une **station** [ynstasjɔ̃] eine (U-Bahn-)Haltestelle **I 6A**
une **station-service** [ynstasjɔ̃sɛʀvis] eine Tankstelle **I 9E**
une **statistique** [ynstatistik] eine Statistik **II 4B**
STG *(= Sciences et Technologies de la Gestion)* [ɛsteʒe] *Fachabitur am Wirtschaftsgymnasium* **I 5E**
stocker qc [stɔke] etw. lagern **II 4B**
le **stress** [ləstʀɛs] der Stress **I 5B**
stressé/stressée [stʀese] gestresst **I 7A**
stresser qn [stʀese] jdn stressen **I 5A**
un **studio** [ɛ̃stydjo] ein Studio **I 3B**; eine Einzimmerwohnung **II 8B**
un/une **styliste** [ɛ̃/ynstilist] ein (Mode-)Designer/eine (Mode-)Designerin **I 6B**
un **succès** [ɛ̃syksɛ] ein Erfolg **I 4B**
le **sucre** [ləsykʀ] der Zucker **II 3E**
sucré/sucrée [sykʀe] süß **I 8B**
le **sud** [ləsyd] der Süden **II 3E**
suivant/suivante [sɥivɑ̃/sɥivɑ̃t] folgender/folgende/folgendes **II 6E**
un **sujet** [ɛ̃syʒɛ] ein Thema **I 3B**
super [sypɛʀ] super/toll **I 1A**
un **supermarché** [ɛ̃sypɛʀmaʀʃe] ein Supermarkt **I 2A**
supporter qn/qc [sypɔʀte] jdn/etw. ertragen **I 7B**
sûr/sûre [syʀ] sicher **I 9A**
sur [syʀ] auf **I 1E**; über **I 3A**
6 sur 20 [sissyʀvɛ̃] *6 von 20 Punkten* **I 5A**

une **surface** [ynsyʀfas] eine (Ober)Fläche **II 3E**
une **surprise** [ynsyʀpʀiz] eine Überraschung **II 5B**
surtout [syʀtu] vor allem **I 1B**
sympa *(fam.) (= sympathique)* [sɛ̃pa(tik)] nett **I 1A**
un **symptôme** [ɛ̃sɛ̃ptom] ein Symptom/Anzeichen **II 6A**
un **système** [ɛ̃sistɛm] ein System **II 2E**

T

une **table** [yntabl] ein Tisch **I 4B**
A table ! [atabl(ə)] Zu Tisch! **I 8E**
un **tableau**/des **tableaux** [ɛ̃/detablo] eine Tafel/Tafeln; eine Tabelle/Tabellen **II 4B**
un **tableau de bord** [ɛ̃tablod(ə)bɔʀ] ein Armaturenbrett **II 7B**
une **tablette de chocolat** [yntablɛtd(ə)ʃɔkɔla] eine Tafel Schokolade **II 4E**
une **taille** [yntaj] eine Größe **I 9A**
tard *(Adv.)* [taʀ] spät **II 1A**
plus tard [plytaʀ] später **I 3A**
une **tarte** [yntaʀt] ein Kuchen **I 4B**
un **taureau**/des **taureaux** [ɛ̃tɔʀo] ein Stier/Stiere **I 10B**
un **technicien**/une **technicienne** [ɛ̃tɛknisjɛ̃/yntɛknisjɛn] ein Techniker/eine Technikerin **I 3B**
technologique [tɛknɔlɔʒik] technisch **II 3E**
un **téléphone** [ɛ̃telefɔn] ein Telefon **I 3A**
téléphoner [telefɔne] anrufen/telefonieren **I 3E**
téléphonique [telefɔnik] telefonisch/Telefon- **II 7B**
la **télévision** [latelevizjɔ̃] das Fernsehen **I 3A**
regarder la télévision [ʀəgaʀdelatelevizjɔ̃] fernsehen **I 3A**
une **température** [yntɑ̃peʀatyʀ] eine Temperatur **II 1B**
le **temps** [lətɑ̃] die Zeit **I 4B**; das Wetter **II 1B**
tout le temps [tul(ə)tɑ̃] die ganze Zeit **I 4A**

travailler à plein temps [tʀavajeaplɛ̃tɑ̃] ganztags/Vollzeit arbeiten **II 2B**
une **tendance** [yntɑ̃dɑ̃s] ein Trend **I 9A**
une **tente** [yntɑ̃t] ein Zelt **II 1A**
à court/long terme [akuʀ/lɔ̃tɛʀm] kurzfristig/langfristig **II 3B**
la **terminale** [latɛʀminal] die Abschlussklasse *(entspricht der 12. Klasse)* **I 5A**
terminer [tɛʀmine] fertig sein **I 8A**
Ça se termine … [sas(ə)tɛʀmin] Es endet … **I 9E**
un **territoire** [ɛ̃tɛʀitwaʀ] ein Territorium/(Staats)Gebiet **II 3E**
tester qc [tɛste] etw. testen **I 8E**
une **tête** [yntɛt] ein Kopf **II 6E**
avoir mal à la tête [avwaʀmalalatɛt] Kopfweh haben **II 6E**
le **texte** [lətɛkst] der Text **I 1A**
un **TGV** *(= Train à Grande Vitesse)* [ɛ̃teʒeve] *frz. Hochgeschwindigkeitszug* **I 6A**
un **théâtre** [ɛ̃teɑtʀ] ein Theater **I 10A**
un **thème** [ɛ̃tɛm] ein Thema **II 4B**
un **ticket** [ɛ̃tikɛ] ein Fahrschein **I 6A**
Tiens ! [tjɛ̃] Sieh mal da! **I 1A**
un **tiers** [ɛ̃tjɛʀ] ein Drittel **II 4B**
un **titre** [ɛ̃titʀ] ein Titel **II 4B**
un **titre de séjour** [ɛ̃titʀdəseʒuʀ] eine Aufenthaltsgenehmigung **II 8E**
les **toilettes** *(f., pl.)* [letwalɛt] die Toilette **II 2A**
un **toit** [twa] ein Dach **I 10A**
une **tomate** [yntɔmat] eine Tomate **I 8E**
tomber [tɔ̃be] fallen **II 2A**
une **tonne** [yntɔn] eine Tonne **II 4B**
top *(fam.)* [tɔp] top *(ugs.)* **I 10A**
une **tortue** [yntɔʀty] eine Schildkröte **II 1B**
tôt *(Adv.)* [to] früh **II 1E**
total/totale [tɔtal] Gesamt- **II 3E**
C'est la totale ! *(fam.)* [sɛlatɔtal] Das ist der Gipfel! **I 5A**
toujours [tuʒuʀ] immer **I 5A**; immer noch **I 7A**
un **tour** [ɛ̃tuʀ] eine Tour **I 9B**
faire le tour de qc [fɛʀlətuʀ] eine Runde um etw. machen/um etw. herumgehen **I 9B**
un tour du monde [ɛ̃tuʀdymɔ̃d] eine Weltreise **II 1E**
C'est au tour de qn de faire qc. [sɛtotuʀ] Jd ist an der Reihe, etw. zu tun. **II 2B**
le **tourisme** [ləturism] der Tourismus/der Fremdenverkehr **I 7E**
l'office du tourisme *(m.)* [lɔfisdytuʀism] das Fremdenverkehrsamt **I 10B**
un **touriste**/une **touriste** [ɛ̃tuʀist/yntuʀist] ein Tourist/eine Touristin **I 6A**
tourner [tuʀne] abbiegen **I 6B**
tourner autour du pot [tuʀneotuʀdypo] um den heißen Brei herumreden **I 7B**
tous [tus] alle **I 9E**
tousser [tuse] husten **II 6A**
tout/toute/tous/toutes [tu/tut/tus] alle *(+ Nomen)*/ganz *(+ Nomen)* **I 8B**
tout le monde [tul(ə)mɔ̃d] alle **I 3B**
tout le temps [tul(ə)tɑ̃] die ganze Zeit **I 4A**
tous les jours [tuleʒuʀ] jeden Tag **I 7B**
tout [tu] alles **I 2A**
tout à coup [tutaku] plötzlich **I 2B**
tout à l'heure [tutalœʀ] vorhin/eben **II 6A**
tout au long de l'année [tutolɔ̃d(ə)lane] das ganze Jahr lang/über **II 4E**
tout de suite [tud(ə)sɥit] sofort **I 10B**
tout droit [tudʀwa] geradeaus **I 6B**
de toute façon [dətutfasɔ̃] sowieso **I 6A**
tout juste [tuʒyst] gerade **II 2E**
un **tracteur** [ɛ̃tʀaktœʀ] ein Traktor **II 3A**
traditionnel/traditionnelle [tʀadisjɔnɛl] traditionell **II 2B**
un **train** [ɛ̃tʀɛ̃] ein Zug **II 1E**
être en train de faire qc [ɛtʀɑ̃tʀɛ̃] gerade etw. tun/dabei sein etw. zu tun **II 3B**
traiter qc [tʀete] *(hier)* etw. bearbeiten **II 5B**
un **traiteur** [ɛ̃tʀɛtœʀ] ein Feinkostladen; *(hier)* Catering-Service **I 8B**
un **trajet** [ɛ̃tʀaʒɛ] eine Strecke **I 6A**
un **transparent** [ɛ̃tʀɑ̃spaʀɑ̃] eine Folie **II 4B**
les **transports** *(m., pl.)* [letʀɑ̃spɔʀ] das Transportwesen/Transportgewerbe **II 7E**
un moyen de transport [ɛ̃mwajɛ̃d(ə)tʀɑ̃spɔʀ] ein Verkehrsmittel **II 1E**
transporter qc [tʀɑ̃spɔʀte] etw. transportieren **I 4E**
un **transporteur** [ɛ̃tʀɑ̃spɔʀtœʀ] ein Transportunternehmen/Spediteur **II 7A**
un **travail**/des **travaux** [ɛ̃tʀavaj/detʀavo] eine Arbeit **I 1B**
Au travail ! [otʀavaj] An die Arbeit! **I 1B**
travailler [tʀavaje] arbeiten **I 1B**
travailler à plein temps [tʀavajeaplɛ̃tɑ̃] ganztags/Vollzeit arbeiten **II 2B**
un **travailleur**/une **travailleuse** [ɛ̃tʀavajœʀ/yntʀavajøz] ein Arbeiter/eine Arbeiterin **II 5A**
traverser qc [tʀavɛʀse] etw. überqueren **I 6B**
très [tʀɛ] sehr **I 1A**
le **tri des déchets** [lətʀidedeʃɛ] die Mülltrennung **II 3A**
à trois [atʀwa] zu dritt **I 2B**
trop [tʀo] zu *(Adv.)* **I 2A**
Trop bien ! *(fam.)* [tʀobjɛ̃] Super! *(ugs.)* **I 5B**
trop de [tʀodə] zu viel **I 8A**
avoir la trouille *(fam.)* [avwaʀlatʀuj] Schiss haben *(ugs.)* **I 5A**
trouver qc [tʀuve] etw. finden **I 2A**
se trouver [sətʀuve] sich befinden **I 10B**
un **t-shirt** [ɛ̃tiʃœʀt] ein T-Shirt **I 9A**

U

l'**Union européenne** *(f.)* [lynjɔ̃øʀɔpeɛn] die Europäische Union **I 7E**

une **urgence** [ynyʀʒɑ̃s] ein Notfall **II 6A**
les urgences *(f., pl.)* [lezyʀʒɑ̃s] eine Notaufnahme/Unfallstation **II 6E**
une **usine** [ynyzin] eine Fabrik **II 4B**

V

les **vacances** *(f., pl.)* [levakɑ̃s] die Ferien **I 9B**
un **vaccin** [ɛ̃vaksɛ̃] eine Impfung **II 6E**
une **vache** [ynvaʃ] eine Kuh **II 3A**
une **valise** [ynvaliz] ein Koffer **II 1E**
il vaut mieux faire qc [ilvomjøfɛʀ] es ist besser, etw. zu tun **II 6B**
un **véhicule** [ɛ̃veikyl] ein Fahrzeug **II 7A**
la **veille** [lavɛj] am Vortag/tags zuvor **II 8A**
le **vélo** [ləvelo] das Fahrrad; das Radfahren **I 3A**
faire du vélo [fɛʀdyvelo] Rad fahren **I 3A**
un **vendeur**/une **vendeuse** [ɛ̃vɑ̃dœʀ/ynvɑ̃døz] ein Verkäufer/eine Verkäuferin **I 2B**
vendre qc à qn [vɑ̃dʀ] jdm etw. verkaufen **II 7A**
vendredi *(m.)* [vɑ̃dʀədi] (am) Freitag **I 2A**
venir [vəniʀ] kommen **I 8B**
venir chercher qn [vəniʀʃɛʀʃe] jdn abholen **II 2E**
venir de faire qc [vəniʀdəfɛʀ] gerade etw. getan haben **II 3A**
le **vent** [ləvɑ̃] der Wind **II 1B**
une **vente** [ynvɑ̃t] ein Verkauf **II 4A**
un **ventre** [ɛ̃vɑ̃tʀ] ein Bauch **II 6E**
un **verre** [ɛ̃vɛʀ] ein Glas **I 8A**
vers [vɛʀ] gegen *(zeitlich)* **I 4B**
vers qn [vɛʀ] auf jdn zu **I 10B**
vert/verte [vɛʀ/vɛʀt] grün **I 6B**
une **veste** [ynvɛst] eine Jacke **I 6B**
des **vêtements** *(m., pl.)* [devɛtmɑ̃] Kleider/Kleidung **I 9A**
la **viande** [lavjɑ̃d] das Fleisch **I 8A**
la viande hachée [lavjɑ̃d'aʃe] das Hackfleisch **I 8E**
une **vie** [ynvi] ein Leben **II 3A**
vieux/vieil/vieille/vieux/vieilles [vjø/vjɛj] alt **I 9A**
une **vigne** [ynviɲ] ein Weinstock **II 3E**
des vignes [deviɲ] ein Weinberg **II 3E**
un **village** [ɛ̃vilaʒ] ein Dorf **II 8A**
une **ville** [ynvil] eine Stadt **I 6B**
le **vin** [ləvɛ̃] der Wein **I 8E**
un **virus** [ɛ̃viʀys] ein Virus **I 5A**
une **visite** [ynvizit] eine Besichtigung; ein Besuch **I 3E**
visiter qc [vizite] etw. besichtigen/besuchen **I 2B**
un **visiteur** [ɛ̃vizitœʀ] ein Besucher **I 5E**
vite [vit] schnell *(Adv.)* **I 3B**
faire vite [fɛʀvit] schnell machen **I 7A**
viticole [vitikɔl] Wein- **II 8A**
un **viticulteur**/une **viticultrice** [ɛ̃vitikyltœʀ/ynvitikyltʀis] ein Winzer/eine Winzerin **II 8A**
une **vitrine** [ynvitʀin] ein Schaufenster **I 8B**
Vivement demain ! [vivmɑ̃dəmɛ̃] Ich freue mich auf morgen! **I 10A**
une **voie** [ynvwa] ein Weg **II 7E**
une voie navigable [ynvwanavigabl] ein Schifffahrtsweg/Wasserweg **II 7E**
voilà… [vwala] da(s) ist/sind … **I 1E**
la **voile** [lavwal] das Segeln **I 3B**
voir qn/qc [vwaʀ] sehen **I 7B**
Ça n'a rien à voir avec… [sanaʀjɛ̃avwaʀavɛk] Das hat nichts zu tun mit … **II 4A**
voisin/voisine [vwazɛ̃/vwazin] Nachbar- **I 10E**
une **voiture** [ynvwatyʀ] ein Auto **I 4E**
une/des **voix** [yn/devwa] eine Stimme/Stimmen **II 1A**
un **vol** [ɛ̃vɔl] ein Flug **II 1B**
un **volant** [ɛ̃vɔlɑ̃] ein Lenkrad/Steuer(rad) **II 7B**
au volant [ovɔlɑ̃] am Steuer **II 7B**
un **volet** [ɛ̃vɔlɛ] Fensterladen **II 8A**
vomir [vɔmiʀ] sich übergeben **II 6B**
vouloir qc [vulwaʀ] etw. wollen **I 7A**
vouloir faire qc [vulwaʀfɛʀ] etw. tun wollen **I 7A**
Je voudrais … [ʒəvudʀɛ] Ich möchte … **I 2B**
un **voyage** [ɛ̃vwajaʒ] eine Reise **I 2B**
un **voyageur**/une **voyageuse** [ɛ̃vwajaʒœʀ/ynvwajaʒøz] ein Reisender/eine Reisende **I 6A**
un **voyant** [ɛ̃vwajɑ̃] eine Kontrolllampe **II 7B**
en vrac [ɑ̃vʀak] lose/nicht abgepackt **II 7A**
vrai/vraie [vʀɛ] echt/wahr **I 6A**
vraiment [vʀɛmɑ̃] wirklich **II 8A**
le **VTT** *(= vélo tout-terrain)* [ləvetete] das Mountainbiken; das Mountainbike **I 3A**
une **vue** [ynvy] eine Aussicht **II 1B**

W

Waouh ! [wau] Wow! **I 3B**
les **W.-C.** *(m., pl.)* [levese] die Toilette/das WC **I 4E**
un **webmaster** [ɛ̃wɛbmastɛʀ] ein Webmaster **II 8E**
un **week-end** [ɛ̃wikɛnd] ein Wochenende **I 3B**

Y

y [i] dort/dorthin; darüber **II 7E**
les **yeux** *(sg.:* un **œil)** [lezjø (ɛ̃nœj)] die Augen **II 6E**

Z

un **zoom** [ɛ̃zum] ein Zoom **I 1B**
Zut ! *(fam.)* [zyt] Mist!/Verflixt! *(ugs.)* **I 2A**

Prénoms masculins

Damien [damjɛ̃] **II 3B**
Fabrice [fabʀis] **II 2B**
Fortunato [fɔʀtunato] **II 1A**
Franck [fʀɑ̃k] **II 7B**
Gérard [ʒeʀaʀ] **II 8A**
Jérôme [ʒeʀom] **II 2B**
Marc [maʀk] **II 7E**
Olivier [olivje] **II 3E**
Pascal [paskal] **II 4A**
Régis [ʀeʒis] **II 7B**
Thierry [tjɛʀi] **II 5A**
Vincent [vɛ̃sɑ̃] **II 1E**
Yann [jan] **II 7E**

Prénoms féminins

Kadidja [kadidʒa] **II 2A**
Léa [lea] **II 1E**
Ling [liŋ] **II 5A**
Magali [magali] **II 1E**
Nadine [nadin] **II 7A**

Noms de famille

Bolmont [bɔlmõ] **II 1B**
Brunet [bʀynɛ] **II 4A**
Debeaux [debo] *Name eines Großhändlers* **II 7E**
Delalande [dəlalɑ̃d] **II 8A**
Jaffrézic [ʒafʀezik] **II 7A**
Laboudigue [labudig] **II 5A**
Laporte [lapɔʀte] **II 7E**
Mangin [mɑ̃ʒɛ̃] **II 7E**

Noms de villes

Ajaccio [aʒaksjo] *Hauptstadt von Korsika* **II 1A**
Barsac [baʀsak] *frz. Gemeinde im Département Gironde* **II 8A**
Basse-Terre [bastɛʀ] *Hauptstadt von Guadeloupe* **II 1B**
Bastia [bastja] *Hafenstadt im Nordosten von Korsika* **II 1A**
Calvi [kalvi] *Hafenstadt an der Nordwestküste Korsikas* **II 1A**
Capbreton [kapbʀətõ] *Badeort im Südwesten Frankreichs* **II 1E**
Cologne [kɔlɔɲ] Köln **II 2E**
Corte [kɔʀte] *Stadt auf Korsika* **II 1A**
Guingamp [gɛ̃gɑ̃] *Kleinstadt in der Bretagne* **II 3A**
Lacanau [lakano] *Surferort nordwestlich von Bordeaux* **II 8A**
Le Guilvinec [ləgilvinɛk] *frz. Gemeinde im Département Finistère* **II 7E**
Le Havre [lə'avʀ] *Hafenstadt im Nordwesten Frankreichs* **II 7E**
Moscou [mɔsku] Moskau **II 5A**
Pointe-à-Pitre [pwɛ̃tapitʀ] *Stadt auf Gouadeloupe* **II 1B**
Rennes [ʀɛn] *Stadt in der Bretagne* **II 7B**
Rungis [ʀɛ̃ʒis] *frz. Gemeinde südlich von Paris* **II 7E**
Shanghai [ʃɑ̃gai] **II 5A**

Noms géographiques

l'**Amérique centrale** *(f.)* [lameʀiksɑ̃tʀal] Mittelamerika **II 4B**
le **bassin d'Arcachon** [ləbasɛ̃daʀkaʃõ] *200 km² große Bucht im Südwesten Frankreichs* **II 8A**
la **Beauce** [labos] *bedeutendes Getreideanbaugebiet im Nordwesten von Paris* **II 3E**
la **Bretagne** [labʀətaɲ] die Bretagne **II 7A**
la **Chine** [laʃin] China **II 5A**
la **Corse** [lakɔʀs] Korsika **II 1E**
la **Côte d'Ivoire** [lakotdivwaʀ] die Elfenbeinküste **II 4A**
la **dune du Pilat** [ladyndypila] *größte Düne Europas im Südwesten Frankreichs* **II 8A**
la **Grande-Bretagne** [lagʀɑ̃dbʀətaɲ] Großbritannien **II 4A**
la **Guadeloupe** [lagwadlup] *Insel der französischen Antillen; Überseedepartement Frankreichs* **II 1B**
la **Guyane** [lagɥijan] Guayana *(frz. Überseedepartement im Norden von Südamerika)* **II 1B**
l'**Inde** *(f.)* [lɛ̃d] Indien **II 5A**
l'**Indonésie** *(f.)* [lɛ̃donezi] Indonesien **II 4B**
le **Japon** [ləʒapõ] Japan **II 4B**
la **Malaisie** [lamalɛzi] Malaysia **II 4B**
la **Martinique** [lamaʀtinik] *Insel der kleinen Antillen, frz. Überseedepartement* **II 1B**
la **Normandie** [lanɔʀmɑ̃di] die Normandie **II 3E**
la **Nouvelle-Calédonie** [lanuvɛlkaledoni] Neukaledonien *(zu Frankreich gehörige Überseegemeinschaft mit besonderem Status)* **II 1B**
la **Picardie** [lapikaʀdi] *Region im Norden Frankreichs* **II 3E**
le **Québec** [ləkebɛk] Quebec **II 3A**
la **Tunisie** [latynizi] Tunesien **II 4E**

Noms divers

Air France [ɛʀfʀɑ̃s] *frz. Fluggesellschaft* **II 1B**
la **bûche de Noël** [labyʃdənɔɛl] *gefüllte Biskuitrolle, die an Weihnachten gegessen wird* **II 4E**
la **Chambre de commerce et d'industrie** [laʃɑ̃bʀdəkɔmɛʀsedɛ̃dystʀi] die Industrie- und Handelskammer **II 5E**
la **cloche de Pâques** [laklɔʃdəpak] *mit Biskuitcrème gefüllte Schokoladenglocke* **II 4E**
le **GR20 (Grande Randonnée)** [ləʒeɛʀvɛ̃] *Fernwanderweg auf Korsika* **II 1A**
l'**île de beauté** [lildəbote] *Bezeichnung für Korsika (wörtl.: die Insel der Schönheit)* **II 1A**
Kernilien [kɛʀniljɛ̃] *Name einer Schule in Guingamp* **II 3A**
Maison ChocSaveur [mɛzõʃɔksavœʀ] *Name einer Schokoladenfabrik* **II 4A**
Martin SA [maʀtɛ̃ɛsa] *Name einer Transportfirma* **II 7E**
Molière [mɔljɛʀ] *frz. Dichter; (hier) Name eines Kindergartens* **II 2A**
une **mousse au chocolat** [ynmusoʃɔkɔla] ein Mousse au chocolat **II 4E**
MSN [ɛmɛsɛn] MSN **II 2E**
Ortu di u Piobbu [ɔʀtudiupjɔbu] *Name einer Berghütte auf Korsika* **II 1A**
Paris Orly [paʀiɔʀli] *Pariser Flughafen* **II 1B**
Pôle emploi [polɑ̃plwa] *Name der Arbeitsagentur in Frankreich* **II 7B**
la **Saint-Valentin** [lasɛ̃valɑ̃tɛ̃] Valentinstag **II 4A**
le **Salon des Entrepreneurs** [ləsalõdezɑ̃tʀəpʀənœʀ] *Messe für Unternehmer in Paris* **II 5E**
Sauternes [sotɛʀn] *frz. Gemeinde südlich von Bordeaux; Weißwein aus diesem Anbaugebiet* **II 8A**
la **Soufrière** [lasufʀijɛʀ] *aktiver Vulkan auf Guadeloupe* **II 1B**

A

ab *(bei Ortsangaben)* depuis **II 7A**
abbiegen tourner **I 6B**
der Abend/abends le soir **I 1A**
eines Abends un soir **I 4A**
ein Abend une soirée **II 2B**
an diesem Abend ce soir-là **II 8A**
aber mais **I 1A**
der Abfall les déchets *(m., pl.)* **II 3A**
jdn abholen venir chercher qn **II 2E**
das Abi *(ugs.)* le bac *(fam.)* *(= baccalauréat)* **I 2A**
das Probeabitur le bac blanc **I 5A**
ein Fachabitur un bac pro(fessionnel) **II 3A**
etw. abkühlen (lassen) refroidir qc **II 4B**
(Frist) ablaufen dépasser (qc) **II 1B**
etw. ablehnen refuser qc **II 3B**
abnehmen (um) diminuer (de) **II 4B**
eine Abreise un départ **II 1E**
ein Abschiedsumtrunk un pot d'adieu **I 8B**
die Abschlussklasse la terminale **I 5A**
ein Abschnitt une étape **II 1A**
jdn absetzen déposer qn **I 10B**
absolut absolu/absolue **II 8A**
abstürzen (Computer) buguer **II 8B**
eine Abteilung un service **I 2A**; un département **I 7A**
den Abwasch machen faire la plonge **I 8E**
abwesend absent/absente **II 7A**
Achtung! Attention ! **I 1A**
eine Adresse une adresse **I 1B**
afrikanisch africain/africaine **I 10A**
ein Agrarland un pays agricole **I 7E**
etw./jdm ähneln ressembler à qc/qn **II 2A**
eine Ähre un épi **II 3B**
ein Airbag un airbag **I 9B**
eine Aktivität une activité **II 2A**
ein Akzent un accent **I 4A**
jdn/etw. akzeptieren/annehmen accepter qn/qc **II 2B**
alle *(+ Nomen)* tout/toute/tous/toutes **I 8B**
alle tous **I 9E**
alle tout le monde **I 3B**
allein seul/seule **II 1A**
alles tout **I 2A**
allgemein général/générale/généraux/générales **II 3A**
ein Allgemeinarzt un/une généraliste **II 6E**
als comme **I 8A**
also alors **I 1A**; donc **I 8B**
alt vieux/vieil/vieille/vieux/vieilles **I 9A**
Wie alt bist du? Tu as quel âge ? **I 2B**
… Jahre alt âgé/âgée de … ans **II 2A**
alt ancien/ancienne **II 7E**
etw. anbauen cultiver qc **II 3E**
etw. anbieten proposer qc **I 8B**
jdm etw. anbieten offrir qc à qn **II 8E**
die anderen les autres *(m., pl.)* **I 2B**
anderer/andere/anderes autre **I 6A**
jdn/etw.anfahren rentrer dans qc/qn **II 6B**
ein Anfang un début **II 3B**
am Anfang au début **II 3B**
anfangen commencer **I 4A**
mit etw. anfangen commencer par qc **I 8B**
etw. anfordern demander qc **I 8B**
die Angaben les données *(f., pl.)* **II 4B**
die persönlichen Angaben les coordonnées *(f., pl.)* **I 2B**
ein Angebot une offre **II 1B**
das Angeln la pêche **II 7A**
ein Angestellter/eine Angestellte un employé/une employée **II 1A**
Angst haben avoir peur **I 7A**
anhalten s'arrêter **I 10B**
etw. ankündigen annoncer qc **II 4B**
eine Ankunft une arrivée **II 4E**
eine Anlage une pièce jointe **I 7E**
etw. anmachen allumer qc **I 9B**
etw. anprobieren essayer qc **I 9A**
jdn anrempeln *(ugs.)* rentrer dans qc/qn **II 6B**
ein Anruf un appel **I 3B**
anrufen téléphoner **I 3E**
jdn (an)rufen appeler qn **I 9B**
jdn noch einmal anrufen rappeler qn **II 5B**
etw. anschauen regarder qc **I 1B**
sich anschauen se regarder **I 10B**
anschließend ensuite **II 2A**
ansonsten sinon **I 9A**
ein Anstieg une hausse **II 4B**; une augmentation **II 4B**
Das ist anstrengend! C'est galère ! *(fam.)* **I 10A**
Antik- antique **I 10A**
eine Antwort une réponse **II 2A**
jdm antworten répondre à qn **II 5B**
jdm etw. anvertrauen confier qc à qn **I 7B**
eine Anweisung une consigne **I 7A**
ein Anwesen une propriété **II 8A**
anwesend être présent/présente **II 5E**
ein Anzeichen un symptôme **II 6A**
eine Anzeige une annonce **I 3A**
etw. anzeigen indiquer qc **II 7B**
etw. anziehen mettre qc **I 9B**
sich anziehen s'habiller **I 10B**
jdn/etw. anziehen attirer qn/qc **II 3A**
ein Aperitif un apéritif **I 8A**
ein Apfel une pomme **II 4E**
eine Apotheke une pharmacie **II 6E**
ein Apotheker/eine Apothekerin un pharmacien/une pharmacienne **II 6B**
am Apparat à l'appareil *(m.)* **II 5B**
jdm Appetit machen donner faim à qn **I 8B**
eine Arbeit un travail/des travaux **I 1B**
arbeiten travailler **I 1B**
ein Arbeiter/eine Arbeiterin un ouvrier/une ouvrière **II 3B**; un travailleur/une travailleuse **II 5A**
ein Arbeitgeber un employeur **II 8E**
ein Arbeitsauftrag une consigne **I 7A**
die Arbeitskräfte la main d'œuvre **II 4A**
ein Arbeitsplatz un poste de travail **II 5A**
sich ärgern se fâcher **I 10B**
ein Argument un argument **II 3B**
ein Arm un bras **II 6E**
ein Armaturenbrett un tableau de bord **II 7B**
das Aroma le parfum **II 4B**
eine Art … un genre de … **I 9B**

eine Art (und Weise) une façon **II 5A**
ein Arzt un médecin **II 6E**
ein Aspekt un aspect **II 4A**
ein Aspirin une aspirine **II 6A**
ein Assistent/eine Assistentin der Geschäftsleitung un assistant de direction/une assistante de direction **I 8B**
das Atelier l'atelier *(m.)* **I 1A**
eine Atmosphäre une ambiance **I 1A**
auch aussi **I 2B**
auch wenn même si **II 3B**
auf sur **I 1E**
etw. aufbauen installer qc **I 4E**
aufbrechen partir **II 2E**
ein Aufenthalt un séjour **II 8E**
eine Aufenthaltsgenehmigung un titre de séjour **II 8E**
etw. aufessen; austrinken finir qc **II 4A**
eine Aufführung un spectacle **I 3E**
etw. aufgeben mettre qc **I 9B**
mit etw. aufhören arrêter qc **I 4A**
aufhören s'arrêter **II 2B**
auf jdn zu vers qn **I 10B**
etw. aufmachen ouvrir qc **II 8E**
etw. aufräumen ranger qc **I 7B**
sich aufregen s'énerver **I 10B**
etw. aufschreiben noter qc **I 4A**
aufstehen se lever **I 10B**
etw. aufstellen/aufbauen monter qc **II 1A**
(einen Arzt) aufsuchen consulter qn **II 5E**
ein Auftrag une mission **II 7B**
Auftrag ausgeführt! Mission accomplie ! **II 7B**
den Auftrag haben, etw. zu tun avoir pour mission de faire qc **II 8B**
Auf Wiedersehen! Au revoir ! **I 1A**
die Augen les yeux *(sg.: un œil)* **II 6E**
jdn ausbeuten exploiter qn **II 4A**
eine Ausbildung une formation **II 2E**
eine duale Ausbildung une formation en alternance **II 8E**
ausflippen *(ugs.)* craquer *(fam.)* **I 5A**
ausgeglichen équilibré/équilibrée **II 6B**
ausgehen sortir (de qc) **II 2E**
ausgeleiert informe **I 9A**
ausgestattet/ausgerüstet équipé/équipée **II 5A**
ausgezeichnet excellent/excellente **II 8A**
jdn auslachen se moquer de qn **I 10B**
im Ausland à l'étranger *(m.)* **I 7E**
ausländisch/Ausländer- étranger/étrangère **I 7B**
etw. ausmachen représenter qc **I 7E**
etw. ausnutzen profiter de qc **II 7B**
sich ausruhen se reposer **I 10B**
aussehen avoir l'air *(m.)* **I 9B**
außer sauf **I 4B**
eine Aussicht une vue **II 1B**
eine Ausstellung une exposition **I 5E**
etw. aussuchen choisir qc **II 4A**
ein Aussteller/eine Ausstellerin un exposant/une exposante **II 5E**
eine Auster une huître **II 7A**
eine Auswahl un choix **I 9E**
ein Auszubildender/eine Auszubildende un apprenti/une apprentie **I 1B**
ein Auto une voiture **I 4E**
Auto-/Automobil- automobile **I 7E**
eine Autobahn une autoroute **I 10A**
ein Autoradio un autoradio **I 9B**

B

ein Bäcker/eine Bäckerin un boulanger/une boulangère **II 6B**
baden se baigner **I 10B**
ein Badezimmer une salle de bains **I 4E**
(Eisen)Bahn- ferroviaire **II 7E**
ein Bahnhof une gare **I 2E**
ein Bahnsteig un quai **II 7B**
eine Bank une banque **I 7E**
ein Bankkonto un compte bancaire **II 8B**
bar en espèces *(f., pl.)* **I 9A**
der Basketball *(als Sportart)* le basket(-ball) **I 3A**
der Bau la construction **II 3B**
ein Bauch un ventre **II 6E**
ein Bauernhof une ferme **II 3E**
ein Baujahr une année de construction **I 9B**
ein Baum un arbre **II 4B**
etw. bearbeiten traiter qc **II 5B**
ein Becher un pot **I 8E**
sich bei jdm bedanken remercier qn **II 6A**
etw. bedeuten signifier qc **II 4B**
eine Bedingung une condition **II 7B**
sich beeilen se dépêcher **I 10B**
etw. beenden finir qc **II 4A**
sich befinden se trouver **I 10B**
jdn befragen interroger qn **I 7B**
die Begegnung la rencontre **I 1A**
jdn begeistern passionner qn **I 7B**
sich für etw. begeistern se passionner pour qc **II 3A**
begeistert emballé/emballée *(fam.)* **I 6B**
etw. begleichen régler qc **II 6A**
jdn begleiten accompagner qn **I 6E**
jdn/etw. behalten garder qn/qc **II 3B**
jdn behandeln soigner qn **II 6B**
bei chez **I 3A**
ein Bein une jambe **II 6E**
beinahe presque **II 1A**
bekannt connu/connue **I 9E**
etw. bekommen obtenir qc **II 4B**; recevoir qc/qn **II 5B**
etw. beladen charger (qc) **II 7A**
beladen sein être chargé/chargée **II 7B**
jdn benachrichtigen prévenir qn **II 7B**
etw./jdn beobachten observer qn/qc **II 1A**
ein Bereich un secteur **I 7E**
bereit prêt/prête **I 7B**
bereit sein, etw. zu tun être prêt à faire **I 7B**
ein Berg une montagne **II 1A**
ein Beruf un métier **II 4A**
beruflich professionnel/professionnelle **I 5A**
eine Berufsaussicht un débouché **I 5A**

die Berufstätigen la population active **II 3E**
sich beruhigen se calmer **I 10B**
eine Beschwerde une réclamation **II 5B**
etw. besichtigen/besuchen visiter qc **I 2B**
eine Besichtigung une visite **I 3E**
ein Besitz(tum) une propriété **II 8A**
besonders en particulier **II 3E**
eine Besprechung une réunion **I 7A**
es ist besser, etw. zu tun il vaut mieux faire qc **II 6B**
eine Bestätigung une confirmation **II 7A**
etw. bestellen commander qc **I 2A**
eine Bestellung une commande **I 7B**
der/die/das beste le meilleur…/la meilleure… **II 4A**
bestimmter/bestimmte/ bestimmtes certain/certaine **II 4A**
ein Besuch une visite **I 3E**
jdn besuchen aller voir qn **II 2A**
ein Besucher un visiteur **I 5E**
betreten entrer (dans) **I 1B**
ein (landwirtschaftlicher) Betrieb une exploitation **II 3A**
der Betriebsaufbau le management des organisations **I 5E**
die Betriebswirtschaftslehre la gestion **I 5E**
ein Bett un lit **I 4E**
ins Bett gehen se coucher **I 10B**
sich beunruhigen s'inquiéter **II 6B**
eine Bevölkerung une population **II 3E**
sich bewegen se déplacer **I 10B**
etw. bewegen bouger qc **II 6B**
beweglich mobile **II 8E**
sich bewerben poser sa candidature **II 8E**
ein Bewerber/eine Bewerberin un candidat/une candidate **I 4A**
eine Bewerbung une candidature **II 8E**
die Bezahlung le paiement **II 5B**
eine Beziehung une relation **II 8B**
ein Bier une bière **I 8E**
eine Bilanz un bilan **I 1B**
ein Bild une image **I 5A**
ein Bildschirm un écran **II 5A**
biologisch biologique *(fam.: bio)* **II 3A**
bis jusqu'à **II 8A**
Bis dann!/Bis später! A plus ! *(fam.)* (= *A plus tard !*) **I 4B**
ein bisschen un peu **I 2A**
bitte *(zu jdm, den man siezt)* s'il vous plaît **I 2B**
ein Blatt une feuille **II 4B**
blau bleu/bleue **I 6B**
bleiben rester **I 3B**
blinken clignoter **II 7B**
ein Blinker un clignotant **I 9B**
Das ist blöd! *(ugs.)* C'est nul ! *(fam.)* **I 2B**
ein Blog un blog **I 5E**
eine (Kakao)Bohne une fève **II 4E**
ein Boot/Boote un bateau/des bateaux **II 1E**
eine Bordkarte une carte d'embarquement *(m.)* **II 1B**
das Boule-Spiel la pétanque **I 3A**
eine Boutique une boutique **I 6A**
eine Branche une branche **II 7E**
man braucht etw. il faut qc **I 5B**
etw. brauchen avoir besoin de qc **I 10A**
sich bräunen bronzer **I 10B**
die Bremsen les freins *(m., pl.)* **I 9B**
eine Brille des lunettes *(f., pl.)* **II 6E**
etw. (mit)bringen apporter qc **I 4B**
jdn bringen zu/in amener qn à/chez **II 2A**; emmener qn à **II 2A**
ein Bruder un frère **I 4B**
ein Buch un livre **I 5A**
Ich buchstabiere … J'épèle … **I 2B**
ein Büffet un buffet **I 8B**
eine Bühne une scène **I 10A**
ein (Staats)Bürger/eine (Staats)Bürgerin un citoyen/une citoyenne **II 8E**
ein Büro un bureau **I 1B**
ein Bus un bus **I 10B**
ein Businessplan un business plan **II 5A**
die Butter le beurre **I 8E**
mit Butter au beurre **I 8E**
ein BWL-Studium des études d'économie *(f., pl)* **I 4A**

C

das Café le café **I 1E**
eine Cafeteria une cafétéria **II 7E**
ein Camembert un camembert **I 8B**
ein Campingplatz un camping **II 1A**
ein Catering-Service un traiteur **I 8B**
eine CD/CDs un CD/des CD **I 4B**
ein Cent un centime **I 2B**
ein Chef/eine Chefin un chef/une chef **I 1B**; un patron/une patronne **II 8B**
ein Chef/eine Chefin der Buchhaltung un/une chef-comptable **I 8B**
chinesisch chinois/chinoise **II 5A**
circa environ **I 8E**
ein Clown un clown **I 4A**
eine Cola un coca(-cola) **I 8E**
ein Computer un ordinateur **I 3E**
ein Computerdienstleister une société informatique **II 5B**
cool *(ugs.)* cool *(fam.)* **I 1A**
die Crème fraîche la crème fraîche **I 8E**

D

da(s) ist/sind … voilà… **I 1E**
da là **I 1A**
für jdn da sein être à l'écoute de qn **II 5E**
ein Dach un toit **I 10A**
daher en *(Pronomen)* **II 7E**
damals à cette époque **II 1E**
meine Damen mesdames *(f., pl.)* **I 8B**
meine Damen und Herren messieurs-dames **I 8A**
danach après **I 1B**; ensuite **II 2A**
Danke. Merci ! **I 1E**
jdm danken remercier qn **II 6A**
etw. darstellen représenter qc **I 7E**
darüber en *(Pronomen)* **II 7E**
Das sind … /Das macht … Ça fait … **I 8A**
eine Datei un fichier **II 8E**
die Daten les données *(f., pl.)* **II 4B**
ein Datum une date **II 7A**
eine Dauer une durée **II 8E**
dauern durer **II 8A**
ein Daumen un pouce **II 5A**
davon en *(Pronomen)* **I 8A**

eine Demo une maquette **I3A**
an jdn/etw. denken penser à qn/qc **I5A**
denn car **II8B**
dennoch pourtant **II5B**
deprimiert déprimé/déprimée **II1E**
der-/die-/dasselbe le/la même **II8B**
deshalb c'est pourquoi **II3B**
ein Designer/eine Designerin un/une styliste **I6B**
ein Dessert un dessert **I8E**
ein Detail un détail **I8B**
Deutsch/die deutsche Sprache l'allemand *(m.)* **I5E**
deutsch allemand/allemande **I6A**
eine Diagnose un diagnostic **II6A**
ein Diagnoselabor un laboratoire d'analyses *(f.)* **II6A**
ein Diagramm un diagramme **II4B**
ein Dialog un dialogue **I5B**
dick gros/grosse **II4E**
(am) Dienstag mardi *(m.)* **I1A**
die Dienstleistungen les services *(m., pl.)* **I7E**
dieser/diese/dieses *(Demonstrativbegleiter)* ce/cet/cette/ces **I9E**
ein Ding *(ugs.)* un machin *(fam.)* **I4B**
diplomatisch diplomate **I7B**
direkt direct/directe **I7B**; juste **I10A**
der Discounter le hard discount **I9E**
diskutieren discuter **I2E**
ein DJ un DJ **I10A**
doch quand même **I4A**
ein Doktor un docteur **II6E**
(am) Donnerstag jeudi *(m.)* **I3E**
ein Dorf un village **II8A**
dort là-bas **I1A**
dort/dorthin; darüber y **II7E**
eine Dose une conserve **I9E**
ein Dossier un dossier **I1B**
ein Drittel un tiers **II4B**
ein Drucker une imprimante **II5A**
der Duft le parfum **II4B**
eine Dummheit une bêtise **I4A**
Es ist dunkel. Il fait nuit. **II1A**
der Durchfall la diarrhée **II6A**
der Durchschnitt la moyenne **II4B**
im Durchschnitt en moyenne **II4B**
man darf etw. nicht tun il ne faut pas faire qc **I7B**
ein Duschgel un gel douche **I7E**

E

eben tout à l'heure **II6A**
ebenfalls également **II7A**
echt vrai/vraie **I6A**
der E-Commerce l'e-commerce *(m.)* **II8E**
eine EDV-Abteilung un service informatique **I2A**
effektiv effectif/effective **II7B**
eine Ehe un mariage **II2B**
eine Ehefrau une femme **II2B**
ehemalig ancien/ancienne **II7E**
ein Ehemann un mari **II2B**
eher plutôt **I4B**
ein Ei/Eier un œuf/des œufs **I8E**
ein Eigentümer/eine Eigentümerin un/une propriétaire **I2B**
es eilig haben être pressé/pressée **II7A**
ein Eindruck une impression **I7E**
einfach facile **I2A**; simple **I6B**
ein Eingang une entrée **I4E**
einige quelques **II5B**
die Einkäufe les courses *(f., pl.)* **I4B**
einkaufen faire les courses **I4B**
jdn einladen inviter qn **I10A**
jdn einladen, etw. zu tun inviter qn à faire qc **II8A**
die Einladung l'invitation *(f.)* **I1A**
sich einloggen in se connecter à/sur **II2E**
etw. einnehmen occuper qc **II3E**
etw. einschränken limiter qc **II6B**
sich einschreiben s'inscrire **II1B**
ein Einschreiben une lettre recommandée **II5B**
sich für etw. einsetzen soutenir qc **II4A**
einsteigen monter **I6A**
jdn einstellen engager qn **II5A**
eintreten entrer (dans) **I1B**
einverstanden d'accord **I1B**
ein Einwohner/eine Einwohnerin un habitant/une habitante **II4B**
der Einzelhandel le commerce **I7E**
einziehen emménager **II3B**
eine Einzimmerwohnung un studio **II8B**
ein Eis une glace **I8E**
ein Eisendraht un fil de fer **I6E**
elektronisch/Elektro- électronique **II7B**
die Eltern les parents *(m., pl.)* **I9E**
eine E-Mail un e-mail **I4A**
eine E-Mail-Adresse une adresse e-mail **I4A**
der Empfang l'accueil *(m.)* **I1E**
jdn empfangen recevoir qc/qn **II5B**
jdm etw. empfehlen recommander qc à qn **I8A**
das Ende la fin **I4B**
Es endet ... Ça se termine ... **I9E**
endlich enfin **I5B**
die Energie l'énergie *(f.)* **II3A**
eng moulant/moulante **I9A**
Englisch/die englische Sprache l'anglais *(m.)* **I5E**
ein Enkel/eine Enkelin un petit-fils/une petite-fille **II6B**
etw. entdecken découvrir qc **II8E**
etw. entladen décharger qc **II7B**
entscheiden (etw. zu tun) décider (de faire qc) **I9B**
sich entscheiden se décider **II5A**
eine Entscheidung une décision **II8A**
Entschuldige!/Entschuldigung! Excuse-moi ! **I1A**
Entschuldigen Sie! Excusez-moi ! **I1B**
Entschuldigung! Pardon ! **I4A**
etw. entsprechen correspondre à qc/qn **II8B**
enttäuscht déçu/déçue **II5B**
eine Entwicklung un développement **II3A**
die nachhaltige Entwicklung le développement durable **II3A**
eine Epidemie une épidémie **II6A**
eine Epoche une époque **II1E**
die Erdkunde la géographie **I5E**
eine Erfahrung une expérience **II3B**
ein Erfolg un succès **I4B**
Erfolg haben réussir **II5A**
etw. ergänzen compléter qc **II7E**

etw. ergattern *(ugs.)* décrocher qc *(fam.)* **II 5A**
ein Ergebnis un résultat **I 6A**
etw. erhalten obtenir qc **II 4B;** recevoir qc **II 5B**
jdn an etw. erinnern rappeler qc à qn **II 3B**
sich (an etw.) erinnern se rappeler (de qc) **II 8A**
eine Erkältung un rhume **II 6E**
etw./jdn (wieder)erkennen reconnaître qc/qn **II 6B**
jdm etw. erklären expliquer qc à qn **I 3A**
sich erkundigen se renseigner **I 10B**
jdn ermutigen encourager qn **II 8B**
die Ernährung l'alimentation *(f.)* **II 6B**
erneuerbar renouvelable **II 3A**
etw. ernten récolter qc **II 4B**
etw. ersetzen remplacer qc **II 4A**
die Ersparnisse les économies *(f., pl.)* **II 3B**
etw. erstatten/ersetzen rembourser qc **II 5B**
jdn erstaunen étonner qn **I 7B**
ein Erste-Hilfe-Schein un brevet de secouriste **II 6A**
jdn/etw. ertragen supporter qn/qc **I 7B**
ein Erwachsener/eine Erwachsene un/une adulte **II 4B**
die Erwerbstätigen la population active **II 3E**
jdm etw. erzählen raconter qc à qn **I 5E**
von etw. erzählen parler de qc **I 6B**
ein Erzeuger/eine Erzeugerin un producteur/une productrice **II 3E**
jdn erziehen élever qn **II 2B**
etw. essen manger qc **I 8E**
zu Abend essen dîner **II 8A**
ein Essen un repas **I 5B**
eine Etage un étage **I 4E**
eine Etappe une étape **II 1A**
ein Euro un euro **I 2B**
europäisch européen/européenne **II 1E**
die Europäische Union l'Union européenne *(f.)* **I 7E**
exakt exact/exacte **II 8B**
ein Exporteur/eine Exporteurin un exportateur/une exportatrice **II 4B**

F

eine Fabrik une usine **II 4B**
ein Fachabitur un bac pro(fessionnel) **II 3A**
ein Fachmann/eine Fachfrau un professionnel/une professionnelle **II 7A**
eine Fähre un ferry **II 1**
fahren aller **I 2E;** rouler **I 9B**
fahren/fließen durch/über passer par **II 7E**
ein Fahrer un chauffeur **II 7E**
eine Fahrkarte un billet **II 1B**
ein Fahrplan des horaires *(m., pl.)* **II 1B**
das Fahrrad le vélo **I 3A**
ein Fahrschein un ticket **I 6A**
ein Fahrzeug un véhicule **II 7A**
fallen tomber **II 2A**
fällig werden arriver à échéance **II 5B**
falls si **I 7A**
etw. fällt jdm auf qc frappe qn **I 7B**
eine Familie une famille **II 1E**
mit/in der Familie en famille **II 1E**
etw. fangen attraper qc **II 6B**
eine Farbe une couleur **I 9A**
fast presque **II 1A**
ein Fax un fax **II 7A**
Februar février *(m.)* **I 5E**
jdm fehlen manquer à qn **II 2B**
feiern faire la fête **I 3E**
ein Feiertag un jour férié **II 4A**
Felder des cultures *(f., pl.)* **II 3E**
ein Fenster une fenêtre **II 1B**
Fensterladen un volet **II 8A**
die Ferien les vacances *(f., pl.)* **I 9B**
ein Feriencamp/-lager une colonie de vacances **I 3B**
eine Ferienunterkunft un gîte **II 3A**
ein Fernfahrer un chauffeur-routier **II 7E**
fernsehen regarder la télévision **I 3A**
das Fernsehen la télévision **I 3A**
fertig sein terminer **I 8A**
etw. fertig machen finir qc **II 4A**
mit etw. fertig werden faire face à qc **II 5A**
ein Festival un festival **I 9B**
an einem Festival teilnehmen faire le festival **I 10A**
etw. feststellen constater qc **I 7B**
die Feuerwehr les pompiers **II 6B**
ein Feuerwehrmann un pompier **II 6B**
das Fieber la fièvre **II 6A**
eine Finanzierung un financement **II 5E**
etw. finden trouver qc **I 2A**
ein Finger un doigt **II 2A**
der Fisch le poisson **I 8A**
der Fischfang la pêche **II 7A**
fit sein être en forme **I 1A**
eine (Ober)Fläche une surface **II 3E**
eine Flasche une bouteille **I 7B**
das Fleisch la viande **I 8A**
ein Flug un vol **II 1B**
ein Flughafen un aéroport **II 1B**
ein Flugticket un billet **II 1B**
ein Flugzeug un avion **II 1E**
ein Flur un couloir **II 1B**
ein (großer) Fluss un fleuve **II 7E**
folgender/folgende/folgendes suivant/suivante **II 6E**
eine Folie un transparent **II 4B**
eine Form un moule **II 4B**
eine Formel une formule **I 8B**
formlos informe **I 9A**
die Forschung la recherche **I 7A**
ein Foto une photo **I 6E**
ein Foto machen prendre une photo **I 6E**
ein Fotograf/eine Fotografin un/une photographe **II 1B**
ein Fotoshooting une prise de vue **I 6E**
eine Frage une question **I 2B**
eine Frage stellen poser une question **I 2B**
es kommt überhaupt nicht in Frage, etw. zu tun pas question de faire qc **II 2B**
jdn etw. fragen demander qc à qn **I 6A**
sich fragen se demander **I 10B**
französisch français/française **I 7E**
Französisch/die französische Sprache le français **I 1A**
Frau ... madame... **I 1A**
eine Frau une femme **I 6B**
frei libre **I 9A**
(am) Freitag vendredi *(m.)* **I 2A**

ein Freiwilliger/eine Freiwillige un/une bénévole **I9B**
die Freizeit les loisirs *(m., pl.)* **I3E**
der Fremdenverkehr le tourisme **I7E**
das Fremdenverkehrsamt l'office du tourisme *(m.)* **I10B**
eine Fremdsprache une langue étrangère **II1B**
eine Frequenz une fréquence **I3B**
ein Freund/eine Freundin un copain/une copine *(fam.)* **I2E;** un ami/une amie **I7B**
frisch frais/fraîche **I8E**
eine Frist un délai **II5B**
eine Frucht un fruit **I9E**
früh tôt *(Adv.)* **II1E**
ein Frühstück un petit-déjeuner **I4B**
frühstücken prendre le petit-déjeuner **I4B**
sich fühlen se sentir **II6B**
ein Führerschein un permis de conduire **I9B**
seinen Führerschein machen passer son permis **II3A**
funktionieren marcher **I5A;** fonctionner **I10A**
für pour **I1A**

G

ein Gang un couloir **II1B**
ganztags arbeiten travailler à plein temps **II2B**
etw. garantieren garantir qc **II4A**
gären fermenter **II4B**
eine Garnele une crevette **II7A**
gar nicht schlecht pas mal du tout **I6B**
ein Garten un jardin **II2E**
ein Gastronom/eine Gastronomin un restaurateur/une restauratrice **II7A**
ein Gebäck une pâtisserie **I8B**
ein Gebäude un immeuble **I2B**
jdm etw. geben donner qc à qn **I3A**
es gibt il y a **I1A**
ein Gebirge une montagne **II1A**
Ich bin geboren ... Je suis né(e) ... **I10A**
Gebraucht- d'occasion **I9B**
eine Geburt une naissance **II2B**
ein Geburtstag un anniversaire **I9A**
Gefahr laufen etw. zu tun/es besteht die Gefahr, dass etw. passiert risquer de faire qc **II7B**
etw./jd gefällt jdm qc/qn plaît à qn **I6A**
gegen *(zeitlich)* vers **I4B;** contre **II6B**
ein Gegenteil un contraire **II3A**
gegrillt grillé/grillée **I8E**
ein Gehalt un salaire **I7B**
eine Gehaltsabrechnung une fiche de paie **II8B**
gehen aller **I2E**
das Geld l'argent *(m.)* **I5B**
gemäß jdm/etw. d'après qn/qc **II4B**
das Gemüse les légumes *(m., pl.)* **I1B**
genau exact/exacte **II8B;** justement **I9A**
eine Genehmigung une autorisation **II8E**
eine Generation une génération **II8A**
genug assez **I5B**
das Gepäck le bagage **II1B**
wie geplant comme prévu **I10B**
gerade tout juste **II2E**
geradeaus tout droit **I6B**
gerade etw. getan haben venir de faire qc **II3A**
gerade etw. tun être en train de faire qc **II3B**
ein Geräusch un bruit **II2A**
ein Gericht un plat **I8E**
Gesamt- total/totale **II3E**
ein Geschäftsführer/eine Geschäftsführerin un gérant/une gérante **II7A**
eine Geschäftsleitung une direction **II5B**
ein Geschenk un cadeau **I8B**
eine Geschichte une histoire **I4B**
Geschichte *(als Fach)* l'histoire *(f.)* **I5E**
der Geschmack le goût **II2A**
Geschwister des frères et sœurs **II2B**
eine Gesellschaft une société **II5B**
gesondert en particulier **II3E**
gestern hier **I5E**
gestresst stressé/stressée **I7A**
ein Gesuch une démarche **II5E**
gesund sain/saine **II4E**
die Gesundheit la santé **II1**
ein Getränk une boisson **I4B**
das Getreide les céréales *(f., pl.)* **II3E**
ein Gewicht un poids **II1B**
das zulässige Gewicht le poids autorisé **II1B**
ein Gewitter un orage **II1B**
sich an etw. gewöhnen s'habituer à qc **II8B**
eine Gewohnheit une habitude **II7A**
es gewohnt sein, etw. zu tun avoir l'habitude *(f.)* de faire qc **II7A**
ein Glas un verre **I8A**
gleich (wie) égal/égale (à) **II4B**
eine Gliederung un plan **II4B**
global global/globale/globaux/globales **II8B**
das Glück la chance **I7B**
Glück haben avoir de la chance **I7B**
glücklich content/contente **I6A;** heureux/heureuse **II7B**
eine GmbH une SARL *(= société à responsabilité limitée)* **II4A**
ein GPS un GPS **II5B**
ein Grad un degré **II1B**
ein Gramm un gramme (de) **I8E**
eine Graphik un graphique **II4B**
gratis gratuit/gratuite **II5A**
grillen faire des grillades *(f., pl.)* **II1A**
eine Grippe une grippe **II6A**
groß grand/grande **I6A**
eine Größe une taille **I9A**
ein Großhändler/Grossist un/une grossiste **II7A**
eine Großmutter une grand-mère **II2B**
ein Großvater un grand-père **II2B**
jdn großziehen élever qn **II2B**
grün vert/verte **I6B**
ein Grund une raison **II6A**
eine Grundschule une école primaire **II2E**
eine Gruppe une compagnie **I3E**
etw. gründen créer qc **II4A**
gut bien **I1B;** bon/bonne **I6B**
ein Gut une propriété **II8A**
Guten Abend. Bonsoir ! **I3B**

Guten Tag! Bonjour ! **I1E**
ein Gymnasiast/eine Gymnasiastin *(in der Oberstufe)* un lycéen/une lycéenne **I5E**
ein Gymnasium *(nur die Sekundarstufe II)* un lycée **I1A**

H

haben avoir **I2B**
das Hackfleisch la viande hachée **I8E**
ein Hafen un port **II7A**
halb demie **I4B**
ein Halbbruder/eine Halbschwester un demi-frère/une demi-sœur **II2B**
die Hälfte (von) la moitié (de) **II4B**
eine (Markt)Halle une halle **II7B**
Hallo! *(ugs.)* Salut ! *(fam.)* **I1E**
ein Hals une gorge **II6E**
eine (U-Bahn-)Haltestelle une station **I6A**
eine Hand une main **II1B**
mit der Hand à la main **II4B**
der Handel le commerce **I5B**
der faire Handel le commerce équitable **I5B**
das Handgepäck(stück) le bagage à mains **II1B**
ein Händler/eine Händlerin un négociant/une négociante **II7A**
ein Handy un portable **I2B**
die Hardewareausstattung le matériel informatique **II5A**
hart dur/dure **I10A**
etw. hassen détester qc **I4B**
eine (Motor-)Haube un capot **I9B**
Haupt- principal/principale/principaux/principales **II4B**
hauptsächlich principalement **II7A**
eine Hauptstadt une capitale **II1E**
ein Haus une maison **I3A**
zu Hause à la maison **I3A**
die Hausarbeit le ménage **I7B**
die Hausaufgaben les devoirs *(m., pl.)* **I5A**
ein Hausbesuch une consultation à domicile **II6A**
eine Hausfrau une femme au foyer **II5A**
ein Heftchen un carnet **I6A**
jdn heiraten se marier avec qn **II2B**
heiß chaud/chaude **II1B**
heißen s'appeler **II2A**
Wie heißt du? Tu t'appelles comment ? **I1E**
Ich heiße … Je m'appelle … **I1E**
das heißt c'est-à-dire **II3B**
eine Heizung un chauffage **II3B**
ein Hektar un hectare **II3B**
jdm helfen aider qn **I8B**
die Herkunft la provenance **II4A**
Herr … monsieur … **I1B**
herrlich magnifique **II1B**
etw. herstellen fabriquer qc **I7E**
ein Hersteller/eine Herstellerin un producteur/une productrice **II3E**
die Herstellung la fabrication **II4E**
um etw. herumgehen faire le tour de qc **I9B**
hervorragend excellent/excellente **II8A**
das Herz le cœur **II6B**
der Heuschnupfen le rhume des foins **II6E**
heute aujourd'hui **I2A**
hier ici **I1B**
unter freiem Himmel à la belle étoile **II1A**
(aus etw.) hinausgehen sortir (de qc) **II2E**
hinein dedans **II4A**
hinter/hinten derrière **I10A**
im Hintergrund à l'arrière-plan *(m.)* **II1B**
eine Hin-und Rückfahrt; ein Hin-und Rückflug un aller-retour **II1B**
ein Hirte/eine Hirtin un berger/une bergère **II1A**
hoch haut/haute **II1A**
eine Hochzeit un mariage **II2B**
ein (Schul)Hof une cour **I5A**
höflich poli/polie **II8A**
die Hölle l'enfer *(m.)* **II8B**
ein Honorar un honoraire **II6A**
etw. hören entendre qc **II5B**
der Horizont l'horizon *(m.)* **II1A**
eine Hose un pantalon **I6B**
ein Hotel un hôtel **I1B**
eine Hotline une hotline **I5A**
hübsch joli/jolie **I6B**
ein Hund un chien **II1A**
jdm Hunger machen donner faim à qn **I8B**
husten tousser **II6A**

I

eine Idee une idée **I2A**
Igitt! Beurk ! **I8E**
immer toujours **I5A**
immer noch toujours **I7A**
ein Immobilienmakler une agence immobilière **II8B**
eine Impfung un vaccin **II6E**
ein Importeur/eine Importeurin; ein Importland un importateur/une importatrice **II4B**
in à **I1E**; dans **I1A**; en **I1A**
die Industrie l'industrie *(f.)* **I7E**
die Informatik l'informatique *(f.)* **I2A**
das Informationswesen l'information *(f.)* **I5E**
inklusive compris/comprise **I8B**
innerhalb von zwei Stunden dans les deux heures **II5B**
eine Insel une île **II1A**
eine Installation une installation **II5A**
ein Instrument un instrument **I10A**
intelligent intelligent/intelligente **II2B**
interaktiv interactif/interactive **II5E**
interessant intéressant/intéressante **I9E**
jdn interessieren intéresser qn **I6B**
ein Internat un internat **II3A**
das Internet l'Internet *(m.)* **I2A**
im Internet sur Internet **I2A**
ein Internetanschluss/eine Internetverbindung une connexion Internet **II8B**
ein Interview une interview **I3A**
in etw. investieren investir dans qc **II4A**
eine Investition un investissement **II3B**
irgendwo quelque part **II6B**

J

Ja. Oui. **I1A**
eine Jacke une veste **I6B**
ein Jahr un an **I2A;** une année **I4B**
das ganze Jahr lang/über tout au long de l'année **II4E**
ein Jahrhundert un siècle **II4B**
jährlich/Jahres- annuel/annuelle **II8B**
eine Jeans un jean **I9A**
jeder/jede/jedes *(+Nomen)* chaque **II5A**
jetzt maintenant **I1B**
ein Jingle un jingle **I3B**
ein Job un job **I3B**
das Judo le judo **I3E**
ein Jugendlicher/eine Jugendliche un/une jeune **I3E**
Juli juillet *(m.)* **I10E**
jung jeune **II2E**
ein Junge un garçon **I1A**
Juni juin *(m.)* **I5A**

K

eine Kabine une cabine **I9A**
ein Kaffee un café **I5E**
eine Kaffeemaschine une machine à café **I7A**
ein Kai un quai **II7B**
das Kajakfahren le kayak **I3A**
der Kakao le cacao **II4E**
ein Kalender un calendrier **II4E**
eine Kalorie une calorie **II4E**
kalt froid/froide **II1B**
die Kälte le froid **II7A**
ein Kanal/Kanäle un canal/des canaux **II7E**
eine Kantine une cantine **I5E**
eine Karaffe une carafe **I8E**
eine Karotte une carotte **I8E**
eine Karte une carte **I6B**
ein Käse un fromage **I8E**
ein Katalog un catalogue **I6B**
eine Kategorie une catégorie **II6B**
etw. kaufen acheter qc **I9B**
ein kaufmännischer Angestellter/ eine kaufmännische Angestellte un commercial/une commerciale **II7A**
kein/keine ne … pas de **I5A**
kein/keine mehr ne … plus de **I5A**
ein Kellner un garçon **I6A**
jdn kennen connaître qn **II6B**
jdn kennen lernen faire la connaissance de qn **II2A**
eine Kenntnis une compétence **II8B**
eine (Handels)Kette une chaîne **II5A**
ein Kilo un kilo (de) **I8E**
ein Kind un enfant **I3B**
ein Kindergarten un jardin d'enfants **II2E**
eine Kinderpflegerin une puéricultrice **II2E**
ein Kino un cinéma **I2E**
eine Kiste une caisse **II7A**
Klamotten *(ugs.)* des fringues *(f., pl.) (fam.)* **I4E**
etw. klären régler qc **I7A**
eine Klasse une classe **I1A**
eine Klassenarbeit une interro *(fam.) (= interrogation)* **I5A**
ein Klassenlehrer un professeur principal **I5E**
klassisch classique **II4A**
ein Kleid une robe **I6B**
Kleider/Kleidung des vêtements *(m., pl.)* **I9A**
klein petit/petite **I6B**
Kleingebäck des petits fours *(m., pl.)* **I8B**
das Klettern l'escalade *(f.)* **I3A**
die Klimaanlage la clim *(= climatisation)* **I9B**
klingeln sonner **I2B**
ein Knie un genou **II6E**
ein Knöchel une cheville **II6E**
ein Knopf un bouton **I3B**
ein Koffer une valise **II1E**
ein Kofferraum un coffre **I9B**
ein Kollege/eine Kollegin un/une collègue **I7B**
eine Kollektion une collection **I2A**
komisch bizarre **I4B**
(an)kommen arriver **I1B**
kommen venir **I8B**
ein Kommentar un commentaire **I5A**
die Kommunikation/das Kommunikationswesen la communication **I5E**
eine Kompetenz une compétence **II8B**
ein Kompliment un compliment **I6E**
kompliziert compliqué/compliquée **I7B**
ein Kompromiss un compromis **II2B**
die Konditorei la pâtisserie **I1B**
eine Konferenz une conférence **II5E**
eine Konkurrenz une concurrence **II4A**
etw. können pouvoir qc **I7A**
etw. tun können *(wissen, wie es geht)* savoir faire qc **II2A**
eine Konserve une conserve **I9E**
konstant constant/constante **II8B**
die Konstruktion la construction **II3B**
der Konsum la consommation **II4B**
etw. konsumieren consommer qc **II4E**
jdn kontaktieren contacter qn **I7A**
ein Kontinent un continent **I10E**
einen Kontrast zu etw. bilden contraster avec qc **II1A**
eine Kontrolllampe un voyant **II7B**
sich auf etw. konzentrieren se concentrer sur qc **II5A**
ein Konzept un concept **II5A**
ein Kopf une tête **II6E**
ein Kopfhörer un casque **I3B**
Kopfweh haben avoir mal à la tête **II6E**
ein Körper un corps **II6E**
korrekt correct/correcte **II4A**
die Kosmetikprodukte les cosmétiques *(m., pl.)* **I7E**
ein Kosmetikprodukt un produit de beauté **I5B**
kosten coûter **II3A**
Was kostet das? C'est combien ? **I2B**
etw. kosten déguster qc **II8A**
Kosten des frais *(m., pl.)* **II5B**
kostenlos gratuit/gratuite **II5A**
ein Kostenvoranschlag un devis **I8B**
köstlich délicieux/délicieuse **I8E**
krank malade **II6A**
ein Krankenhaus/Krankenhäuser un hôpital/des hôpitaux **II6E**

ein Krankenpfleger/eine Krankenschwester un infirmier/une infirmière **II 6B**
eine Krankenversicherungskarte une carte vitale **II 6B**
ein Krankenwagen une ambulance **II 6E**
ein Kredit un crédit **II 3B**
einen Kredit aufnehmen prendre un crédit **II 3B**
eine Kreditkarte une carte bleue **I 9A**
etw. kriegen *(ugs.)* décrocher qc *(fam.)* **II 5A**
eine (Kinder)Krippe une crèche **II 2E**
eine Krise une crise **I 5A**
etw. kritisieren critiquer qc **II 1B**
eine Küche une cuisine **I 1B**
ein Kuchen/Kuchen un gâteau/des gâteaux **I 4B;** une tarte **I 4B**
eine Kuh une vache **II 3A**
Kühl- frigorifique **II 7A**
eine Kühlkette une chaîne du froid **II 7A**
ein Kühlschrank un frigo **I 8E**
ein Kuhstall une étable **II 3A**
(Gemüse)Kulturen des cultures *(f., pl.)* **II 3E**
kulturell culturel/culturelle **II 5A**
sich um jdn/etw. kümmern s'occuper de qn/qc **I 10B**
ein Kunde/eine Kundin un client/une cliente **I 7E**
der Kundendienst le service après vente (SAV) **II 5B**
ein Künstler/eine Künstlerin un/une artiste **I 10A**
ein Kurs un cours **I 4B**
kurz court/courte **I 9A**
kurz/knapp bref/brève **II 8B**
kurzfristig/langfristig à court/long terme **II 3B**
kürzlich dernièrement **II 7A**
ein Küsschen un bisou **I 6A**
jdm Küsschen geben faire des bisous à qn **II 2A**
eine Kutsche une calèche **I 10B**

L

lachen rigoler **I 4B**
ein Lachs un saumon **I 8E**
ein Laden une boutique **I 6A**
eine Lagerhalle un entrepôt **II 7A**
etw. lagern stocker qc **II 4B**
eine Lammkeule un gigot d'agneau **I 8E**
ein Land un pays **I 7E**
das Land *(im Gegensatz zur Stadt)* la campagne **II 3A**
Ländereien un domaine **II 8A**
eine Landschaft un paysage **II 1A**
ein Landwirt/eine Landwirtin un agriculteur/une agricultrice **II 3E**
die Landwirtschaft l'agriculture *(f.)* **I 7E**
landwirtschaftlich agricole **I 7E**
lang long/longue **II 1A**
lange *(Adv.)* longtemps **I 4A**
langsam lent/lente **II 8B**
jdn langweilen ennuyer qn **II 3A**
langweilig ennuyeux/ennuyeuse **II 1A**
ein Lärm un bruit **II 2A**
jdn/etw. (über)lassen laisser qn/qc **I 6E**
ein Lastwagen un camion **II 7E**
laufen marcher **I 4B**
ein Leben une vie **II 3A**
ledig célibataire **II 2B**
etw. legen mettre qc **I 9B**
ein Lehrer/eine Lehrerin un/une prof *(fam.)* (= *professeur)* **I 1A;** un enseignant/une enseignante **I 5E**
ein (Grundschul)Lehrer/eine (Grundschul)Lehrerin un maître/une maîtresse **II 2A**
die Leichtathletik l'athlétisme *(m.)* **I 3E**
eine Leidenschaft une passion **II 8A**
jdm etw. leihen prêter qc à qn **I 8E**
sich leisten können, etw. zu tun avoir les moyens de faire qc **II 6A**
leistungsstark performant/performante **II 5A**
eine (Telefon)Leitung une ligne **II 7A**
auf einer anderen Leitung sprechen être occupé/e sur une autre ligne **II 7A**
die Lektion la leçon **I 1E**
ein Lenkrad un volant **II 7B**
etw. lernen apprendre qc **I 7B**
etw. lesen lire qc **I 5A**
letzter/letzte/letztes dernier/dernière **I 7B**
die Leute les gens *(m., pl.)* **I 1A**
liebe(r) cher/chère **I 6B**
eine Liebe un amour **I 6E**
jdn/etw. lieben aimer qn/qc **I 1B;** adorer qn/qc **I 3A**
lieber plutôt **I 4B**
etw. lieber mögen préférer qc **I 9E**
ein Liebhaber/eine Liebhaberin von etw. un amateur/une amatrice de qc **II 4A**
etw. liefern livrer qc **II 5B**
eine Lieferung une livraison **II 5B**
eine Linie une ligne **I 6A**
(nach) links à gauche **I 3B**
eine Liste une liste **I 4B**
ein Liter un litre (de) **I 8E**
eine Loge une loge **I 10A**
logistisch logistique **II 7B**
ein Lohn un salaire **I 7B**
Los! Allez ! **I 1A**
lose en vrac **II 7A**
etw. ist mit jdm los qc arrive à qn **II 8B**
eine Lupe une loupe **II 6B**
Lust haben avoir envie (de faire qc) **I 9A**
lustig marrant/marrante **I 6A**

M

etw. machen faire qc **I 3E**
das Mädchen la fille **I 1A**
eine Magen-Darm-Entzündung une gastroentérite *(fam.: une gastro)* **II 6A**
eine Mahlzeit un repas **I 5B**
eine Mailbox une boîte vocale **II 5B**
der Mais le maïs **II 3E**
ein Mal une fois **I 6E**
manchmal parfois **II 1A**
ein Mann un homme **II 1A**
ein Mantel un manteau **I 9A**
ein Marathon un marathon **II 8E**
eine Marke une marque **I 9E**
das Marketing le marketing **I 7A**
ein Markt un marché **I 9E**
den Markt erkunden prospecter le marché **II 8B**
eine Marktstudie une étude de marché **II 5A**
März mars *(m.)* **I 4E**
eine Maschine une machine **II 4A**

in Maßen/maßvoll essen/trinken consommer avec modération **II4E**
Mathematik les mathématiques *(f., pl.)* **I5E**
ein Medikament un médicament **II6B**
das Meer la mer **I1A**
Meeresfrüchte des fruits de mer **II7E**
mehr als plus de… que **II4B**
mehrere plusieurs **II5A**
die Mehrheit (von) la majorité (des) **II4B**
eine Meinung un avis **I7B**
über etw. seine Meinung abgeben donner son avis sur qc **I7B**
meiner Meinung nach à mon avis **I8A**
seine Meinung ändern changer d'avis **I9A**
die meisten la plupart des **II4B**
eine Menge une quantité **II2A**
menschlich humain/humaine **II6E**
eine Mentalität une mentalité **II8B**
ein Menü un menu **I8E**
eine Messe un salon **II4E**
sich mit etw./jdm messen können rivaliser avec qc/qn **II8A**
ein Meter un mètre **II1A**
die Metro le métro **I6A**
mies *(ugs.)* pourri/pourrie *(fam.)* **II1E**
eine Miete un loyer **I4A**
mieten louer **I10B**
ein Mikro(fon) un micro *(= microphone)* **I3B**
die Milch le lait **I8E**
Milch- laitier/laitière **II3E**
eine Million un million **I7E**
die Minderheit (von) la minorité (des) **II4B**
ein Mineralwasser une eau minérale **I8E**
ein Minirock une minijupe **I9A**
minus moins **I3B**
eine Minute une minute **I2B**
etw. mischen mélanger qc **II4B**
eine Mission une mission **II7B**
Mist! *(ugs.)* Zut ! *(fam.)* **I2A**
mit avec **I1A**
mit 23 Jahren à 23 ans **II7E**
ein Mitarbeiter/eine Mitarbeiterin un collaborateur/une collaboratrice **II5A**
ein Mitbewohner/eine Mitbewohnerin un/une coloc *(fam.) (= colocataire)* **I4E**
etw. mitbringen (von) ramener qc de qc **II7E**
etw. miterleben assister à qc **II6B**
nicht mehr mitkommen *(im Unterricht)* ne pas avoir le niveau **I5A**
jdn mitnehmen zu/in emmener qn à **II2A**
der Mittag/mittags le midi **I2A**
ein Mittel un moyen **II1E**
ein Mittelpunkt un centre **II1B**
im Mittelpunkt au centre **II1B**
ein mittelständisches Unternehmen une PME *(= une petite et moyenne entreprise)* **II5A**
Mitternacht minuit *(m.)* **I4B**
(am) Mittwoch mercredi *(m.)* **I2A**
mobil mobile **II8E**
Ich möchte … Je voudrais … **I2B**
die Mode la mode **I2A**
ein Modell un modèle **I9A**
ein Moderator/eine Moderatorin un animateur/une animatrice **I3A**
modern moderne **II7A**
etw. modernisieren moderniser qc **II3A**
jdn/etw. (gerne) mögen aimer qn/qc **I1B**
etw. nicht mögen détester qc **I4B**
ein Moment un moment **I1B**
in dem/diesem Moment à ce moment-là **II8A**
ein Monat un mois **I4A**
(am) Montag lundi *(m.)* **I1E**
(am) Montagabend lundi soir **I1A**
der Morgen/morgens le matin **I1A**
morgen demain **I2A**
das Mountainbiken; das Mountainbike le VTT *(= vélo tout-terrain)* **I3A**
müde fatigué/fatiguée **I10B**
eine Mühle un moulin **II3B**
der Müll les déchets *(m., pl.)* **II3A**
die Mülltrennung le tri des déchets **II3A**
ein Mund une bouche **II2A**
ein Museum un musée **I3E**
die Musik la musique **I3E**
ein Musiker/eine Musikerin un musicien/une musicienne **I10E**
etw. tun müssen devoir faire qc **I7A**
man muss etw. tun il faut faire qc **I7B**
eine Mutter une mère **I4B**
der Mutterschutz le congé maternité **II6A**

N

nach après **I3B**
nach jdm/etw. d'après qn/qc **II4B**
Nachbar- voisin/voisine **I10E**
(über etw.) nachdenken réfléchir (à qc) **II4A**
die Nachfrage la demande **II5A**
nachher puis **I4B**
einer Sache nachkommen faire face à qc **II5A**
der Nachmittag/nachmittags l'après-midi *(m. oder f.)* **I1E**
eine Nachricht un message **II5B**
eine Nacht une nuit **I2E**
ein Nachtisch un dessert **I8E**
ein Nahrungsmittel un aliment **II6B**
Na klar! Bien sûr ! **I4A**
ein Name un nom **I2A**
eine Naschkatze sein être gourmand/gourmande **II4E**
die Nase voll haben *(ugs.)* en avoir marre *(fam.)* **I4B**
eine Nationalität une nationalité **I10A**
die Natur la nature **I1A**
neben à côté de **I10E**
negativ négatif/négative **II8E**
etw. nehmen prendre qc **I4B**
Nein. Non. **I1A**
die Nerven verlieren craquer *(fam.)* **I5A**
nett sympa *(fam.) (= sympathique)* **I1A**; gentil/gentille **II8A**
ein Netz(werk) un réseau **II5B**
neu nouveau/nouvel/nouvelle/nouveaux/nouvelles **I9A**
neulich dernièrement **II7A**
nicht ne… pas **I2A**
nicht mehr ne … plus **I5A**
nichts *(Subjekt)* rien ne… **II5B**
nicht viel pas grand-chose **II2B**

nie ne… jamais **I 9E**
niedergeschlagen déprimé/déprimée **II 1E**
niemand *(Subjekt)* personne ne… **II 5B**
ein Niveau un niveau **I 5A**
noch encore **I 1B**
noch nicht ne… pas encore **I 7B**
der Norden le nord **II 3E**
der Notarzt le SAMU *(= Service d'aide médicale d'urgence)* **II 6B**
eine Notaufnahme les urgences *(f., pl.)* **II 6E**
eine Note une note **I 4A**
ein Notfall une urgence **II 6A**
etw. notieren noter qc **I 4A**
Das wäre doch nicht nötig gewesen! Ce n'était pas la peine ! **II 6A**
die Nudeln les pâtes *(f., pl.)* **I 9E**
eine Nummer un numéro **I 3B; un** nombre **II 2A**
eine (Kunden)Nummer une référence **II 7A**
nur seulement **I 2B**

O

oder ou **I 2B**
… oder? …, hein ? *(fam.)* **I 3A**
ein Ofen un four **I 10A**
offen ouvert/ouverte **I 9E**
etw. öffnen ouvrir qc **II 8E**
oft souvent **I 5A**
ohne sans **I 5B**
ohne etw. zu tun sans faire qc **II 7B**
ohnmächtig werden faire un malaise **II 6B**
ein Ohr une oreille **II 6E**
o.k. d'accord **I 1B**
Oktober octobre *(m.)* **I 4E**
das (Heiz)Öl le fioul **II 3B**
das (Erd)Öl le pétrole **II 7E**
ein Omelett une omelette **I 8E**
online en ligne **II 8E**
orange orange **II 1A**
War alles in Ordnung? Ça a été ? **I 8A**
etw. organisieren organiser qc **I 8B**
ein Ort/Orte un lieu/des lieux **I 6A;** un endroit **II 4B**
örtlich local/locale/locaux/locales **II 4A**
der Osten l'est *(m.)* **II 3E**
ein Outfit un ensemble **I 9A**

P

ein Paar un couple **II 2B**
eine Packung une boîte **I 8E**
eine (Produkt)Palette une gamme **II 4A**
eine Panne une panne **II 7B**
die Papiere les papiers *(m., pl.)* **I 2B**
ein Park un parc **I 2E**
eine Partnerschaft un partenariat **I 7A**
Partnerstadt/-dorf sein von être jumelé/jumelée avec **II 8A**
eine Party une fête **I 3E**
ein (Reise)Pass un passeport **II 1B**
ein Passant/eine Passantin un passant/une passante **I 6B**
zu jdm passen correspondre à qc/qn **II 8B**
etw. passiert jdm qc arrive à qn **II 8B**
ein Passivhaus une maison passive **II 3B**
eine Pastete un pâté **I 8E**
eine Pastille une pastille **II 6B**
eine Patchworkfamilie une famille recomposée **II 2B**
ein Patient/eine Patientin un patient/une patiente **II 6E**
eine Pause une pause **I 3B;** une récréation *(fam.: une récré)* **II 2A**
ein Pensionszimmer une chambre d'hôte **I 10B**
perfekt parfait/parfaite **I 6B**
eine Person une personne **I 8B**
ein Personalausweis une carte d'identité *(f.)* **II 8E**
ein Personalleiter/eine Personalleiterin un/une DRH (= *Directeur/-trice des ressources humaines)* **I 7A**
eine Perspektive un débouché **I 5A**
ein Pferd/Pferde un cheval/des chevaux **I 10E**
mit dem Pferd à cheval **I 10B**
jdn pflegen soigner qn **II 6B**
ein Picknick un pique-nique **I 10B**
die (Antibaby)Pille la pilule **II 6E**
eine Pipeline un oléoduc **II 7E**
ein Plakat une affiche **II 4B**
ein Plan un plan **I 6A**
etw. (ein)planen planifier qc **I 7A**
eine Platte un plateau **I 8B**
der Platz la place **I 1E**
plötzlich tout à coup **I 2B**
ein Polizist/Polizeibeamter un agent de police **II 1A**
ein Portugiese/eine Portugiesin un Portugais/une Portugaise **I 10A**
positiv positif/positive **II 4E**
ein (Waren)Posten un lot **II 7A**
ein Poster une affiche **II 4B**
eine Postkarte une carte postale **I 9E**
ein Praktikant/eine Praktikantin un/une stagiaire **I 6B**
ein Praktikum un stage **I 2A**
ein Praktikumsbericht un rapport de stage **I 5A**
eine Präsentation une présentation **I 6E**
eine (Arzt)Praxis un cabinet (médical) **II 6E**
ein Preis un prix **I 9E**
ein Preis-Leistungs-Verhältnis un rapport qualité-prix **II 8B**
pro par **I 7B**
eine Probe(aufnahme) un essai **I 3A**
eine (Produkt)Probe un échantillon **I 7B**
das Probeabitur le bac blanc **I 5A**
etw. probieren goûter qc **I 4B;** déguster qc **II 8A**
ein Problem un problème **I 1A**
Kein Problem! Pas de souci ! **I 10B**
ein Produkt un produit **I 5B**
die Produktion la production **II 4E**
ein Profil un profil **II 7E**
von etw. profitieren profiter de qc **II 7B**
ein Projekt un projet **I 5A**
ein Prospekt un prospectus **II 1B**
ein Prozent un pour cent **II 3E**
ein Prozentsatz un pourcentage **II 4B**
eine Prüfung un examen **I 4A**
Pst! Chut ! **I 3B**
das Publikum le public **I 10A**
ein Pulli un pull **I 6B**
pünktlich à l'heure **II 7B**

Q

eine Qualität une qualité **II 7B**

R

Rad fahren faire du vélo **I 3A**
das Radfahren le vélo **I 3A**
ein Radio/Radiosender une radio **I 3A**
ein Rat(schlag) un conseil **II 3B**
jdn um Rat fragen consulter qn **II 5E**
ein Rathaus une mairie **II 2E**
ein Raum une salle **I 5E**
reagieren réagir **II 8B**
eine Recherche une recherche **II 8E**
eine Rechnung *(im Restaurant)* une addition **I 8A**
eine Rechnung une facture **II 5B**
das Recht/die Rechtskunde le droit **I 5E**
Recht haben avoir raison **II 1B**
(nach) rechts à droite **I 3B**
ein Referat un exposé **II 3E**
regelmäßig régulier/régulière **II 7A**
etw. regeln régler qc **I 7A**
der Regen la pluie **II 1B**
ein Regenmantel un imper **I 9A**
eine Region une région **I 4B**
Es regnet. Il pleut. (*Infinitiv: pleuvoir)* **II 1B**
reich (an) riche (en) **II 4E**
eine Reihe un rang **II 2A**
Jd ist an der Reihe, etw. zu tun. C'est au tour de qn de faire qc. **II 2B**
sich in einer Reihe aufstellen se mettre en rang **II 2A**
der Reis le riz **I 8E**
eine Reise un voyage **I 2B**
ein Reisebüro une agence de voyages **I 2B**
ein Reisender/eine Reisende un voyageur/une voyageuse **I 6A**
reiten monter à cheval **I 10B**
das Reiten l'équitation *(f.)* **I 3A**
eine Reklamation une réclamation **II 5B**
rentabel rentable **II 3B**
in Rente gehen prendre sa retraite **I 8B**
eine Reparatur une réparation **II 5B**
ein Reparaturdienst une assistance dépannage **II 5B**
etw. reparieren réparer qc **II 3B**
ein Reporter/eine Reporterin un reporter/une reporter **I 7B**
etw. reservieren réserver qc **I 10B**
ein Restaurant un restaurant **I 8E**
der Rettungsdienst le SAMU *(= Service d'aide médicale d'urgence)* **II 6B**
ein Rezept une recette **I 4B;** une ordonnance **II 6E**
eine Richtung une direction **I 6A**
riesig/Riesen- énorme **I 6A**
riskant risqué/risquée **II 3B**
ein Ritual un rituel **II 2A**
ein Rock une jupe **I 9A**
ein Rohstoff une matière première **II 4A**
eine Rolle un rôle **II 3E**
ein Roller un scooter **II 1E**
das Rollerskaten le roller **I 3E**
der Rosé(wein) le vin rosé **I 8E**
etw. rösten griller qc **II 4B**
rot rouge **I 6B**
der Rotwein le vin rouge **I 8E**
ein Rücken un dos **II 6E**
auf der Rückfahrt au retour **I 10B**
ein Rückgang une baisse **II 4B**
die Rückkehr le retour **II 3A**
ein Rucksack un sac à dos **I 4E**
ein Rückspiegel un rétroviseur **I 9B**
die Ruhe le repos **I 10A**
ruhig calme **II 7B**
Ruhig bleiben! On se calme ! *(fam.)* **I 10B**
eine Runde um etw. machen faire le tour de qc **I 9B**

S

ein Saal une salle **I 5E**
eine Sache une chose **II 3A**
die Sachen les affaires *(f., pl.)* **I 4E**
ein Sack un sac **II 7A**
etw. sagen dire qc **I 5A**
ein Salat une salade **I 4B**
salzig salé/salée **I 8B**
(am) Samstag samedi *(m.)* **I 4E**
der Sand le sable **I 10B**
ein Sandwich un sandwich **I 2A**
ein Saxofon un saxophone **I 10A**
eine Schachtel une boîte **I 8E**
es ist schade, dass man etw. tut il est dommage de faire qc **II 8A**
ein Schaf un mouton **II 1A**
es schaffen, etw. zu tun arriver à faire qc **II 2B**
ein Schatz *(Kosewort)* un amour **I 6E**
ein Schaufenster une vitrine **I 8B**
eine Schaufensterpuppe un mannequin **I 6E**
ein Scheck un chèque **I 9A**
ein Scheckheft un carnet de chèques **I 9A**
sich scheiden lassen divorcer **II 2B**
eine Scheidung un divorce **II 2B**
ein Scheinwerfer un phare **I 9B**
jdm etw. schenken offrir qc à qn **II 8E**
jdm etw. schicken envoyer qc à qn **II 5B**
ein Schiff/Schiffe un bateau/des bateaux **II 1E**
ein Schifffahrtsweg une voie navigable **II 7E**
eine Schildkröte une tortue **II 1B**
Schiss haben *(ugs.)* avoir la trouille *(fam.)* **I 5A**
eine Schlacht une bataille **II 7E**
schlafen dormir **II 2E**
die Schlagsahne la chantilly **II 4E**
eine (Menschen)Schlange une queue **II 6B**
schlecht mauvais/mauvaise **II 1B**
Es ist schlechtes Wetter. Il fait mauvais. **II 1B**
jdm ist schlecht qn a mal au cœur **II 6B**
etw. schließen fermer qc **II 8B**
schließlich finalement **II 7A**
das Schlimmste le pire **II 8B**
Das ist schlimm. C'est grave. **I 4A**
zum Schluss pour finir **I 8A;** finalement **II 7A**
ein Schlüssel une clé **I 4E**
der Schlussverkauf les soldes *(f., pl.)* **I 9A**
schnarchen ronfler **II 1A**
etw. schneiden couper qc **II 4B**
Es schneit. Il neige. (*Infinitiv: neiger)* **II 1B**
schnell rapide **II 7B**
schnell *(Adv.)* vite **I 3B**

schnell machen faire vite **I 7A**
ein Schnupfen un rhume **II 6E**
die Schokolade le chocolat **II 4E**
Schokoladen- au chocolat **II 4E**
ein Stück Schokolade un carré de chocolat **II 4E**
eine Tafel Schokolade une tablette de chocolat **II 4E**
schön beau/bel/belle/beaux/belles **I 9A**
schon déjà **I 3A**
etw. schreiben écrire qc **I 5A**
die Schrift l'écriture *(f.)* **II 2A**
ein Schritt une démarche **II 5E**
ein Schuh une chaussure **I 9A**
ein Schulbibliothekar/eine Schulbibliothekarin un/une documentaliste **I 5A**
eine Schule une école **II 2E**
ein Schüler/eine Schülerin un/une élève **I 1A**
ein (Schul)Hof une cour **I 5A**
der Schutz la protection **II 1B**
jdn (be)schützen protéger qc/qn **II 6B**
eine Schutzhütte un refuge **II 1A**
schwach faible **II 4B**
schwanger enceinte **II 6A**
schwarz noir/noire **I 6B**
ein Schwerpunkt *(beim Studium)* une option **I 5E**
eine Schwester une sœur **I 2A**
ein Schwiegervater/eine Schwiegermutter un beau-père/une belle-mère **II 2B**
schwierig difficile **II 3B**
schwimmen nager **II 1A**
das Schwimmen la natation **I 3A**
das Segeln la voile **I 3B**
sehen voir qn/qc **I 7B**
sehr très **I 1A**; beaucoup **I 6B**
sein être **I 1E**
seit depuis **I 3E**
eine Seite un côté **II 8A**
ein Seitenspiegel un rétroviseur **I 9B**
ein Sekretär/eine Sekretärin un secrétaire/une secrétaire **II 7A**
sich selbstständig machen se mettre à son compte **II 5A**
eine Sendung une émission **I 3B**
eine Serie une série **I 7B**
ein Server un serveur **II 5A**
die Servolenkung la direction assistée **I 9B**
eine Seuche une épidémie **II 6A**
ein Shampoo un shampoing **I 7E**
shoppen faire du shopping **I 3B**
das Shoppen le shopping **I 3B**
sicher sûr/sûre **I 9A**
singen chanter **I 10A**
sinken baisser **II 4B**
ein Sirup un sirop **II 6B**
eine Situation une situation **II 2B**
sitzen bleiben redoubler **I 5A**
das Skifahren le ski **I 3A**
eine SMS un SMS **I 5B**
so comme ça **I 5B**
sofort tout de suite **I 10B**
sogar même **I 5E**
ein Sohn/eine Tochter un fils/une fille **II 2B**
ein Solarzellenpanel un panneau solaire **II 3B**
der Sommer l'été *(m.)* **I 1A**
ein Sonderangebot une offre promotionnelle **II 1B**
eine Sonderausstattung *(beim Auto)* une option **I 9B**
die Sonne le soleil **I 1A**
Sonnen-/Solar- solaire **II 3B**
sonst sinon **I 9A**
Keine Sorge! Pas de souci ! **I 10B**
sich Sorgen machen s'inquiéter **II 6B**
das Sorgerecht für jdn haben avoir la garde de qn **II 2B**
sowieso de toute façon **I 6A**
die Sozialversicherung la sécu *(fam.) (= sécurité sociale)* **II 8B**
Spaghetti des spaghettis **I 8E**
spanisch espagnol/espagnole **I 10A**
sparen faire des économies *(f., pl.)* **II 3B**
das Sparen les économies *(f., pl.)* **II 3B**
Spaß haben s'amuser **I 10B**
spät tard *(Adv.)* **II 1A**
Wie spät ist es? Il est quelle heure ? **I 4B**
spät dran sein être en retard **I 1A**
später plus tard **I 3A**
ein Spediteur un transporteur **II 7A**
eine Speisekarte une carte **I 8E**
(auf etw.) spezialisiert spécialisé/spécialisée (dans qc) **I 7E**
eine Spezialität une spécialité **I 4B**
ein Spiel (*beim Sport*) un match **I 3E**
ein Spiel/Spiele un jeu/des jeux **II 1E**
spielen jouer **I 10A**
spontan spontané/spontanée **II 8A**
der Sport le sport **I 3E**
eine Sprache une langue **II 1B**
(mit jdm) sprechen parler (à qn) **I 3A**
eine Sprechstunde une consultation **II 6E**
stabil stable **II 3B**
eine Stadt une ville **I 6B**
der Stadtrand la périphérie **I 9E**
eine Stadtverwaltung une mairie **II 2E**
ein (Stadt)Viertel un quartier **II 6B**
ein Stand un stand **II 5E**
ständig constant/constante **II 8B**
eine Statistik une statistique **II 4B**
ein Stau un bouchon **I 10A**
jdm stehen aller à qn **I 9A**
steigen monter **I 6A**; être en hausse **II 4B**
steigen um augmenter de **II 4A**
eine Stelle un endroit **II 4B**; un emploi **II 8E**
etw. (hin-)stellen placer qc **I 6A**
etw. stellen mettre qc **I 9B**
Steuerrad un volant **II 7B**
am Steuer au volant **II 7B**
ein Stiefvater/eine Stiefmutter un beau-père/une belle-mère **II 2B**
ein Stier/Stiere un taureau/des taureaux **I 10B**
Totale Stille. Silence total. **I 7B**
eine Stimme/Stimmen une/des voix **II 1A**
eine Stimmung une ambiance **I 1A**
stinken puer **I 7B**
ein Stockwerk un étage **I 4E**
jdn stören déranger qn **I 6E**
ein Strand une plage **I 3B**
die Straße la rue **I 1A**; la route **II 1E**
Straßen- routier/routière **II 7E**
eine Strecke un trajet **I 6A**
eine Strecke fahren faire la route **I 10A**
sich (mit jdm) streiten se disputer (avec qn) **II 2B**
der Stress le stress **I 5B**
jdn stressen stresser qn **I 5A**
der Strom l'électricité *(f.)* **II 3B**
ein Strom un fleuve **II 7E**

ein Stück une pièce **II7B**
ein Stück Schokolade un carré de chocolat **II4E**
ein Student/eine Studentin un étudiant/une étudiante **I7B**
studieren faire des études **I4A**
ein Studio un studio **I3B**
ein Studium des études *(f., pl.)* **I4A**
ein Stundenplan un emploi du temps **I5E**
eine Suche une recherche **II8E**
etw./jdn suchen chercher qc/qn **I1B**
der Süden le sud **II3E**
super super **I1A**
ein Supermarkt un supermarché **I2A**; un hypermarché **I9E**
das Surfen; das Surfbrett la planche à voile **I3A**
süß sucré/sucrée **I8B**
ein Symptom un symptôme **II6A**
ein System un système **II2E**

T

eine Tabelle/Tabellen un tableau/des tableaux **II4B**
eine Tablette un cachet **II6A**
eine Tafel/Tafeln un tableau/des tableaux **II4B**
eine Tafel Schokolade une tablette de chocolat **II4E**
ein Tag une journée **I3B**
ein Tag der offenen Tür une journée portes ouvertes **I5E**
ein Tag un jour **I9E**
an diesem Tag ce jour-là **II8A**
am folgenden Tag/am Tag darauf le lendemain **II8A**
jeden Tag tous les jours **I7B**
voll tanken faire le plein **I9B**
eine Tankstelle une station-service **I9E**
der Tante-Emma-Laden l'épicerie du coin **I9E**
der Tanz/das Tanzen la danse **I3E**
tanzen danser **I4B**; faire de la danse **I3E**
eine (Hosen-)Tasche une poche **I4E**
eine Tasche un sac **I4E**
eine Tätigkeit une activité **II2A**
tatsächlich effectivement **II7B**; en effet **II5A**
tausend mille **I5B**
ein Team une équipe **I1B**
ein Team bilden faire équipe **I10A**
ein Techniker/eine Technikerin un technicien/une technicienne **I3B**
technisch technologique **II3E**
ein Teich un étang **I10B**
ein Teil une part **II3E**; une partie **II4B**; une pièce **II7B**
etw. teilen partager qc **I8A**
an etw. teilnehmen participer à qc **I3A**
eine Teilzeitstelle un emploi à temps partiel **II8E**
ein Telefon un téléphone **I3A**
telefonieren téléphoner **I3E**
telefonisch/Telefon- téléphonique **II7B**
eine (Telefon)Zentrale un standard **II5B**
ein Angestellter/eine Angestellte in einer Telefonzentrale un/une standardiste **II5B**
eine Temperatur une température **II1B**
ein Tendenz une tendance **I9A**
einen Termin ausmachen (bei/mit jdm) prendre rendez-vous (chez/avec qn) **I8B**
ein Territorium un territoire **II3E**
etw. testen tester qc **I8E**
teuer cher/chère **I8A**
der Text le texte **I1A**
ein TGV un TGV *(= Train à Grande Vitesse)* **I6A**
ein Theater un théâtre **I10A**
ein Thema un sujet **I3B**; un thème **II4B**
ein Tisch une table **I4B**
Zu Tisch! A table ! **I8E**
ein Titel un titre **II4B**
der Tod la mort **II6A**
die Toilette les W.-C. *(m., pl.)* **I4E**; les toilettes *(f., pl.)* **II2A**
eine Tomate une tomate **I8E**
eine Tonne une tonne **II4B**
eine Tour un tour **I9B**
der Tourismus le tourisme **I7E**
ein Tourist/eine Touristin un touriste/une touriste **I6A**
traditionell traditionnel/traditionnelle **II2B**
etw. tragen porter qc **I6B**
ein Traktor un tracteur **II3A**
eine Träne une larme **II2E**
in Tränen (aufgelöst) en larmes **II2E**
etw. transportieren transporter qc **I4E**
ein Transportunternehmen un transporteur **II7A**
das Transportwesen/Transportgewerbe les transports *(m., pl.)* **II7E**
ein Traum un rêve **II1B**
davon träumen, etw. zu tun rêver de faire qc **II3A**
jdn treffen rencontrer qn **I2A**; retrouver qn **II1A**
sich treffen se retrouver **II2B**
das Treffen la rencontre **I1A**
ein Trend une tendance **I9A**
sich trennen se séparer **II2B**
eine Trennung une séparation **II2B**
etw. trinken boire qc **I8A**
ein Trinkgeld un pourboire **I8A**
trocken sec/sèche **II4B**
jdn trösten consoler qn **II2A**
trotzdem pourtant **II5B**; quand même **I4A**
ein T-Shirt un t-shirt **I9A**
etw. tun können pouvoir faire qc **I7A**
etw. tun wollen vouloir faire qc **I7A**
der TÜV le contrôle technique **I9B**
durch den TÜV kommen passer le contrôle technique **I9B**

U

die U-Bahn le métro **I6A**
über sur **I3A**
überall partout **I6A**
sich übergeben vomir **II6B**
überhaupt nichts rien du tout **II6B**
überlegen réfléchir **II4A**
etw. übernehmen reprendre qc **II3A**
etw. überqueren traverser qc **I6B**
eine Überraschung une surprise **II5B**
(etw.) überschreiten dépasser (qc) **II1B**

die Überseeprovinzen les DOM-TOM *(m., pl.) (les départements et territoires d'outre-mer)* **II1B**
Überstundenabbau la RTT *(= la réduction du temps de travail)* **II1B**
seine Überstunden abbauen prendre ses RTT **II1B**
üblich habituel/habituelle **II7A**
übrigens au fait **I4B**; puis **I4B**
die Uhr; die Uhrzeit l'heure *(f.)* **I2A**
Um wie viel Uhr? A quelle heure ? **I4B**
um etw. zu tun pour faire qc **II1A**
eine Umfrage un sondage **II8B**
eine (Umkleide-)Kabine une cabine **I9A**
ein Umsatz un chiffre d'affaires **I7E**
Wir steigen um. On change. **I6A**
die Umweltverschmutzung la pollution **II3B**
unabhängig indépendant/indépendante **II3B**
und et **I1E**
ein Unfall un accident **II6B**
eine Unfallstation les urgences *(f., pl.)* **II6E**
ungarisch hongrois/hongroise **I10A**
Unglaublich! Incroyable ! **I10A**
die Uni *(ugs.)* la fac *(fam.)* *(= faculté)* **I2B**
unmöglich impossible **II5B**
unter sous **I9B**
jdn unterbringen loger qn **II3B**
sich unterhalten discuter **I2E**
eine Unterkunft un logement **II8B**
die Unterlagen les papiers *(m., pl.)* **I2B**
ein Unternehmen une entreprise **I2A**
eine Unterrichtsstunde un cours **I4B**
ein Unterschied une différence **I7B**
unterschiedlich différent/différente **I7A**
etw. unterstützen soutenir qc **II4A**
eine Unterstützung un soutien **II5E**
unverheiratet célibataire **II2B**
das Unwohlsein le malaise **II6B**
ein Urlaub un congé **I2A**
Urlaub haben être en congé **I2A**

V

ein Vater un père **I4B**
verabredet sein avoir rendez-vous **I2B**
eine Verabredung un rendez-vous **I2B**
etw./jdn verabscheuen avoir horreur de qc/qn **II1E**
sich verändern changer **II3A**
verantwortlich responsable **I7E**
ein Verantwortlicher/eine Verantwortliche un/une responsable **I7A**
etw. verbessern améliorer qc **I7B**
jdm verbieten etw. zu tun interdire à qn de faire qc **I6A**
jdn mit jdm verbinden passer qn à qn **II6A**
etw. verbrauchen consommer qc **II4E**
ein Verbraucher/eine Verbraucherin un consommateur/une consommatrice **I9E**
(Zeit) verbringen passer **I3B**
etw. verdienen gagner qc **I7B**
ein Verein une association **I5B**
jdm zur Verfügung stehen être à l'écoute de qn **II5E**
etw. vergessen oublier qc **I10E**
eine Sache/jdn mit einer anderen Sache/jdm vergleichen comparer qc/qn à qc/qn **II2A**
ein Vergnügen un plaisir **II8A**
etw. vergrößern agrandir qc **II5A**
ein Verhältnis un rapport **II8B**; une relation **II8B**
verhandeln discuter le prix **I9B**; négocier **II6A**
ein Verkauf une vente **II4A**
jdm etw. verkaufen vendre qc à qn **II7A**
ein Verkäufer/eine Verkäuferin un vendeur/une vendeuse **I2B**
ein Verkehrsmittel un moyen de transport **II1E**
eine Verladerampe un quai de déchargement **II7B**
etw./jdn verlassen quitter qc/qn **II7A**
(ver)laufen se passer **I10B**
verlegen sein être embêté/embêtée *(fam.)* **II6A**
ein Verletzter/eine Verletzte un blessé/une blessée **II6B**
etw. verlieren perdre qc **II5B**
ein Verlust une perte **II5B**
etw. vermeiden éviter qc **II1E**
vermieten louer **I10B**
ein Vermieter/eine Vermieterin un/une propriétaire **I2B**
eine Verpackung un emballage **II4A**
etw. verpassen rater qc **I3B**; manquer qc **II5E**
ein Verrückter/eine Verrückte un fou/une folle **I10A**
verschieden différent/différente **I7A**
jdn versetzen muter qn **II5A**
eine Versicherung une assurance **I7E**
jdm versprechen etw. zu tun promettre à qn de faire qc **II5B**
etw. verstehen comprendre qc **I4A**
ein Vertrag un contrat **I1B**
ein befristeter Vertrag un CDD *(= contrat à durée déterminée)* **II8E**
ein unbefristeter Vertrag un CDI *(= contrat à durée indéterminée)* **II8E**
jdn vertrauen faire confiance à qn **II3B**
das Vertrauen la confiance **II3B**
das Vertrauen in jdn verlieren perdre confiance en qn **II5B**
etw. vervollständigen compléter qc **II7E**
Verzeihung! Pardon ! **I4A**
die Viehzucht l'élevage *(m.)* **II3E**
viel beaucoup **I8A**
viel(e) *(bei Mengen)* beaucoup de **I8B**
vielleicht peut-être **I2B**
ein Viertel un quart **I4B**
eine Viertelstunde un quart d'heure **II2A**
der vierte/die vierte/das vierte le quatrième/la quatrième **I6B**
ein Virus un virus **I5A**
ein Voice Mail une boîte vocale **II5B**
voll (von/mit) plein/pleine (de) **II6A**
voll tanken faire le plein **I9B**

Vollzeit arbeiten travailler à plein temps **II 2B**
von de/d' **I 1A**
von ... bis ... de... à... **I 2A**
vor *(zeitlich)* il y a **II 4A**
vor *(örtlich)* devant **I 2B**
vor allem surtout **I 1B**
eine Voraussetzung une condition **II 7B**
etw. vorbereiten préparer qc **I 1B**
die Vorbereitungen les préparatifs *(m., pl.)* **I 8B**
im Vordergrund au premier plan **II 1B**
vorher avant **II 3A**
vorhin tout à l'heure **II 6A**
ein Vorname un prénom **I 7A**
etw. vorschlagen proposer qc **I 8B**
eine Vorschule une école maternelle **II 2E**
eine Vorspeise une entrée **I 1B**
jdm jdn/etw. vorstellen présenter qn/qc à qn **I 7A**
sich vorstellen se présenter **I 10B**
eine Vorstellung une présentation **I 6E**
ein Vorstellungsgespräch un entretien d'embauche **I 7B**
am Vortag la veille **II 8A**
ein Vorteil un avantage **I 9B**
ein Vortrag une conférence **II 5E**
etw. vorziehen préférer qc **I 9E**

W

wachsen monter **II 5A**
wachsen um augmenter de **II 4A**
etw. wählen choisir qc **II 4A**
Haben Sie (schon) gewählt? Vous avez choisi ? **I 8A**
wahr vrai/vraie **I 6A**
während pendant **I 3B**
während *(Konjunktion)* pendant que **II 1A**
wahrscheinlich sans doute **II 3A**
ein Wald une forêt **II 8A**
wandern faire de la randonnée **II 1A**
eine Wanderung une randonnée **II 1A**
Wann ...? Quand ... ? **I 4A**
eine Ware une marchandise **II 7E**
warm chaud/chaude **II 1B**
auf jdn/etw. warten attendre qn/qc **II 5B**
ein Wärter un gardien **I 6A**
ein Wartezimmer une salle d'attente **II 6A**
Warum ...? Pourquoi... ? **I 2A**
Was ...? Qu'est-ce que... ? **I 3E**
waschen laver qc **I 1B**
Was für ein ... ! Quel ... ! **I 9B**
ein (Mineral)Wasser une eau minérale **I 8E**
ein Wasserweg une voie navigable **II 7E**
das WC les W.-C. *(m., pl.)* **I 4E**
ein Webmaster un webmaster **II 8E**
eine Website un site **I 4A**
jdn (auf)wecken réveiller qn **II 1E**
weder ... noch ne... ni... ni **II 5B**
ein Weg un chemin **I 6B**; une voie **II 7E**
auf dem Weg nach ... en route pour ... **I 6E**
jdn nach dem Weg fragen demander son chemin à qn **I 6B**
weggehen partir **II 2E**
Weihnachten Noël *(m.)* **II 4E**
weil parce que **I 4B**; comme **II 1A**
der Wein le vin **I 8E**
Wein- viticole **II 8A**
ein Weinberg des vignes **II 3E**
weinen pleurer **II 2A**
ein (Wein)Lager un chai **II 8A**
eine Weinprobe une dégustation **II 8A**
ein Weinstock une vigne **II 3E**
weiß blanc/blanche **I 6B**
weit large **I 9A**
eine Weiterbildung une formation continue **II 8E**
weitermachen continuer **I 6B**
der Weizen le blé **II 3E**
welcher/welche/welches *(Fragebegleiter)* quel/quels/quelle/quelles **I 9B**
die Welt le monde **I 7E**
eine Weltreise un tour du monde **II 1E**
wenig/wenige peu de **I 9E**
ein wenig un peu de **I 8B**
wenn si **I 7A**; quand **I 7B**
werden devenir **II 2E**
Wer ist das? Qui est-ce ? **I 1A**
die Werkstatt l'atelier *(m.)* **I 1A**
der Westen l'ouest *(m.)* **II 3E**
das Wetter le temps **II 1B**
der Wetterbericht la météo **II 1B**
wichtig important/importante **I 10E**
Wie ...? Comment ... ? **I 4E**
wie *(beim Vergleich)* comme **I 1A**
wieder anfangen, etw. zu tun recommencer à faire qc **II 2B**
wieder heiraten se remarier (avec qn) **II 2B**
etw. wiederholen répéter qc **II 7A**
jdn wieder sehen retrouver qn **II 1A**
wie viel combien **I 2B**
wild sauvage **I 10B**
Willkommen! Bienvenue ! **I 1E**
der Wind le vent **II 1B**
der Winter l'hiver *(m.)* **II 1A**
ein Winzer/eine Winzerin un viticulteur/une viticultrice **II 8A**
wirklich vraiment **II 8A**
wirksam effectif/effective **II 7B**
eine Wirkung un effet **II 4E**
die Wirtschaft l'économie *(f.)* **I 5E**
wissen savoir **II 2A**
witzig drôle **I 4E**
Wo ...? Où... ? **I 1A**
wo *(Relativpronomen, Ort)* où **I 7E**
woanders (hin) ailleurs **I 6A**
eine Woche une semaine **I 3A**
ein Wochenende un week-end **I 3B**
Woher ...? D'où... ? **I 4A**
Wohin...? Où... ? **I 1A**
wohnen habiter **I 1B**
eine Wohngemeinschaft/WG *(ugs.)* une colocation *(fam.: une coloc)* **I 2B**
ein Wohnhaus un immeuble **I 2B**
eine Wohnung un appartement **I 2B**; un logement **II 8B**
ein Wohnzimmer un salon **I 4E**
eine Wolke un nuage **II 1B**
etw. wollen vouloir qc **I 7A**
ein Wort une parole **I 3B**
ein Wörterbuch un dictionnaire **II 8E**
eine Wunde une plaie **II 6B**
etw. wünschen souhaiter qc **II 5E**
wünschen, etw. zu tun souhaiter faire qc **II 5E**
die Wurstwaren la charcuterie **I 8B**
wütend sein être en colère **I 4B**

Z

eine Zahl un nombre **II 2A**
etw. zahlen payer qc **I 9A**
ein Zahn une dent **II 6E**
ein Zahnarzt/eine Zahnärztin un/une dentiste **II 6E**
eine Zahnspange un appareil dentaire **II 6E**
ein Zeichen un signe **I 4A**
ein (Buchungs)Zeichen une référence **II 7A**
ein Zeichner/eine Zeichnerin un dessinateur/une dessinatrice **II 1B**
jdm etw. zeigen montrer qc à qn **I 3A**
die Zeit le temps **I 4B**
die ganze Zeit tout le temps **I 4A**
eine Zeitschrift un magazine **I 3A**
eine Zeitung/Zeitungen un journal/des journaux **I 7B**
ein Zelt une tente **II 1A**
ein Zentrum un centre **II 1B**
etw. zerdrücken écraser qc **II 4B**
ein Zimmer une pièce **I 4E**
ein (Schlaf-)Zimmer une chambre **I 4E**
zögern hésiter **II 8B**
ein Zoll *(Maßeinheit)* un pouce **II 5A**
ein Zoom un zoom **I 1B**
zu *(Adv.)* trop **I 2A**
zu *(einer Person)* chez **I 2E**
zu dritt à trois **I 2B**
zu Hause à la maison **I 3A**
zu 15.-€ à 15 € **I 8A**
zu Fuß à pied **I 10B**
etw. zubereiten préparer qc **I 1B**
der Zucker le sucre **II 3E**
eine Zuckerrübe une betterave sucrière **II 3E**
zuerst d'abord **I 1B**
zufrieden content/contente **I 6A;** satisfait/satisfaite **II 5B**
jdn. zufrieden stellen satisfaire qn **II 5A**
ein Zug un train **II 1E**
zugehen auf se diriger vers **I 10B**
jdm zuhören écouter qn **I 1B**
eine Zunahme une augmentation **II 4B**
zurecht kommen se débrouiller **I 10B**
etw. zurückbringen (von) ramener qc de qc **II 7E**
zurückfahren rentrer **I 10B**
zurückgehen être en baisse **II 4B**
zurückgehen (um) diminuer (de) **II 4B**
zurückkehren retourner **I 2B**
zurückkommen revenir **I 9B**
jdn zurückrufen rappeler qn **II 5B**
zusammen ensemble **I 1A**
eine Zusammenarbeit un partenariat **I 7A**
eine Zusammenfassung un résumé **I 5B**
zusammengebrochen paralysé/paralysée **II 5B**
ein Zusammenhang un rapport **II 8B**
sich mit jdm zusammenschließen s'associer à qn **II 6A**
zusätzlich zu etw. en plus de qc **II 3A**
eine Zusatzversicherung une mutuelle **II 6B**
ein Zuschauer/eine Zuschauerin un spectateur/une spectatrice **I 10E**
in gutem Zustand en bon état **I 9B**
jdm zustimmen être d'accord avec qn **II 3B;** approuver qn **II 8A**
zu viel trop de **I 8A**
ein Zweifel un doute **I 5A**
ein Zweig une branche **II 7E**
zweimal deux fois **I 9E**
zwischen entre **I 5B**

Bilan Lektion 1

1 Mes premières vacances sans les parents…

1. Pendant des années, je **suis allée** en vacances avec mes parents.
2. C'**était** sympa : nous **visitions** la région, nous **faisions** des randonnées et nous **mangions** dans des bons restaurants !
3. Mais à 18 ans, j'**ai eu** envie de passer des vacances différentes.
4. Avec ma copine Marine, j'**ai pris** mon sac à dos et nous **sommes allées** en Thaïlande !
5. C'**était** fantastique !
6. Tous les jours, on **allait** à la plage où on **bronzait**.
7. Un jour, nous **avons rencontré** deux Anglais avec qui nous **avons continué** notre voyage.
8. Steve et Trevor **venaient** de York et **avaient décidé** de passer une année à l'étranger.
9. Ils **étaient** très sympas.
10. Ensemble, nous **avons visité** presque tout le pays !
11. Un soir, à Hua Hin, les garçons **n'ont pas trouvé** d'hôtel parce qu'il y **avait** trop de touristes.
12. Marine et moi, nous n'**avions** pas ce problème parce que nous **avions réservé** notre hôtel sur Internet avant le départ.
13. Comme Marine ne **voulait** pas laisser Steve et Trevor seuls – surtout pas Steve ! – nous **avons passé** la nuit sur la plage… Steve et Marine sont aujourd'hui toujours ensemble… à York… !

2 Le temps et la météo

Il fait froid : entre 17 et 18 degrés. Il y a beaucoup de nuages et il y a aussi du vent. L'eau est assez froide. Elle a une température de 17°C.

Sie können jetzt

→ Quand j'étais petit(e), je voulais toujours aller à Nice. Quand j'avais 16 ans, j'ai passé deux semaines là-bas.
→ J'avais déjà mangé quand tu m'as appelé(e) hier.
→ A Lyon, il y a du soleil et il fait 20 degrés.
→ Je veux faire beaucoup de randonnées en Corse. Mais je veux aussi passer quelques jours à la plage.
→ Pour aller à Paris, je prends le TGV/la voiture/l'avion.

Bilan Lektion 2

1 Qu'est-ce qu'ils savent faire ?

Tanja et Julie sont à la gare.

1. Julie : Tu **sais** quand tes amis arrivent ?
   Tanja : Non, je ne **sais** pas, j'ai oublié les horaires à la maison.
2. Julie : Tes amis restent longtemps ?
3. Tanja : Ils ne **savent** pas encore. S'il fait beau, oui !

A l'école.

4. Le directeur à Tanja : Mais qu'est-ce que vous faites ? Vous ne **savez** pas que c'est interdit ?
5. Tanja : Non, je ne **savais** pas. Excusez-moi.
   Le directeur : Bon, ça va pour cette fois…

2 La journée d'un enfant de maternelle

1. Il est 7 heures. Le petit Gaëtan **dort** encore. Camille, sa mère, entre dans sa chambre.
2. « Vite, mon petit Tantan. C'est l'heure. Il faut se lever. » Gaëtan **sort** du lit.
3. A 8 heures, Gaëtan et sa mère **partent**. Ils vont à l'école maternelle en voiture.
4. Gaëtan ne parle pas, alors Camille lui demande : « Tu **dors** encore ? »
5. Gaëtan : « Non, je ne **dors** pas, je regarde mon livre. »
6. Un quart d'heure plus tard, ils arrivent à l'école maternelle et **sortent** de la voiture.
7. Camille accompagne son fils à l'entrée de l'école et puis elle **part**.
8. Après la cantine, la maîtresse dit aux enfants : « Maintenant, vous **dormez** un peu. »
9. Le soir, Gaëtan raconte à sa mère : « Après la cantine, **j'ai dormi**. Et après, Tristan et moi, nous **sommes sortis** dans la cour et nous avons joué ! »

3 La maternelle à la mer

Hier, la maternelle est allée à la mer. Kadidja raconte.

1. Nous sommes partis à 8 heures et deux heures plus tard, le bus **s'est arrêté** à la plage de Honfleur.
2. L'eau était bonne et tous les enfants **se sont baignés**.
3. Sauf Célia : elle avait un peu peur d'aller dans l'eau, et Eric **s'est moqué** d'elle.
4. Célia **s'est fâchée**, et les deux **se sont disputés**.
5. Mais Julie et moi **(nous) nous sommes occupées** d'eux et très vite, ils **se sont calmés**.
6. Plus tard, on a organisé des activités sur le sable et tous les enfants **se sont amusés**.
7. La journée **s'est bien passée** !

Sie können jetzt

→ Hier, j'ai dormi jusqu'à six heures. Je me suis levé(e) à six heures et demie. Ensuite, j'ai pris mon petit-déjeuner. Après, je suis allé(e) au lycée. Je suis rentré(e) à deux heures. Puis j'ai fait les courses parce que j'avais invité des copains pour le dîner.
→ Lukas, tu as des frères et des sœurs ?
→ Ma copine Laura a une demi-sœur et un beau-père. Ses parents ont divorcé et sa mère s'est remariée.
→ Je ne sais pas quand les vacances commencent. Mais je sais déjà que je veux faire un stage de deux semaines.

Bilan Lektion 3

1 Où est-ce que nous partirons cette année ?

1. Marc et Pauline **se marieront** cet été et **partiront** ensuite en vacances. Ils discutent de leurs projets avec leur amie Marine.
2. Marine : Vous **partirez** quand ?
3. Pauline : On **prendra** l'avion à Paris le 20 juillet et on **arrivera** à Sydney le 22.
4. Marine : Ce **sera** un long voyage !
5. Marc : Oui, mais nous **serons** trois semaines en Australie.
6. Marine : Et qu'est-ce que vous **ferez** ? Vous **resterez** trois semaines à Sydney ?
7. Pauline : Mais non ! Nous **commencerons** par la visite de Sydney et après, nous **ferons** le tour du nord de l'Australie ! Et toi, où est-ce que tu **partiras** cet été ?
8. Marine : Moi, j'**aurai** seulement une semaine de congé, alors je **resterai** en France ! Je **prendrai** peut-être une chambre dans un hôtel près de Marseille et je **me reposerai**.

2 Qu'est-ce qu'on peut faire ?

Marc prépare le voyage en Australie.

1. Marc : Pauline, tu as vu, on **peut** faire du cheval à côté de l'hôtel.
2. Pauline : Mais Marc, je ne **sais** pas monter à cheval. On **peut** peut-être trouver une autre activité, non ?
3. Marc : Bien sûr ! Nous **pouvons** faire de la randonnée ou visiter la région.
4. Pauline : C'est toi qui prépares tout le voyage ! Tu es sûr que je ne **peux** pas t'aider ?
5. Marc : Moi, je ne **sais** pas bien parler anglais, alors tu **peux** t'occuper de réverver les hôtels par exemple.
6. Pauline : D'accord, je **peux** regarder sur Internet et écrire ensuite un e-mail.
   Marc : Super !

Sie können jetzt

→ Dans le nord de l'Allemagne, on cultive des céréales et on fait de l'élevage, dans le sud-ouest, il y a, à côté des céréales et des légumes, aussi du très bon vin. Dans l'est de l'Allemagne, il y a des grandes entreprises agricoles qui cultivent par exemple des betteraves sucrières.
→ Je m'occupe du tri des déchets et je fais des économies d'énergie.
Plus tard, je voudrais vivre dans une maison passive.
→ Je viens de prendre un crédit pour acheter une maison.
→ Je suis en train de téléphoner à ma copine.
→ Cet été, je passerai mes vacances à la ferme avec ma famille.
En juillet, mes copains et moi, nous ferons une randonnée en Corse.
→ Je sais réparer ta voiture.
Je ne peux pas le faire aujourd'hui, mais demain.

Bilan Lektion 4

1 La meilleure des choses

1. Je trouve que le chocolat noir est **meilleur que** le chocolat blanc.
2. C'est le chocolat **le moins** sucré.
3. Mais il est **aussi riche en calories qu'**un gâteau au chocolat.
4. Le cadeau **le plus cool** pour la Saint-Valentin, ce sont les bises en chocolat de Pascal Brunet.
5. Elles sont vraiment **les plus belles** du monde.
6. Une barre chocolatée est **moins chère qu'**une tablette de chocolat.
7. Mais une barre est **plus petite** et **moins saine**.
8. Chez ce chocolatier, les vendeurs sont **aussi sympas qu'**au supermarché.
9. C'est vrai, l'ambiance est **meilleure** chez lui.

2 La nouvelle boutique ChocSaveur

Notre reporter Paul Dubois est allé visiter la nouvelle boutique ChocSaveur.

1. Il y a un an, après un bon chiffre d'affaires, c'est le début d'un nouveau projet pour les Brunet : ils **investissent** dans une deuxième boutique.
2. Pascal Brunet **a réfléchi** longtemps à la nouvelle boutique, parce qu'elle devait être différente de la première : en plus de leurs chocolats, les Brunet proposent maintenant aussi différents cafés et thés.
3. Bien sûr, Pascal Brunet **choisit** comme avant les meilleurs cacaos et son partenariat avec une plantation en Côte d'Ivoire **garantit** des bons produits.
4. Il est drôle de passer une journée dans la boutique et de regarder les clients : il y a des gens qui **réfléchissent** pendant des heures et **finissent** par acheter seulement deux chocolats.
5. D'autres personnes viennent toutes les semaines et **choisissent** toujours la même chose.
6. J'ai goûté beaucoup de spécialités de la maison ChocSaveur et voilà mon conseil : Ne **réfléchissez** pas plus longtemps, allez dans la nouvelle boutique des Brunet, vous allez adorer !

3 Tout ce qui m'intéresse

1. Ce qui me plaît, c'est le chocolat de monsieur Brunet.
2. J'aime aussi ce que mon ami mange.
3. Mangez ce que vous voulez.
4. Ce que les gens disent ne m'intéresse pas.
5. Ce qui est important, c'est la qualité des produits.

Sie können jetzt

→ Je suis plus grand(e)/plus petit(e) que mon père.
Mon père est aussi âgé que ma mère.
Quel est le livre le plus marrant ?
Voilà le chocolat le moins cher.
Est-ce que la qualité des desserts est meilleure en France ?

→ Les Allemands boivent 112 litres de bière par an et par personne.
La production de chocolat en Allemagne a augmenté de 1%.
La vente de voitures est en baisse.

Bilan Lektion 5

1 Mon ordinateur

1. les haut-parleurs
2. l'écran
3. la webcam
4. la clé USB
5. le clavier
6. la souris
7. l'imprimante
8. le casque

2 Au bureau

a) Si je **décroche** ce contrat, j'**engagerai** un nouveau collaborateur.
b) Si vous **prenez** le train, vous **arriverez** à huit heures à Paris.
c) Si on se **dépêche**, on **pourra** aller au cinéma après le travail.
d) Si tu **veux**, je te **montrerai** mon concept.
e) Si nous **installons** des nouveaux ordinateurs, nous **serons** plus performants.
f) S'ils **garantissent** l'assistance dépannage, nous **accepterons** leur offre.
g) Si vous **travaillez** plus, vous **gagnerez** plus.
h) Si tout **va** bien, on **aura** du succès.
i) Si le technicien **ne vient pas**, ce **sera** la catastrophe.
j) Si monsieur Bordas **téléphone**, tu lui **diras** que je suis en colère.

3 Dialogues

a) – Vous **recevez** beaucoup d'e-mails ?
– Ah oui, j'en **reçois** beaucoup tous les jours.

b) – Depuis deux jours, nous **attendons** la réponse de monsieur Bordas.
– **N'attendez plus**, préparez une lettre de réclamation.

c) – Vous **n'avez pas entendu** le téléphone ?
– Non, je n'étais pas dans mon bureau.

d) – Cette année, ils **ont perdu** beaucoup de clients.
– S'ils ne changent pas, ils en **perdront** encore plus.

e) – Où est Ling ? Elle **ne répond pas**.
– Elle est dans son bureau. J'**entends** sa voix.

f) – Hier, j'**ai reçu** un message de Shanghai.
Ils **attendent** notre offre.

g) – Pourquoi est-ce que tu **ne réponds pas** ?
– Qu'est-ce que tu dis ? Je t'**entends** très mal.

Sie können jetzt

→ **S'il fait beau, je viendrai.**

→ **Bonjour. J'ai reçu votre e-mail et je me suis occupé(e) de votre commande.**

→ **Le délai est dépassé. Je suis très déçu !**
Il faut nous rembourser les pertes.

→ **J'ai un ordinateur performant.**

→ **J'ai fait une étude de marché et préparé un business plan. Je vais bientôt engager deux nouveaux collaborateurs.**

Bilan Lektion 6

1 Comment est-ce que nous pourrions protéger notre santé ?

1. Pauline **devrait** faire du sport.
2. Le Dr Vinson et le Dr Raymond **feraient** mieux de travailler moins.
3. Ton frère et toi, vous **pourriez** boire moins de coca.
4. Dans notre famille, nous **aimerions** manger plus de fruits et légumes.
5. Papa, tu as toujours mal au dos. Moi, je **consulterais** un orthopédiste.
6. Franck, tu **aurais** besoin de vacances.

2 Vous connaissez un bon dentiste ?

1. La cliente : Dites-moi, monsieur, vous **connaissez** un bon dentiste ?
2. Le pharmacien : Bien sûr, madame, je vous recommande le docteur Neveu. Je le **connais** très bien.
3. Ma femme **a connu** monsieur Neveu à la fac. Nous le **connaissons** depuis 10 ans.
4. Mon fils et la fille des Neveu se **connaissent** aussi. Ils vont à l'école primaire ensemble.
5. Régine : Monsieur, vous **connaissez** la femme qui a demandé un sirop ? Elle a posé des questions !
6. On pourrait croire qu'elle **connaît** tous les médicaments.
7. Le pharmacien : Tu **ne connais pas** Pauline ?
8. Régine : C'était elle ? Bien sûr, je la **connais**. Elle porte des lunettes ?

3 Il faut laver l'ambulance.

1. **Range-les.**
2. **Ne l'oubliez pas.**
3. **Appelle-les.**
4. **Prépare-la.**
5. **Téléphone-leur.**
6. **Parlez-lui.**
7. **Ne les dérange pas.**
8. **Contactez-moi.**

Sie können jetzt

→ Je souhaiterais avoir un rendez-vous/prendre rendez-vous.
Est-ce que je (ne) pourrais (pas) venir plus tôt ?
Est-ce que le médecin fait des consultations à domicile ?
Je vous propose un rendez-vous à 15 heures. (Pourriez-vous venir à 15 heures ?)
Le Dr Vinson ne prend pas de rendez-vous avant 16 heures.

→ Je ne me sens pas très bien. J'ai de la fièvre et (j'ai) la diarrhée.
J'ai besoin d'une ordonnance.

→ Je n'ai pas ma carte vitale/de carte vitale.
Je voudrais de l'aspirine/des cachets d'aspirine, s'il vous plaît.

→ Mélanie, une femme est tombée. C'est une urgence. Appelle le SAMU.

Bilan Lektion 7

1 Yann et Marc se rencontrent devant l'entrepôt.

1. Oui, on **y** prend un café.
2. Oui, nous **y** allons.
3. J'**en** sors à 18 h.
4. Non, j'**y** ai livré des fruits et légumes.
5. Oui, j'**en** ai profité.
6. Non, nous **y** organisons des transports routiers.
7. Oui, j'**en** rêve toujours.
8. Oui, nous **y** participerons ensemble.
9. Non, je **n'y** arrive **pas** toujours à l'heure.
10. Oui, ils **y** pensent toujours.
11. Oui, je suis content quand j'**y** arrive.

2 Arriver à l'heure, c'est important.

1. Marc va charger **rapidement** son camion pour aller **directement** à Rungis.
2. **Traditionnellement**, la société Martin n'organise pas de transports par bateau.
3. **Généralement**, Marc est au volant d'un véhicule frigorifique qui va **régulièrement** de Rennes à Rungis.
4. **Heureusement**, les bateaux n'ont pas dû attendre dans le bouchon sur le canal.
5. Le technicien est sympa parce qu'il a changé la pièce **gratuitement**.
6. Marc connaît **mal** la route entre le Havre et Rungis, mais il est **bien** rentré ce soir.

3 Les transports vous passionnent.

Marc sort/est sorti de l'entrepôt **après avoir chargé** le camion.
Tu as un bon salaire **après avoir fait** une formation.
Je vais à Rungis **pour livrer** un nouveau client.
Marc fait/a fait un BEP **pour compléter** sa formation.
Le chauffeur part/est parti de l'atelier **sans prévenir** la gérante.
Le camion arrive/est arrrivé **sans avoir** de panne.
Avant d'observer le tableau de bord, il faut monter dans le camion.
Avant de choisir un transporteur, vous devez comparer les devis.

Sie können jetzt...

→ Société Schreiber, bonjour.
Vous êtes client chez nous ?
Excusez-moi, monsieur Müller est en réunion. Ne quittez pas. Un moment, je vous passe madame Geibel.
Madame Geibel est occupée sur une autre ligne. Je prends un message ? Vous voulez laisser un message ?

→ Je vous appelle (... téléphone...) pour le transport d'une machine.
Le chauffeur doit charger à Stuttgart à 10 h, dernier délai.
Le chauffeur doit décharger dans l'entrepôt du client à 16 h, dernier délai.
Toutes les marchandises sont chargées et le camion est parti à l'heure.

Bilan Lektion 8

1 Le retour à Wöllstein

1 Avant leur départ, le viticulteur **offre** une bouteille à chaque garçon : « Vous les **offrez**/**offrirez** à vos parents. »
2. Les Delalande **offrent** une autre bouteille à Julian.
3. Gérard dit : « Je t'**offre** mon meilleur vin. Tu ne l'**ouvres** pas trop tôt. Tu l'**ouvriras** pour ton 30e anniversaire ! »
4. « Regardez ce que Gérard m'**a offert** ! »
5. Les garçons regardent la bouteille et **découvrent** que le vin a déjà 23 ans, comme Julian !
6. « Tim, Luka, nous **ouvrons** le coffre de la voiture ? On va la charger ! »

2 Je m'intéresse à votre poste.

1. Elle a dit que son entreprise cherchait un employé bilingue.
2. Elle a expliqué que le nouvel employé travaillerait à Montpellier.
3. Elle a dit qu'elle allait m'envoyer un prospectus le lendemain.
4. Elle a dit qu'ils avaient engagé un Anglais la veille.
5. Elle a demandé où j'avais vu leur annonce.
6. Elle a demandé si je parlais des langues étrangères.
7. Elle a voulu savoir ce que j'avais fait pendant mon stage.
8. Elle a dit que deux candidats se présenteraient ce jour-là.

3 La vente directe au domaine

1. Un dimanche, Julian décide **spontanément** d'aider Lucie.
2. Dans le chai, elle s'occupe **gentiment** des touristes qui s'arrêtent **brièvement** au domaine pour une dégustation.
3. Julian reçoit les visiteurs **poliment** dans la cour.
4. Ensuite, il les amène au chai où il fait **constamment** 12° C.
5. Lucie dit : « Papa est **vraiment** un bon viticulteur mais moi, je travaillerai **différemment**.
6. Il faudra investir **énormément** pour moderniser. »

4 Les ordinateurs, c'est parfois l'enfer...

1. Cet ordinateur travaille **plus rapidement** que l'autre et il bugue **moins souvent**.
2. Si la connexion Internet ne fonctionne pas **le plus rapidement** du monde, le travail se fait **plus difficilement**.
3. Cet écran fonctionne **moins bien** que l'autre.
4. Cet équipement bugue **aussi souvent** que le dernier.
5. L'ordinateur de mon copain fonctionne déjà **mieux**.
6. L'ordinateur qui marche **le mieux** est trop cher.

Sie können jetzt...

→ Est-ce qu'on peut visiter le domaine/la propriété viticole et le chai ?
Pouvons-nous/Peut-on déguster/goûter vos vins/produits ?
Est-ce que la dégustation est gratuite ?
Je voudrais savoir si vous vendez vos vins sur Internet/en ligne ?

→ Je voudrais poser ma candidature.
J'ai un CDI à plein temps. J'ai pour mission de prospecter le marché allemand pour des produits français.
Je dois encore m'inscrire à la sécu. Pourriez-vous me donner ma fiche de paie ?

Escale 1

1 Une journée de vacances

Mögliche Antwort:
Je me suis levé(e) tard. Après, j'ai pris mon petit-déjeuner : un café au lait et du pain et de la confiture. Ensuite, je suis allé(e) à la plage. Il faisait beau et j'ai regardé les bateaux/j'ai fait de la voile. Mais tout à coup, il y a eu des nuages et il a commencé à pleuvoir. J'ai dû rentrer tout de suite.

2 Mes vacances

Mögliche Antwort:
J'ai préparé un voyage avec mes copains en Provence. Avant notre départ, nous avons acheté une tente parce que nous voulions faire du camping pendant deux semaines. A notre arrivée, il faisait beau. Et il a fait beau aussi pendant toutes les vacances ! Nous avons visité Cannes et Grasse, nous avons rencontré d'autres jeunes et nous avons fait ensemble beaucoup d'excursions. La région est super avec la mer et la montagne. Ne ratez pas les Gorges du Verdon et Aix-en-Provence !

3 Le temps

a) A Abu Dhabi, il fait presque 40 degrés. Il ne pleut pas du tout. L'eau a une température de 30 degrés. Il y a 10 heures de soleil par jour.
A Bangkok, il fait 32°C. L'eau est aussi très chaude. Mais il pleut beaucoup (environ 15 jours par mois).
A San Francisco, il fait 23°C, et il ne pleut presque pas en septembre.
Au Cap, il fait 18°C. Mais il peut pleuvoir.
b) Je peux aller à San Francisco ou à Abu Dhabi. Mon copain/ma copine ne veut aller ni à Abu Dhabi ni à Bangkok.

4 Pour aller en Corse

1. b) ; 2. b) ; 3. a) ; 4. a), b), c) ; 5. a) ; 6. c)

5 Vos vacances préférées

a) Mögliche Antworten:
Je voudrais passer des vacances en Ardèche parce que j'adore faire du camping et du canoë avec mon copain/ma copine. Je voudrais passer un week-end à Saint-Tropez parce que j'adore les soirées VIP et faire la fête. Je voudrais passer mes vacances dans la Loire avec ses châteaux Chambord, Blois et Chenonceau. J'adore l'histoire et les châteaux.
b) Mögliche Antwort:
Les pires vacances pour moi : faire de la randonnée en montagne parce que je déteste marcher et que je préfère la mer.

6 Ma famille

	Age	Situation familiale	Frères et sœurs	Autres informations
Maxime	18 ans	habite chez ses parents.	2 frères, 2 sœurs	- vit à Pointe-à-Pitre. - élève au lycée professionnel - sa mère est prof, son père s'occupe d'un hôtel.
Justine	16 ans	habite avec sa mère, Marc - le copain de sa mère - et Julien, le fils de Marc.	-	- vit à Québec au Canada. - au début, s'est beaucoup disputée avec Julien, maintenant, ça va.
Benjamin	17 ans	- vit seul avec sa mère. - ses parents se sont séparés quand il avait trois ans.	-	- passe beaucoup de temps avec sa mère. - cela a dû être difficile pour sa mère.
Mélissa	16 ans	vit avec sa mère, son beau-père Pierre, son frère Tristan, Mathieu, le fils de Pierre, et Célia, sa demi-sœur.	un frère, une demi-sœur	- vit en Corse. - Tristan a 13 ans. - Célia a 3 ans.

7 Bon anniversaire !

a) Mögliche Antwort:
Photo 1 : La fille à gauche, c'est Janina qui a 5 ans. Elle est avec moi à l'école maternelle. La fille à droite est ma sœur Amelie qui a déjà 8 ans. Et au milieu, c'est moi !
Photo 2 : Aujourd'hui, on fête mes 70 ans et toute ma famille est là : à gauche, c'est ma fille Julia et ses enfants Max et Luka ; à droite, c'est ma femme Jutta. Nous sommes mariés depuis 45 ans !

b) Mögliche Antwort:
Photo 1 : Nous avons fêté mon anniversaire. Nous avons mangé beaucoup de gâteaux et nous avons joué ensemble. Le soir, nous avons fait des grillades.
Photo 2 : Nous sommes allés au restaurant et nous avons très bien mangé. Mes petits-enfants avaient préparé des chansons, et nous nous sommes bien amusés !

c) Mögliche Antwort:
Photo 1 : Je voudrais être grande et aller à l'école. Après, je voudrais devenir prof et avoir une grande famille.
Photo 2 : Après le lycée, j'ai fait une formation et j'ai travaillé pour une banque pendant presque 40 ans. A 25 ans, Jutta et moi, nous nous sommes mariés. Nous avons eu deux enfants : Julia et Jochen. Aujourd'hui, j'ai 5 petits-enfants, le dernier vient d'avoir un an.

8 Un agriculteur bio

a) faux : Cergy-Pontoise est à 40 km de Paris.
b) faux : Jean-Paul et sa femme s'installent dans une ferme dans les années 70.
c) vrai
d) vrai
e) faux : Il travaille avec sa femme et 3 ouvriers.
f) faux : Jean-Paul cultive 20 hectares de légumes bio, 1 hectare de fruits et 20 hectares de blé.
g) vrai
h) vrai

9 Au Salon de l'Agriculture

Auf der Landwirtschaftsmesse gibt es: 3000 Tiere und 480 Rassen, darunter 1000 Rassehunde, 650 Ziegen, 610 Kaninchen, 600 Kühe, 100 Pferde, 60 Schweine und außerdem noch Vögel und Fische. Der Salon ist auch zum Lernen da.
Alle, die mit der Landwirtschaft zu tun haben (Ministerien, Verbände, Ausbildungs-, Forschungs-, Umweltorganisationen…) sind vertreten. In einem Bereich geht es ausschließlich um Pflanzen. Man kann sich über Garten, Umwelt, Lebensräume, neue Energien informieren. Besucher werden auch aufgefordert, in diesem einzigartigen Raum etwas zu probieren. Es gibt viele Produkte aus heimischer Erzeugung (aus Frankreich selbst, aber auch aus den Gebieten in Übersee). Ausgestellt werden also die unterschiedlichsten Produkte, darunter natürlich auch die ganz hochwertigen, die mit Medaillen ausgezeichnet wurden.

10 En français

Dites en français…

1. A l'agence de voyages, il y a une offre promotionnelle pour un vol direct pour Paris.
2. Je ne sais pas où se trouvent les toilettes.
3. Je me suis disputé(e) avec mon copain.
4. Je me suis levé(e) à 5 heures parce que je pars en week-end avec ma demi-sœur.
5. Je viens de réserver un vol.
6. Je suis en train de travailler.
7. Je ne sais pas si la fac est vraiment bien. J'ai des doutes.

Demandez en français…

8. Quand est-ce que le vol pour Berlin part ?
9. Est-ce que je peux prendre mon grand sac à dos comme/en bagage à main ?
10. Est-ce ma valise dépasse le poids autorisé ?
11. Est-ce que le vol pour Berlin est en retard ? Quand est-ce que nous allons arriver ? Il fait quel temps à Berlin ?
12. Vous parlez allemand ?
13. Est-ce que ton fils sait déjà nager ?
14. Comment est-ce qu'on peut faire des économies d'énergie ?

Escale 2

1 Je vous souhaite…

a) Scène 1 : dessin 2 ; Scène 2 : dessin 7 ; Scène 3 : dessin 4 ; Scène 4 : dessin 6 ; Scène 5 : dessin 3 ; Scène 6 : dessin 5 ; Scène 7 : dessin 1 ; Scène 8 : dessin 8
b) dessin 1 : Santé ! ; dessin 2 : Tous mes/nos vœux de bonheur ! ; dessin 3 : Bonne année ! ; dessin 4 : Bon rétablissement. ; dessin 5 : Bon appétit ! ; dessin 6 : A tes/vos souhaits ! ; dessin 7 : Bon anniversaire ! ; dessin 8 : Félicitations !

2 Fauchon à Paris

a) 1. c) ; 2. a)+b) ; 3. b) ; 4. b)+c)

b) 1. Auguste Fauchon proposait ses offres à ses meilleurs clients.
2. Fauchon a toujours eu des bonnes idées. Il a compris que goûter une tasse de café ou un vin, ça peut être un grand luxe.

c) Individuelle Antworten

3 La publicité en France et en Allemagne

b) 1. En France, les publicités pour le tabac sont interdites et les publicités pour l'alcool sont réglementées. On retrouve souvent les mêmes publicités en France et en Allemagne ou dans les pays anglo-saxons. En France, on doit écrire les slogans et les textes des publicités en français ou on doit proposer une traduction en français si le slogan est par exemple en anglais.
2. Mögliche Antworten: Pour moi, la publicité est très importante. J'adore par exemple regarder les publicités à la télévision. Si une publicité me plaît, j'ai souvent envie d'acheter le produit.
Pour moi, la publicité n'est pas importante du tout. Je ne regarde jamais les publicités à la télévision, ça m'énerve quand il y a plein de pubs pendant les films ! Et puis, j'oublie toujours le nom des produits, même si j'ai vu la publicité avant. La publicité ne m'intéresse pas du tout.

c) Individuelle Antworten

4 En français

Dites en français…

1. Ma sœur est plus petite que mon frère.
2. Les Français mangent 24,5 kg de fromage par personne et par an.
3. Mon entreprise se concentrera/va se concentrer seulement sur les marchés qui montent.
4. Si la diarrhée continue, je vais aller chez le médecin.
5. Le médecin ne fait pas de consultations à domicile.
6. Un délai est dépassé.
7. J'ai 40°C de fièvre et il me faut des médicaments.

Demandez en français…

8. Comment s'appelle le vin le plus cher ?
9. Quel vol pour Marseille est le moins cher ?
10. Est-ce qu'il est plus facile de créer une entreprise en France qu'en Allemagne ?
11. Est-ce que je peux avoir un rendez-vous chez le médecin mardi matin ?
12. Est-ce que je peux avoir une ordonnance ?
13. Est-ce que l'entreprise engage des nouveaux collaborateurs ?
14. Est-ce qu'on a déjà demandé l'étude de marché ?
15. Est-ce que quelqu'un a mal au cœur ?
Est-ce que quelqu'un a besoin d'un cachet ?

5 Des lettres

Lettre amicale – début	Lettre amicale – fin	Lettre formelle – début	Lettre formelle – fin
4 ; 8 ; 13	1 ; 6 ; 9 ; 10 ; 12	5 ; 11 ; 14	2 ; 3 ; 7 ; 15

6 Une réservation

a) 7 ; 2 ; 4 ; 3 ; 6 ; 8 ; 10 ; 1 ; 5 ; 9

b) Mögliche Antwort:
Réservation
Madame, Monsieur,
Merci d'avoir choisi notre hôtel. Comme vous le demandez, nous confirmons la réservation du 16 au 23 avril au prix de… Nous vous envoyons ci-joint un prospectus de notre hôtel et restons à votre disposition.
Nous vous prions d'agréer, Madame, Monsieur, nos salutations distinguées.

7 Des vacances pourries…

Mögliche Antwort:
Réclamation
Monsieur,
Nous venons de passer une semaine dans votre gîte en Auvergne. Pendant cette semaine de vacances, nous avons eu beaucoup de problèmes. Tout d'abord, il n'y avait pas d'eau chaude dans la salle de bains et nous avons dû prendre une douche froide tous les matins. Mais ce n'était pas tout. Dans votre gîte, il y a plusieurs vélos. Ils sont tous dans un très mauvais état, nous n'avons pas pu les prendre pour nous promener dans la région. Dans l'annonce, vous dites que le gîte se trouve dans une région très calme. Ce n'est pas vrai, il est à côté de l'aéroport. On entend le bruit des avions toute la journée et toute la nuit ! Pendant trois nuits, je n'ai pas pu dormir.
Et pour finir : le gîte est à côté d'une ferme où on élève des poules. C'est une catastrophe, ça pue !
Certains jours, nous avons dû rester toute la journée dans la maison… Je suis vraiment très déçu par cette location et vous demande de me rembourser les frais de location dans les plus brefs délais.

8 Allô ? C'est moi...

Mögliche Antworten:

1. Allô Eric, c'est moi. On avait rendez-vous au cinéma Rex à 20 heures et qui n'est pas là ? Toi ! Ecoute, c'est la troisième fois qu'on a rendez-vous, que je t'attends et que tu ne viens pas ou que tu es en retard. Je commence à en avoir marre ! Je n'ai pas envie de passer mes soirées à t'attendre devant un cinéma ! Tu as un portable, pourquoi est-ce que tu n'appelles pas ? J'ai attendu assez longtemps, je rentre !
2. Allô Léa, c'est Marie. Ecoute, je suis encore à la fac. Je ne trouve pas mes clés, j'ai dû les oublier ce matin. J'ai encore rendez-vous avec Pierre et je vais rentrer très tard. Je ne sais pas ce que vous faites ce soir. Mais si vous n'êtes pas là, laissez une clé chez la voisine du deuxième étage, elle est toujours là. Merci et à plus tard.
3. Bonjour, ici Florence Dupont de la société Sivarex. Nous avons réservé une table pour dix personnes, pour ce soir à 20 heures, pour un repas d'affaires. On vient de me dire que deux des invités ne peuvent pas venir, nous ne serons donc que huit. Dernière chose : une des personnes n'aime ni la viande ni le poisson. Vous pourriez le noter pour le menu de ce soir ? Je vous remercie. Si vous avez encore des questions, vous pouvez m'appeler au numéro suivant...

9 Tabac et santé

a) Il s'agit d'un faire-part de naissance. En réalité, c'est l'affiche d'une campagne de prévention.

b) L'affiche ressemble à un faire-part de naissance et raconte les neuf mois avant la naissance d'un bébé. L'affiche s'adresse aux femmes enceintes.

c) Mögliche Antworten:
Je trouve que c'est une bonne chose parce qu'il est important de ne pas fumer quand on est enceinte. Ce n'est pas bon pour la santé et c'est dangereux pour le bébé./Je déteste des actions comme ça, les gens sont libres de faire ce qu'ils veulent. Si une femme enceinte veut fumer, c'est son problème !

d) En Allemagne, il n'y a pas d'actions semblables.
Weitere Informationen: Bundesministerium für Gesundheit: http://www.bmg.bund.de/cln_153/nn_1195942/DE/Drogen-und-Sucht/Tabak/tabak_node.html?_nnn=true

10 Des proverbes

a) Mögliche Antworten:
1. Les gens ne travaillent pas beaucoup au bureau, ils ne sont pas fatigués à la fin de la journée.
2. Quand j'ai entendu les délais pour les nouveaux projets, j'ai cru que notre chef se moquait de nous.
3. J'en ai marre de laisser des messages sur le répondeur.
4. Ne réfléchis pas trop, ça va aller...
5. Les collègues font ce qu'ils veulent avec toi.
6. C'était très très cher et pour moi, cela ne pouvait pas être vrai !
7. Il s'est beaucoup énervé car il en avait vraiment marre.
8. Andreas n'a pas changé, il est toujours aussi sympa et simple qu'avant.

b) 1. ne pas se fouler ; 2. mener qn en bateau ; 3. en avoir par-dessus la tête ; 4. Ça passe ou ça casse ; 5. se laisser marcher sur les pieds ; 6. rester bouche bée ; 7. craquer ; 8. monter à la tête de qn.

Escale 3

1 Un petit tour du livre

a)

1. REÇU	3. MAÏS	5. BORDEAUX	7. CHEF CHOCOLATIER
2. SECRÉTAIRE MÉDICALE	4. CLIMATISATION	6. CORSE	8. ÉCOLE MATERNELLE

b) ÇA MARCHE !

2 Mon année de français

a)/b)/c)/d)/e) Individuelle Antworten

3 Ça commence par la même lettre.

a)
1. V : une vache, un vélo, une valise. Intrus : un journal
2. B : un bateau, une bouteille, un bus. Intrus : un scooter
3. M : le maïs, un mouton, un moulin. Intrus : un avion
4. P : un passeport, une pomme, un poisson. Intrus : une fenêtre

b) Individuelle Antworten

4 Des homophones

1. peu/peux/peut
2. on/ont
3. marché/marcher
4. plus/plu
5. vers/vert/verre
6. mètre/mettre
7. mer/mère
8. cours/court
9. mai/mais/mets/met
10. sans/cent/sent/sens

5 Des voitures

a) Mögliche Antwort:
Pour partir en vacances, je prendrais la… parce qu'elle roule vite.
Pour aller à un repas d'affaires, je choisirais la… : Mes partenaires la trouveront super !
Pour aller chercher ma copine, je prendrais la… : elle est cool !
Pour une famille, je recommanderais la… : Il y a beaucoup de place, pour les enfants… et aussi pour les valises quand on part en vacances.
Pour un célibataire, je trouve que la… est bien : elle n'est pas trop grande, elle roule vite, et surtout, elle est vraiment cool.
Pour un étudiant, je choisirais la… : c'est une petite voiture, on trouve comme ça facilement une place en ville et elle ne consomme pas trop.

b) Mögliche Antwort:
Ma voiture allemande préférée, c'est la… Je la trouve vraiment belle. En plus, elle est très sûre et on ne doit pas faire le plein très souvent. Sur l'autoroute, on peut rouler vite avec cette voiture.

6 Histoire de marques

a) banque: BNP Paribas, Crédit Agricole, Société Générale ; matériaux : Saint-Gobain, Bouygues ; énergie : Total, GDF Suez, EDF ; médias : Vivendi ; télécommunications : France Telecom ; grande distribution : Carrefour ; assurances : AXA, CNP ; industrie : Vinci ; secteur médical : sanofi aventis ; cosmétiques : L'Oréal ; alimentation : Danone.

b) Individuelle Antworten

c) Individuelle Antworten (Liste der deutschen Unternehmen unter den 200 ersten weltweit (Stand April 2009): Volkswagen Group, Siemens, Deutsche Bank, RWE Group, E.ON, Deutsche Telekom, Munich RE, BASF, Daimler, Bayer Group, ThyssenKrupp)

7 Des professions

services : un technicien, un pompier, un transporteur, un responsable logistique
médias : un journaliste, un animateur radio
santé : un médecin généraliste, un dentiste, un orthopédiste, un gynécologue, un pédiatre, un orthodontiste, un ORL, une secrétaire médicale, un pharmacien
commerce : un commercial
agriculture : un berger, un agriculteur
tourisme/gastronomie : un employé d'agence de voyages, un chef chocolatier, un restaurateur, un guide, un viticulteur
enseignement : une puéricultrice, une assistante-maternelle, une maîtresse

8 La conduite accompagnée

a) 1. vrai
2. vrai
3. faux : Il faut avoir réussi le code.
4. faux : Il faut conduire 3000 km en tout.
5. faux : L'accompagnateur doit avoir son permis depuis au moins trois ans.
6. faux : Deux rendez-vous pédagogiques sont obligatoires.
7. faux : à 18 ans.
8. faux : On n'a pas droit de conduire hors de France.
9. vrai

b) Seit 1990 haben französische Jugendliche ab dem Alter von 16 Jahren die Möglichkeit des so genannten „begleiteten Fahrens". Diese Fahrausbildung gliedert sich in drei Abschnitte: Zunächst muss der Fahrschüler mindestens 20 Fahrstunden absolvieren und die theoretische Prüfung bestehen. Darauf folgt die Phase des tatsächlichen „begleiteten Fahrens", die zwischen einem und drei Jahren andauert, und von einer Begleitperson überwacht wird. Während dieser Zeit wird außerdem eine pädagogische Kontrolle durchgeführt, die durch zwei obligatorische Treffen stattfindet. Mit 18 Jahren besteht die Möglichkeit der praktischen Fahrprüfung, die „begleitete Fahrer" mit höherer Wahrscheinlichkeit erfolgreich absolvieren als normale Fahranfänger.

c) Oui (begleitetes Fahren). Mais en Allemagne, on commence seulement à 17 ans.
L'accompagnateur doit avoir au moins 30 ans et avoir son permis depuis au moins 5 ans.

d) Individuelle Antworten

9 Au téléphone

a)

	Qui appelle ?	Qui répond ?	Raison de l'appel	Autres informations
Appel 1	un monsieur	une employée d'une société de transport (Routiers SA)	L'homme veut ramener une table et un lit de Bordeaux à Paris.	La société transporte des fruits de mer et ne veut pas prendre la table et le lit.
Appel 2	un vendeur des Halles	un routier	Le poisson n'est pas frais.	
Appel 3	la femme du chauffeur-routier	le routier, Jacques	Elle veut savoir si son mari sera là pour le repas du soir et discute du menu.	Jacques en a marre de manger du poisson.
Appel 4	Alexandre Lagarde, un candidat pour un CDD de webmaster	la secrétaire	Alexandre veut parler au DRH.	Le DRH est occupé sur une autre ligne.
Appel 5	un jeune homme	un employé de l'office du tourisme d'Arcachon	Le jeune homme a réservé un gîte et veut savoir ce qu'on peut faire dans la région.	On peut faire du surf, visiter les chais dans la région de Bordeaux. L'employé envoie des prospectus

b) Mögliche Antworten:

Appel 1 : Un homme de Bordeaux appelle la société Routiers SA. Il veut ramener une table et un lit de Bordeaux jusqu'à Paris. L'employée de la société de transport n'est pas contente : sa société est spécialisée dans le transport de fruits de mer et ne transportera ni la table ni le lit.

Appel 2 : Un vendeur des Halles appelle le chauffeur-routier qui l'a livré parce qu'il trouve que le poisson n'est pas frais.

Appel 3 : La femme du chauffeur-routier appelle son mari pour savoir s'il sera là pour le repas du soir. Mais il rentrera trop tard. Elle voulait faire du saumon, mais son mari en a marre du poisson.

Appel 4 : Alexandre Lagarde appelle pour une annonce pour un CDD de webmaster. Il veut parler au DRH, mais il est occupé sur une autre ligne. La secrétaire prend son numéro de portable.

Appel 5 : Un jeune homme appelle l'office du tourisme d'Arcachon : il a loué un gîte en mai dans la région avec des copains et veut savoir quelles activités on peut faire. L'employé lui recommande le surf, la dégustation de vins et va lui envoyer des prospectus.

10 Des textos

a) 1. k) ; 2. n) ; 3. l) ; 4. o); 5. f) ; 6. c) ; 7. a) ; 8. r) ; 9. g) ; 10. q) ; 11. s) ; 12. d) ; 13. p) ; 14. h) ; 15. b) ; 16. m) ; 17. i) ; 18. e)

b) 1. Alter, Geschlecht, Stadt; 2. Bis morgen!; 3. junge Frau; 4. für/um… zu…; 5. nett; 6. Was machst du?; 7. reden; 8. Was gibt es Neues?; 9. Bis später!; 10. Hallo, wie geht's?; 11. Mir geht es gut.; 12. Guten Tag.; 13. Schönen Nachmittag. 14. Treffpunkt; 15. Ich habe eine Idee.; 16. Ich liebe dich.; 17. Küsschen; 18. junger Mann.

c) 1. Salut, si vous avez entre 16 et 20 ans, appelez-moi pour discuter et prendre mon cœur.
2. Bonjour. Tu as entre 18 et 22 ans, tu es belle et sympa. Je t'aime déjà.
3. Jeune homme 18 ans cherche jeune fille. Laisse-moi un message. Bisous.

Mögliche Antworten:
1. Salut, moi c'est Julien, 19 ans, de Paris. Je viens d'arriver et je ne connais personne, je cherche des amis. On s'appelle ?
2. Salut, moi c'est Samira, 20 ans, de Lyon. Je suis vraiment jolie, tout le monde le dit. J'aimerais bien te rencontrer ou discuter avec toi. Donne-moi ton numéro de portable ou ton adresse e-mail…
3. Bonjour, moi c'est Lucie, 18 ans. J'adore la danse et le foot, toi aussi ? On pourrait peut-être discuter sur Facebook ou Twitter ?

Les parcours d'études en France

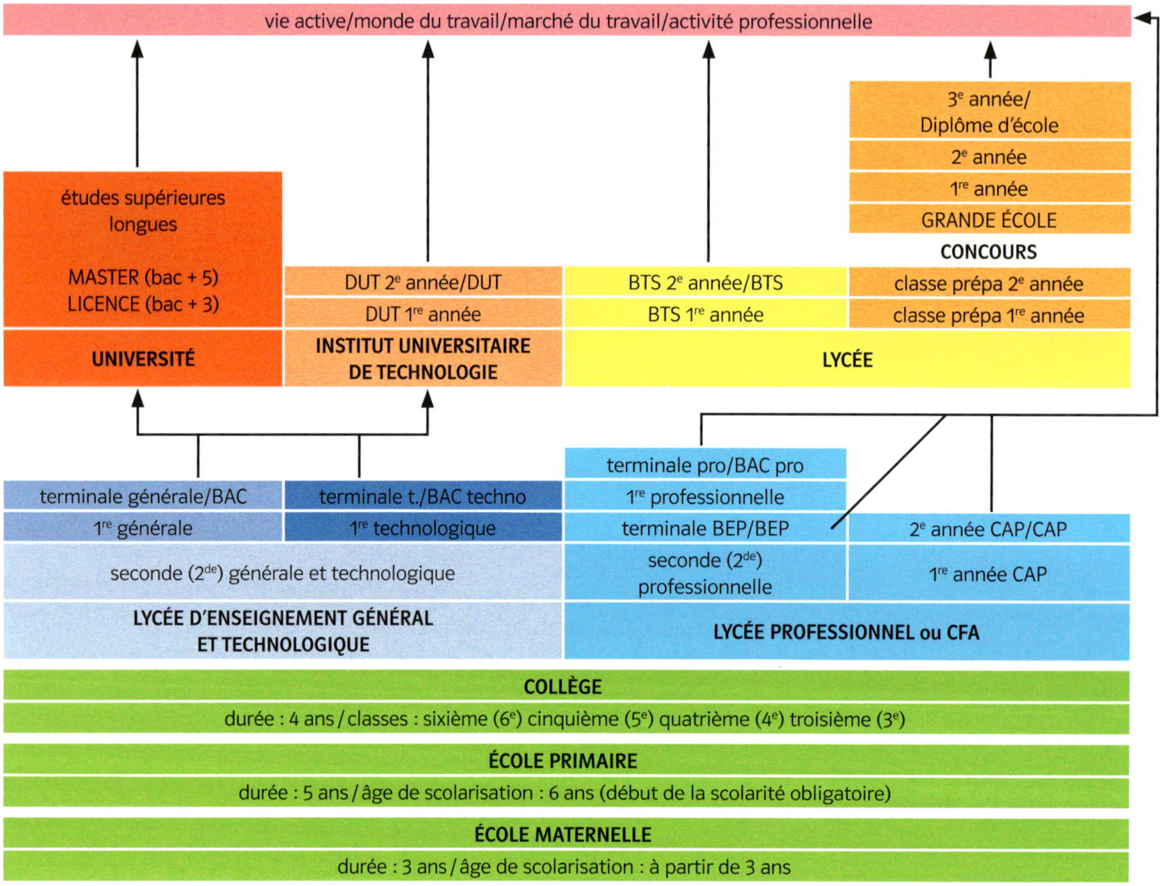

établissement / Bildungseinrichtung		diplôme / Abschluss	
école maternelle	Vorschule		
école primaire	Grundschule		
collège	Sekundarschule		
lycée général et technologique	Allgemeinbildendes und Fachgymnasium	- baccalauréat général (bac) - baccalauréat technologique (bac techno)	- allgemeines Abitur - Fachabitur
- lycée professionnel - centre de formation d'apprentis (CFA)	- Berufsbildende Schule - Berufsschule (Azubis mit Ausbildungsvertrag)	- brevet d'études professionnelles (BEP) - baccalauréat professionnel (bac pro) - certificat d'aptitude professionnelle (CAP)	Bezeichnungen für französische berufsqualifizierende Abschlüsse
université	staatl. Universität	- licence - master	- Uni-Abschluss nach 3 Jahren - Uni-Abschluss nach 5 Jahren
institut universitaire de technologie (IUT)	(zweijährige) Fachhochschule	diplôme universitaire de technologie (DUT)	Fachhochschulabschluss nach 2 Jahren
lycée	Gymnasium	brevet de technicien supérieur (BTS)	Abschluss der Berufsfachschule für Abiturienten
grande école	Elite-Universität	diplôme d'école	Hochschulabschluss

Anmerkungen:

- In Frankreich werden die Schüler nach der Grundschule nicht aufgeteilt in Hauptschüler, Realschüler und Gymnasiasten. Alle jungen Franzosen besuchen weiterhin gemeinsam dieselbe Schulform, das *collège* (*unique*). Wenn man sich deutscher Begriffe bedient, ähnelt das *collège* der Sekundarstufe I einer Gesamtschule. Deshalb gibt es im Französischen keine Namen für Hauptschule und Realschule; es handelt sich um deutsche Begriffe, die man nicht übersetzen kann, weil es in Frankreich keine Entsprechung für diese Schulformen gibt.

- Die jungen Franzosen treffen ihre erste Schullaufbahnentscheidung nach der Klassenstufe *troisième* (3e) des *collège*, also nach dem neunten Schulbesuchsjahr.
  Diejenigen, die eine allgemeine Hochschulreife (allgemeinbildendes Abitur oder Fachabitur) erwerben möchten, schlagen den Weg ***voie générale et technologique*** auf einem Gymnasium ein.
  Nach der Klasse *seconde* (erstes Schuljahr in der Oberstufe) spezialisieren sie ihre Schullaufbahnentscheidung: Man wählt die allgemeinbildende *première* oder die fachbezogene *première*.
  Nach dem Abitur müssen sie eine weitere Ausbildung durchlaufen, bevor sie in das Berufsleben einsteigen.

  Die Jugendlichen, die sich nach der *troisième* auf dem *collège* schnell für eine Berufstätigkeit ausbilden lassen möchten, nehmen den Weg ***voie professionnelle***, in dessen Verlauf man eine Berufsausbildung mit berufsqualifizierendem Abschluss macht. Man kann das BEP oder das CAP als Schüler an einer berufsbildenden Schule oder als Auszubildender in Berufsschule (CFA) und Betrieb (duale Berufsausbildung) machen. Wer sich noch weiter qualifizieren möchte, kann ein *bac pro* anschließen. Diese drei Abschlüsse zielen darauf ab, direkt nach der Ausbildung eine Berufstätigkeit in einem Unternehmen aufzunehmen. Diese Abschlüsse sind staatliche Abschlüsse und werden nicht von den Kammern (z. B. Industrie- und Handelskammer, Handwerkskammer) vergeben.

Remarques :

- En France, les enfants ne sont pas triés après l'école primaire. Tous les jeunes Français continuent leurs études dans le même type d'école, le collège (unique). Selon la terminologie allemande, cela ressemble à une *Gesamtschule* au niveau « Sekundarstufe I ». Pour cette raison, il n'y a pas d'équivalent français pour « Hauptschule » et « Realschule », désignations allemandes qu'on ne peut pas traduire en français.

- Les jeunes Français font le premier choix d'orientation après la 3e.
  Ceux qui désirent préparer un bac choisissent la **voie générale et technologique** dans un lycée.
  Après la seconde (la première année au lycée) ils précisent leurs orientation : on choisit la première générale ou la première technologique.
  Après le bac, ils doivent poursuivre les études avant de commencer à travailler en entreprise.

  Les jeunes qui après la troisième du collège désirent se former à un métier rapidement prennent la **voie professionnelle** où on fait une formation professionnelle. On peut préparer le BEP ou le CAP dans un lycée (on est élève et fait des stages en entreprise) ou en alternance dans un CFA et une entreprise (on est apprenti). Ceux qui désirent poursuivre les études, continuent en bac pro. Ces diplômes visent l'entrée directe sur le marché du travail. Ces diplômes sont des diplômes d'Etat et ne sont pas attribués par la chambre de commerce et d'industrie ou la chambre des métiers.

Pour faire les exercices du livre

Accordez…	Gleichen Sie … an.
une affiche	ein Plakat
à l'aide de…	mithilfe von…
Qu'est-ce que vous associez à… ?	Was verbinden Sie mit …?
à votre avis	Ihrer Meinung nach
un champ lexical	ein Wortfeld
Changez de rôle.	Tauschen Sie die Rollen.
Choisissez…	Wählen Sie … aus.
ci-dessous	hierunten
Classez…	Sortieren Sie …
Cochez…	Kreuzen Sie an …
une colonne	eine Spalte
Comparez…	Vergleichen Sie …
Complétez avec les formes…	Füllen Sie mit den Formen … aus.
Vous connaissez…	Sie kennen …
Continuez.	Machen Sie weiter.
une conversation	ein Gespräch
… correspond à…	… passt zu …
correspondant,e	entsprechend
un correspondant/ une correspondante	ein Austauschpartner/ eine Austauschpartnerin
Corrigez.	Verbessern Sie.
un dé	ein Würfel
Décrivez.	Beschreiben Sie.
un dessin	eine Zeichnung
un dialogue	ein Dialog
un dictionnaire	ein Wörterbuch
une discussion	ein Gespräch
Première/Deuxième/ Troisième écoute	Erstes/Zweites/Drittes Hören
Ecoutez…	Hören Sie …
Ecrivez…	Schreiben Sie …
un exemple	ein Beispiel
Expliquez…	Erklären Sie …
un exposé	ein Referat
Faites au moins XX phrases par scène/ image/verbe.	Schreiben Sie mindestens XX Sätze pro Szene/Bild/Verb.
Faites des recherches.	Suchen Sie.
une faute	ein Fehler
un filet de mots	ein Wortnetz
une grille	eine Tabelle
une image	ein Bild
Imaginez…	Denken Sie sich … aus.
Indiquez…	Geben Sie … an.
un jeu (de rôles)	ein (Rollen)Spiel
Jouez…	Spielen Sie …
jouer les interprètes	dolmetschen
Lisez le texte page…	Lesen Sie den Text auf Seite …
Lisez à haute voix.	Lesen Sie laut vor.
une locution	eine Redewendung
un mot	ein Wort
avec vos propres mots	mit Ihren eigenen Worten
un mot-clé	ein Schlüsselwort
un narrateur	ein Erzähler
Dans quel ordre… ?	In welcher Reihenfolge …?
entre parenthèses	in Klammern
une partie	ein Teil
au passé	in der Vergangenheit
une phrase	ein Satz
poser des questions	Fragen stellen
Prenez des notes.	Machen Sie sich Notizen.
Préparez…	Bereiten Sie … vor.
Présentez…	Stellen Sie … vor.
une question	eine Frage
Racontez…	Erzählen Sie …
Regardez…	Schauen Sie sich … an.
Qu'est-ce que vous remarquez ?	Was fällt Ihnen auf?
Remplacez…	Ersetzen Sie …
Répétez.	Wiederholen Sie.
Répondez aux questions suivantes.	Beantworten Sie folgende Fragen.
une réponse	eine Antwort
un résumé	ein Resümee
Quel est le bon résumé ?	Welches Resümee ist richtig?
Résumez…	Fassen Sie zusammen …
rimer avec qc	sich auf etwas reimen
si nécessaire	wenn nötig
un sondage	eine Umfrage
une statistique	eine Statistik
une stratégie	eine Strategie
un sujet	ein Thema
un témoignage	ein Statement
au temps qui convient	in der entsprechenden Zeit
un (court) texte	ein (kurzer) Text
un thème	ein Thema
un titre	ein Titel
une traduction	eine Übersetzung
Traduisez…	Übersetzen Sie …
Trouvez dans le texte…	Finden Sie im Text …
Utilisez…	Benutzen Sie …
un verbe	ein Verb
Vérifiez…	Überprüfen Sie …
Vrai ou faux ?	Richtig oder falsch?

D'autres expressions utiles en classe / Weitere Redewendungen, die im Unterricht nützlich sind

Pour parler au professeur	
Je ne comprends pas le mot…/l'expression…/ la phrase… à la ligne…	Ich verstehe das Wort …/den Ausdruck …/den Satz …in der Zeile … nicht.
Qu'est-ce que cela veut dire ?	Was heißt das?
Que veut dire le mot…/l'expression…/la phrase… ?	Was heißt das Wort …/der Ausdruck …/der Satz …?
Je ne sais pas.	Ich weiß nicht.
Pardon ? Comment ?	Wie bitte?
Est-ce que vous pouvez répéter, s'il vous plaît ?	Können Sie bitte wiederholen?
Est-ce que vous pouvez expliquer … encore une fois, s'il vous plaît ?	Können Sie bitte … noch einmal erklären?
Est-ce que vous pouvez parler moins vite, s'il vous plaît ?	Können Sie bitte langsamer sprechen?
Comment est-ce qu'on dit… en français ?	Wie sagt man … auf Französisch?
Est-ce qu'on peut dire aussi… ?	Kann man auch … sagen?
Comment est-ce qu'on prononce… ?	Wie spricht man … aus?
Comment est-ce qu'on écrit… ?	Wie schreibt man …?
Est-ce que vous pouvez traduire…, s'il vous plaît ?	Können Sie bitte … übersetzen?
Qu'est-ce qu'on a comme devoirs ?	Was haben wir als Hausaufgabe auf?
J'ai encore une question.	Ich habe noch eine Frage.
Je n'ai pas fait mes devoirs.	Ich habe meine Hausaufgaben nicht gemacht.
J'ai oublié mon cahier/mon livre/mes affaires de français à la maison.	Ich habe mein Heft/mein Buch/meine Französisch-sachen zu Hause vergessen.

Pour parler à ses camarades	
Nous en sommes à quelle leçon/à quel paragraphe ?	Bei welcher Lektion/welchem Abschnitt sind wir?
On en est à quelle page/à quelle ligne ?	Auf welcher Seite/Bei welcher Zeile sind wir?
C'est quelle leçon ?	Welche Lektion ist das?
C'est à quelle page ?	Auf welcher Seite ist das?
Est-ce que tu peux m'aider ?	Kannst du mir helfen?
Est-ce que tu peux me donner… ?	Kannst du mir … geben?
Est-ce que tu as… pour moi ?	Hast du … für mich?
Comment est-ce qu'on fait cet exercice ?	Wie macht man diese Übung?
Quel rôle est-ce que tu prends ?	Welche Rolle übernimmst du?
Tu commences/continues/distribues les cartes ?	Beginnst du/Machst du weiter/Teilst du die Karten aus?
Qui commence à jouer/à poser des questions ?	Wer beginnt zu spielen/Fragen zu stellen?
C'est à toi maintenant.	Jetzt bist du dran.
Et puis, c'est à…	Und dann ist … dran.

Pour corriger les fautes	
Il y a une faute.	Da ist ein Fehler.
Vous avez fait une faute/une faute de grammaire/ de prononciation/de vocabulaire/d'accord.	Sie haben einen Fehler/einen Grammatikfehler/einen Aussprachefehler/einen Wortschatzfehler/einen Angleichungsfehler gemacht.
Corrigez (la faute).	Verbessern Sie (den Fehler).
Répétez la phrase/le mot, s'il vous plaît.	Wiederholen Sie bitte den Satz/das Wort.
Répétez encore une fois, s'il vous plaît.	Wiederholen Sie bitte noch einmal.
Faites la liaison, s'il vous plaît.	Machen Sie bitte die Bindung.
Est-ce que c'est juste ?	Ist das richtig?
Non, c'est faux/ce n'est pas juste.	Nein, das ist falsch/das ist nicht richtig.
Révisez le vocabulaire de la leçon 9 B.	Wiederholt das Vokabular der Lektion 9 B.
Comment est-ce qu'on écrit ce mot ?	Wie schreibt man dieses Wort?
Ça s'écrit en/avec…	Das schreibt man in/mit …

Le professeur parle aux élèves.	
C'est bien/super.	Das ist gut/super.
C'est juste./C'est faux.	Das ist richtig./Das ist falsch.
Corrigez la faute.	Verbessern Sie den Fehler.
Vous avez une idée ?	Haben Sie eine Idee?
Ecoutez votre camarade de classe.	Hören Sie Ihrem Klassenkameraden zu.

Barsac
▸ Leçon 8

Das Dorf Barsac gab dem Weinbaugebiet Barsac seinen Namen. Es ist ein Teil des überregionalen Anbaugebiets Bordeaux im Südwesten Frankreichs. Aus Barsac stammen vorwiegend trockene Weißweine sowie Süßweine.

Le Bassin d'Arcachon
▸ Leçon 6

Das Bassin d'Arcachon ist eine Bucht, etwa 40 km südwestlich von Bordeaux gelegen. Durch die Halbinsel Cap Ferret ist sie fast vom Atlantik abgetrennt. Das Bassin d'Arcachon ist sehr vielseitig: die imposante Dune du Pilat, die größte Wanderdüne Europas, die Vogelinseln, auf denen mehr als 300 Zugvögelarten brüten und rasten; das Leyre-Delta, in dem Süß- und Salzwasser aufeinander treffen; Sandbänke, auf denen man das Spiel von Wind, Wellen und Sand beobachten kann; Cap Ferret mit dem bekannten Leuchtturm und vieles mehr.

Cancale
▸ Leçon 7

Austernstadt, die in der Bucht vom Mont Saint-Michel in der östlichen Bretagne liegt. Die Stadt teilt sich sichtbar in die Ville Haute, einen liebenswürdigen Ort mitten in einer großartigen Küstenlandschaft, mit kleinen gemütlichen Häusern und Kirchen; und in La Houle, den darunter liegenden maritimen Hafen, der von Restaurants sowie den alten Steinhäusern der Austernzüchter und Schiffsbauer eingerahmt ist. Dort findet man auch den berühmten Austernmarkt. Früher war dies der Hafen der Neufundlandfischer und Bisquines, der alten Segelschiffe.

Capbreton
▸ Leçon 1

Einst ein bedeutender Seehafen, ist das Örtchen im Südwesten Frankreichs (*département Landes*) heute ein beliebter Badeort. Man findet dort nicht nur die in der Gegend sonst seltenen Palmen, sondern auch alte Walfischerhäuser aus dem 15. Jahrhundert, eine schöne Kirche aus dem 16./17. Jahrhundert sowie fangfrischen Fisch auf dem Fischmarkt. Das *Ecomusée de la pêche et de la mer* informiert über die Geschichte der lokalen Fischerei und die Meeresfauna.

La Corse
▸ Leçon 1

Korsika liegt westlich von Italien und ist die viertgrößte Insel des Mittelmeers. Die Insel ist eine französische Region die in zwei *départements* aufgeteilt ist. Die Hauptstadt des *départements* Corse du Nord ist Bastia. Die Hauptstadt des *départements* Corse du Sud ist Ajaccio, die Geburtsstadt Napoleons. Im Nordwesten der Insel liegt die berühmte Hafenstadt Calvi; die südlichste Stadt ist Bonifacio. Die Insel ist sehr bergig. Sie ist unter anderem für den anspruchsvollen Wanderweg GR20 bekannt.

La crèche
▸ Leçon 2

Französische Kinderkrippe, in welcher 30–60 Kinder von zwei Monaten bis drei Jahren tagsüber gehütet werden, während ihre Eltern ihrem Beruf nachgehen können. Die Kinder essen und spielen gemeinsam. Leider gibt es in vielen Städten nicht genug Plätze für alle Kinder.

Les DOM-TOM ▸ Leçon 1

Die DOM-TOM (= *départements d'outre-mer et territoires d'outre-mer*) sind 13 Überseegebiete, die meist ehemalige französische Kolonien waren und heute noch von Frankreich aus verwaltet werden. Die Gebiete haben denselben Status wie die *régions* und *départements* in Frankreich, die Bürger gelten als Staatsbürger Frankreichs, haben also auch das Wahlrecht und Anspruch auf die Leistungen des Staates.

La dune du Pilat ▸ Leçon 8

Mit einer Höhe von bis zu 117 m und 2,7 km Länge die größte Wanderdüne Europas. Vor etwa 18.000 Jahren bildete sich die Düne, die sich durch Wind, Meer, Strömungen und Gezeiten heute immer noch ständig verändert. Jährlich kommen über eine Million Touristen in die Bucht von Arcachon, um die Düne zu besteigen, wodurch sie das am häufigsten besuchte Naturdenkmal Frankreichs geworden ist.

Les gîtes en France ▸ Leçon 3

Bei Reisen in Frankreich trifft der Urlauber besonders auf dem Land häufig auf *gîtes*. Dabei handelt es sich oft um ehemalige Bauernhöfe, Scheunen, Dorfschulen und selbst Kapellen, die an Touristen vermietet werden. In der Regel mit Selbstverpflegung. Ein großer Teil der *gîtes* wird von der Organisation *Gîtes de France* verwaltet. Sie wurde 1955 gegründet und garantiert u. a. eine Klassifizierung der Unterkünfte. Neben den *gîtes* gibt es die *chambres d'hôtes*. Dabei handelt es sich um Gästezimmer, die in der Wohnung des Vermieters liegen. Dem Gast wird Frühstück, zum Teil auch Abendessen angeboten.

La francophonie ▸ Leçon 1

Der Begriff der Frankofonie wurde von Onésime Reclus (1837–1916) „erfunden" und bereits 1871 von Geografen verwendet. Mit diesem Begriff wird die Gesamtheit der französisch-sprachigen (frankofonen) Staaten bezeichnet. Darin eingeschlossen sind Verhältnisse ganz unterschiedlicher Natur: Staaten in denen Französisch Muttersprache ist, Staaten, in denen Französisch offizielle Amtssprache ist, und Staaten, in denen Französisch Lehrsprache ist.

Le GR20 ▸ Leçon 1

GR20 steht für *Grande Randonnée 20*, ein Fernwanderweg auf der französischen Insel Korsika. 170 km lang marschiert man von Calenza nach Conca über das korsische Hochgebirge. Entlang des Weges gibt es in regelmäßigen Abständen die *refuges*, also Berghütten, in denen es für die Wanderer Getränke, Mahlzeiten sowie Übernachtungsmöglichkeiten gibt. Der Weg sollte nur von Juni bis Oktober begangen werden: Bis weit in den Mai sind Abschnitte noch von Schnee und Eis bedeckt.

La Grande Fête du Chocolat ▸ Leçon 4

Großes Fest, das zehn Tage dauert und seit einigen Jahren im Herbst in ganz Frankreich gefeiert wird. Über 10.000 *chocolatiers*, Konditoren und Eisverkäufer nehmen daran teil und locken Kunden in ihre Geschäfte, wo sie die Kunst der Schokoladenherstellung bewundern können. Das Fest dient als Werbeveranstaltung für Schokoladenprodukte aller Art.

La Guadeloupe ▸ Leçon 1

Übersee-Departement Frankreichs, das aus neun Inseln der Kleinen Antillen in der Karibik besteht. Guadeloupe bildet zusammen mit Martinique die Französischen Antillen. Die beiden Hauptinseln sind Basse-Terre und Grande-Terre mit der Hauptstadt Pointe-à-Pitre. Die Stadt hat einen wichtigen Flughafen und ist ein beliebter Stopp für Kreuzfahrtschiffe. Auf Basse-Terre gibt es einen aktiven Vulkan, den Soufrière, der mit 1476 m der höchste Berg der Antillen ist und dessen letzter kleinerer Ausbruch im Jahr 1977 war.

Jenifer ▸ Escale 3

Französische Pop-Sängerin. Geboren 1982 in Nizza, wurde sie bekannt, als sie 2002 die erste Staffel der französischen Casting-Show Star Academy gewann. Ihre erste Single *J'attends l'amour* erreichte den zweiten Platz der französischen Singlecharts. Jenifer wurde mehrmals bei den NRJ Music Awards als beste französische Künstelrin gekürt. Für *Lunatique*, ihr im November 2007 erschienenes drittes Album, bekam Jenifer Platin.

Lacanau ▸ Leçon 8

Der 1906 gegründete Ort im Département Gironde ist mit seinen an der Atlantikküste gelegenen Stränden für Surfer sehr geeignet. Mittlerweile ist der Ort, in dem sich viele alte französische Küstenhäuser finden, vom Tourismus geprägt, besonders seit die Weltelite der Surfer und Wellenreiter hier regelmäßig zusammenkommt, um Weltmeisterschaften oder Cup-Serien auszutragen.

La Normandie ▸ Leçon 3

Region im Norden Frankreichs, die sich in die Haute-Normandie (Hauptstadt Rouen) und die Basse-Normandie (Hauptstadt Caen) teilt. Die größten Städte sind Le Havre und Caen. Im Mittelalter wurde die Normandie von Normannen besiedelt. Im 2. Weltkrieg war die Region von der deutschen Wehrmacht besetzt; sie wurde ab dem 6. Juni 1944 von den alliierten Truppen befreit. Die Gegend ist berühmt für ihre schwarz-weißen Kühe und ihre Produkte wie Camembert, Calvados und Cidre. In der Normandie befindet sich der sagenumwobene Mont Saint-Michel, der die meistbesuchte Sehenswürdigkeit Frankreichs ist.

Olivia Ruiz ▸ Leçon 4

Französische Sängerin, die bereits als Kind zu singen begann. 2001 kam sie in das Halbfinale der französischen Talentshow Star Academy. Dadurch bekannt geworden, konnte sie sich erfolgreich in der Musikszene behaupten. Ihr Stil wird von Kritikern als „Nouvelle Chanson Française" bezeichnet. Sie brachte bis heute mehrere Alben sowie viele Singles heraus. Mit ihrem zweiten Album *La Femme Chocolat* erreichte sie Platz 1 der französischen Charts.

Paris je t'aime ▸ Leçon 2

„Paris je t'aime" ist ein internationaler Film aus dem Jahr 2006. Er besteht aus 18 Episoden, die von unterschiedlichen Regisseuren aus verschiedenen Ländern gedreht wurden. Sie schildern, zum Teil mit einer Starbesetzung, Kurzgeschichten, die in 18 Pariser Arrondissements spielen. Die Episoden sind teils humorvoll, teils nachdenklich, ihre Qualität ist recht unterschiedlich.

Le Québec ▸ Leçon 3

Größte Provinz Kanadas mit dem größten frankophonen Bevölkerungsanteil. Obwohl in Kanada sowohl Englisch als auch Französisch Amtssprachen sind, ist Französisch nur in Quebec ausschließliche Amtssprache. Quebec war zunächst Siedlungsgebiet verschiedener Indianerstämme, als der Franzose Jacques Cartier 1534 als erster Europäer ins Innere des Landes vordrang. Nach und nach entwickelte sich das so genannte Neufrankreich. 1763 fiel die Provinz jedoch an Großbritannien und bekam seinen heutigen Namen. Erst im Jahre 2006 wurde Quebec als „eine Nation innerhalb eines geeinten Kanadas" anerkannt. Durch den ständigen Kontakt unterliegen die Sprache sowie die Kunst und die Kultur der Quebecer einem starken englischen Einfluss. Viele Quebecer sprechen jedoch fließend beide Sprachen. Die größte Stadt ist Montréal, die Hauptstadt Québec City.

Quimper ▸ Leçon 7

Stadt im Westen der Bretagne, die für ihre seit vierhundert Jahren bestehende Porzellan-Manufaktur berühmt ist. Besucher können in den Werkstätten zuschauen, wie aus Wasser und Ton Porzellanstücke gefertigt werden. Eine berühmte Sehenswürdigkeit der Stadt ist die Cathédrale Saint-Corentin, deren Bau über 600 Jahre dauerte. Das Besondere an der Kathedrale ist der nach links geneigte, also „krumme" Chor, für den es keine richtige Erklärung gibt.

Rungis ▸ Leçon 7

Französische Gemeinde, etwa 13 km südlich von Paris. Der Ort ist ist heute vor allem für den Großmarkt bekannt, der Paris versorgt und über den Flughafen Orly Lieferungen in die ganze Welt vornimmt. Rungis verfügt über ausgezeichnete Straßen- und Schienenverbindungen mit Paris und der Provinz, einen Busbahnhof, zahlreiche Markt- und Lagerhallen, Kühlhäuser, Büros, Hotels usw. Der Großmarkt wurde ab 1969 von den Architekten Henri Colboc und Lebret auf einem 220 Hektar großen Gelände angelegt. Er verfügt über einen eigenen Bahnhof.

Le Salon des Entrepreneurs ▸ Leçon 5

Zweitägige Messe für Unternehmer, die in Paris, Lyon, Nantes und online stattfindet. Auf dieser Veranstaltung haben Unternehmer aus verschiedenen Branchen die Möglichkeit, ihre Produkte vorzustellen, sich Präsentationen anderer Unternehmen anzuschauen, sich über Innovationen zu informieren und neue Kontakte zu knüpfen.

Le Salon du Chocolat ▸ Leçon 4

Schokoladenmesse in Paris, die in ähnlicher Form aber auch in Madrid, New York, Moskau und in Japan stattfindet. Ein Fest, bei dem sich alles um Schokolade dreht: Auf Modenschauen werden Kleider aus Schokolade präsentiert, die teuersten Schokoladensorten werden verkauft und natürlich gibt es überall Schokoladenspezialitäten zu essen.

Sauternes ▸ Leçon 8

Sauternes ist ein Ort im Südwesten Frankreichs (*département Gironde*), der für seinen Wein bekannt ist. Die Gemeinde gab sowohl dem Anbaugebiet als auch dem hervorragenden edelsüßen Weißweinen, die von dort stammen, ihren Namen.

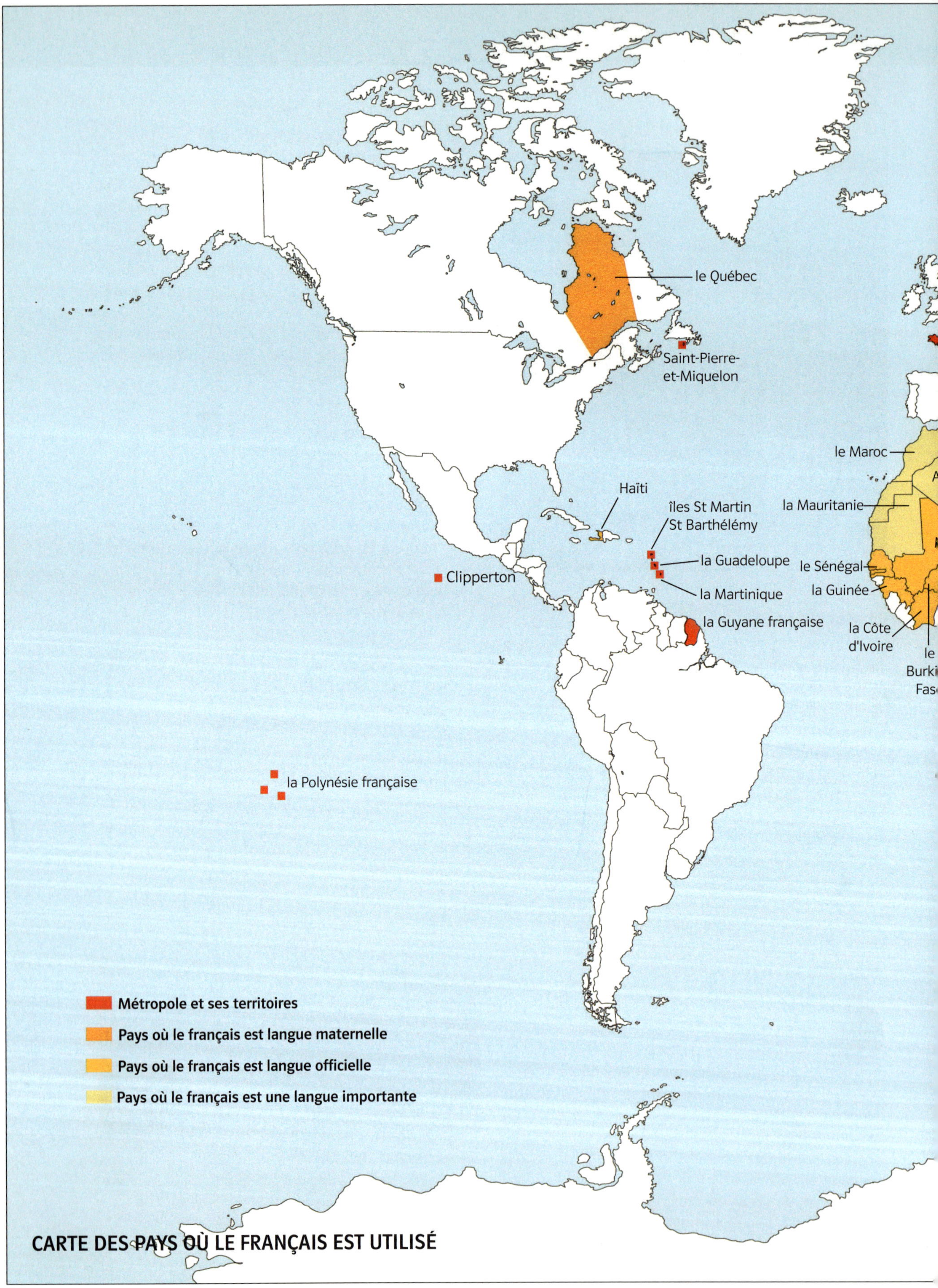

CARTE DES PAYS OÙ LE FRANÇAIS EST UTILISÉ

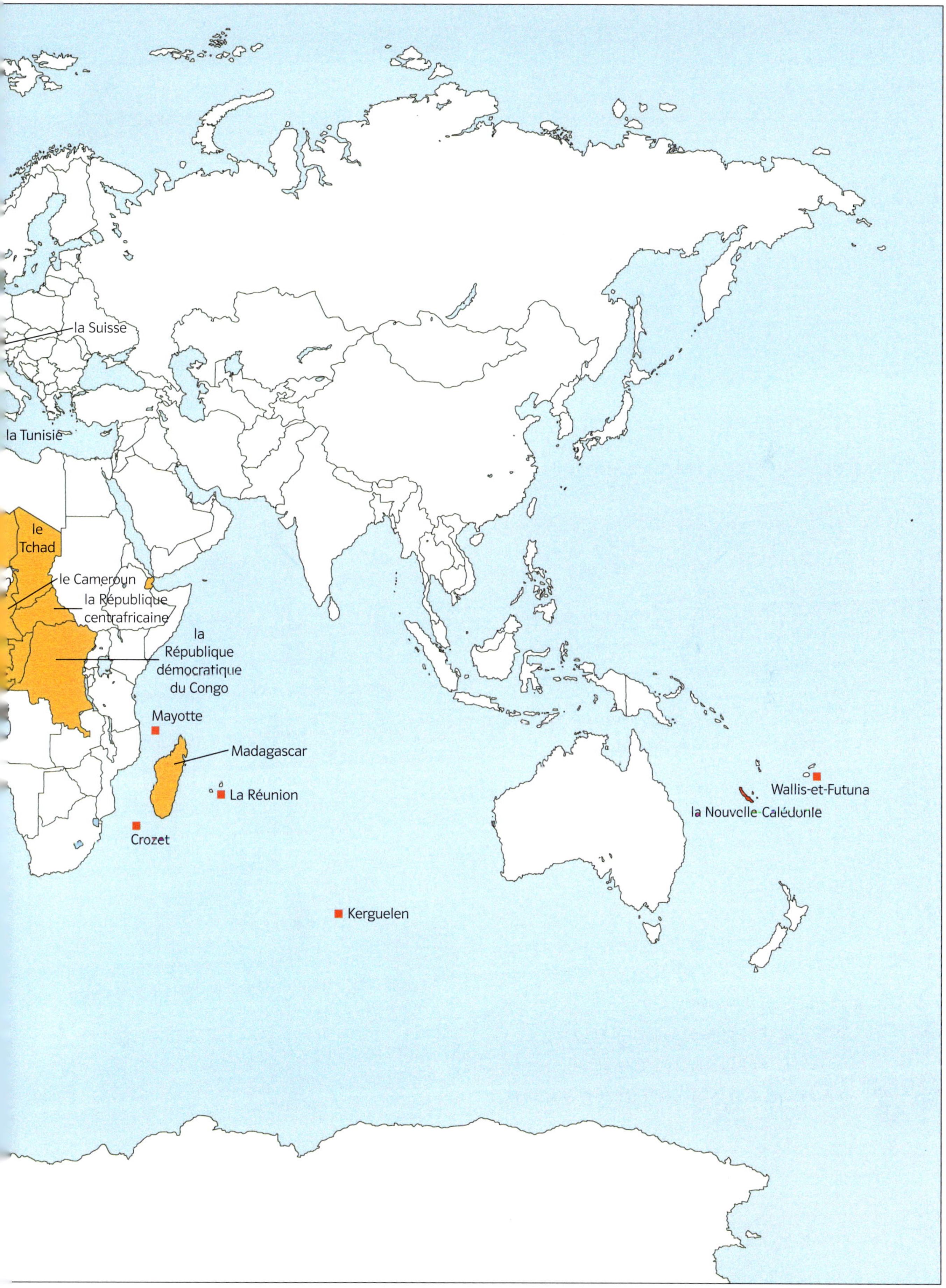

la Suisse
la Tunisie
le Tchad
le Cameroun
la République centrafricaine
la République démocratique du Congo
Mayotte
Madagascar
La Réunion
Crozet
Kerguelen
Wallis-et-Futuna
la Nouvelle-Calédonie

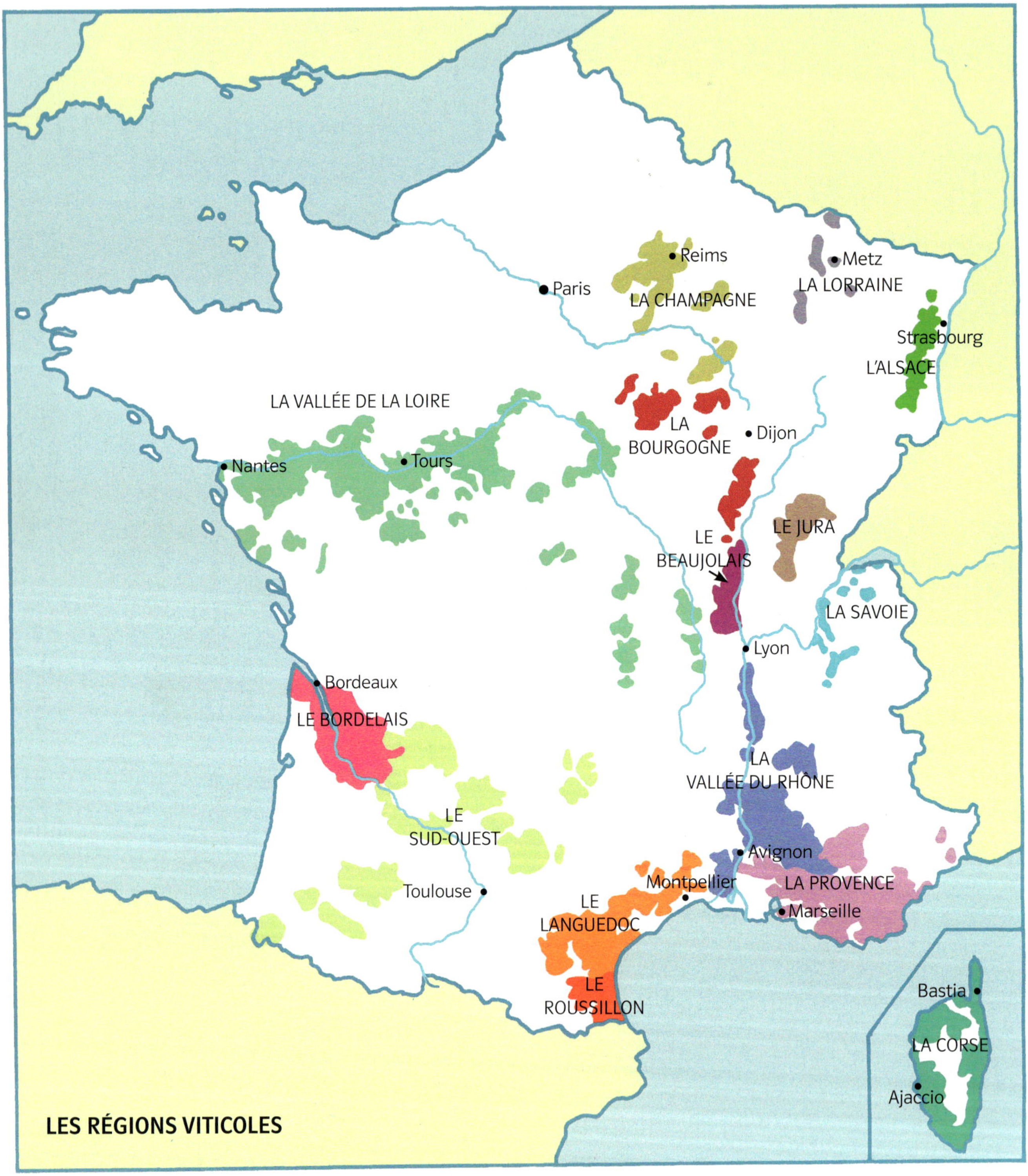

LES RÉGIONS VITICOLES

A. RÉSEAU ROUTIER ET AUTOROUTIER

B. RÉSEAU ET TRAFIC FERROVIAIRES

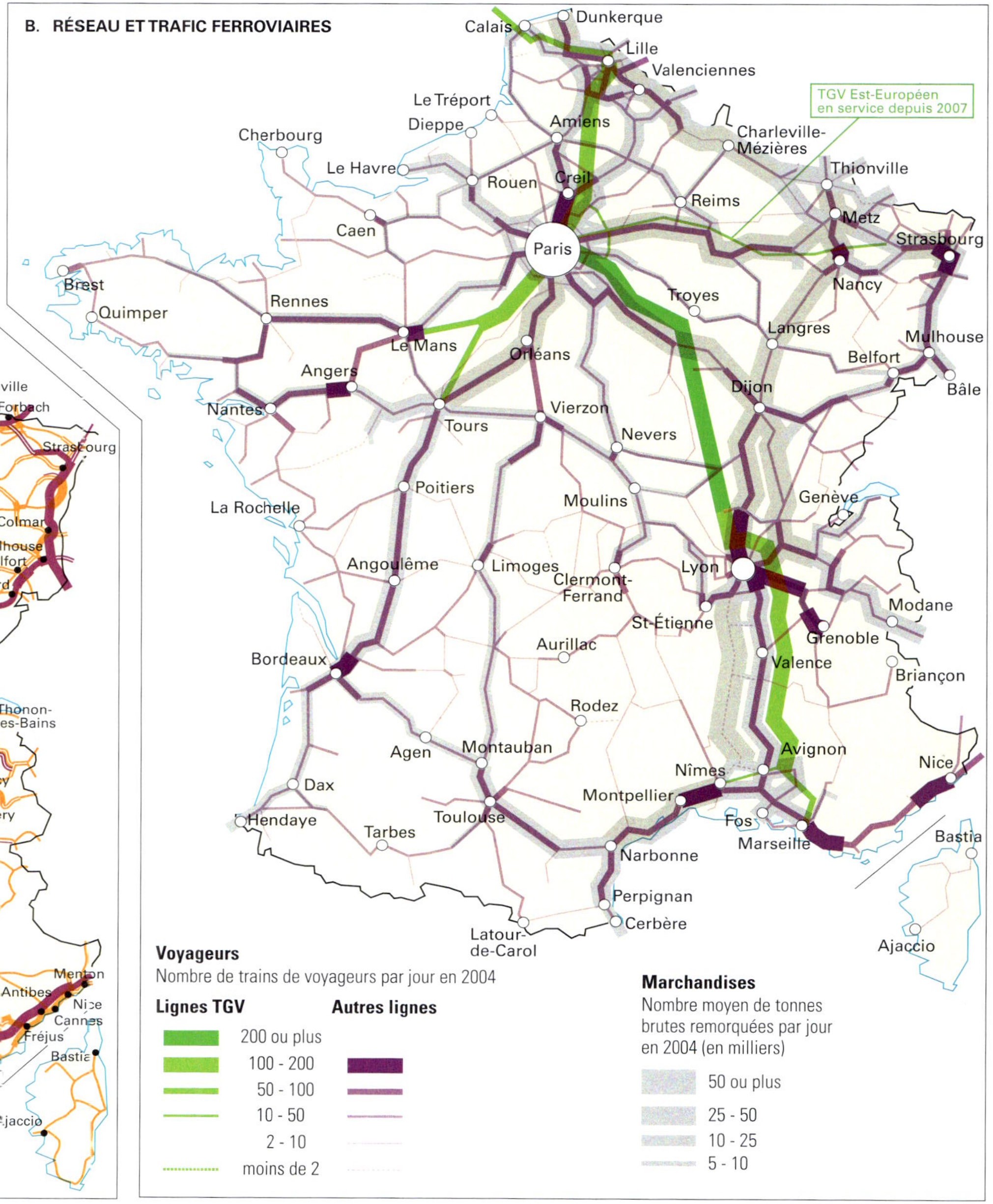

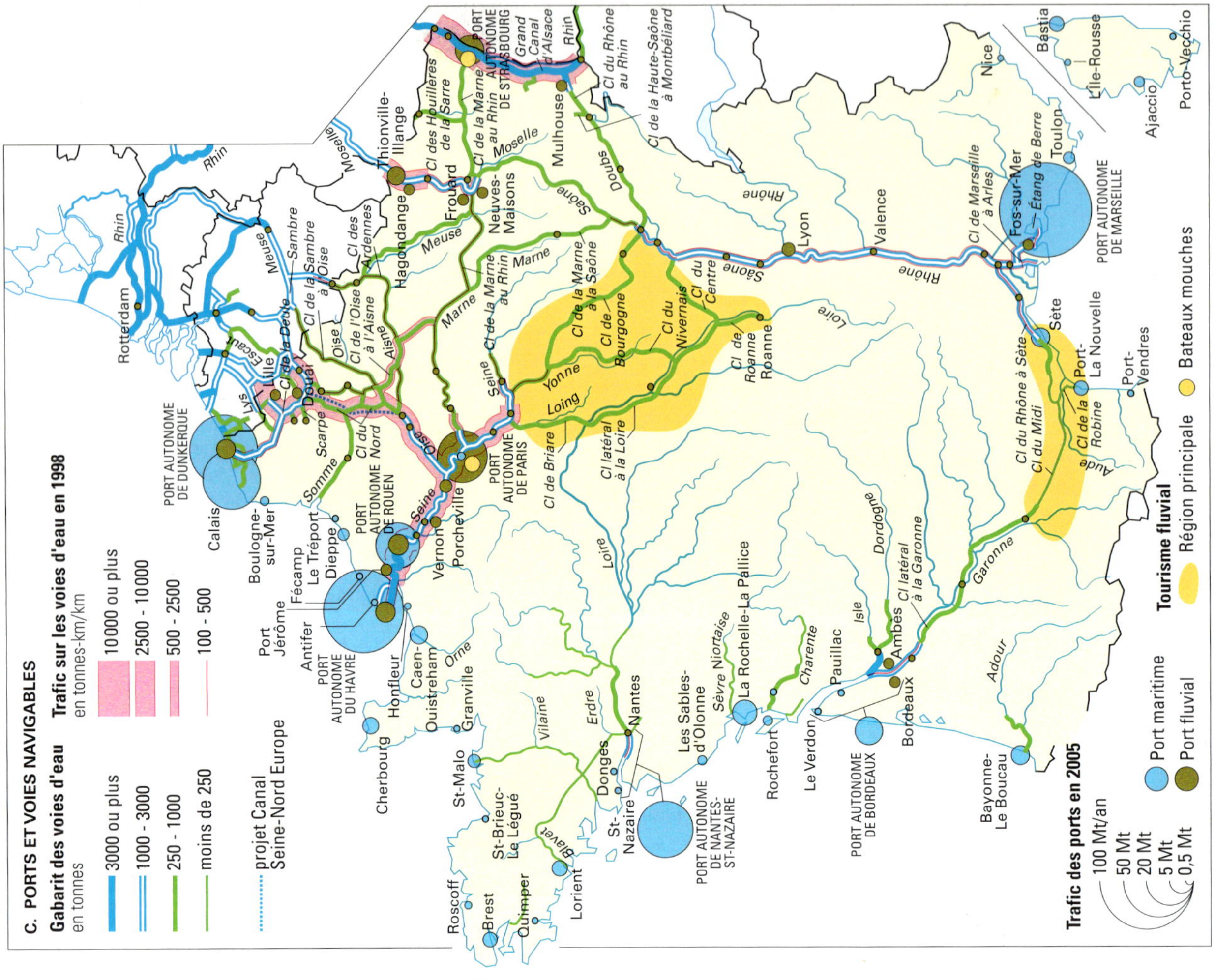

Bildquellennachweis

© Phosphore, Bayard Jeunesse, 2008, **128.1;** Agence BIO, Montreuil-sous-Bois, **122.1;** Agence de l'Environnement et de la Maîtrise de l'Energie, Paris Cedex 15, **123.1;** AKG (Herve Champollion), Berlin, **39.1;** Alamy Images, Abingdon, Oxon, (Choups) **108.1;** (Danita Delimont) **20.1;** (Marion Bull) **13.1;** (Robert Estall photo agency) **36.2;** Antoine Chereau, Paris, **72.1;** Bananastock, Watlington/Oxon, **Cover.2;** CENECA, Paris, **49.1, 49.2;** Comite du Tourisme des Iles de Guadeloupe, Paris, **19.1;** Corbis, Düsseldorf, **20.2;** (Philippe Lissac/ Godong) **48.5;** (Charles & Josette Lenars) **20.5;** (Charles O'Rear) **34.1;** (David Sutherland) **51.2;** (Julio Donoso/SYGMA) **90.1;** (KUBA) **240.2;** (Owen Franken) **Cover.12;**(Solus-Veer) **112.3;** (Stephanie Maze) **24.1;** DSCR,Direction de la Sécurité et de la Circulation, La Defense Cedex, **84.1, 84.2;** Dunod Editeur, Paris, **62.1, 62.2, 62.3;** Éditions Nathan, Paris, **247.1, 247.2, 248.1;** Fotolia LLC, New York, **40.2;** (A. Louche) **48.1;** (Alexander Rochau) **10.1;** (choucashoot) **116.1;** (Franck Lachaud) **90.2;** (Jean-Michel Pouget) **132.1;** (Nathalie P) **242.1;** (Randi Utnes) **12.2;** (Rohit Seth) **66.1;** (Sylvain Bouquet) **105.1;** Fotosearch Stock Photography, Waukesha, WI, (Gourmet Images) **60.5;** (Lushpix) WI, **60.4;** (Stock Disc) WI, **27.1;** Getty Images, München, **117.1;** (Ricky John Molloy) **38.1;** illustrations deTEHEM © OKAPI, Bayard Jeunesse, 2008, **119.1;** Imago Stock & People, Berlin, **Cover.7, 63.3, 76.2, Cover-U4.5;** Ingram Publishing, Tattenhall Chester, **Cover.6;** Institut national de prévention et d'éducation pou, Saint-Denis, **89.1;** iStockphoto, Calgary, Alberta, **Cover.9;** (Andrew Howe) **67.1;** (Brasil2) **51.1;** (Charles Silvey) **Cover-U4.12;** (Chris Brink) **Cover-U4.1;** (Claudia Dewald) **241.2;** (Dan Chippendale) **40.1;** (David Scheuber) **34.4;** (dirkr) **Cover.1;** (Gary Martin) **34.2;** (Izabela Habur) **64.1;** (Joey Nelson) **27.2;** (Jose Antonio Santiso Fernández) **112.5;** (Karoline Cullen) **115.5;** (Lucio Pompeo) **131.1;** (Michele Galli) **112.6;** (naturaledge) **Cover.11;** (Peter Neuber) **10.2;** (Sean Locke) **112.4;** (Tetra2000) **Cover-U4.7;** (Thomas Voss) **Cover.10;** Kessler-Medien, Saarbrücken, **Cover.4;** Keystone (Jochen Zick), Hamburg, **Cover-U4.6;** Klett-Archiv, Stuttgart, (Edouard Hannoteaux) **8.1, 8.2, 8.3, 8.4, 9.1, 9.2, 9.3, 9.4, 15.1, 15.2, 23.1, 81.1, 99.2, 99.2, 103.1, 104.1, 104.2, 108.2, 120.1;** (Info-Zentrum Schokolade (Leverkusen)), **Cover.3, 50.1, 55.1;** Lagorce, Alain, Paris, **83.1;** laif, Köln, **74.1;** (Catarina Eric/Gamma/Eyedea Presse) **124.1;** (Dominik Butzmann/Zenit) **65.1;** (Frank Heuer) **243.2;** (Frumm John/Hemispheres Images) **36.1;** (Gunnar Knechte) **112.7;** (Iris Kuerschner) **92.1;** (Jean-Claude Coutausse/Rapho/Eyedea Illustration) **74.3;** (Markus Kirchgessner) **52.1;** (Moirenc Camille/hemis.fr) **240.1, 241.1;** (Nicolas Tavernier/REA) **22.1;** (Rea/Ian Hanning) **90.3;** (Reporters) **55.3;** (Richard Damoret/REA) **22.3, 24.2;** (Simon Daniel) **22.4;** Le Nouvel Observateur, Paris, **111.1;** Logo, Stuttgart, **17.1, 20.6, 58.1, 63.1, 63.2, 102.1, 109.1, 115.7, 115.8, 115.9, 115.10, 115.11, 115.12, 115.13, 115.14, 115.15, 115.16, 115.17, 115.18, 115.19, 115.20, 115.21, 115.22, 115.23;** (Confédération des Chocolatiers et Confiseurs de France) **58.2;** (Erasmus for Young Entrepreneurs Support Office) **133.2;** Manifeste, Paris, **122.3;** Marché International de Rungis, Rungis Cedex, **95.1, 95.2, 100.2;** Marco Polo Agentur (Naudin), Paris, **27.3;** Mauritius Images (Tim Hill/ Foodanddrinkphotos.com), Mittenwald, **60.3;** Ministère de Ecologie, de Energie, du Développ, Paris 07 SP, **122.2;** Office de Tourisme du Guilvinec, Guilvinec, **92.2;** Okapia (Klaus Rose), Frankfurt, **77.1;** Peugeot, Saarbrücken, **115.1, 115.6;** Picture-Alliance, Frankfurt, **74.2, Cover-U4.10;** (Bildagentur Huber) **52.2;** (Christophe Lefebvre) **Cover-U4.11;** (Lucas Schifres/Bloomberg News/ Landov) **Cover-U4.13;** (Photooqr/La Voix Du Nord/Christophe Lefebvre) **112.1;** Rungis, le plus grand marché du monde, le cherche, Paris, **100.1;** Salon du Chocolat, Paris, **125.1;** Senator Film, Berlin, **32.1, 32.2, 32.3, 32.4, 32.5, 32.6, 32.7, 32.8, 32.9;** shutterstock (IgorXIII), New York, NY, **90.4;** (Rohit Seth) **132.2;** (Worldpics) **91.1;** (Xavier Marchant) **112.2;** (Alessio Ponti) **20.4;** (amlet) **Cover-U4.4;** (An Van de Wal) **10.4;** (Anyka) **Cover-U4.2;** (Chrislofoto) **42.1;** (Cornel Achirei) **Cover.13, 12.3;** (Darryl Montreuil) **242.2;** (Elena Elisseeva) **Cover-U4.9;** (Gina Smith) **17.3;** (Helder Almeida) **48.3;** (Jean Schweitzer) **118.2;** (Jens Stolt) **10.5;** (Knud Nielsen) **Cover-U4.8;** (Monkey Business Images) **17.2, 17.4, 67.2;** (n.fraiz) **48.4;** (Pål Espen Olsen) **118.1;** (Paul Atkinson) **34.3;** (Robert Soen) **115.4;** (Robert St-Coeur) **243.1;** (Ronen Boidek) **60.2;** (Simone van den Berg) **76.1;** (Stefan Redel) **Cover.5;** (Stefano Tiraboschi) **Cover-U4.3;** (vaklav) **48.2;** (yvon52) **Cover.8, 44.1;** StockFood GmbH, München, **60.1;** Touteleurope.fr, Paris, **133.1;** U Svegliu Calvese, Calvi, **118.3;** Ullstein Bild GmbH, Berlin, **20.3, 22.2;** (A.S.) **55.2;** Wikimedia Foundation Inc, St. Petersburg FL, **115.3, 16.1;** Yahoo! Deutschland GmbH, München, **115.2;** (abdallahh) **10.3;** (orfgen) **86.1;** Yin Partners, Paris, **19.2**

Nicht in allen Fällen war es uns möglich, den Rechteinhaber der Abbildungen ausfindig zu machen. Berechtigte Ansprüche werden selbstverständlich im Rahmen der üblichen Vereinbarungen abgegolten.